文景

Horizon

社 科 新 知　文 艺 新 潮

古希腊文明史述论集

徐松岩 著

上海人民出版社

目　录

第三章 民主政治·历史趋势

第四章　奴隶制·经济结构

第五章　史家·史料·史学

第八章　探讨·商榷

自 序

　　1980 年上大学时，祖国各地、大江南北流行着一首歌，叫《年轻的朋友来相会》。轻灵飘逸的曲调、欢快流畅的旋律、朗朗上口的歌词，特别是那句"光荣属于八十年代的新一辈"，唱出了时代青年对祖国美好未来的憧憬和奋发向上的精神风貌。幸运的是，我大学期间遇到良师李永采教授（1933—2013），在他的引导下走上世界史研究之路，同时结识了一群勤奋好学的师兄弟。我大二决定考研，从此埋头苦读，虚心求教，研究方向定为世界古代史。1984年如愿考入西南师范学院历史系世界上古中古史专业（古代西亚、古代希腊研究方向）研究生，师从业师王兴运教授（1930—2022）。毕业论文题为《试论雅典城邦危机的若干问题》。1987 年硕士毕业，留校工作，把青春献给了这所让人既爱又恨的西南名校。2000年晋升教授，2002 年成为重庆市首届学术技术（世界史）带头人，2012 年创建古典文明研究所，2014 年领衔申请获批古典学交叉学科博士点，2017 年领衔申请获批希腊研究中心，2018 年领衔申请获批世界史一级学科博士点；今年 2 月 20 日中希文明互鉴中心在希腊雅典大学挂牌成立，西南大学是中国方面四所大学的领衔者。学校的世界史学科建设稳步推进，一路拾级而上，而我自己由学生到学科带头人，也感到由衷的欣慰。

回顾自己系统学习、研究、讲授世界古代史的几十年，多少有些心得体会。留校后除讲授世界古代史本科基础课以外，我还陆续开设西方史学史、制海权与西方文明、恩格斯《家庭、私有制和国家的起源》研读、现代西方史学流派评析、西方古典文明研究、马克思主义与当代社会思潮等多门课程，在读书思考中发现一些可疑问题并力图加以阐释或解决；也是在这个过程中，我逐步确定主要研究方向为西方古典文明史、外国史学理论及史学史。

迄今为止，本人主持3项国家社科基金项目（2个一般项目结项，重大项目在研），主持并完成教育部及重庆市社科规划项目各2项，2014年创办并主编《古典学评论》（已出版9辑），出版著译多种，发表学术论文百余篇，包括中文核心期刊论文40多篇。其中有2篇为《中国社会科学文摘》长文摘登，有16篇为中国人民大学书报资料中心《世界史》《经济史》全文转载。为进一步熟悉史料，从1999年开始，自己花了近20年的时间译注古希腊三大历史名著，即"希腊三史"——希罗多德《历史》、修昔底德《伯罗奔尼撒战争史》和色诺芬《希腊史》，至今共累计发行约20余万册。[1]

当下学界同仁出书，比较流行的做法是请师长或同行专家撰写序言，当然也有不少自撰序言者。就我而言，考虑到一则同行师友哪个不忙？二则那些旧文搜罗到一起，拉拉杂杂30多万字，乏善可陈，自己不嫌烦，看看也就罢了，何必浪费别人的工夫？这篇自序，也不过就是学术工作的自我总结而已。幸好之前单位要求申请大好河山学者，虽名落孙山，却正好留有底稿，修改一下，姑且

---

1 修昔底德：《伯罗奔尼撒战争史》，桂林：广西师范大学出版社，2004年；上海：上海人民出版社，2012年，2017年；希罗多德：《历史》，上海：上海三联书店，2008年；北京：中信出版社，2013年；上海：上海人民出版社，2018年；色诺芬：《希腊史》，上海：上海三联书店，2013年；上海：上海人民出版社，2020年。

多彩的雅典娜

充数。

多年来我始终坚持以马克思主义历史理论为指导，做学问的主要思路是在深入扎实研究史料的基础上，从考察古代经济状况入手，认真探讨奴隶制的实际状况，翻译、注释希腊主要历史学家历史著作，结合实地调研和考察，探究希腊早期居民源流、海上拓殖、城邦的起源和政制、邦国相互关系、国家发展道路，进而阐释希腊城邦经济结构、经济思想、政治思想、海洋意识。经过长期不懈的探索和思考，在古典文明史和古史比较研究领域形成较为系统而独到的看法。大致说来，自己觉得具有一定开拓性、创新性的学术贡献主要集中在以下五方面：

第一，从理论和史实上厘清古代奴隶制发展状况、城邦经济结构：指出古代东西方国家奴隶制和经济结构只是量的差别而非质的不同。这一点是认识和理解古代世界诸文明史的基础和前提。近代以来国内外学界对于古典奴隶制以及古代东西方经济比较研究中出现的问题，很大程度上是因为对希腊（准确地说是雅典）历史认识和理解存在偏差。学界往往把古代雅典某个时段（如古典时代）的情况放大为整个希腊的情况，进而导致对其奴隶制经济总体水平的理解有些失实。同时，由于理论上依然受到19世纪晚期流行于欧美的"古史现代化"余波的影响，在某种程度上把古代奴隶等同于近代雇佣工人，部分学者误认为奴隶可以创造近代意义"剩余价值"；国内学界往往把希腊人蓄养奴隶的条件"降低"为与蓄养牲畜相当，从而必然拔高古代希腊罗马世界奴隶占有和使用的普遍程度。于是，观察古代东方和中国古史时常会出现这样的偏差：西方古典世界生产领域奴隶成群，东方诸国史料证据难觅；甚至有人概括为西方奴隶制"发达"，东方奴隶制则处于"不发达"甚或"落后"状态。根据恩格斯等经典作家所论使用奴隶必须具备的两个条件（"为了能使用奴隶，必须掌握两种东西：第一，奴隶劳动所需的工具和对象；第二，维持奴隶困苦生活所需的资料"[1]），结合历史实际及对相关史料的严密分析，我认为奴隶不可能创造出近代意义的"剩余价值"，这是古代生产力水平低下的本质特征；财富积聚、经济增长、国力增强、自由民贫富分化以及私有财富增加是古代国家奴隶制发展的必要前提，而非其充分必要条件；在古代社会，奴隶在本质上属于昂贵的并且有较大风险的"消费品"。从典型奴隶制城邦雅典的历史实际来看，公民中直接占有和使用奴隶的奴隶主始终只是少数；古代世界早期国家经济普遍以农业（辅以牧渔等）为主，东西方国家整体上都是农本经济；雅典等城邦农业条件不佳，有远见的政治家、改革家鼓励发展工商业，乃是因地制宜的举措（因为发展农业无须鼓励），与近代"重商主义"不可同日而语；希腊某些城邦的经济具有"外向性"特征，经济结构中工商业成分较多，是在农业经济占主要、主导地位前提之下的较多，绝不是以工商业为主的"工商业城邦"；社会生产力水平决定了古代世界实际上不存在工商业邦国。

第二，古代雅典民主政治和邦国间相互关系的研究：指出雅典民主制各阶段性质有明显不同；古代"希腊"是一个动态演化的地域、文化概念，希腊诸城邦之间的关系是国际关系。按照城邦国别史的研究思路，学界流行的"希腊民主制"的说法显然过于笼统。因为希腊诸邦中，能够完全确认实行民主制的只是其中少数，这些城邦也并非一直而只是某些时段实行民主制。因此，评价雅典民主的形成必须结合国家的发展，按历史阶段分别加以分析；希腊

---

1 恩格斯：《反杜林论》，《马克思恩格斯选集》，第 3 卷，北京：人民出版社，1995年，第 503 页。

城邦普遍具备较为浓重的民主传统和成分，但一个城邦能否实行民主制还取决于许多具体条件。在雅典，公元前5世纪60年代之前，国内矛盾主要表现为平民反对贵族、维护自身权利并逐步取胜的过程，其实质是公民内部关系调整并推动其对外扩张；此后到前5世纪末，随着雅典的对外扩张和制服众多弱小城邦，雅典国家规模扩大，社会主要矛盾发生了变化，雅典民主制的实质是全体雅典人对异邦人（非雅典人）的政治压迫和经济剥削，这种状况随着伯罗奔尼撒战争的结束而终结；前4世纪的雅典重新成为一个小国寡民的城邦，民主制成为平民、穷人制约贵族、富人的有力工具。雅典是希腊诸邦中民主制维持时间最长、最为典型的，而且相关史料比较丰富；在雅典国家规模的急剧扩张和骤然缩小之时，国家机构发生了脱胎换骨之变，即雅典民主制历史上的两次"无痕蜕变"，这恰恰是众多研究者未曾关注或有所忽视的重要节点。顺便说一句，那种在古史研究中，片面强调民主制"政治正确"的论点，近期仍有相当大的影响力，却是经不起严格的历史事实检验的。

雅典是兴起于阿提卡半岛的农业城邦，但其版图疆域并非一成不变。在完成内部统一、历经公民集体关系调整之后，雅典不断伺机向外扩张，鼎盛时期曾是地跨爱琴海、统治250多个属邦的海上帝国。公元前478/477年成立的雅典同盟及其演变，是考察公元前5世纪希腊世界城邦国际关系的重要内容。近代西方学者称为"提洛同盟"的城邦联盟，其前身是位于小亚细亚的反波斯城邦联盟。历史上的雅典同盟，实际上是雅典人和提洛同盟之间的联盟。雅典公民集体内部关系的不断调整，利用其在波希战争中迅速增长的国力，逐步将提洛同盟诸邦降至附属国地位，二者不平等的同盟关系遂演变为统属关系，雅典人由同盟的领导者蜕变为统治者，雅典国家统治区域急剧扩大，从而形成历史上的雅典帝国。波希战争对东地中海地区相关各方产生过不同影响：对于波斯帝国而言，意味着失去了对帝国西部沿海某些领土及其臣民的统治；对于雅典而言是通过侵略扩张征服众多小邦，从而形成跨爱琴海的海上霸国；对于希腊而言则是区域内局部统一；对于原属波斯统治下的小亚细亚及爱琴海诸邦而言，只不过是更换了统治者而已。

第三，古代地中海海洋史研究：对古代希腊罗马世界的海盗行为进行定性研究，认为它是该地区社会矛盾和阶级斗争的有机组成部分；古希腊文明从克里特文明开始，到前5世纪雅典帝国时代，终于形成较为明晰的海洋意识。东地中海地区自旧石器时代末起，航海活动开始出现，西亚北非新石器农业革命的成果随着海上移民逐渐西传，海上先民在生产、生活中积累了丰富的经验，海洋意识由此萌生，海盗行为与此伴生。海盗行为带有原始社会末期、阶级社会初期人们崇尚劫掠的时代特征，与该地区特殊的地理环境密切相关。"海盗"本指海上谋生者，海盗行为长期广泛流行在一定程度上造就了当地居民特别是腓尼基人、希腊人、罗马人具有较强的海洋意识；其在古代奴隶贸易、造船技术等方面均有积极贡献，应予以肯定。地中海区域各族群海上航行、探险、拓殖、贸易、战争等活动，是地中海文明优秀成果的重要组成部分。古希腊人的海洋意识主要有三层含义：一是海洋领土意识，海洋被视为国家领土的组成部分；二是海洋经济意识，海洋是城邦和公民个人谋生存、谋发展，获得经济利益的重要领域；三是海洋国防意识，明确意识到区域性霸国必须具备一定数量海军和海上实力，能够从海防的角度认识某些重要海域、岛屿、海上交通线的战略价值。

　　　　　　　　　　　　多彩的雅典娜

第四，古代希腊史家和史料研究：指出希腊三大史家史学方法、史学思想的时代特征，客观、具体评述其各自贡献，剖析国际学界褒修昔底德、贬希罗多德、色诺芬的原因。本人用将近 20 年时间翻译、注释古希腊三大史家的主要著作（先后出版三版），研究相关史料。读者们普遍反映，"三史"译笔准确流畅，评述客观中肯，已成为中文读者的重要参考文本。译者精选、吸收近百年来国际国内古典学研究成果，增补大量注释，每一部译著都有一篇数万字的译者序言，对于史家生平、思想、方法和贡献进行简要、客观评介。译者弥补了中文旧译本的一些带有全局性的不足，指出希罗多德站在相对公正的立场上评价希腊人和波斯人及其他异族人，主要站在波斯人的立场上撰写《历史》，它是一部完整的史著；修昔底德撰史的根本出发点并非西方学界所一直褒扬的"客观主义"，而是作为忠实的雅典爱国者和理性主义者，必须正视其作为史家的时代局限性和阶级局限性，仔细甄别其史料的可信度，辨析其方法的多样性；色诺芬的史学成就自近代以来被国际学界刻意贬低，与其著作所涉希腊人与波斯人的关系有关，作为城邦危机时代历史的亲历者和记载者，全面梳理他的心路历程及时代特征，才能更好地理解其多种作品所构建起来的那个"拼盘式"的理想国。

第五，古代国家发展道路统一性与多样性研究：对于古代国家的发展路径作出既符合马克思主义经典作家理论阐释，又符合历史事实的论述。20 世纪 80 年代末开始，笔者在《光明日报》《世界历史》等报刊杂志发表多篇涉及世界早期国家形态演化路径及其经济结构的论文，在国内率先探讨雅典城邦危机问题，指出希腊城邦作为一种早期国家形态，其小国寡民的形态是与其技术薄弱的国家机构相适应的，随着奴隶制经济社会的发展，它必然被更高一级的国家组织所取代，但取代的方式多种多样，取代的路径也并非是直线的、整齐划一的。公元前 4 世纪雅典等许多希腊城邦内部并未出现私有制明显扩大、阶级斗争日益激烈、贫富分化不断加剧等现象，表明希腊城邦内部总体上并不存在建立更高一级国家组织的内在必然性。马其顿之所以能够击败希腊诸邦，是马其顿军事、经济实力壮大的结果，这一历史事件所体现的主要是马其顿国家历史发展趋势，而不宜理解为希腊城邦发展为规模更大国家的历史必然性。

　　总括起来，自己主要强调三点。其一，世界古代原生国家，初期从规模上看普遍都是小国寡民之邦，从政体上看主要有君主制（个人执掌政权）和贵族制（少数人执掌政权）两种形态，或多或少都存在一些民主制成分，但迄今尚未发现一个国家产生之初即为民主制的历史例证。其二，国家脱胎于原始社会的氏族部落组织；以血缘关系为基础的氏族部落组织，或早或迟被以地域关系为基础的国家组织所取代；在世界早期国家发展中，情况极为繁复多样，在有些国家（如雅典、罗马等）国家起源过程中地域关系较快、较彻底地取代氏族血缘关系，而在有些国家早期国家发展过程中，二者长期处于"胶着"状态，甚至在一定时期内血缘关系有所强化。其三，国家与氏族组织的根本区别在于其设有"公共权力"，但是"这种公共权力可能极其微小，几乎是若有若无的"[1]；早期国家形态总的演化趋势是规模由小变大，管理机构由简单而复杂，这种演化的过程时间跨度不一、形态复杂多样，其实质都是公共权力由小到大逐步增长，这是古代国家形态发展演变的内在逻辑。

　　学院研究生会曾经举办过多次学术沙龙，请我和同学们摆摆龙门阵，主题是"如何做学问"，希望分享我的治学经验。我曾经援

---

1 恩格斯：《家庭、私有制和国家的起源》，北京：人民出版社，1999 年，第 178 页。

引德国史家兰克对其弟子所要求的"批判""准确""深入"等治史原则，和同学们展开讨论。我觉得自己做学问还处于打基础的阶段，谈不上什么经验。无非就是做老实人，说老实话而已。如果非要让我来总结一下，那首先要有正确的理论指导，将马克思主义理论与历史研究实践相结合；其次要有稳定的研究方向，恪守史家良知，坚持史学旨在求真，坚信求真方能致用；再次是选择重大历史问题如政治、经济、国家形态等加以探讨，敢于独立思考，言必有据；最后是脚踏实地，诚实探索，坚持不懈，创新益世。

本书取名"多彩的雅典娜"，源于自己对古希腊文明的理解。雅典娜是希腊神话中奥林波斯十二主神之一，宙斯之女，她不仅代表智慧、技术、战争、正义等多种形象，还是雅典城的保护神，堪称古希腊文明的象征。古代世界历史上产生过多种各具特色的文明，如果用颜色加以标注，文献中往往会出现"黄色文明""蓝色文明""黑色文明"等用词。早在2008年，笔者与出版界好友讨论出版个人文集时，即已确定此书名，后来多次前往希腊、埃及、意大利、土耳其等文明故地实地考察，使我更加坚信取名无误。古希腊文明作为西亚、北非及东地中海文明圈内的一种次生文明，曾广泛汲取多种域外文明优秀成果，加以消化、融合、创新，在哲学、史学、文学、科学、艺术等领域都取得了巨大的成就，成为世界文明宝库中一份珍贵遗产。

实话说，把这些短文汇编成册，也是方便自己向广大研究者、爱好者集中求教。需要说明的是，自己目前的所有工作，都是为撰写一部篇幅较大、内容较充实的雅典国家通史做前期准备。在国际学界，作为区域史、断代史的希腊史著很多，作为国别史的斯巴达史、罗马史不少，而希腊最重要城邦雅典的国家通史却极为罕见，这不能不说是一大缺憾。仰望博大精深的古希腊文明大厦，要承认自己对它一无所知。而今文集出版，希望它成为引玉之砖，激励自己及同行者在探索和求知的路上，不畏艰难，继续前行。

徐松岩

2023 年 2 月

第一章

族群·源流·早期历史

01 古代"希腊"的起源与流变
——一项概念史考察 *

近年来，在希腊历史文化探讨中，有一种广泛流传的观点，认为古代希腊并不存在一个被称为"希腊"的国家，也没有一个被称为"希腊"的政治实体，所以"希腊"在古代是不存在的。有论者由此断定希腊古史是"伪史"，是文艺复兴以后西方学者"杜撰"或"发明"出来的。此即所谓"希腊伪史论"。值得注意的是，倘若有人把"伪史论"挪移到埃及、印度、中国等其他文明古国的历史上，那这些文明古国历史的真实性，甚至其是否存在都很成问题了。这涉及古代希腊半岛上族群、文化、语言的来龙去脉，以及如何认识和评价西方文明的起源和传承等一系列错综复杂的问题，很有必要认真梳理，正本清源。笔者拟以希腊为例，从概念史的角度，探讨古代"希腊"的概念究竟是如何产生的，经历了怎样的演变，"希腊"的古史是否存在，如何理解其真实性等问题。

---

* 本文系国家社会科学基金一般项目"古典时代希腊理想国思想及其现实基础研究"（16BSS008）之成果。

一、从 Graecia 到 Greece：罗马人的误解并以讹传讹

现代世界上希腊以外的国家使用希腊国名时，通常就是英文的 Greece，法文的 Grèce，德文的 Griechenland，俄文的 Греция 等。据考证，该词均源于拉丁语 Graecia，它源自于罗马人对意大利南部沿海和西西里岛希腊移民的统称。罗马人称这一地区为 Magna Graecia，可译为"大格里西亚"或"大希腊"。公元前 7—前 5 世纪，"大希腊"地区先后出现了近百个希腊移民城邦。据说，这些城邦中有一部族是来自亚得里亚海对岸的西北希腊，该部族原居住在名叫 Graecia 的小地方，具体位置至今难以确定。显然，那时罗马人所知不多，见识有限，并不清楚 Graecia 原本多大，只是由于 Graecia 的居民移至意大利，居住地扩大了，罗马人便将错就错，把希腊殖民城邦所在地笼统地称为"大格里西亚"。罗马人的国家兴起于意大利半岛中部第伯河畔，在不断向外征服直至统治"大格里西亚"后，罗马开始大量吸收希腊文化，拉丁语中 Graecia 一词就成为罗马人对意大利半岛的"格里西亚人"居住地的称呼，也成为对巴尔干半岛南部的"格里西亚人"祖居地的统称。这种称呼就这样"以讹传讹"，[1]沿用至今。

然而，我们注意到，现代希腊人并不使用 Graecia（Greece）来称呼本国。他们和古代希腊人一样，用"Ελλάς"来称呼自己的领土。"Ελλάς"拉丁化即为 Hellas，意为"希腊人居住的地方"。Graecia 和 Hellas 是什么关系？难道历史上真有两个"希腊"吗？答

---

1 古代历史上这种"讹误"很多。正如"腓尼基"源自希腊人的称呼，罗马称其为"布匿"，所谓"腓尼基人""布匿人"所指族群相同，但它们并非腓尼基人的自称；同样，古代中国域外的人们对历代"中国"的称呼，我们未必全知；就已知情况来看，外人的称呼与族群自称不一致，是很常见的。

案当然是否定的。那么，Hellas 又是如何产生和演化的？

二、巴尔干半岛上的 Hellas：从无到有

Hellas 之名源于希腊人的远祖希伦（Hellen）。根据希腊神话，丢卡利翁（Deucalion）是天神普罗米修斯的儿子。洪水洗劫了大地之后，只有他和妻子皮拉幸存下来。希伦是他们的儿子，后被尊为希腊人的远祖。希腊人（Hellenes）意为"希伦的子孙"。公元前8 世纪作家赫西俄德说，希伦三个儿子分别是多洛斯（Dorus）、克苏托斯（Xuthus）和埃奥罗斯（Aeolus）。[1] 伊奥尼亚人的名祖伊翁（Ion），乃是阿波罗之子。克苏托斯是其继父。后世希腊诗人炮制这则神话旨在说明，古典时期操希腊语多利斯方言（Doric dialect）、埃奥利斯方言（Aeolic dialect）和伊奥尼亚方言（Ionic dialect）的族群，分别被称为多利斯人、埃奥利斯人和伊奥尼亚人，有着共同的世系，源自于一个共同的祖先。

其实，希腊人并非巴尔干半岛南部即希腊半岛的原住民，此地最初当然不应该被称为"希腊"。一个多世纪以来历史学、考古学、语言学、民族学等学科的研究成果已经证明，印欧语系希腊语族的居民，大约自公元前 2500 年开始的千余年间，从巴尔干半岛中北部分批南下，逐步占据一些地区，征服当地居民或与其和平杂居。其中希腊人大规模移居希腊半岛（"皮拉斯基亚"）是在公元前

---

1 Hesiod, Fr. 5 and 7; N. G. L. Hammond, *A History of Greece To 322 B. C.*, New York: Oxford University Press, 1977, p. 39. 参阅中译本 N. G. L. 哈蒙德：《希腊史》，朱龙华译，北京：商务印书馆，2016 年。

1900 年以后。[1] "希腊人的到来"是该地区一个重要的历史节点。最早进入"希腊"地区的是阿凯亚人（Achaeans），他们自北向南进入伯罗奔尼撒半岛，很可能就是迈锡尼文明的创建者，其所使用的文字（线形文字 B）被证实是希腊语。稍晚进入这一地区的有伊奥尼亚人、埃奥利斯人，最晚进入"希腊"并建立斯巴达城邦的多利斯人，南下的时间是特洛伊城陷后的第八十年（约前 1160 年）。[2] 古典时代历史学家希罗多德、修昔底德在追溯希腊民族历史起源时，记载了古希腊人的共同记忆，也转述了他们的共识。

Hellas 经历过从无到有、从小变大的动态演进过程。希罗多德、修昔底德都确信，现在被称为"希腊"的这个地方，最初并非为希腊人所居。希腊人在此定居，希腊语在此普及，是"希腊"这个地理概念出现的前提。古风时代初期，上述历史条件基本具备。因此，"希腊"大致出现于此时。

三、Pelasgia 的缩小与 Hellas 的扩大

考古资料早已确证，自公元前 11,000 年起，希腊和爱琴诸岛

---

1 现代学者对于印欧语系的"希腊人"南下的起始时间有不同看法，大致在公元前 2500—前 2300 年之间。在早期希腊底 III 时期（公元前 2100—前 1900 年），只有少量操希腊语的部族进入希腊地区；此前他们主要居住在伊利里亚的西南部、伊庇鲁斯、马其顿的西部以及塞萨利的西北部。G. A. Christopoulos, J. C. Bastias, *History of the Hellenic World*, Vol.1, *Prehistory and Protohistory*, Athens: Ekdotike Athenon S.A., 1970, pp. 371-375.

2 Thucydides, *The History of the Peloponnesian War*, I. 12. 3。为简明起见，本书凡引希罗多德、修昔底德、色诺芬、阿里斯托芬、亚里士多德、普鲁塔克等的古典著作，均参考西方古典传统，只以卷章节或行数注明。中译本参阅修昔底德：《伯罗奔尼撒战争史（详注修订本）》，徐松岩译注，上海：上海人民出版社，2017 年。

多彩的雅典娜

的居民生活和海上交往未曾中断。来自西亚、北非（古希腊人所称"东方"）的移民，携带着较为先进的文化成果，自东向西进入爱琴诸岛（基克拉底斯群岛）。N. G. L. 哈蒙德指出，在这里，"延续长达3000至4000年的新石器时代，几乎完全是以来自东方的影响为特征的。这是一个和平、安宁，从事农业、航海并有艺术风雅的社会"。[1] 及至古典时期，希腊作家已很难弄清楚希腊人定居此地之前的族群成分，一般统称他们为"皮拉斯基人"（源自Pelargi，一种被称为"鹳"的水鸟，暗示他们是海上移民），称他们的居住地为皮拉斯基亚（Pelasgia）。随着希腊人一批批南下，居住在这里的皮拉斯基人或者被驱逐、屠杀，或者被同化。这是一个文化、族群上相互融合的过程，一方面是当地居民的"希腊化"，另一方面也是希腊人的"皮拉斯基化"；同时并行的历史进程，是"皮拉斯基亚"逐步缩小，而"希腊"则不断扩大。

在族群和地理意义上，关于皮拉斯基亚和希腊的消长，古代历史文献都有比较明确的记载。荷马史诗提到皮拉斯基人居住在色雷斯、阿尔戈斯、克里特等地；希罗多德及其以后的作家，都将希腊及地中海地区的前希腊语民族统称为"皮拉斯基人"。希罗多德《历史》提供了至关重要的史料。他指出：拉栖代梦人属于多利斯族，雅典人属于伊奥尼亚族。这两个民族从古老的时代起就在希腊占据极为突出的地位了。雅典人在从前属于皮拉斯基族，拉栖代梦人是属于希腊族的；皮拉斯基人从来没有离开过自己居住的故土，而希腊人却是经常长途迁徙的。在丢卡利翁统治的时代，希腊人居住在弗提奥提斯，在希伦的儿子多鲁斯统治的时代，他们便移居到一个叫作希斯提埃奥提斯的地方；他们在被卡德摩斯人驱逐出希斯

---

[1] N. G. L. Hammond, *A History of Greece To 322 B. C.*, p. 37.

提埃奥提斯地区以后，就定居在品都斯，称为马其德尼人。从那里再一次迁移到德里奥皮斯；而最后又从德里奥皮斯进入伯罗奔尼撒，结果他们就变成了众所周知的多利斯人。[1]

希罗多德还断言，皮拉斯基人是非希腊语的民族，属于皮拉斯基族的雅典人，在他们成为希腊人的同时，必定是更改了自己的语言的。希腊民族自从出现以来，就从来没有改变过他们所使用的语言。希腊人起初人数不多，势力弱小；然而，他们却逐步扩大和成长成为一个多民族的集合体，这主要是由于许许多多的非希腊语部落主动加入到他们行列当中的缘故。[2]这就是说，在皮拉斯基人所居住的皮拉斯基亚，随着希腊人迁入、定居、融合，操希腊语的族群居住地不断扩大，皮拉斯基亚逐步缩小。

近代以来的考古学和语言学研究成果已经证实，在希腊人来到希腊之前，希腊各地主要是来自亚洲和非洲的移民。皮拉斯基人留下的遗迹很多。据修昔底德记载，雅典卫城上有一段皮拉斯基人的城墙，直到公元前431年还保存着。[3]修氏很可能就是这段城墙的目击证人。现代研究者指出，皮拉斯基康（Pelargikon 或 Pelasgicum）系指雅典卫城的古城墙，但也有学者认为修昔底德是把它与卫城城墙明确区分开的。考古资料证明，在希腊人到来之前，雅典卫城已有城墙建筑。雅典卫城曾是皮拉斯基人的居住地，他们在此建立设防要塞。[4]古典希腊语中保存着的大量前希腊语的

---

1 Herodotus, *The Historiae*, I. 56. 中译本参阅希罗多德：《历史（详注修订本）》，徐松岩译注，上海：上海人民出版社，2018年。
2 希罗多德：《历史》，I. 57—58。
3 修昔底德：《伯罗奔尼撒战争史》，II. 17. 1—2。
4 Simon Hornblower, *A Commentary on Thucydides*, Oxford: Clarendon Press, 1991, Vol. 1, pp. 269-270.

词汇，可为皮拉斯基人广泛居住此地的佐证。某些具有社会、政治特色的名字（如"王""奴隶"等），一些神祇、英雄的名字（如雅典娜、赫尔墨斯、米诺斯等），一些动植物、奢侈品、休闲用品的词汇（如橄榄、葡萄、无花果、杉树、樱桃、水仙、浴盆等），都可以看到皮拉斯基人语言的残存。前希腊语地名的特点是词尾音节多为 -ssos 或 -ttos，-inthos 或 -indos，-enai，例如 Parnassos、Hymettos、Corinth、Athenai、Mycenai 和 Halicarnassos 等。具备这一特点的地名多在小亚细亚。在希腊本土，在阿提卡和东伯罗奔尼撒较为常见，在色萨利和马其顿也有，在西部和西北部就很少见了。这说明移民的分布东部较稠，西部渐稀，暗示这些居民来自东方，自东向西在希腊各地扩散。[1]

修昔底德的记载和考证实际上认定并印证了"希腊"从无到有的过程。他在《伯罗奔尼撒战争史》中强调，现在称为希腊的地区，古时候没有定居者；阿提卡由于土地贫瘠，其居民始终没有发生改变（其实就是承认他们是皮拉斯基人的后裔）；修氏还指出，在特洛伊战争之前，这个地区确实没有被统称为"希腊"；甚至在丢卡利翁的儿子希伦的时代以前，连"希腊"这个名称都不存在。这个地区以不同部族的名号，尤其是以"皮拉斯基人"的名号来称呼。随着希伦和他的儿子们在弗提奥提斯的势力的增长，并且以同盟者的身份被邀请到其他城邦之后，他们才因这种关系而一个接一个地取得"希腊人"之名。很长时间以后，这个名称才通用于这一地区。

---

1 G. A. Christopoulos, J. C. Bastias, *History of the Hellenic World*, Vol.1, *Prehistory and Protohistory*, pp. 364–365; A. Sherratt, *The Cambridge Encyclopedia of Archaeology*, Cambridge University Press, 1980, pp. 48–53；P. 麦克肯德里克：《会说话的希腊石头》，晏绍祥译，杭州：浙江人民出版社，2000 年，第 51 页；N. G. L. Hammond, *A History of Greece To 322 B. C.*, Oxford University Press, 1977, pp. 38–41.

关于这一点，荷马提供了最好的证据。荷马虽出生在特洛伊战争以后很久，但是他从来没有在任何地方用"希腊人"来称呼全体军队。他只用这个名称称呼来自弗提奥提斯的阿喀琉斯的部下，他们就是原始的希腊人；他们在史诗中被称为"达那安斯人""阿尔戈斯人"和"阿凯亚人"。荷马甚至没有使用"异族人"一词，大概是由于希腊人那时还没有一个独特的名称，以和世界上其他民族区别开来。因此，"希腊人"似乎既包括一个接一个采用这个名称且互相之间使用共同语言的各城邦的人们，也包括那些后来把这个名称当作全体居民的共同称呼的人们。[1]

修昔底德对远古时期希腊各地居民状况的概括性论述，反映了古典时代雅典人对于希腊历史传说中所蕴含的历史事实的理解和认识，从中可以得出如下四点认识。第一，在希腊地区的居民被统称为"希腊人"之前，他们大都是所谓"皮拉斯基人"，如阿提卡的原始居民就是皮拉斯基人的一支。第二，由前希腊时代到古风时代，希腊半岛上的皮拉斯基人以及外来其他居民经历了漫长的融合过程。直到荷马之后很长一段时间，希腊人才成为"遍布"希腊各地的居民。第三，希腊人的成分相当复杂，主要包括三种情况：移入该地的希腊人（"希伦的子孙"）；接受希伦和他的子孙帮助或"保护"的那些居民；只是把"希腊人"当作共同称呼的人们。第四，从语言上说，希腊人显然包括那些操希腊语的希腊移民和原不操希腊语后又改操希腊语的异族人。换言之，古风时代希腊人是指移入的希腊人和"希腊化"了的非希腊人（主要是皮拉斯基人）。

当今最权威的古希腊语工具书，由 H. G. 李德尔主编的《希腊语—英语辞典》，在"Ἑλλάς"一词下搜罗、梳理了古希腊文献中出

---

1 修昔底德：《伯罗奔尼撒战争史》，I. 2. 1—3. 4。

　　　　　　　　　　　　　　　　　多彩的雅典娜

现的所有用法，归纳出六个相关义项：（1）源于多多那（Dodona）神谕所周边地区；（2）希腊人远祖希伦在色萨利地区创建的一座城；（3）弗提奥提斯的一部分，居民被称为米尔弥冬人；（4）北希腊，与伯罗奔尼撒（南希腊）相对；（5）希腊，从伯罗奔尼撒到伊庇鲁斯、色萨利等地；（6）对所有希腊人居住之地的统称。[1] 最后一个大致相当于后世所说的"希腊世界"。这六个义项大致反映了"希腊"这个概念的内涵在古代的衍化。新近出版的《布瑞尔古希腊语辞典》也有类似的总结。[2]

及至古风时代之初，"希腊"在地理上扩大，直至完全"覆盖"皮拉斯基亚；很显然，后者并未"消失"，而是在某种意义上被"希腊化"了。从古风时代到古典时代，作为文化、族群和地理意义上的"希腊"，其内涵和范围已经不是问题。

四、从古代"希腊"到近现代"希腊"

古代"希腊"在地理上大致是与皮拉斯基亚相重合的，但这并不意味着所有希腊人居住之地皆可称为"希腊"。古风时代希腊人在地中海各地广泛建立的殖民城邦，不同区域沿用各自地名。如西西里和意大利半岛南部的希腊殖民城邦，就被称为"大格里西亚"；爱琴海东岸、小亚细亚西部有希腊居住的地方，自北向南分别被称为埃奥利斯、伊奥尼亚和卡里亚，赫勒斯滂和黑海地区希腊人殖

---

1 H. G. Liddell and R. Scott compiled, *Greek-English Lexicon*, 9th, revised by H. Staurt Jones, Oxford, 1996, p.535.
2 Franco Montanari, *The Brill Dictionary of Ancient Greek* (the English translation of *Franco Montanari's Vocabolario della Lingua Greca*), Leiden, 2015, p. 663.

民城邦，也有其各自的地名，并未被统称为希腊。那么，古代"希腊"在族群、地理、文化意义上有没有大致可以划分的界限呢？

　　古典作家的记载似乎可以提供一个参考答案。希罗多德在说到波斯战争中希腊舰队的组成，并且强调当初皮拉斯基人统治着如今称为"希腊"的地方；而"希腊"诸邦就是居住在阿凯隆河以及塞斯普洛提人居住地以南的区域。[1] 据希罗多德记载，波斯战争末期，处于波斯统治下的小亚细亚及附近海岛上希腊人诸邦，强烈要求"希腊"军队前去解放他们；可是，在"希腊人"看来，地处爱琴海东部的萨摩斯岛，如同赫拉克勒斯柱（直布罗陀海峡）一样遥远，所以希腊人认为，爱琴海中部的提洛岛以东海域，波斯人认为萨摩斯岛以西的海域，是希腊和波斯冲突双方之间的一片战略"缓冲区域"。这就是说，在希罗多德看来，"希腊"在陆地上（北部）和海上（东部）的界限是清楚的，它主要指希腊大陆及其附近岛屿。[2]

　　修昔底德在其著作中也多次述及这个问题。他将希腊人、马其顿人、当地土著异族人并列；还提到希腊人共同的圣域，意即全希腊范围内如德尔斐、奥林匹亚、（科林斯）地峡等，修氏所说"希腊"指希腊大陆及附近岛屿，"希腊人"显然不包括马其顿人。[3]

　　自伯罗奔尼撒战争结束之时起，随着标准希腊语（koine，"希腊普通话"）的形成和推广，希腊人的"泛希腊"意识日趋增强，希腊人的族群认同观念逐步形成；马其顿征服希腊以及随后对西亚、埃及、中亚各地的侵占和袭掠，使操希腊语的希腊人广泛散布于地中海、黑海岛屿及欧亚非大陆。在后世作家看来，希腊人居住范围无疑急剧扩大了，于是出现"希腊世界"的概念，大致包括希腊大

1　希罗多德：《历史》，VIII. 44，47。
2　希罗多德：《历史》，VIII. 132。
3　修昔底德：《伯罗奔尼撒战争史》，IV. 124. 1，V. 18. 2等。

陆、爱琴诸岛、大希腊、小亚细亚西部及黑海沿岸等地区，但是古代希腊作家似乎从未把"希腊"和"希腊世界"混为一谈。

罗马时代的希腊人散居欧亚各地，但是其聚居区依然是希腊故地。出生于各地并用希腊语写作的历史学家、地理学家、传记家们对于"希腊"依然有明晰的概念，在波里比阿、阿提安、普鲁塔克等人的著述中都可以看到这一点。公元2世纪地理学家兼旅行家波桑尼阿斯在其关于"希腊"的专著《希腊纪行》中，声言要记述"希腊所有的事"，所述区域包括阿提卡、阿尔戈利斯、拉哥尼亚、美塞尼亚、奥林匹亚、阿卡迪亚、波奥提亚、德尔斐等地。这显然是那个时代的流行观点，完全沿袭古典时代希腊作家的传统看法。[1]

罗马帝国时代直到欧洲中世纪后期，希腊人和希腊文化的核心区域，依然在希腊半岛及爱琴海沿岸地区。罗马帝国在文化上大致分为两个部分，西部的拉丁文化区和东部的希腊文化区，后者即历史上的"东罗马帝国"或"拜占廷帝国"。她虽被称为罗马帝国，但其统治范围主要是操希腊语的"希腊人"。希腊语不仅是帝国民众日常用语，也是从事文学、教育、宗教、法学、贸易活动的官方语言。在东罗马帝国存续的千余年中，古希腊文献的传抄、整理和研究未曾中断，官方或民间重要文献均以希腊语写成。1453年奥斯曼土耳其人攻陷君士坦丁堡后，大批希腊学者携带古希腊抄本逃往意大利，成为"文艺复兴"运动的重要诱因。西欧诸国文人墨客时隔千年，再次看到辉煌灿烂的古希腊文化成果时，不禁为之惊叹不已。对于近代欧洲人而言，古希腊文化重见天日，可算作是他们的

---

1 Simon Hornblower & Antony Spawforth eds., *The Oxford Classical Dictionary*, Oxford University Press, 2003, p. 1129; Pausanias, *Periegesis of Greece* (*Description of Greece*), translated by W. H. S. Jones, "the Loeb Classical Library", Harvard University Press, 1992, Vol. 1, Introduction.

"发现"，绝不是他们的"发明"。

　　以上通过简略考察"希腊"从无到有、从小到大、从古到今的演化过程，可以看到，在1822年希腊宣布独立之前，这片土地及其居民长期处于异族统治之下，确实没有一个被称为"希腊"的国家存在。但是，自"希腊"概念的出现直到19世纪初，在这两千多年的历史长河中，以希腊半岛为核心区域的"希腊"历史和文化，始终是真实存在的。学界传统上把古代"希腊、罗马"并举，使人们容易误认为古代"希腊"是一个国家。研究古希腊史的视角可以是区域史、族群史，也可以是城邦史、文化史，但绝不是什么"伪史"。在语言、地理、族群、文化意义上研究其历史，正如在同样意义上研究古代"中国""印度"一样，都有其各自的学术价值和现实意义。

　　　　原载《北京师范大学学报（社会科学版）》2019年第4期；
　　中国人民大学书报资料中心《世界史》2019年第9期全文转载；
　　XU Songyan, "The Origin and Evolution of the Concept of Hellas:
　　A Survey on Conceptual History", *The BNU Historical Review*, Vol. 1,
　　　　No. 1, 2020. 英文版发表于北京师范大学历史学院主编
　　　　　《京师历史评论》，北京：商务印书馆，2021年

02 "希腊人"与"皮拉斯基人"

——古代希腊早期居民源流考述

近几十年国际考古学研究成果已经证明，自新石器时代之初甚至更早的时期，希腊半岛、爱琴诸岛和西亚、北非某些地区的海上交流日趋频繁，海上移民浪潮此起彼伏，与此相伴随的是西亚地区新石器革命的成果西渐。在传统上称为"希腊人"（Hellenes，意即"希伦的后裔"）的印欧语系居民进住希腊（Hellas）之前，希腊半岛的原有居民属于地中海型白种人的非希腊语居民。其分布的大致情况是：居住于希腊大陆的被称为"皮拉斯基人"，居住于克里特岛和爱琴诸岛的为所谓"卡里亚人"或"勒勒吉人"。进入有陶新石器时代，希腊各地人口明显增长，旧住址人口密度加大，新居址不断涌现，人们的食物种类日益多样化，生产工具和武器的制作技术有所改进。[1] 大约在公元前 3500—前 2600 年间，爱琴海地区各部分先后进入早期青铜时代。其中爱琴诸岛最早，约自公元前 3500 年开始；克里特岛次之，约自公元前 3000 年开始；希腊半岛最晚，约自公元前 2600 年开始。[2] 大约自公元前 3000 年代末开始，最早

---

1 M. I. Finley, *Early Greece*, London: W. W. Norton & Company, 1981, pp. 4–7.
2 I. E. S. Edwards, C. J. Gadd, N. G. L. Hammond, *The Cambridge Ancient History, Vol. I, Part 2,* Cambridge: Cambridge University Press, 2006, pp. 771–825.

一批操希腊语的居民移居希腊（"希腊人的到来"）。

皮拉斯基人、卡里亚人或勒勒吉人来自何方？"希腊人的到来"意味着什么？希腊人与前希腊语居民的关系是如何发展演化的？希腊人各支大致是如何分布的，对后世希腊历史文化产生过哪些影响？一百多年来，许多历史学家、考古学家、人类学家、语言学家、神话学家和民族学家参与研究和讨论，问题至今悬而未决。[1]实际上，这些问题早在古代就引起了希腊人的关注，而且其关注程度比之今人有过之而无不及。然而，在线形文字 B 成功释读之前，关于"希腊人的到来"是没有任何文献依据的。因此，关于希腊人进入希腊之前以及之后该地区居民变动的一些情况，只能零零散散地保存于该民族的传说故事之中。由于该地区族群众多，移民频仍，后人的追忆残缺不全，歧异甚多。这无疑更增加了问题的复杂程度。希腊民族源流和相互关系问题的探讨，对于深刻认识古希腊

---

1 G. A. Christopoulos & J. C. Bastias, *History of the Hellenic World,* Vol.1, *Prehistory and Protohistory*, Athens: Ekdotike Athenon S. A., 1970, pp. 364–389; A. Sherrratt, *The Cambridge Encyclopedia of Archaeology*, Cambridge: Cambridge University Press, 1980, pp. 102–119; 136–151；P. 麦克肯德里克：《会说话的希腊石头》，晏绍祥译，第 1—146 页；V. Ehrenberg, *The Greek State*, New York: W. W. Norton & Company, 1964, pp. 9–27；N. G. L. Hammond, *"The Arrival of the Greek Speech In the Southern Balkan"* in *Studies In Greek History*, Oxford: Oxford University Press, 1973, pp. 26–35; C. J. Emlyn-Jones, *The Ionians and Hellenism: A Study of the Cultural Achievement of Early Greek Inhabitants of Asia Minor*, London: Routledge & Kegan Paul, 1980, pp. 1–9；R. Drews, *The Coming of the Greeks: Indo-European Conqests in the Aegean and the Near East*, New Jersey: Princeton University Press, 1989, pp. 38–76; J. M. Hall, *Ethnic Identity In Greek Antiquity*, Cambridge: Cambridge University Press, 2000, pp.4–15; Rosaria Vignolo Munson, *Black Doves Speak*, Cambridge, MA.: Harvard University Press, 2005, pp.7–18; Margalit Finkelberg, *Greeks and Pre-Greeks*, Cambridge: Cambridge University Press, 2005 pp.1–167；马丁·贝尔纳：《黑色雅典娜：古典文明的亚非之根》，第 1 卷，郝田虎、程英译，长春：吉林出版集团有限责任公司，2011 年，第 1—106 页；徐晓旭：《古希腊语的史前史》，载徐松岩主编：《古典学评论》，第 1 辑，上海：上海三联书店，2014 年，第 44—62 页。

文明的特点和古典时代希腊世界国际关系的历史渊源，科学认识欧洲文化的源头及其与近东尤其是西亚古代文化的关系，具有重大的意义。本文拟考察、缕析古代传说故事和古典著作所蕴含的种种相关线索，结合现代学者的研究成果，提出一些不成熟的个人看法。

一、古代传说中的"希腊人"

按照古希腊流行的神话传说，人类的救星普罗米修斯之子丢开利翁和他的妻子皮拉逃脱洪水之难后，生子希伦，即希腊人的远祖。希伦有三个儿子：多拉斯、克苏托斯和埃奥拉斯。多拉斯是多利斯人（Dorians）的祖先，埃奥拉斯是埃奥利斯人（Aeolians）的祖先，克苏托斯有一养子名叫伊翁，从而成为伊奥尼亚人（Ionians）的祖先。[1] 这种传说经过后世诗人的改编，用以解释希腊人的起源，但它也明示历史时期的希腊人有三个主要分支：多利斯人、伊奥尼亚人和埃奥利斯人。古典时期希腊各方言族群分布的区域情况是清楚的。[2]

关于希腊人起源的另一种传说认为，丢开利翁有一个儿子叫希伦，希伦有两个儿子，长子多拉斯，次子埃奥拉斯。后来又添了两个孙子，一个叫伊翁，一个叫阿凯亚。这种传说暗示希腊人有四个分支，除以上三个分支外，还有一支名为阿凯亚人（Achaeans）。

历史时期的希腊作家们根据他们的理解，搜集、整理早期神话

---

1 参阅 M. H. 鲍特文尼克等编著：《神话辞典》，黄鸿森等译，北京：商务印书馆，2004 年，第 85、146、327—328 页。

2 徐晓旭：《古希腊语的史前史》，载徐松岩主编：《古典学评论》，第 1 辑，第 60—61 页。

传说，对本族早期历史加以分析和解释。这些资料稍显凌乱、歧义丛生，可信度往往受到质疑，但是其中蕴含着不可忽视的珍贵信息，是后世学者了解和追溯本地区早期居民源流的主要文献史料。

希罗多德《历史》记载并保存的大量古代民族学史料，其重要性迄今未受到应有的重视。他在谈及雅典人、伊奥尼亚人与其他诸民族的关系时指出："当起初皮拉斯基人统治着如今称为'希腊'的地方时，雅典人属于皮拉斯基人，取名为克拉奈人；当雅典人处于国王凯克罗普斯统治之下的时代，他们被称为凯克罗皮代伊人；当埃里克修斯取得统治权的时候，他们就改换了名字而被称为雅典人；而当克苏托斯的儿子伊翁成为他们的统帅的时候，雅典人又依他的名字改称伊奥尼亚人了。"[1]

亚里士多德在追溯雅典早期历史时提到，雅典人在一次危急时刻请求伊翁的帮助，担任当地的军事首脑。[2] 而按照氏族制度的习俗，军事首脑是可以由异族人即本氏族、本部落以外的人来担任的。按希腊神话传说，雅典国王埃里克修斯之女克留莎（Creusa）嫁给希伦之子克苏托斯（Xuthus），生子伊翁；伊翁的父亲就是"入赘"雅典的；一说伊翁的父亲是阿波罗神，其母隐瞒父王与阿波罗秘密婚媾。后世作家并不避讳伊翁的外来者身份，恰恰说明该故事内容受到广泛认可。

希罗多德谈到雅典人和伊奥尼亚人的关系时又说，"所有的伊奥尼亚人事实上都是起源于雅典的，都要庆祝阿帕图里亚节"[3]。可

---

1 Herodotus, *The Historiae*，VIII. 44.

2 Aristotle, *The Athenian Constitution*, Fragments 1, III. 2-3. 本书所引古典作品，凡未另注明者，皆据"洛布古典丛书"（The Loeb Classical Library），剑桥：哈佛大学出版社，1977—1999 年。后略。

3 Herodotus, I. 147.2.

是，希罗多德在其他地方又多次强调伊奥尼亚人曾居住在伯罗奔尼撒半岛叫作阿凯亚的地方，并且是分为 12 部分的。[1] 他指出："根据希腊人的说法，现在的这些伊奥尼亚人，当他们居住在伯罗奔尼撒半岛的今天叫作阿凯亚的那片区域的时候（即在达纳乌斯和克苏托斯抵达伯罗奔尼撒之前），那时他们被称为埃吉亚林的皮拉斯基人，即滨海的皮拉斯基人。"[2] 如何理解这种自相矛盾的记载呢？

修昔底德提供的史料解开了上述问题的谜底。他指出："希腊其他地方因战争或内讧而被驱逐的那些最有势力的人，求助于雅典人，把阿提卡作为一个安全的避难所。在早期时代，他们归化入籍，使原本众多的城邦人口迅速膨胀，结果阿提卡面积太小，容纳不下这么多人，最终不得不派遣移民到伊奥尼亚去了。"[3]

这就是说，其他地方的伊奥尼亚人（同样因伊翁得名）曾进入阿提卡，并且加入当地居民原有的社会组织，之后又加入移民行列来到小亚细亚西部的伊奥尼亚地区，并建立 12 个城邦。[4] 然而，修昔底德所说的这次移民，是不是如传统上认为是由于多利斯人入侵而引起的呢？

现在让我们回过头来看看关于阿凯亚人起源的材料中涉及希伦诸子的神话传说。这些神话是在赫西俄德时代或更早的时代就已经形成的。因此，从希腊人各分支之名祖之间的关系，可以隐约透视出他们之间的亲缘关系。

传说在希伦诸子中，埃奥拉斯和多拉斯始终留居故土，而幼子克苏托斯被他的两个兄长驱逐出去，在雅典找到避难所，在那里

---

1 Herodotus, I. 145.

2 Herodotus, VII. 94.

3 Thucydides, *The Peloponnesian War*, I. 2. 6.

4 Herodotus, I. 142. 3.

娶雅典王埃里克修斯之女克留莎为妻，生有二子：伊翁和阿凯亚。[1]还有一种传说谈到，克苏托斯来到雅典，但被埃里克修斯驱逐出境，之后来到伯罗奔尼撒，在那里结婚生子。伯罗奔尼撒半岛的一部分居民按照他儿子伊翁的名字开始被称为伊奥尼亚人。后来，伊翁成为雅典人的军事首领，雅典人因此被称为伊奥尼亚人。[2]两种传说的共同点是都强调阿提卡和伯罗奔尼撒的伊奥尼亚人是希腊人的一个分支中的两个小分支，关系异常密切，两种方言又十分相近。这些都是符合历史事实的。

关于阿凯亚的行踪则有两种说法：一是阿凯亚重返故土，只是他的儿子阿尔希特尔和阿尔汉得尔才从弗泰奥提斯来到阿尔哥斯，在那里他们娶达那俄斯王的女儿为妻。波桑尼阿斯写道："当阿凯亚的儿子们在阿尔哥斯和拉栖代梦得势的时候，当地居民开始被称为阿凯亚人，而这个名号就取代了其他的名号。这个名号是对这两地居民的统称。虽然阿尔哥斯人有一个专门的名号——达那俄斯人。"[3]另一种说法是，克苏托斯的儿子阿凯亚于无意间杀人以后，逃往拉哥尼亚。[4]

结合其他史料，我们还了解到伊奥尼亚人在阿提卡以外的一些居住区域。例如，传说由伊翁之子皮提列所治理的爱皮道鲁斯地区、特罗伊曾地区、麦加里斯等。[5]显然，伊奥尼亚人不仅居住于伯罗奔尼撒北部边缘一带，还包括东北沿岸地区。据希罗多德记

1 Strabo, *The Geography*, VIII. 7. 1. 参阅 M. H. 鲍特文尼克等编著：《神话辞典》，黄鸿森等译，第 146、174 页。

2 鲍特文尼克等编著：《神话辞典》，黄鸿森等译，第 327—328 页。

3 Pausanias, *Description of Greece*, VII. 1. 6–7.

4 Strabo, VII. 5. 5.

5 Pausanias, II. 26. 1; Strabo, III. 5. 5, IX. 1. 5.

载，伊奥尼亚人最初也住在库努里亚（阿哥利斯和拉哥尼亚之间的滨海地区），而且依然保持着本部族的特点和语言。[1]

二、古典作家笔下的"希腊人"

修昔底德在考证特洛伊战争以前希腊本土的居民时指出："很明显地，现在被称为希腊的地区，在古时候并没有定居者；相反地，移民运动频频发生，各个部落在受到那些比他们更为强大的部落的压迫之时，他们总是准备放弃自己的家园。当时没有商业；无论在陆地上还是海上，都没有安全的交通；他们利用领土，仅以攫取生活必需品为限；他们缺乏资金，从不耕种土地（因为他们知道侵略者随时会出现，劫走他们的一切，而当侵略者到来时，他们又没有城墙用以抵御），认为既然在一个地方可以获得日常必需品，在其他地方也一样。这样，他们对于变换居住地点并不在意。因此，他们既没有建筑大的城市，也没有取得其他任何重要资源。凡是土地最肥沃的地方，如现在的色萨利、波奥提亚和除阿卡狄亚以外的伯罗奔尼撒的大部分地区，以及希腊其他最富饶的地区，其主人的更换都是最频繁的。土地的肥沃有助于特殊的个人扩大其权势，由此引发纷争，纷争导致公社瓦解，还会造成外族入侵。因此，阿提卡因土地贫瘠，自古以来就没有内部纷争，这里的居民也从未发生改变。"[2]

修昔底德接着又说："在特洛伊战争以前，没有迹象表明全希

1　Herodotus, VII. 94.

2　Thucydides, I. 2. 1-6.

腊有过任何共同的行动，这一地区也确实没有被通称为'希腊'。甚至在丢开利翁的儿子希伦的时代以前，连'希腊'这个名称都不存在。这个地区以不同部族的名号，尤其是以'皮拉斯基人'的名号来称呼。随着希伦和他的儿子们在弗提奥提斯的势力的增长，并且以同盟者的身份被邀请到其他城邦之后，他们才因这种关系而一个接一个地取得'希腊人'之名的。经过很长时间以后，这个名称才通用于这一地区。关于这一点，荷马提供了最好的证据。荷马虽出生在特洛伊战争以后很久，但是他从来没有在任何地方用'希腊人'来称呼全体军队。他只用这个名称来称呼来自弗提奥提斯的阿喀琉斯的部下，他们就是原始的希腊人；他们在史诗中被称为'达那安斯人''阿尔哥斯人'和'阿凯亚人'。荷马甚至没有使用'异族人'一词，大概是由于希腊人那时还没有一个独特的名称，以和世界上其他民族区别开来。因此，希腊人诸公社似乎既包括一个接一个城邦采用这个名称，互相之间使用共同语言的人们，也包括那些后来把这个名称当作全体人民的共同称呼的人们。希腊人诸公社在特洛伊战争以前，由于实力不足，缺乏相互联系，因而未能实施任何集体行动。"[1]

这是修昔底德对远古时期希腊各地居民状况的概括性论述，反映了修氏本人甚至古典时代雅典人对于希腊历史传说中所蕴含的历史事实的理解和认识。我们认为可以对此提出如下几点初步看法。第一，就修氏视野所及，古时候希腊地区的居民有两类：一是定居者，以耕种土地为业；一是非定居者，不事农耕，以劫掠为生，也可能是以狩猎或渔捞为生的人们。[2] 第二，在希腊地区的居

---

1 Thucydides, I. 3. 1–4.
2 S. Hornblower, *A Commentary on Thucydides,* Vol. 1, pp. 9–10.

多彩的雅典娜

民被统称为"希腊人"之前，他们大都是所谓"皮拉斯基人"，如阿提卡的原始居民大概就是皮拉斯基人的一支。第三，由原始的希腊人到古典时代的希腊人，皮拉斯基人以及当地其他居民经历了漫长的历程。直到荷马之后很长一段时间，希腊人才成为"遍布"希腊各地的居民。第四，希腊人的成分相当复杂，主要包括：原始的希腊人；接受希伦和他的儿子们帮助或"保护"的那些居民；只是把"希腊人"当作共同称呼的人们。第五，从语言上说，希腊人显然包括那些说希腊语的原始希腊人和原不说希腊语后又改说希腊语的异族人。换言之，希腊人是指原始希腊人和"希腊化"了的非希腊人（主要是皮拉斯基人）。第六，修氏强调雅典人是从未离开过他们的土地的原始居民，大概是想说明他们是土生土长的希腊人。但实际上，他间接证实了雅典人曾是非希腊人，即曾是皮拉斯基人。

那么，原始希腊人是怎样进入"希腊"（确切地说是皮拉斯基亚）的？他们与皮拉斯基人的关系如何？我们不妨来看看希罗多德的记述。希罗多德指出："希腊诸邦中有两个城邦实力超群。他们是拉栖代梦人和雅典人，前者属于多利斯族，后者则属于伊奥尼亚族。事实上，这两个民族从古老的时代起就在希腊占着极为突出的地位了。雅典人在从前属于皮拉斯基民族，拉栖代梦人是属于希腊民族的；皮拉斯基人从来没有离开过自己居住的故土，而希腊人却是经常长途迁徙的。原来在丢开里昂统治的时代，希腊人居住在弗提奥提斯的地方，然而在希伦的儿子多鲁斯统治的时代，他们便移居到奥萨山和奥林波斯山山脚下一个叫作希斯提埃奥提斯的地方；他们在被卡德摩斯人驱逐出希斯提埃奥提斯地区以后，就定居在品都斯，称为马其德尼人。从那里再一次迁移到德里奥皮斯；而最后又从德里奥皮斯进入伯罗奔尼撒，结果他们就变成了众所周知的多利斯人。"[1]

希罗多德又从语言方面加以论证和说明。他说:"皮拉斯基人讲的是什么语言,我是无法确切说明的。但是,如果我们可以从今日的皮拉斯基人所讲的语言来加以推测的话,今天在皮拉斯基人当中有一些人,例如,那些过去曾是今日那些被称为多利斯人的邻人(当时住在今日的所谓色萨利奥提斯地方);而现在则住在第勒尼亚人上方的克列斯顿地方的人们;那些从前和雅典人同住过一个时期并在赫勒斯滂建立了普拉吉亚和斯奇拉凯两个殖民地的人们;或者简单地说,现在那些居住在任何一个城市里的任何人,城市的名称虽然已经改变,可是它们事实上都是皮拉斯基人的城市;如果从这些皮拉斯基人当中的任何一部分进行推断的话,那么我必须断言,皮拉斯基人是讲异族语言的(引者按:非希腊语)。果真如此,而且,如果整个皮拉斯基民族都是讲同一种语言的话,那么,可以肯定的是,属于皮拉斯基族的雅典人,在他们成为希腊人的同时,必定是更改了自己的语言的。事实上,克列斯顿人所使用的语言和他们周边邻人的语言完全不同,普拉吉亚人的情况也是如此,可是这两个地方的人所使用的语言却是完全相同的。"[2]

希罗多德所援引的资料尤其是语言学方面的证据进一步印证了修昔底德的看法。因此,我们可以肯定地说,雅典人就是昔日皮拉斯基人的一支,就是希腊化的皮拉斯基人。希罗多德把斯巴达人和雅典人分别划归两个不同的民族,看来也是不无道理的。伯罗奔尼撒战争之初,雅典第一公民伯里克利在著名的阵亡将士葬礼演说中,就雅典人和斯巴达人的性格进行了全面的比较,使我们不难看

---

1 Herodotus, I. 56. 2–3.

2 Herodotus, I. 57. 1–3.

出那是对希罗多德上述观点的一种肯定。[1]

希罗多德据此进一步指出："希腊民族自从他们出现以来，就从来没有改变过他们所使用的语言。至少在我来看这一点是十分明显的。希腊人是皮拉斯基人的一个分支，在他们起初从皮拉斯基人主体上分离出去的时候，他们人数不多，势力弱小；然而，他们却逐步扩大和成长成为一个多民族的集合体，这主要是由于许许多多的非希腊语部落主动加入到他们行列当中的缘故。另一方面，我认为，皮拉斯基人是一个非希腊语的民族，这个民族的人数从来没有发生过迅猛的增长。"[2]

希氏的这段论述虽有助于说明许多非希腊语部族"演变"为希腊人的事实，但新的问题又出现了：他说希腊人起初是皮拉斯基人的一个分支，这又如何理解呢？

事实上，在古希腊人的心目中，希腊和希腊人，皮拉斯基亚和皮拉斯基人，是两对地域与居民相互对应的概念。希罗多德说，先前的皮拉斯基亚即今日之希腊，但先前之希腊却只是先前皮拉斯基亚的一部分。因此，先前的希腊人自然也就是皮拉斯基人的一部分了。[3] 一言以蔽之，希腊人迁居希腊半岛各地的过程，就是希腊"扩大"的过程，同时也是皮拉斯基亚"缩小"的过程。

以下再来考察一下爱琴诸岛的早期居民的情况。

希罗多德在谈及克里特岛的居民时指出："卡里亚人是从岛屿移居到大陆的一个民族。在古时候，他们是米诺斯王的臣民，他们当时被称为勒勒吉人，居住在岛屿上面。在我所能够探明的最遥远的时代，他们是从没有义务向任何人进贡的。他们只是在米诺斯王

1　Thucydides, II. 35–46. 2.

2　Herodotus, I. 58.

3　Herodotus, VIII. 44. 2.

需要的时候，在他的舰船上效力。因此，既然米诺斯是一个伟大的征服者，在战争中屡屡获胜，卡里亚人在他的统治时代，是远比世界上其他民族都要著名的民族。……在米诺斯之后很长一个时期，卡里亚人被伊奥尼亚人和多利斯人逐出了海岛，这样他们就定居在大陆上了。以上是克里特人给出的关于卡里亚人的说法，但是卡里亚人自己的说法却有很大不同。他们坚持说，他们就是大陆上现在所居住的地方的土著居民，[1]而且他们也从来没有和他们现在不同的名字。"[2]

希罗多德列举克里特人和卡里亚本土居民的两种似乎有些自相矛盾的说法，恰恰证明了这样一个事实：原居住在亚洲的部分卡里亚人曾移居克里特及爱琴海其他岛屿，他们被克里特人或皮拉斯基人称为勒勒吉人，但他们自己对这个称号似乎并不知晓，因而自然不会承认本民族改过名字。后来，由于受到来自于希腊本土移民浪潮的压力，他们重返故地。而那些本来未曾移居海外或者已经返回故乡数百年的卡里亚人，自然不认为自己是由海岛上移居到现在居住地的。

罗马时代的历史学家、地理学家斯特拉波在其《地理学》中收集了古代希腊各种有关资料，对希腊人诸分支的形成和发展做过如下描述：

> 在希腊有许多部族，其中最古老的部族和我们所知道的希

---

1 卡里亚人也许就是和吕底亚人、美西亚人同族，是属于亚细亚大陆的土著人，后来散居于诸岛之上。当希腊人开始在岛屿上进行殖民运动后，岛上的卡里亚人大概遭到驱逐，他们又返回卡里亚族在亚细亚大陆的居住地。因此，卡里亚人和希腊人的说法其实是视角不同，但是都有真实成分。

2 Herodotus, I. 171. 1–5.

腊方言一样多，而方言有四种：伊奥尼亚方言，我们认为它和古代阿提卡方言没有区别，因为阿提卡的古代居民正是被称为伊奥尼亚人的。那些殖民于亚洲的伊奥尼亚人就是来自阿提卡，他们说的正是现在叫作伊奥尼亚语的方言。多利亚方言，我们认为和埃奥利亚语是同一种方言，因为所有在科林斯地峡以外的希腊人，除了雅典人、麦加拉人和帕那萨斯地区的多利亚人以外，至今仍被称为埃奥利亚人。我们有理由推测，为数不多而又居住在一个严寒地区的多利亚人，因与其他民族不相往来，使语言和习俗演变到这种地步，以致不再和原来的部族融为一体，而是自成一部族。这种情况同样发生在雅典人身上，他们也是居住在贫瘠多石的地方，不曾遭受过敌人的侵袭，因而诚如修昔底德所说，雅典人认为自己是土著民族，一直居住在同一地方；因为谁也不打算占领这个地区。正因为如此，雅典人虽然人数很少，却保全了自己独特的方言和习俗。另一方面，因为埃奥利亚人统治着科林斯地峡以外的地区，所以沿着科林斯地峡以内的这些地区（**引者按：即伯罗奔尼撒**）的居民同样是埃奥利亚人；他们后来和别的部族混合起来了：首先是来自阿提卡的伊奥尼亚人占据埃贾鲁斯，其次是赫拉克利斯的子孙们带回的多利亚人，他们就是建立麦加拉并建立了许多伯罗奔尼撒城邦的部族。然而，伊奥尼亚人很快就被埃奥利亚人的一个部族阿凯亚人驱逐了。于是在伯罗奔尼撒剩下两个部族：埃奥利亚人和多利亚人。所有那些与多利亚人极少有交往的伯罗奔尼撒居民，即阿卡狄亚人和爱利斯人，都是说埃奥利亚语（方言）的，由于阿卡狄亚人全部逃往山中，因此其领土不曾遭到（多利亚人的）瓜分。爱利斯人因为供奉奥林匹亚的宙斯，长期以来安居无事，尤其是因为他们是属于埃奥利亚部族，本身又接收了赫拉克利斯的子孙们回来时跟随奥克西鲁斯返回的军队。其余的居民则使用着由埃奥利亚和多利亚两种（方言）混合而成的语言，一些人用的是比较接近埃奥利亚方言的语言，另一些人用的是不大接近埃奥利亚方言的语言。直到现在为止，差不多各城邦居民都说着不同的方言，虽然一向存在着这样一种（错误的）意见，以为由于多利亚人的优越地位，他们全都使用着多利亚方言。[1]

可见，在斯特拉波看来，希腊古代存在四种方言，即阿提卡方言、伊奥尼亚方言、埃奥利斯方言、多利斯方言。另外，斯特拉波给了我们一个明晰的概念：定居于小亚细亚的伊奥尼亚人就是昔日被多利斯人驱逐的伯罗奔尼撒居民。这些被驱逐的居民大概先是在雅典停留，并通过某种方式（如"入赘"或被"收养"）加入阿提卡当地居民组织。[2]雅典人亦被称为伊奥尼亚人，其语言与伊奥尼亚语极相似，因此阿提卡的伊奥尼亚人和伯罗奔尼撒的伊奥尼亚人（或称为阿凯亚人）同属一族。由此证实了这样一个重要事实：在多利斯人南下之前，在伯罗奔尼撒半岛上定居已久的希腊人的一支阿凯亚人（即迈锡尼文明的主要创造者）和阿提卡的雅典人属同一方言系统的希腊人。这些伊奥尼亚人的居住地埃贾鲁斯又名阿凯亚，似乎也印证了这一点。这就是说，斯特拉波有一个错误，他把埃奥利斯人和阿凯亚人混为一谈，误以为埃奥利斯人的一支阿凯亚人驱逐了伊奥尼亚人，而实际上被驱逐的是阿凯亚人，亦即伊奥尼亚人。

---

1 Strabo, VIII.1.2.

2 Plutarch's *Lives, Theseus*, XXXIII, 2.

三、现代研究成果印证了古典作家的说法

古代作家一致肯定皮拉斯基人是希腊最古老的居民，从未离开过自己的土地。这并不意味着皮拉斯基人就是严格意义上的希腊土著居民。因为希腊人关于其祖先的神话传说在时间范围上毕竟是很有限的。在他们的传说中很少有母权制时代的遗迹，即是明证。如前所述，自新石器时代之初甚至此前很长一段时间，爱琴海就已经成为亚、欧、非居民进行交往的海上走廊。尤其是在物质文化方面居于领先地位的西亚的某些地区的居民，通过多种交流方式，对希腊及爱琴海地区文化的发展产生过重要影响。近代以来的考古学和语言学研究成果已经证实，在希腊人来到希腊之前，希腊各地主要是来自亚洲和非洲的移民。[1] 古典希腊语中的某些具有社会、政治特色的名字（如"王""奴隶"等），一些神祇、英雄的名字（如雅典娜、赫尔墨斯、米诺斯等），一些动植物、奢侈品、休闲用品的词汇（如橄榄、葡萄、无花果、杉树、樱桃、水仙、浴盆等），都可以看到那些非希腊语地中海型居民语言的残存。前希腊语地名的特点是词尾音节多为 -ssos 或 -ttos、-inthos 或 -indos、-enai，例如 Parnassos、Hymettos、Cnossos、Corinth、Tiryins、Pindos、Athenai、Mycenai 和 Halicarnassus 等。[2] 具备这一特点的地名多在小亚细亚。在希腊本土，类似地名在阿提卡和东伯罗奔尼撒较为常见，在帖撒利和马其顿也有，在西部和西北部就很少见了。这说明移民的分布

---

1 当然也不完全排除来自北方的影响。

2 N. G. L. Hammond, *A History of Greece*, p. 39; A. Sherrratt, *The Cambridge Encyclopedia of Archaeology*, 1980, pp. 48-53; G. A. Christopoulos & J. C. Bastias, *History of the Hellenic World*, Vol.1, *Prehistory and Protohistory*, pp. 364-365; P. 麦克肯德里克：《会说话的希腊石头》，第 51 页。

东部较稠，西部渐稀，暗示这些居民来自于东方，自东向西在希腊各地扩散。

众所周知，克里特岛曾发现线形文字 A，这种非希腊语文字至今尚未释读。但迈锡尼人所使用的线形文字 B 已经被成功地释读，它是一种希腊语。由此可见，迈锡尼时代的希腊人与克里特岛的米诺斯人曾有过语言的和文化的交流。至于交流的具体内容，我们现在尚不得而知。P. 麦克肯德里克指出："如果希腊人可以和克里特人交流的话，他们或许也可以和其他文化进行交流，如同样使用泥板文书的赫梯人。果如此，则公元前 13 世纪的近东是一个统一世界的假设，就成了确定的事实。"[1]

英国学者 N.G.L. 哈蒙德根据考古学和人类学资料，指出克里特岛的最初居民很可能来自小亚细亚南部，一则因为那里的"黏土小雕像，与已发现的克里特和塞浦路斯的小雕像很相像"；二则因为在"早期青铜时代（公元前 2600—前 2000 年），自小亚细亚开始掀起移民浪潮，移入者居住在基克拉底斯群岛和克里特岛的东部和中部。在那里他们和较早来的居民融合了起来……这些人长颅，窄脸，身材矮小，男性平均身高 5 英尺 2 英寸（约合 1.57 米），女性 4 英尺 11 英寸（约合 1.50 米）"。[2] 这正是地中海型白人的特征。此外，从小亚细亚和克里特都发现有圣神双面斧，两地的陶器制作风格也极为相似，都是岛上居民卡里亚人来自小亚细亚的证据。而希罗多德强调指出，小亚细亚的"美西亚人和吕底亚人是卡里亚人的同胞民族"[3]。

大约新石器时代之初开始，在经济文化和社会发展方面处于领

---

1 P. 麦克肯德里克：《会说话的希腊石头》，第 81 页。

2 N. G. L. Hammond, *A History of Greece*, pp. 24–25.

3 Herodotus, I. 171. 6.

先地位的西亚地区的居民通过海上一批又一批西进，逐步定居于希腊及爱琴海各地。上述地区的居民实际上是一系列移民，这些移民经过长期的融合，在"希腊人"到来之前，已经形成相对稳定的种族集团。他们就是希腊大陆的皮拉斯基人和爱琴诸岛上的卡里亚人或勒勒吉人。自19世纪末以来所发掘的一些遗址，给人们留下这样的印象："新石器时代和早期希腊底时代希腊文化是非常统一的。"[1] "希腊人的到来"，意味着又有一种新的成分的到来，他们在与原有居民的长期斗争和相互融合中共同创造出一种新的文化。

19世纪末20世纪初，曾在欧美学术界风行一时的一种带有浓厚的种族主义色彩的观点认为，具有特殊的性格、气质和制度的一个"印度—欧罗巴种族"的人们，横扫巴尔干地区，迅速征服当地土著（如希腊的皮拉斯基人），进而以其故乡的文化取代当地的文化。一百多年来，随着科学研究的深入发展，多数学者已经摈弃这一观点。因为事实上，在希腊、爱琴诸岛和小亚细亚，根本不存在支持这一观点的确凿证据。当今国际史学研究成果已经确认，由印度—欧罗巴族人建立的庞大的赫梯帝国，是安那托里亚内部发展的产物，而不是通过征服性移民，把业已存在的文化原封不动地搬入这一地区。

就希腊而言，传统认为在中期希腊底之初（公元前2000/1900年），有两种情况被认为是来自北方的希腊人入侵并在短期内遍布整个希腊或希腊大部分地区的证据。一是所谓"米尼亚灰陶"的出现，及其广泛分布于希腊半岛、爱琴诸岛、小亚细亚西部地区；二是一种新的埋葬死者的习俗流行于上述同一地区。然而，值得注意的是，作为与"新"的移民俱来的显著的文化特征，它们并不是在

---

1 P. 麦克肯德里克：《会说话的希腊石头》，第36—37页。

中期希腊底之始才出现于该地区的。况且其传播的方向也未必是自北向南，完全有可能是自东向西。因此，由上述两种现象推断希腊人大批南下并席卷整个爱琴世界，证据是不够充分的。[1] 而事实上，近期的考古发掘已经证明，所谓"米尼亚灰陶"在安那托里亚也有发现，说明他们应当是来自小亚细亚的入侵者。[2]

现代历史学、考古学和语言学研究结果证明，在早期希腊底 III 时期（公元前 2100—前 1900 年），只有少量的说希腊语的部族进入希腊大陆。希腊人大规模进入希腊半岛是公元前 1900 年以后的事了。迄今为止，我们知道迈锡尼时代的 32 个古希腊部族的名称。其中只有 6 个可追溯到公元前 1900 年以前。他们是：公元前 2100 年前抵达希腊的达那安斯人和阿班特斯人（Abantes）；在公元前 1900 年前抵达的伊奥尼亚人、波奥提亚人、阿卡狄亚人和弗列古安人（Phlegyans）。在早期希腊底 III 以前，这些操希腊语的居民的主体居住在伊利里亚的西南部、伊庇鲁斯、马其顿的西部以及塞萨利的西北部。[3]

在古代民族问题的讨论中，必须坚持以历史事实为依据，坚决摈弃某些历史的或种族的、民族的偏见。应当承认，在希腊民族问题上，现代西方学者往往难以彻底摆脱某些先入为主的偏见。例如，在伊奥尼亚人起源的问题上，有的学者拒绝承认伊奥尼亚人是希腊化了的皮拉斯基人这一基本事实。[4] 在他们看来，如果西方文

---

1 M. I. Finley, *Early Greece*, pp. 15–20.

2 P. 麦克肯德里克：《会说话的希腊石头》，第 24 页。

3 G. A. Christopoulos & J. C. Bastias, *History of the Hellenic World,* Vol.1, *Prehistory and Protohistory*, pp. 371–375.

4 G. A. Christopoulos & J. C. Bastias, *History of the Hellenic World,* Vol.1, *Prehistory and Protohistory*，p. 377.

明的源头起源于东方，欧洲文化的源头肇始于亚洲，那简直有些不可思议了。

古代民族融合的具体途径是复杂多样的。但基本上可划分为两类：一类是和平的方式，如"入赘"、被对方"收养"等；另一类则是武力的方式，即通过武装掠夺、殖民、征服甚至屠杀等暴力手段实现的。在古代世界民族史上，尤其是在原始社会末期直至早期阶级社会，后一种情况似乎更为常见。因为在这样的历史时代，战争、掠夺本身就是一种正常的谋生方式，古代地中海地区的海上劫掠（海盗行为）、海上贸易、海外殖民常常是错综复杂地交织在一起的。翻开古代希腊罗马的史书，有关以武力掠夺女性的记载随处可见。部族之间大规模冲突或战争的结果，往往是胜利者将失败一方的男子斩尽杀绝，强娶其女性。有趣的是，希罗多德断然否定所谓纯正血统的伊奥尼亚人的存在。他说："那些来自雅典的普里塔涅昂（Prytaneum）自认为是最纯正的伊奥尼亚人的人们，也不把妻子带到新的地方，而是娶被他们杀死父亲的卡里亚的女子为妻。因此之故，这些女子发誓遵守一条规定，并且把这条规定传给自己的女儿，即他们绝不和自己的丈夫一同吃饭，也不称呼他们的名字，因为这些人是屠杀了她们的父亲、丈夫和儿子之后强行娶了她们的。"[1] 应当指出的是，后世文明时代尤其是生活在和平时代的人们，往往有意或无意地淡化或掩饰其祖先社会生活的强暴的一面，夸大其和平的一面。

20世纪的考古学家和人类学家们，对雅典及阿提卡所出土的头颅的特征进行了研究。麦克肯德里克提到，1939年，德国人对

---

1 Herodotus, I. 1-5, 146-147, VI. 16, 137-138. 普里塔涅昂是雅典的市政公所，执政官的驻地，是城邦不灭的圣火所在地。殖民者的首脑由此获取圣火的火种，传递至殖民地。

雅典陶工区的颅骨研究的结果表明，"地中海头型的人比北方人占优势，其比例为3比2。1945年，美国学者研究了陶工区、雅典广场和阿提卡其他地区的总共100个头骨，所得出的结论是：在创造了伟大的雅典文明的居民中，并没有任何一个种族占支配地位，他们是生物性融合的结果"。麦氏紧接着提出了一个颇有启发性的论断："雅典，……是一个种族熔炉。而这也许就……是雅典国家力量的源泉。"[1]

值得注意的是，2000年《科学》杂志发表了由13位科学家联合撰写的一篇论文。文章指出，种种证据表明，现在的欧洲人是当地旧石器时代的种群与新石器时代农业革命以后由近东肥沃的新月地带到来的农人相互融合而形成的。科学家在从Y型染色体（NRY）的研究中得出重要结论，认为新石器时代的近东农人给欧洲基因库带来重大影响，农人的西迁更多地影响了欧洲南部。科学家对欧洲人种的线粒体DNA顺序进行了变异分析。数据分析表明基因库中包含有80%的旧石器时代成分和20%的新石器时代成分。科学家们普遍认为，现在欧洲人群体是由旧石器时代（约45000年前）及新石器时代（约10000年前）这两个时期的移民组成，从近东迁移至欧洲各地。[2]这是国际学术界对欧洲新石器时代人种研究的一项重要成果。

---

1 P. 麦克肯德里克：《会说话的希腊石头》，第123页。
2 O. Semino, et al., "The Genetic Legacy of Paleolithic *Homo sapiens sapiens* in Extant Europeans: A Y Chromosome Perspective", *Science* 290, 2000 (no. 5494), pp. 1155-1159; L. Simoni, et al., "Geographic Patterns of mtDNA Diversity in Europe", *American Journal of Human Genetics* 66, 2000 (no. 1), pp. 272-278. 论文由中国人民大学徐晓旭教授提供，谨表谢意。

四、余论

"希腊"亦即希腊人居住之地。它既是一个地理概念，又是一个历史的概念。因此，随着"希腊人"居住地的扩展或变更，随着说希腊语的居民的增多和"希腊人"内涵的变化，"希腊"在不同的历史时期也有着不同的地理含义。及至希腊大殖民运动以后，近代学者所谓的"希腊世界"的地理概念形成，它与"希腊"既有区别又有联系。但值得注意的是，直到公元前5世纪，在希腊人的心目中，"希腊"的地理范围主要是指希腊大陆及其附近诸岛。这一点在希罗多德的著作中表述得相当明确。[1]

希腊人与皮拉斯基人的关系是古代希腊民族关系史的主轴。通过以上考辨，我们认为可以对希腊地区早期居民问题提出如下几点看法。第一，自新石器时代起，亚洲西部的居民以及部分非洲北部的居民通过逐渐迁移，定居于爱琴诸岛以及希腊半岛等地，开启一个长达数千年的融合过程。其间该地区先后进入青铜时代，社会组织发展到父权制时代。文明时代的希腊人泛称希腊半岛上的非希腊语的亚非移民及其后裔为皮拉斯基人，称岛屿上的亚洲移民及其后裔为卡里亚人或勒勒吉人。第二，大约自公元前3000年末叶开始，操希腊语的部族由北方进入希腊半岛，逐步向皮拉斯基人居住的地区渗透和扩张。这是"希腊"扩大的过程，同时也是皮拉斯基亚"萎缩"的过程，是希腊大陆的第一次"希腊化"。第三，在希腊人三大分支中，最早由其故乡弗泰奥提斯南下的希腊人被称为伊奥尼亚人，他们大概又分为两小支。一支进入阿提卡，与当地居民融合而成为雅典人；另一支即所谓阿凯亚人，他们在伯罗奔尼撒北部、

---

1 Herodotus, VI. 86, VIII. 130, IX. 106.

东北部取得优势地位。第四，希腊人开始向南扩展势力之时，该地区已普遍进入父权制社会，家族、氏族、胞族、部落或部落联盟等社会组织的权力继承关系，自然只能以男性世系为准。然而，值得注意的是，传说中的那些希腊人的部族首领几乎无一例外地是以"入赘"或是以被"收养"的方式，跻身于当地上流社会，进而最终取得统治地位的。从表面上看，作为外来人的希腊人和原有的皮拉斯基人之间发生过合情合理的权力关系"嫁接"，而其实质上是反映了希腊人与当地人的融合过程。第五，爱琴海周边地区在人种、文化和自然环境方面总的来看是一个整体，以近代意义上的"东方""西方"观念来研究该地区的文明史，是无助于问题的解决的。"皮拉斯基人"主要是西亚地区居民无数次向西移民的后裔，其文化也必然是西亚及北非文化长期融合、积淀的结果。"希腊人的到来"，是希腊及爱琴海地区居民相互融合的继续。一方面，部分皮拉斯基人学会了希腊语，接受了原始希腊人的文化，可以说是"希腊化"了；另一方面，新来的希腊人作为文化上相对落后的一方，大量吸收当地原有的文化成果，他们可以说是"皮拉斯基化"了。[1]众所周知，希腊字母就是在腓尼基人字母文字的基础上创造出来的，而最早学会使用字母文字的恰恰是伊奥尼亚人。[2]希腊语中的"海"（thalassa）、"雅典"（Athenai）都是非希腊语词汇。这是希腊人来自北方内陆的一个重要佐证。克里特文明的创造者是非希腊人，迈锡尼文明主要的创造者，实际上就是希腊化的皮拉斯基人或者毋宁说是皮拉斯基化的希腊人。而他们正是那些在距今 3000 多年前跨海远征特洛伊壮举的创造者。[3]第六，在希腊人的三个分支

1 Herodotus, I. 50, 51–53, 171, V. 58.

2 Herodotus, V. 58.

3 徐松岩：《关于特洛伊战争的若干问题》，《世界历史》2002 年第 2 期，第 71—82 页。

中，伊奥尼亚人与皮拉斯基人接触、交往最早，文化水平最高，埃奥利斯人次之，多利斯人南下最迟，人数较多，势力较强，与当地人的社会发展和文化水平的差距最大。因此，雅典人成为铁器时代希腊本土居民文化底蕴最深厚的一支，雅典成为希腊文化中心，成为古典时代"希腊的学校"，也就不足为奇了。和以前的多次移民不同，多利斯人不是以和平"入赘"或被收养的方式，而是以武力征服的方式在希腊取得优势地位的。随着多利斯人的南下，伯罗奔尼撒半岛上居民尤其是与雅典的伊奥尼亚人同族的阿凯亚人不断涌入阿提卡，又从阿提卡向爱琴海彼岸即小亚细亚沿岸迁移。这也许就是古希腊人认为所有伊奥尼亚人都起源于雅典的主要原因。

通过考察"希腊人"与皮拉斯基人关系史，可以看到，希腊文化重心基本上是随着那些皮拉斯基化的希腊人（或希腊化的皮拉斯基人）的迁移而移动的。这就使得我们找到了科学而合理地阐释希腊历史上一系列悬而未决的问题的关键所在。例如，为什么多利斯人南下、伊奥尼亚人被驱逐后，希腊本土的大部分地区出现数百年之久的"黑暗时代"？为什么希腊人远征特洛伊的英雄故事最先在小亚细亚的居民中流传？为什么希腊文化最早的中心出现在小亚细亚沿岸及其附近岛屿，而不是在希腊本土？在古典时代希腊世界，雅典最终走上海外扩张道路，形成了雅典帝国与伯罗奔尼撒同盟争霸的格局，除现实政治的、经济的因素外，难道就没有民族的、历史的或传统的因素？[1] 为什么同为农业国家的雅典，在文化上的贡献要比斯巴达大得多？更为重要的是，既然古代希腊文化的巨大成

---

1 在希罗多德（I. 56）和修昔底德（VIII. 96）的著作中，"雅典人"和"斯巴达人"并列时，常常被称为"两个民族"；尤其值得我们注意的是，修昔底德在著名的阵亡将士葬礼演说中，借伯里克利斯之口，全面比较两个民族的性格，与其说对比的是雅典人和斯巴达人，不如说对比的是"皮拉斯基人"和"希腊人"。

就是爱琴海周边诸民族长期积淀、碰撞、融合和创造的结果，那么，一种在国内外学术界长期流行的枉论"希腊的奇迹"的观点，难道不值得重新加以审视吗？

原载《西南大学学报（社会科学版）》2016年第1期；
中国人民大学书报资料《世界史》2016年第6期全文转载

　　　　　　　　　　　　　　　　　　多彩的雅典娜

03　提秀斯改革新论

　　众所周知，雅典所在的阿提卡是自迈锡尼时代起希腊本土唯一保持连续发展的地区，提秀斯改革与雅典氏族制度的解体和国家的产生、发展都有着重要的关系。希腊古典时代，提秀斯被认为是雅典的改革者和立法者，在雅典历史上尤其是文化史上占有重要地位。[1] 按照古希腊人的传统说法，提秀斯是雅典自基克罗普斯之后的第十位"王"，是雅典城邦的缔造者和阿提卡的统一者，是使雅典人摆脱异族人控制的"民族英雄"；他甚至被作为雅典民主政治的创始者。[2] 罗马帝国时代的希腊历史传记作家普鲁塔克，在其名著《传记集》中，杂糅多种古代传说和史料，写成《提秀斯传》。

---

1 参阅瓦尔科（J. Walker）:《提秀斯与雅典》(*Theseus and Athens*)，牛津：牛津大学出版社，1995 年，第 3—192 页；爱丽卡（S. Erika）:《提秀斯与雅典节日》("Theseus and Athenian Festivals")，载内尔斯（J. Neils）主编:《崇拜雅典娜》(*Worshipping Athena*)，麦迪逊：威斯康星大学出版社，1996 年，第 9—26 页。
2 转引自普鲁塔克:《传记集·提秀斯传》，XXV. 2。

《帕罗斯纪年碑铭》把提秀斯定年在公元前 1259/1258 年。[1] 马克思也提到，"提秀斯好像是公元前 13 世纪下半叶雅典的巴赛勒斯"，在那个时代，雅典的"四个部落已融合成一个民族"。[2] 当代西方古典学者 J.B. 布瑞、N.G.L. 哈蒙德等把提秀斯改革的年代定为公元前 1250 年左右；[3] A. 安德鲁斯推测阿提卡的统一大约在公元前 900 年前后完成的，后人由于记忆模糊等原因，误把它归功于特洛伊战争以前的提秀斯。[4] S. 霍恩布鲁尔认为，安德鲁斯的看法使人们更容易理解提秀斯的传奇经历。但他指出，总的来看，雅典在青铜时代或迈锡尼时代是否发生过某种政治统一，考古学证据尚无法证实。[5] 而国际古史研究成果一致确认的是，阿提卡的真正统一是在公元前 800 年以后。[6] 因此，历史学家和考古学家往往根据自己对有关资料

1 雅科比（F. Jacoby）:《希腊历史文献拾遗》（*Die Fragmenta der Griechischen Historiker*, 15 vols. Berlin: 1923—1930；Leipzig: 1940—1958）,转引自郝际陶:《帕罗斯碑铭文与希腊年代学》,载东北师范大学世界古典文明史研究所编著:《世界诸古代文明年代学研究的历史与现状》,北京:世界图书出版公司,1999 年,第 117 页。

2 马克思:《摩尔根〈古代社会〉一书摘要》,北京:人民出版社,1965 年,第 183 页。

3 参阅哈蒙德（N. G. L. Hammond）:《希腊史》（*A History of Greece To 322 B.C.*）,牛津:牛津大学出版社,1977 年,第 68 页；布瑞（J. B. Bury）:《希腊史》（*A History of Greece to the Death of Alexander the Great*）,伦敦:麦克米伦,1983 年,第 4 版,第 117 页。

4 博德曼（J. Boardman）、哈蒙德（N. G. L Hammond）主编:《剑桥古代史》（*The Cambridge Ancient History*）,第 3 卷,第 3 分册,剑桥:剑桥大学出版社,1982 年,第 2 版,第 363 页。

5 参阅霍恩布鲁尔（S. Hornblower）:《修昔底德著作注释》（*A Commentary on Thucydides*）,牛津:牛津大学出版社,1991 年,第 263—264 页。

6 参阅希格涅特（C. Hignett）:《公元前 5 世纪以前雅典宪法史》（*A History of the Athenian Constitution to the End of the Fifth Century B.C.*）,牛津:牛津大学出版社,1952 年,第 36—37 页；斯诺格拉斯（A.M. Snodgrass）:《考古学与希腊国家的兴起》（*Archaeology and the Rise of the Greek State*）,剑桥:剑桥大学出版社,1977 年,第 14—21 页；斯丹顿（G. R. Stanton）:《雅典政治学》（*Athenian Politics*）,伦敦:劳特里奇,1990 年,第 6—16 页。

的理解，把"统一"推定在公元前 13—前 6 世纪之间的某个时间。[1]

一百多年前，马克思、恩格斯在研究国家起源时，对雅典国家的起源予以高度重视。他们认为雅典人国家的产生"乃是一般国家形成的一种非常典型的例子，一方面，因为它的形成过程非常纯粹，没有受到任何外来的或内部的暴力干涉……"[2]国内有的学者在研究雅典国家的起源时，把提秀斯改革与阿提卡的统一、雅典国家的产生联系在一起，认为"雅典国家产生于提秀斯时代"，"提秀斯改革后，公民分为三个阶级，贵族、农夫和手工业者，而不问氏族如何"，"雅典国家自迈锡尼时代诞生后，就是一直连续发展下来，直到古典文明时代未曾间断"。[3]一百多年来国际历史学、考古学、语言学、神话学和文化人类学的发展，使我们对于提秀斯改革的认识有所深化，但关于这场改革的背景、内容、历史地位和作用等的争论似乎有增无减。那么，提秀斯改革发生于何时，是否确有其事？改革的主要内容究竟是什么？与阿提卡的"统一"、雅典"民族"的形成、阶级国家的产生关系如何？迄今为止，国内外学者对此尚无比较系统、科学的阐释。笔者拟就有关的几个问题谈谈自己的粗浅理解和认识。

---

1 参阅曼维尔（P. B.Manville）：《古代雅典公民权的起源》（*The Origins of Citizenship in Ancient Athen*s），新泽西：普林斯顿大学出版社，1993 年，第 55—56 页。

2 恩格斯：《家庭、私有制和国家的起源》，单行本，北京：人民出版社，1999 年，第 123 页。

3 参阅郝际陶：《"黑暗时代"的雅典国家》，《东北师大学报（哲社版）》1995 年第 2 期；日知、际陶：《关于雅典国家产生的年代问题》，《社会科学战线》1980 年第 4 期；日知：《从君政王政到贵族政治》，《郑州大学学报（哲社版）》1983 年第 4 期；晏绍祥、罗静兰：《早期雅典国家若干问题》，《华中师范大学学报（哲社版）》1992 年第 3 期。

一、改革的历史背景新解

普鲁塔克在他的《传记集》中把雅典的提秀斯与罗马的罗慕路斯相提并论。显然，在他的笔下，提秀斯俨然是雅典城邦的创立者。然而，由于普鲁塔克严格说来并不是一位真正的历史学家，他在引用资料时，并未遵循严格批判的原则，其中夹杂有大量的神话和民间传说，因而后世学者对这些资料可信的程度历来看法不一。事实上，正是由于这样的原因，普鲁塔克在他不经意地叙述中保留了大量极其珍贵的史料。一些学者在全面深入地研究了古希腊人的"神话—古史"观后指出，古希腊人，包括一些著名的史学家、思想家、诗人在内，在处理他们祖先遗留下来的古代历史遗产时，存在着两种基本倾向：一方面将古代的神话历史化，另一方面又有将"真实的历史神话化的趋向，于是历史化的神话和神话化的历史相互融合，共同溶化于希腊人的记忆乃至历史作品之中"[1]。我们也许能够从中发现一些历史事实，关键是如何作出科学鉴定并且正确加以理解的问题。

首先考察一下提秀斯的身世。在希腊古典时代，提秀斯虽被认为是雅典人的英雄，但关于他的身世却是隐晦不明的。一种最为流行的说法是，他的父亲方面的家世可以追溯到埃里克修斯以及当地最早的居民。就他的母系家族而论，他是伯罗奔尼撒半岛的特罗伊曾之"王"皮修斯的女儿所生，[2]特罗伊曾曾经是一伊奥尼亚人城市，甚至在多利亚人入侵过后仍保留一些伊奥尼亚传统，如庆祝阿帕托

---

1 参阅王敦书、王以欣：《古希腊人的"神话—古史"观和神话与历史的相互融合》，《史学理论研究》2000年第2期；王以欣、王敦书：《希腊神话与历史：近现代各派学术观点述评》，《史学理论研究》1998年第4期。
2 普鲁塔克：《提秀斯传》，III.1。

利亚（Apatouria）节等。[1] 据说雅典"王"埃久斯年迈无子，于是去德尔斐神庙求子，得神谕后并未径直回雅典，而是绕道去特罗伊曾。皮修斯诱使他与其女儿同居，后生一子名叫提秀斯。皮修斯在提秀斯出生后还四处张扬，宣称他是海神波赛东所生。据说埃久斯本人也不过是雅典"王"潘狄昂二世的一个养子，和埃里克修斯家族毫无血缘关系。[2]

按照希罗多德的说法，早在埃里克修斯的时代（《帕罗斯纪年碑铭》定年在公元前 1409/1408 年[3]），基克罗普斯人的后代（基克罗皮达伊人）就改称"雅典人"。[4] 埃久斯的养子身份和提秀斯的伯罗奔尼撒人的血统暗示，他们都是"外来人"，大概是来自伯罗奔尼撒半岛的某一支希腊人。海神波赛东乃是特罗伊曾人的保护神，提秀斯号称是海神所生，因此，雅典历史上关于波赛东与雅典争夺阿提卡庇护权的故事，很可能就是对这批希腊人进入阿提卡过程的一丝模糊的记忆。《提秀斯与雅典》一书的作者以不小的篇幅力证提秀斯就是阿提卡当地人，而不是外来人，似乎还缺乏说服力。[5]

且看提秀斯是怎样来到雅典并站住脚跟的。根据普鲁塔克在《提秀斯传》（VIII.1—XII.2）中的记述，提秀斯在由特罗伊曾前往雅典途中历尽艰险，但又多次化险为夷：在伊庇道鲁斯附近，他杀死了用大棒作武器的强盗；在科林斯地峡，他处死"力弯松树"的强盗西尼斯，并娶其女儿为妻；在克隆米昂杀掉残忍淫荡、绰号

---

1 参阅瓦尔：《提秀斯与雅典》，第 11 页及注 36。
2 普鲁塔克：《提秀斯传》，III. 2—5，VI. 1，VIII. 1。
3 转引自东北师范大学世界古典文明史研究所编著：《世界诸古代文明年代学研究的历史与现状》，第 116 页。
4 希罗多德：《历史》，VIII. 44。
5 参阅瓦尔科：《提秀斯与雅典》，第 3—34 页。

"母猪"的女强盗；在麦加拉和阿提卡的交界处，又将一拦劫行人的强盗抛下山崖；进入阿提卡后，先在厄琉西斯战胜彪形大汉克科昂，后又在埃里纽斯除掉著名的"铁床匪"。提秀斯继续前行，在雅典城外的刻菲索斯河畔，"第一次"受到当地人的"热情款待"；不久，顺利进入雅典城。这段极富传奇色彩的冒险经历，简直就是一幅过五关斩六将的略图。它的历史价值就在于反映了大约在公元前13世纪中叶，有一批希腊人（可能是伊奥尼亚人[1]）由伯罗奔尼撒半岛的特罗伊曾出发，移居雅典的经过。英雄每过一关（沿途这些地方都是真实存在的），大概是象征着他们一次次击败当地人的抵抗。古典时代的雅典人在把提秀斯塑造成盖世英雄的同时，把那些奋起抵抗的当地人描绘成凶蛮无比的强盗，也许是很自然的。

提秀斯来到雅典之时，正值雅典纷争不断、内讧四起的多事之秋。纷争的焦点之一是雅典"王"位的继承问题。以潘狄昂的养子身份出任雅典"王"的埃久斯因无子嗣，地位岌岌可危。而埃久斯的兄弟帕拉斯的儿子们实指望在他死后名正言顺地继承王位，因为他们是埃里克修斯家族的合法继承人。[2]从这里可以看到，在提秀斯之前，至少有一支外来的希腊人已进入雅典。

正是在这样的背景下，埃久斯突然宣布收提秀斯为养子，并立他为王位继承人。这无疑使本已剑拔弩张的局势更趋激化。于是，以帕拉斯的儿子们为代表的当地人因此而"痛恨提秀斯，这个外来的陌生人竟然要当未来的国王，于是发动了战争。他们兵分两路，一路和他们的父亲一起，大张旗鼓地从斯斐托斯出发去进攻（雅典）城，另一路埋伏在伽格托斯准备两面夹攻。在他们之中有个传

---

1 希罗多德：《历史》，VII. 94，VIII. 73。
2 普鲁塔克：《提秀斯传》，XIII. 1。

令官，是阿格努斯镇人，名叫勒奥斯，他把帕拉斯族人的计谋全部泄露给提秀斯。提秀斯立即对伏兵发动袭击，将他们一举歼灭。与帕拉斯在一起的那支队伍也随之东逃西散。据说，由于这个原因，帕勒涅镇的居民（帕拉斯族的后裔）从此不和阿格努斯镇人通婚。……由于勒奥斯通敌的缘故，他们甚至对'勒奥'这个字音也深恶痛绝"[1]。

从普鲁塔克援引的故事中，我们可以看到这样的历史事实：在阿提卡居民的内部纷争中，埃久斯大概借助以提秀斯为首的外人之力，击败其对手。同时，阿提卡居民的内争为外人的介入提供了机遇。这种外部的压力，又在一定程度上迫使阿提卡居民团结起来。而提秀斯作为外人，一方面他以武力打败当地人的反抗，另一方面为缓解矛盾，稳定大局，他又不得不励精图治，锐意改革。

二、改革的主要内容新说

古希腊最可信的历史学家修昔底德也提及提秀斯改革。在他的笔下，提秀斯是一位精明强干的统治者。他改革的最重要的一项措施，就是废除了先前就存在于各个小城镇的议事会和长官，把阿提卡居民"统一"于雅典之下；并建立了唯一一个议事会和市政厅。他在允许这些城镇的居民继续像从前一样拥有自己土地的条件下，使雅典成为唯一的政治中心。提秀斯给他的继承者留下的是一座伟大的城市，后来雅典人每年都要举行"统一节"（Synoikia）以示纪

---

1 普鲁塔克：《提秀斯传》，XIII. 2—3。

念。[1] 亚里士多德也指出，雅典人的四个部落，是提秀斯以"所有你们众人，都到这里来"作为口号，进行了"统一"。[2]

这样看来，阿提卡的"统一"似乎过于简单了。然而，普鲁塔克告诉我们，在埃久斯死后，提秀斯逐个走访阿提卡的村落和氏族，苦口婆心地劝说他们接受自己的"统一"计划。那些平民和穷人都迅速响应他的号召。而对于那些有权有势的人，提秀斯则许诺建立一个没有王权的政府——一个民主政府。他本人在其中只是担任军事指挥官和法律监护人，而在其他一切事务上人人都处于平等的地位。这样，一些人出于自愿，一些人慑于提秀斯的威力和勇猛，被迫接受他的改革方案。[3]

哪些人出于自愿？哪些人迫于无奈？显然，平民和穷人属于前者，有权有势的人属于后者。这是因为提秀斯采取了强力与怀柔相结合的策略。有权有势的人之所以如此，很可能是因为他们的利益受到损害。据普鲁塔克的记载，雅典的那些地位显赫的人"感到提秀斯夺去了每个贵族的尊贵职权，把他们围于一城之内视若臣民和奴隶，因此他们早已心怀怨恨"。[4] 提秀斯"许诺建立一个没有'王'的政府——一个民主政府"，[5] 看来就是因此作出的让步。既然没有"王"权，那提秀斯为何又被称为第十任"王"呢？

在父系氏族公社时代的后期，部落联盟通常都设有一个"王"，掌管祭祀。一般认为，这是一个不可或缺的职位，只能由本族人担任。据亚里士多德《雅典政制》记载，这是地位最高也是年代最

---

1 修昔底德：《伯罗奔尼撒战争》，II. 14—15。
2 亚里士多德：《雅典政制》，断片 5。
3 普鲁塔克：《提秀斯传》，XIV. 1—3。
4 普鲁塔克：《提秀斯传》，XXXII. 1。
5 普鲁塔克：《提秀斯传》，XXXIV. 2。

古老的官职。[1]另外，这里往往还设有一个军事首领，属于非常设职位，可以由本族人担任，也可以由异族人担任。[2]亚里士多德说，按雅典古代宪法，国家官吏之任用都以门第和财富为准，他们最初都是终身职。最高和最早的官职是王者执政官（巴赛勒斯）、军事执政官（波列马库斯）和执政官（名年执政官）。其中以王者执政官为最古，因为它是祖上传下来的；第二个设置的官职是军事执政官；最后设置的是名年执政官。亚氏还补充说，军事执政官的设置"是因为有些王者在战争中表现得怯懦无能；这就是雅典人在一次危机中邀请伊翁来帮助他们的理由"。[3]看来，伊翁、提秀斯，可能还有埃久斯，都属于波列马库斯，而非"王者"。显然，提秀斯并未"继承"雅典的王位。而古典时代的作家们，大概是把王者执政官和军事执政官混为一谈了，在排列王表时也把他们混编在一起。因此，亚里士多德说提秀斯是"倾向民众、放弃王权的第一人"。[4]

提秀斯改革的第二项重要措施，是"邀请所有的外来人来雅典共享同等权利"。这大概是一些学者认为改革吸收不少侨民入氏族，使雅典公民人数增加的原因。但普鲁塔克说，他并不容许由于外来人口蜂拥而至，鱼龙混杂，泥沙俱下，致使他的"民主政体"陷于混乱。于是，他首先把他们分为三个等级：贵族、农民和手工业者。他委托贵族掌管宗教仪式、提供官员、宣讲法律和解释神谕。对于其他人，他也"赋予相应的特权以保持均势。贵族地位最尊贵，农民贡献最大，手工业者人数最多"。[5]联系上下文的内容来

---

1 亚里士多德：《雅典政制》，III. 2.
2 恩格斯：《家庭、私有制和国家的起源》，第87—88页。
3 亚里士多德：《雅典政制》，III. 2，XL. 2。
4 普鲁塔克：《提秀斯传》，XXV. 2。
5 普鲁塔克：《提秀斯传》，XXV. 1—2。

看，三个等级的划分显然是针对"外来人"的，各自的特点也是在它们之间相比而言的。

国内外学者对于这两项改革措施的理解，历来争议很大。争议又直接涉及改革的时间问题。首先，当今史学研究成果可以确认的是，阿提卡的最后统一是在公元前 7 世纪才完成的。"统一"在漫长的岁月中经历了曲折的过程，不大可能是一道命令就可以解决的问题。其次，居民分为贵族、农民和手工业者无疑是社会经济、社会分工长期发展的结果，而不是、也不可能是提秀斯"在位"期间所能做到的。况且，即便是雅典历史上工商业经济最发达的时代，还是农业生产者人数占优势，难道提秀斯改革时期的雅典手工业就已经达到如此高的水平？正因如此，许多学者断定提秀斯改革是晚后时代发生的；[1] 有的学者虽肯定改革发生于公元前 13 世纪后期，但对这两项主要改革措施中的可疑之处似乎没有作出可信的解释。[2]

另外，普鲁塔克还说，提秀斯改革开始把雅典娜定为雅典城邦保护神，当地人开始被称为雅典人。[3] 后世学者多沿袭此说。然而，这似乎是后人（包括普鲁塔克）在把提秀斯与罗马的罗慕路斯相提并论的基础上而作出的演绎。事实上，正如希罗多德（VIII. 44）所说，早在提秀斯实施改革数代以前，"雅典人"之名就已经出现，表明雅典娜的崇拜在当地已居于主要地位。[4]

提秀斯来自特罗伊曾，该城居民的保护神是波赛东。普鲁塔克提到，提秀斯当政之后，曾下令在科林斯地峡举办旨在纪念波赛东

---

1 参阅霍恩布鲁尔：《修昔底德著作注释》，第 1 卷，第 259—270 页。

2 日知、际陶：《关于雅典国家产生的年代问题》，《社会科学战线》1980 年第 4 期。

3 普鲁塔克：《提秀斯传》，XXIV. 3—4。

4 对照《帕罗斯纪年碑铭》，相距约 150 年。

多彩的雅典娜

的地峡竞技会，并且是模仿纪念宙斯的奥林匹亚竞技会而创办的。[1]
这是提秀斯来自一支崇拜波赛东的希腊人的重要佐证。希腊神话
中关于波赛东与雅典娜之争以以波赛东的失败而告终的故事，很可
能就是隐约地反映了提秀斯在雅典实施改革失败，最终客死他乡的
史实。

通过以上考察，关于提秀斯改革，我们似可提出如下几点认
识。其一，改革确有其事，时间应在公元前 13 世纪中期，而不是
公元前 8 或前 7 世纪。从现有的考古资料来看，雅典卫城（后世雅
典人仍习惯地称之为"城"）大约在同一时期被精心加固和改造，[2]
可以为证。大概在提秀斯率领一批希腊人进入雅典之后，便加固
城防，使之成为他们统一阿提卡的大本营。因此，当提秀斯的子
辈们随希腊人参加特洛伊远征时，雅典的名字前被冠以"城垣坚固
的"[3]。事实上，在迈锡尼时代的线文 B 泥板文书中曾两次出现提秀
斯（the servant of god，意为"神仆"）的名字，[4] 而以 -eus 作为名字
后缀的情况，只存在于迈锡尼文明时代。[5] 其二，提秀斯不是"放
弃王权"者，也不是"民主政府"的建立者。因为他是外来人，仅
担任过"军事指挥官"，从未担任真正的"王者"。既然未居于王者
之位，无王者之权，也就不存在"放弃王权"的问题。事实上，放
弃王权，还政于民，是古典时代民主制高度发展之时才出现的观
念。其三，提秀斯是针对不同的对象而采取不同的措施的。他的

---

1 普鲁塔克：《提秀斯传》，VI. 1，XXV. 3—4。

2 麦克肯德里克：《会说话的希腊石头》，第 120—121 页。

3 荷马：《伊利亚特》，II. 546—547。

4 文特里斯（M. Ventris）、柴德威克（J. Chadwick）：《迈锡尼希腊语文献》（*Document in Mycenaen Greek*），剑桥：剑桥大学出版社，1957 年，第 243、247 页。

5 佩吉（D. L. Page）：《历史与荷马的伊利亚特》（*History and the Homeric Illiad*），伦敦：加州大学出版社，1963 年，第 196 页。

第一项措施是针对阿提卡原有居民的。在击败原有居民的联合抵抗后，把当地人中的贵族分子迁居雅典城里，如此则自然取消了原先的"地方议事会"，这实际可以理解为提秀斯为首的外来移民"征服"雅典人的结果。此项改革促使了当地贵族与移民中的上层分子的融合。普鲁塔克在《提秀斯传》中关于贵族权利的两种截然不同的说法，实际上很可能就是针对当地原有的贵族和移民中的贵族而言的。提秀斯欲以此尽力缓解以致消除移民与原有居民的矛盾。[1] 第二项措施则主要是针对泥沙俱下的"所有外来人"的。大概通过此项改革，使移民中数量最多的一部分成为手工业者，[2] 并不是把他们安插到广大乡村，从而在最大程度上避免了因争夺土地所有权而必然引发的大规模激烈冲突。提秀斯在改革中，对于占当地人大多数的平民和穷人，则秋毫无犯，从而比较容易地获得了他们的理解和支持。修昔底德的记载似乎也印证了这一点。他指出，自远古时代以来，散居乡村一直是雅典人民生活的特征。从基克罗普斯和初期诸王直到提秀斯的时代，阿提卡的居民总是住在独立的城镇中，各有各的管理机关。提秀斯改革建立了一个政治中心，但"个人可以和从前一样，照料自己的财产"。就是在提秀斯"统一"以后，他们的生活方式并未改变。直到伯罗奔尼撒战争前夕，大多数

---

1 普鲁塔克：《提秀斯传》，XXIV. 1—3，XXXII. 1。
2 学者们对于普鲁塔克在《提秀斯传》中提及的三个等级的具体所指素有歧见，争议最多的要数"农民"和"手工业者"。据考证，*Eupatridae* 有多种含义，不宜简单地译为"贵族"；表示"农民"的 *Geomori* 从未在阿提卡通用，而是特指某些地方的某个特殊集团；而对于 *Demiurgi*，也不能简单称之为"工匠"或"手工业者"，他们很可能就像荷马在《奥德赛》（XVII. 383—386）中所说的那些有一技之长的人（预言者、医生、木匠、歌手等）。参阅哈蒙德：《希腊历史研究》（*Studies in Greek Historys*），牛津：牛津大学出版社，1973 年，第 106—109 页；罗伯特森（N. Robertson）：《节日和传说：从公共典礼透视希腊城邦的形成》（*Festivals and Legends:The Formation of Greek Cities in the Light of Public Ritual*），多伦多：多伦多大学出版社，1992 年，第 85—89 页。

雅典人仍散居于乡村，住在他们出生的房屋，守着祖宗遗留下来的神龛。[1]这说明，移民数量不多，主要居住于"城"里，对原有居民的社会组织的冲击和破坏是很有限的。

三、改革与雅典国家的形成

国内学者在研究雅典早期历史时，总是把古希腊文的 *synoikismos* 一词译为"统一"，这实际上是与其原意有出入的。古希腊文原意为 living-together，*wedlock* 即"一起生活"或"一同居住""联姻"之意。[2]英译者通常译为"union"，汉译显然受到了英译的影响。这就是说，提秀斯所谓的"统一"，就是他们实现了与原有居民一同居住。显然，把"统一"与国家的形成简单地画等号是不尽符合历史实际的。由于国家尚未产生，也就不可能有公民的概念，因而说这些外来人成了"雅典的公民"自然是失实的。正如哈蒙德所指出的，"统一"并未导致乡村居民大量地移居雅典；[3]雅典城里的居民也并未大批地移居乡下。"城里人"与"乡下人"几乎处于井水不犯河水的状态。故而这次改革对于阿提卡乡村的影响是极其有限的。因此，"统一"意味着阿提卡诸小公社之间的初步联合。之后，"雅典人"成为阿提卡地区诸邦之首，有点"盟主"的味道。修昔底德说，改革前"阿提卡人民总是居住在独立的城镇中

---

1 修昔底德：《伯罗奔尼撒战争》，II. 14.2—16.2。

2 李德尔（H. G. Liddell）、斯科特（R.Scott）主编：《希英大辞典》（*A Greek-English Lexicon*），伦敦：牛津大学出版社，1953 年，第 9 版，第 1722 页。

3 哈蒙德：《希腊史》，第 69 页。参阅格什钦（Valeriji Gouschin）：《公元前五世纪雅典的统一运动》（"Athenian Synoikism of the Fifth Century B. C., or Two Stories of Theseus"），载《希腊和罗马》1999 年第 2 期（第 46 卷），第 168—187 页。

的，各有各的管理机构；只有在危急的时候，他们才集合起来，和国王商讨办法；其余的时候，各城镇各自照料自己的事务，做出自己的决定"。[1] 看来，改革后这种情况并未发生根本性改变。

另外，提秀斯作为外来人，其地位并不十分稳固。他所做的，只是初步实现了阿提卡形式上的统一，或者说初步联合，并不是真正的统一。即便如此，也招致了原有许多居民尤其是贵族的怨恨和反对。根据普鲁塔克的记载，佩特奥斯之子、奥纽斯之孙、埃里克修斯之重孙麦涅斯修斯，趁机"竭力煽动和激怒城中那些最显要的人物，麦涅斯修斯还通过詈骂，在平民中煽起骚乱，说他们幻想获得自由，事实上却被剥夺自己的家园和宗教，这样就使他们脱离了与自己同一血统的许多善良的国王，屈从于一个由外国移居来的主子"。[2] 值得注意的是这里称提秀斯为"由外国移居来的主子"。不久，一支来自斯巴达的希腊人兵临城下。[3] 这支"外来人"虽控制了雅典的局势，但提出的唯一要求只是为他们举行"引进"仪式，即要求雅典人收他们为"养子"，从而可以参加厄琉西斯的秘祭仪式。这个要求很快得到满足。[4] 麦涅斯修斯自立为雅典人的领袖。提秀斯想以武力制服他们，但麦涅斯修斯的势力日益强大（显然与移民进入雅典城有关），使他的努力归于徒然。最后，提秀斯不得不离开雅典，起航前往斯基洛斯岛。

麦涅斯修斯继为雅典王，就好像他是从有悠久历史的祖先那里

---

1 修昔底德：《伯罗奔尼撒战争》，II. 15。

2 普鲁塔克：《提秀斯传》，XXXII. 1—2；参阅霍恩布鲁尔、斯鲍福斯（A. Spawforth）：《牛津古典辞书》（*The Oxford Classical Dictionary*），牛津：牛津大学出版社，1999年，第3版，第1508—1509页，"Theseus"条。

3 借口是年逾半百的提秀斯抢走了年幼的海伦，并奸污了她。传统观点认为这是雅典蒙受战祸、提秀斯身败名裂的主要原因。

4 参阅普鲁塔克：《提秀斯传》，XXXII. 1—XXXIII. 2。

合法继承来的王位一样。提秀斯的两个儿子后来作为普通战士随厄勒斐诺尔参加了特洛伊战争。直到麦涅斯修斯死后,他们回到雅典,恢复了王权。[1]

光阴荏苒,岁月如梭,数百年过去了。提秀斯其人其事已经渐渐地在雅典人的记忆中淡忘了。直到波斯战争时期,雅典人意识到需要一位英雄作为他们抗击异族人入侵的精神支柱。于是,提秀斯"复活"了。传说在马拉松战役中,许多雅典士兵声称亲眼看到提秀斯的幽灵全身披挂,出现在他们面前,领导他们向敌军冲杀。[2]一场"造神"运动就此拉开帷幕。波斯人战败后,雅典人求得神谕,收回提秀斯的遗骸,在雅典隆重安葬,妥善保护。同时,为使他的英雄形象更加完美,雅典人编造了他的传奇经历,如他与养父埃久斯的特殊关系,甚至把雅典历史上其他英雄的事迹也改头换面,附会于他的身上。一些学者因此把提秀斯基本上视为一个神话传说中的英雄。[3]此外,提秀斯的"外来人"经历很少有人提起,提秀斯被雅典人作为民族英雄的说法逐渐居于主导地位。

从伊翁开始,有好几批"外来人"入居雅典和阿提卡,这已是不争的事实。瓦尔科在《提秀斯与雅典》一书中力图证明提秀斯就是土生土长的雅典人,看来还有不少可疑之处。[4]事实上,提秀斯的"本土化",恰恰是雅典民族融合日益深化的结果;这与包括修昔底德在内的古典时代的雅典人都强调自己是未离开过本土的希腊

---

1 普鲁塔克:《提秀斯传》,XXXV. 1—5。
2 普鲁塔克:《波桑尼阿斯传》,I. 15. 4;普鲁塔克:《客蒙传》,VIII. 3—6。
3 参阅 M. H. 鲍特文尼克等编:《神话辞典》,第289—291页,"提秀斯"条。
4 参阅瓦尔科:《提秀斯与雅典》,第9—20页。

人的说法是一致的。[1]

在古希腊人的记忆中，雅典人是唯一没有离开过自己土地的居民。希罗多德指出："当皮拉斯基人统治着如今被称为希腊的地方时，雅典人就是那些被称为克拉奈的皮拉斯基人。在基克罗普斯王统治的时代，他们叫作基克罗皮达伊人，而当王权转到埃里克修斯手中的时候，他们又改换了自己的名字而成为雅典人。可是，当克苏托斯的儿子伊昂成为雅典人的统帅的时候，他们又随着他的名字改称为伊奥尼亚人了。"[2] 关于皮拉斯基人与雅典人的关系，他写道："皮拉斯基人所讲的是什么语言我说不确切了。……我认为，如果我们可以从这些人民的语言加以推测的话，我们必须断言：皮拉斯基人所讲的是异邦话（非希腊语）。如果整个皮拉斯基民族说的是同一种语言，则确定无疑是属于皮拉斯基族的雅典人，在他们加入希腊民族的同时，必定改变了自己的语言。"[3] 考古资料证明，雅典卫城自公元前 4000 年代起就一直有人居住，文化未曾中断。[4] 雅典民族[5] 的形成，是经过数千年的发展和融合逐步实现的。其间，一批又一批的"外来人"进入阿提卡，希腊历史上的部分"伊奥尼亚人""阿凯亚人"都曾是进入阿提卡的"外来人"，他们和原先的非希腊人即皮拉斯基人经过无数次的斗争和融合，最终都成为"雅典

---

1 其他希腊人似乎也不愿提起自己"外来人"的经历，如众所周知的多利亚人侵入希腊，却被改造成为"赫拉克利斯子孙"的归来。

2 希罗多德：《历史》，VIII. 44。

3 希罗多德：《历史》，I. 57。

4 P. 麦克肯德里克：《会说话的希腊石头》，第 118 页。

5 即恩格斯所说的"小民族"（恩格斯：《家庭、私有制和国家的起源》，第 107 页）。参阅李永采等：《驱拨谬雾究真谛：恩格斯〈家庭、私有制和国家的起源〉新辨释》，南京：东南大学出版社，1993 年，第 178—184 页。

人"。当代考古学、人类学的研究成果有力地支持了这一点。[1] 雅典文化源远流长、兼收并蓄、开放性强，这是雅典成为古典时代希腊文化中心最重要的历史原因。雅典历史上颇有影响的"麦特基亚节"（Metoikia）即"移居节"，据说也是由提秀斯创立的。[2] 因此，我们认为，所谓"提秀斯改革"，主要反映的是一支数目较多、势力较强的外来人通过"改革"逐步定居雅典的过程。此后，"外来人"进入雅典并且可以比较顺利地加入当地居民的社会组织，进而成为雅典公民似乎逐步成为一种惯例，直至古典时代。梭伦改革、庇西特拉图的僭主政治和克里斯提尼改革，实际上都涉及外来人及其后裔与阿提卡原有居民的关系问题。亚里士多德提到，庇西特拉图的支持者中就有所谓"血统不纯者"；克里斯提尼改革期间，大批异邦人、奴隶和侨民登记为雅典公民。[3] 这两部分居民关系的调整，是雅典国力增长和民主制形成不可忽视的历史因素。[4]

在雅典历史上，"雅典人"是一个历史的概念。在阿提卡实现真正统一以前，"雅典人"和"阿提卡人"似乎是两个不同的概念。统一后这两个概念常常被混用，也常用来特指其中之一。这一点从古典时代希腊作家的作品中仍依稀可见。这两部分居民的融合过程漫长而复杂，与此并行的是阿提卡居民血缘关系日益松弛乃至瓦解的过程。

---

1 参阅希罗多德：《历史》，II. 51, I. 58, VIII. 44, VI. 137, V. 76；斯特拉波：《地理》，IX. 1. 5—7；德鲁斯（R. Drews）：《希腊人的到来》（*The Coming of the Greeks*），新泽西：普林斯顿大学出版社，1994 年，第 158—196 页；埃伦伯格（V. Ehrenberg）：《希腊国家》（*The Greek State*），纽约：W. W. Norton & Company，1964 年，第 9—16 页。
2 普鲁塔克：《提秀斯传》，XXXIV. 4。
3 亚里士多德：《政治学》，1275b35—39。
4 笔者拟将就此问题专文予以论述。

顺便提一下，后世史料记载说雅典在提秀斯改革之前已有若干"地域性"组织，这种情况在古史研究中屡见不鲜。因为史料形成的年代明显晚于史实出现的时代，那时国家已经产生、地域关系业已取代血缘关系。记载者往往把原始的血缘团体如胞族、部落的活动空间与国家形成后的地方区划混为一谈，而实际上这二者之间是有本质区别的。[1]

　　"雅典人"是希腊半岛青铜时代文明的创造者之一。不过，提秀斯改革时期的阿提卡似乎并不是迈锡尼文明的中心地区，而只是位于其边缘地带。其时，阿提卡当地居民的基本社会组织依然是氏族部落组织，这种组织在广大乡村根深蒂固，具有相当大的活力。但是，随着外来人的不断移入，或者说，随着外来人不断地被阿提卡居民收为"养子"，原有居民的血缘关系日渐松弛。而收养外人入族，恰恰是氏族制度的基本特征之一。[2]根据哈蒙德的研究成果，一批批进入阿提卡的移民，早期是加入氏族之中，与原氏族成员融为一体，成为氏族成员（gennetae），拥有氏族世袭的土地；晚后时期移入的居民，有些移居海外，有些则成为归化民（orgeonnes），他们不属于氏族，但可以加入胞族，主要从事商业和手工业。哈蒙德认为氏族成员与归化民约自公元前1000年以后开始有所区别。[3]实际上，这种情况很可能源自更早的时代。

　　综上所述，可以基本肯定的是，提秀斯改革虽对阿提卡原有的社会组织产生过一定影响，使散居阿提卡的诸公社初步联合起来，但决不是地域关系取代血缘关系具有决定性意义的一步，更不是国

---

1 参阅罗伯特森：《节日和传说：从公共典礼透视希腊城邦的形成》，序言及第11—83页。
2 参阅恩格斯：《家庭、私有制和国家的起源》，第103页。
3 哈蒙德：《希腊历史研究》，第137—139页。

家组织取代氏族部落组织过程中决定性的一环。国家的产生不是一蹴而就的，它必定有一个历史过程。如果把国家的产生比作"十月怀胎，一朝分娩"的话，那么提秀斯时代的雅典是处于"萌芽"状态的国家，属于"胎儿期"，离"新生儿"的诞生还有漫长的历史之路。因此，如果说提秀斯改革时雅典公共权力和阶级业已产生，把改革作为国家形成的标志，显然证据不足。最后，我们觉得似乎可以提出这样一个问题：一百多年来，一种在马克思主义历史学界流行的认为雅典国家在形成过程中，完全没有受到外来的或内部的暴力干涉的观点，是否太绝对了呢？

原载《安徽史学》2003年第1期

04 关于特洛伊战争的若干问题

在西方，关于特洛伊战争（远征特洛伊）和"木马计"的故事，可谓家喻户晓、妇孺皆知。以这次远征为背景或主题的史诗和民间故事、传说，如著名的荷马史诗等更是广为流传，影响深远。然而，由于时代久远，同古代许多重大历史事件一样，距今 3000 多年的特洛伊战争早已被蒙上一层层神秘的色彩，使人难辨其"庐山真面目"。事实上，在荷马史诗形成的时代，人们对特洛伊战争的起因就有不同解释；及至希腊古典时代，西方"史学之父"希罗多德在其《历史》、修昔底德在其《伯罗奔尼撒战争史》中，皆对特洛伊战争的原因、希腊人的兵力等进行过考察，并就当时流行的观点提出过不同意见，但他们及其同时代的人都一致认为希腊人的祖先远征特洛伊确有其事；时至近代，尤其是自德国学者谢里曼在 19世纪 70 年代成功发掘特洛伊以来，学者们已不断就有关问题展开研究和讨论。但是，过去争论的问题似乎并没有解决，新的问题又不断出现，甚至到了 20 世纪五六十年代，连特洛伊战争的发动者是不是希腊人都成了问题，真可谓"剪不断，理还乱"。那么，这场战争究竟是谁发动的？希腊人实际出动了多少兵力？战争真正起因是什么，为什么持续时间那么长？其性质如何？为什么关于远征

　　　　　　　　　　　　　　　　多彩的雅典娜

的传说故事最先在小亚细亚的一些地区流传，而不是在希腊本土？数千年来，无论是文人学者，还是普通民众，都曾参与过研究或讨论，但迄今在学术界仍是众说纷纭，莫衷一是。本文根据笔者所掌握的有限资料，力图对上述诸问题提出一些粗浅意见。

一、特洛伊战争是希腊人发动的吗？

古典时代的希腊人把特洛伊战争视为历史事实，甚至视为一件具有民族意义的大事，引以为荣。他们还把参加远征的英雄作为真实的历史人物。希罗多德就曾经指出，"希腊人却仅仅为了拉栖代梦的一个女子而纠合了一支大军，侵入亚细亚，毁灭了普里阿摩斯的王国。"[1] 修昔底德也认为，远征特洛伊是希腊人的第一次联合行动，也是曾经发生过的规模最大的一次远征。

然而，问题似乎并非如此简单。究竟是谁毁了特洛伊？这在古希腊人看来是不成问题的问题，到了 20 世纪五六十年代反而成了问题。论战双方集中了当时西方古典学界的一些大名鼎鼎的学者。一方以 C. W. 布勒根、D. L. 佩吉为代表，认为来自希腊的阿凯亚人及其同盟者摧毁了特洛伊。[2] 另一方以 M. I. 芬利等为代表，认为攻

---

1 希罗多德：《历史》，I. 4。
2 参阅布勒根（C.W.Blegen）等：《特洛伊：辛辛那提大学所进行之发掘，1932—1938 年》（*Troy: Excavation Conducted by the University of Cincinnati, 1932-1938*）4 卷，普林斯顿，1932—1958 年；佩吉（D. L. Page）：《荷马与特洛伊战争》（"Homer and the Trojan War"），《希腊研究杂志》（*Journal of Hellenic Studies*）第 84 卷（1964 年）；武德（M .Wood）：《追溯特洛伊战争》（*In Search of Trojan War*），纽约，1985 年；德鲁斯（R. Drews）：《青铜时代的终结》（*The End of Bronze Age*），新泽西，1993 年，第 35—42、215—217 页。

陷特洛伊的是来自特洛伊北方的劫掠者；因此特洛伊战争纯粹是亚洲人打的，阿凯亚人只有一部分人可能协助过那些劫掠者而已。[1]持相同观点的还有 C.G. 斯塔尔等人。持后一种观点的学者的主要理由是，特洛伊城陷之时为公元前 1200—前 1190 年间，而此时包括迈锡尼在内的希腊半岛的主要国家突然遭到重大破坏，自身难保，已经无力大举远征；还有一条理由是，特洛伊战争中，交战双方的风俗如丧葬习俗相似，而与希腊本土迥然有别。

　　其实，问题的关键在于特洛伊城陷的年代。对此自古就有多种说法，如公元前 1334 年、前 1270 年、前 1240 年、前 1234 年、前 1225 年、前 1212 年、前 1209 年、前 1193 年、前 1184—前 1183 年、前 1171 年、前 1135 年和前 1129 年等。如果它发生在公元前 13 世纪后期，希腊联军远征之说便可以成立；如果它发生在公元前 12 世纪初（传统说法是公元前 1184—1183 年），则芬利的说法亦不无根据。迄今为止，国内学者对此一直未置可否。笔者认为，芬利的论证所否定的不是希腊人发动远征的可能性，而是否定了公元前 12 世纪初远征的可能性。换言之，传统上把特洛伊城陷的时间定在公元前 12 世纪初恐怕是难以成立的。这样看来，希腊人的远征大概就只能是公元前 13 世纪后期的事了。

　　现代学者大都把它定在公元前 13 世纪后期。[2] 布勒根综合考古

1　芬利：《特洛伊战争》（"The Trojan War"），《希腊研究杂志》第 84 卷（1964 年）。除了芬利和佩吉的论文以外，同期还刊发 J. L. 卡斯基、G. S. 基尔克等人的专文，从各方面展开了讨论。
2　参阅《剑桥古代史》（*The Cambridge Ancient History*）第 2 卷第 1 分册，剑桥：剑桥大学出版社，1980 年，第 683—685 页；克里斯托保洛斯（G. A. Christopoulos）、巴斯提亚斯（J. C. Bastias）主编：《希腊世界史之史前史和原始史》（*History of the Hellenic World, Prehistory and Protohistory*），雅典，1974 年，第 290—291 页。

学证据，认为特洛伊城陷的年代为公元前 1240 年。[1] 这种说法有一个有力的佐证，公元前 5 世纪后期，希罗多德提到，特洛伊城陷在他之前 800 年左右。[2] 至于希罗多德的主要依据，我们就不得而知了。帕罗斯碑铭文则把城陷年代定在公元前 1209 年。[3]

可是，新的问题又出现了：为什么远征军的风俗习惯在某些方面与爱琴海彼岸的亚洲居民颇为相似呢？这实际涉及迈锡尼时代希腊半岛居民的种族成分以及他们与西亚、北非地区居民的关系问题。

近几十年国际考古学研究成果已经证明，早在公元前 1.1 万年前，东地中海地区的航海活动就相当活跃了。[4] 及至新石器时代（公元前 7000—前 3000 年），爱琴海两岸的农牧渔猎者经过数千年的航海实践和探索，积累了一定的航海经验，爱琴海早已不再是不可逾越的天险了。[5] 当时西亚地区的农业革命成果随着移民的足迹而逐步传播，达到爱琴诸岛和希腊大陆。[6] 因此，该地区新石器时代的居民大概主要是来自西亚和北非地区的早期航海者。在北方的希腊人南下之前，希腊大陆及爱琴诸岛的居民已经形成相对稳定的种族集团。后来的希腊人称大陆的非希腊语居民为皮拉斯基人（Pelasgians），称岛屿上的居民为卡里亚人（Carians）或勒勒吉人（Leleges）。他们主要是爱琴海及东地中海地区数千年海上移民

1 转见 P. 麦克肯德里克：《会说话的希腊石头》，第 53 页。

2 希罗多德：《历史》，II. 45。

3 参阅郝际陶：《关于〈帕罗斯碑铭文〉的史料价值》，《世界历史》1998 年第 6 期。

4 参阅张富强：《人类早期航海之谜初探》，《华中师范大学学报（哲社版）》1989 年第 2 期。

5 芬利：《早期希腊》（The Early Greece），伦敦，1981 年，第 4—7 页。

6 《史纲》编写组：《世界古代史纲（下册）》，北京：人民出版社，1981 年，第 10—27 页。

的后裔。正因如此，这些居民大都善于航海，也就毫不足怪了。而操希腊语的真正的希腊人是来自半岛以北的内陆地区，不善于航海（如以斯巴达人为代表的多利亚人）。近代以来的考古学和语言学研究成果已经证实，在希腊人来到希腊之前，希腊各地主要是来自亚洲和非洲的移民。在希腊语中，有许多词语是这种非希腊语的遗迹。古典希腊语中的一些神祇、英雄的名字和地名，还有一些树木、花草、奢侈品、休闲用品的词汇（如杉树、樱桃、水仙、浴盆等），都可以看到那些非希腊语地中海型居民语言的残存。这类地名的特点是词尾音节多为 -ssos 或 -ttos、-inthos 或 -indos 和 -enai。例　如，Pamassos、Hymettos、Cnossos、Corinth、Tiryins、Pindos、Athenai、Mycenai 和 Halicarnassus 等。[1] 具备这一特点的地名多在小亚细亚。在希腊本土，在阿提卡和东伯罗奔尼撒较为常见，在帖撒利和马其顿也有，在西部和西北部就很少见了。这说明移民的分布东部较密，西部渐稀，暗示这些居民来自东方，自东向西在希腊各地扩散。

众所周知，在克里特曾发现线形文字 A，这种大量希腊语文字至今尚未被解读。但迈锡尼人所使用的线形文字 B 已经被成功地解读，确认是希腊语。迈锡尼时代的希腊人与克里特岛的米诺斯人曾有过语言和文化交流。至于交流的具体内容，我们现在尚无从得知。麦克肯德里克指出："如果希腊人可以和克里特人交流的话，他们或许也可以和其他文化进行交流，如同样使用泥板文书的赫梯人。果如此，则公元前 13 世纪的近东是一个统一世界的假设，就

---

1 参阅哈蒙德：《希腊史》（*A History of Greece to 322. B. C*），牛津，1977 年，第 39 页；克里斯托保洛斯、巴斯提亚斯：《希腊世界史之史前史和原始史》，第 364—365 页；P. 麦克肯德里克：《会说话的希腊石头》，第 51 页。

　　　　　　　　　　　　　　　多彩的雅典娜

成了确定的事实。"[1]

英国学者 N. G. L. 哈蒙德根据考古学和人类学资料，指出克里特岛的最初居民很可能来自小亚细亚南部。一则因为那里的"黏土小雕像，与已经发现的克里特和塞浦路斯的小雕像很相像"；二则因为在"早期青铜时代（公元前 2600—前 2000 年），自小亚细亚开始掀起移民浪潮，移入者居住在基克拉底斯群岛和克里特岛的东部和中部。在那里他们和较早来的居民融合了起来……这些人长颅、窄脸、身材矮小，男性平均身高 5 英尺 2 英寸（约合 1.57 米），女性 4 英尺 11 英寸（约合 1.50 米）"。[2] 这正是地中海型白人的特征。此外，从小亚细亚和克里特都发现有圣神双面斧，两地的陶器制作风格也极为相似，都是岛上居民卡里亚人来自小亚细亚的证据。希罗多德强调指出，古代小亚细亚的"美西亚人和吕底亚人是卡里亚人的同胞民族"。[3]

19 世纪末 20 世纪初，曾在欧美学术界风行一时的一种带有浓厚的种族主义色彩的观点认为，具有特殊的性格、气质和制度的一个"印度—欧罗巴种族"，横扫巴尔干地区，迅速征服当地土著（如希腊的皮拉斯基人）进而以其故乡的文化取代当地的文化。一百多年来，随着科学研究的不断深入，多数学者已经摈弃这一观点。因为事实上，在希腊、爱琴诸岛和小亚细亚，根本不存在支持这一观点的确凿证据。例如，当今国际史学研究成果已经确认，由印度—欧罗巴族人所建立的庞大的赫梯帝国，是安那托里亚内部发展的产物，而不是通过征服性移民，把业已存在的文化原封不动地搬入这一地区。

---

1 P. 麦克肯德里克:《会说话的希腊石头》，第 81 页。
2 哈蒙德:《希腊史》，第 24—25 页。
3 希罗多德:《历史》，I. 171。

就希腊而言，传统认为在中期希腊底之初，有两种情况被认为是来自北方的希腊人入侵，并在短期内遍布整个希腊或希腊大部分地区的证据。一是所谓"米尼亚灰陶"的出现，并广泛分布于希腊半岛、爱琴诸岛、小亚细亚西部地区；二是一种新的葬俗流行于上述同一地区。然而，值得注意的是，作为与"新"的移民俱来的显著的文化特征，并不是在中期希腊底之始才出现于该地区。况且，其传播的方向也未必是自北向南，完全有可能是自东向西。因此，由上述两种现象推断希腊人大批南下并席卷整个爱琴世界的证据是不够充分的。[1]而事实上，近期的考古发掘已经证明，所谓"米尼亚灰陶"在安那托里亚也有发现，这说明入侵者应当是来自小亚细亚。[2]

在公元前14—前13世纪西亚强国赫梯的文献中，经常提到一个叫作阿希亚瓦（Ahhiyawa）的国家，而荷马史诗中的希腊人被称为阿凯亚人，故不少学者认为，阿希亚瓦就是希腊文阿凯亚（Achaia）的音译。值得注意的是，文献提到的阿希亚瓦是地处小亚细亚以西的国家，相当强大，要渡海才能到达，其首脑与赫梯君主称兄道弟，平等相待。从历史和地理情况来看，只有希腊半岛诸邦的盟主迈锡尼才符合这些条件。[3]

种种证据表明，特洛伊远征军的主力，即荷马史诗中的阿凯亚人，实际上是具有亚洲人"底色"的希腊人。爱琴海两岸的居民的

---

1 芬利：《早期希腊》，第15—20页。

2 P. 麦克肯德里克：《会说话的希腊石头》，第24页。

3 参阅王敦书：《荷马史诗和特洛伊战争》，载朱庭光主编：《外国历史大事集》古代部分第1分册，重庆：重庆出版社，1986年，第228页；刘健：《赫梯文献中的阿黑亚瓦问题》，《世界历史》1998年第4期；张强：《特洛伊考古一百年》，《东北师大学报》1999年第5期。

多彩的雅典娜

风俗习惯相似也是很自然的。这就是说，双方的风俗习惯相同并不足以说明他们皆为亚洲人。麦克肯德里克对此提出了自己的看法。他指出，"火葬是处理那些死在遥远外地的死者尸体的一种合理的方式"，所以"那些在家乡土葬死者的阿凯亚人，在特洛伊城下却火葬他们的战友"。[1]

现代历史学、考古学和语言学研究结果证明，在早期希腊底Ⅲ时期（公元前2100—前1900年）只有少量的说希腊语的部族进入希腊大陆。希腊人大规模进入希腊半岛是公元前1900年以后的事。迄今为止，在我们知道的迈锡尼时代的32个古希腊部族的名称中只有6个可追溯到公元前1900年以前。他们是：公元前2100年前抵达希腊的达那安斯人和阿班特斯人（Abantes）；在公元前1900年前抵达的伊奥尼亚人、波奥提亚人、阿卡狄亚人和弗列古安人（Phlegyans）。在早期希腊底Ⅲ时期以前，这些操希腊语的居民的主体居住在伊利里亚的西南部，爱皮鲁斯、马其顿的西部以及帖萨利的西北部。[2]

事实上，爱琴海周边地区在人种、文化和自然环境方面总的来看是一个整体，以近代意义上的"东方""西方"观念来研究该地区的文明史，是无助于问题的解决的。操希腊语的部族由北方进入希腊半岛以后，逐步向皮拉斯基人居住的地区渗透和扩张。希腊人可分为三支：伊奥尼亚人、埃奥利亚人和多利亚人。其中最早由希腊人的故乡弗泰奥提斯南下的希腊人被称为伊奥尼亚人，他们又分为两小支。一支进入阿提卡，与当地居民融合而成为雅典人；另一支即所谓阿凯亚人，他们在伯罗奔尼撒北部、东北部取得优势地

---

1 P.麦克肯德里克：《会说话的希腊石头》，第120页。
2 参阅克里斯托保洛斯、巴斯提亚斯：《希腊世界史之史前史和原始史》，第371—375页。

位。希腊语中的"海"（thalassa）、"雅典"（Athenai）都是非希腊语词汇。这是希腊人来自北方内陆的一个重要佐证。克里特文明的创造者是非希腊人；迈锡尼文明主要的创造者，实际上就是希腊化的皮拉斯基人或者毋宁说是皮拉斯基化的希腊人。而他们正是那些距今 3000 多年前跨海远征特洛伊壮举的创造者。

二、特洛伊战争的传说为什么最先在亚洲西部流行？

古希腊的史诗传说源远流长，起自迈锡尼时代。关于特洛伊战争的传说和诗歌，并非出自荷马，而是从迈锡尼时代末期开始不间断地流传下来的。[1] 一般认为，记存、传播史诗的主要是当年远征军的后裔，因为他们以自己作为英雄业绩创造者的子孙而深感自豪和荣耀；同时，在这种力量的感召下，他们责无旁贷地担负起了传布、赓续史诗的使命。而在那个极其重视血统的时代，他们是不大可能随便认祖宗的。但是，为什么这些传说不是首先在希腊本土，而是在其对岸的小亚细亚的一些地区广为流传呢？

如上所述，希腊本土的阿凯亚人即迈锡尼文明的主要创造者，是当时希腊及爱琴海地区文明水平较高的一个部族集团。然而，特洛伊战争是他们最后的壮举，远征使希腊诸国元气大伤，国力损耗殆尽。特洛伊城陷后不久，北方的多利亚人南下，征服了伯罗奔尼撒。[2] 于是，原居住于这一地区的阿凯亚人涌入阿提卡，之后又以此为新起点，一批又一批地东渡爱琴海，迁至爱琴诸岛以及小

---

1 参阅王以欣：《迈锡尼时代：希腊英雄神话和史诗的摇篮》,《世界历史》1999 年第 3 期。
2 修昔底德：《伯罗奔尼撒战争史》, I. 12。

亚细亚西部等地。这就是说，毁灭特洛伊的希腊英雄及其战友们的后裔，在战争后不久，又迁移到小亚细亚的伊奥尼亚和埃奥利斯等地。

修昔底德为我们提供了一条重要史料。他指出："希腊其他地方的人，因为战争或骚动而被驱逐的时候，其中最有势力的人逃入雅典，因为雅典是稳定的社会；他们变为公民，所以雅典的人口很快就比以前更多了。结果，阿提卡面积太小，不能容纳这么多的人口，所以派遣移民到伊奥尼亚去了。"[1]

结合希罗多德的记载，可以看到，希腊其他地方的伊奥尼亚人曾进入阿提卡，并且加入当地居民原有的社会组织，之后又加入移民行列而来到小亚细亚的伊奥尼亚地区，并建立 12 个城邦。然而，他们所说的这次移民，是不是传统上所说的是由于多利亚人入侵而引起的呢？

罗马时代的地理学家斯特拉波在其《地理学》中，收集了古代希腊各种有关资料，指出："在希腊有许多部族，其中最古老的部族和我们所知道的希腊方言一样多，而方言有四种。伊奥尼亚方言，我们认为它和古代阿提卡方言没有区别，因为阿提卡的古代居民正是被称为伊奥尼亚人的。那些殖民于亚洲的伊奥尼亚人就是来自阿提卡，他们说的正是现在叫作伊奥尼亚语的方言。……雅典人认为自己是土著民族，一直居住在同一地方；因为谁也不打算占领这个地区。正因为如此，雅典人虽然人数很少，却保全了自己独特的方言和习俗。另一方面，因为埃奥利亚人统治着科林斯地峡以外的地区，所以沿着科林斯地峡以内的这些地区（引者按：即伯罗奔尼撒）的居民同样是埃奥利亚人；他们后来和别的部族混合起来

---

1 修昔底德：《伯罗奔尼撒战争史》，I. 2。

了：首先是来自阿提卡的伊奥尼亚人占据埃贾鲁斯（引者按：即伯罗奔尼撒之阿凯亚），其次是赫拉克利斯的子孙们带回的多利亚人，他们就是建立麦加拉并建立了许多伯罗奔尼撒城邦的部族。"[1]

斯特拉波给了我们一个明晰的概念：定居于小亚细亚的伊奥尼亚人就是昔日被多利亚人驱逐的伯罗奔尼撒居民。这些被驱逐的居民大概先是在雅典停留，并通过某种方式加入阿提卡当地居民组织。雅典人亦被称为伊奥尼亚人，其语言与伊奥尼亚语极为相似，因此阿提卡的伊奥尼亚人和伯罗奔尼撒的伊奥尼亚人（或称为阿凯亚人）同属一族。由此证实了这样一个重要事实：在多利亚人南下之前，在伯罗奔尼撒半岛上定居已久的希腊人的一支阿凯亚人和阿提卡的雅典人属同一方言系统的希腊人。这些伊奥尼亚人的居住地埃贾鲁斯又名阿凯亚，似乎也印证了这一点。

至此，我们似乎可以肯定地说，希腊人远征特洛伊的传说最先在小亚细亚的伊奥尼亚人和埃奥利亚人中间流传原因已经很清楚了。而且，由此我们还可以对希腊历史上的几个悬而未决的问题作出更为科学而合理的解释。其一，迁居小亚细亚西部及附近诸岛的这些移民，他们是希腊迈锡尼文明的主要创造者，他们移居他乡，是造成希腊本土文化水准普遍下降，并出现长期的"黑暗时代"的一个不可忽视的原因。其二，这实际上就是为什么是小亚细亚地区，而不是希腊本土成为早期"希腊文化"中心的主要原因。需要说明的是，按照古希腊人自己的观点，所谓"希腊"主要是指希腊半岛及附近诸岛。迈锡尼时代的希腊文化，本身就是爱琴海周边诸部族长期积淀、融合的结果，这些居民移居小亚细亚西部，是该地区民族融合的继续。作为迈锡尼文明载体的这些移民，又吸收了东

---

1 斯特拉波：《地理学》，VIII. 1. 2。

方的文化遗产，在数千年的反复碰撞、交流和融合的过程中，终于发展出文学、史学、哲学以及自然科学，小亚细亚及其附近诸岛因此而成为最早的希腊文化中心，成为"希腊世界"文化最发达的地区。其三，正是由于雅典人和小亚细亚及爱琴诸岛伊奥尼亚人的特殊关系，当古典时代希腊及东地中海地区经济文化交流日趋频繁之时，这个"希腊"以外的希腊文化中心不断向西辐射，浸润、刺激了雅典文化的较早发展并达到登峰造极之境，这实际上既可以理解为东地中海地区文化中心的西移，也可以理解为希腊文化中心的本土化回归。

三、特洛伊战争的真实起因何在？

希腊人兴师动众，跨海远征，意欲何为？古往今来，人们作出种种解释、推测，说法很多。归纳起来，大致有以下几种。

其一，"商业竞争说"。此说认为特洛伊地理位置优越，扼黑海—地中海上贸易之咽喉，是亚欧贸易走廊之桥头堡。希腊人欲侵占此地，取而代之，以攫取巨大的商业利益。[1]此说带有明显的后人推论的痕迹，其缺陷是明显的。首先，迈锡尼时代之末，希腊诸国国小民寡，以农为本，与地中海东部虽有交流，但多属自发性零散的劫掠、殖民行为，商业往来极为有限。[2]其次，从特洛伊战争的最终结果来看，希腊人在攻陷特洛伊之后，将城堡付之一炬，

---

1 参阅休特利、达比、克劳利、伍德豪斯：《希腊简史》，北京：商务印书馆，1974年，第 16 页。

2 P. 加恩西（P. Garnsey）等主编：《古代经济中的商业》（*Trade in the Ancient Economy*），伦敦，1983 年，绪言。

掠走财宝、女人和牲畜，[1] 并未将特洛伊作为长期驻守并赖以牟利的根据地。

其二，"争夺霸权说"。此说与前说有关，认为此战因希腊人与特洛伊人争夺爱琴海的霸权而起。[2] 古希腊历史学家修昔底德是此说的肇始者，但他的观点受到当时东地中海希腊人与波斯人海上对峙格局的影响，带有明显的时代烙印。实际上，迈锡尼时代希腊诸邦的主要利益在希腊大陆及近海，并不在海外；希腊人拥有海上利益的前提是海上交流的频率和规模的扩大，这种情况大概只能存在于希腊大殖民时代及其此后。从荷马史诗及其他有关传说来看，特洛伊虽濒临地中海，却是一个典型的陆地国家，既无海上利益，又无海军，故而在与希腊人的交锋中，至多把入侵者赶出陆地，之后便无计可施了；而希腊人面对坚固的城垣，也显得一筹莫展。这正是双方经过持久的拉锯战仍难决胜负的一个重要原因。看来，所谓"争夺霸权说"，不过是后世的希腊人的一种臆测而已。

其三，"转嫁危机说"。此说由于认为希腊诸邦内部的王位之争司空见惯，各城邦之间战事不断，为转移希腊本土的政治和经济危机而将其注意力引向海外，为了掠夺海外的财富，他们便时常把战火引到周边国家，这样的远征大概是相当多的。远征特洛伊便是其中最动人心魄的一次。[3] 此说似乎难以解释：为什么内忧外患的希腊诸邦还有力量大举出征？为什么他们要以海伦被诱拐为借口？既

---

1 年轻貌美的女俘往往为其首领所有。《伊利亚特》的核心内容是阿喀琉斯之怒，而阿喀琉斯之怒的关键却是争夺一名漂亮女俘的所有权。

2 汉斯康（James H. Hanscom）：《古代文明》（*Ancient Civilization*），纽约：麦克米伦，1968 年，第 137 页。

3 徐善伟、顾銮斋：《蓝色诱惑：爱琴文明探秘》，昆明：云南人民出版社，1999 年，第 188 页。

然希腊诸邦的危机通过对外征伐就可以解决，为何非要劳师远征特
洛伊？

其四，"复仇报怨说"。此说最为流行，认为特洛伊王子帕里斯
拐走世间最美的女子海伦，据说曾向海伦的父亲求婚的希腊诸邦
的王公曾对天盟誓，要以武力保护求婚成功者。于是，帕里斯的
"诱拐"行为成了导火线，希腊大军倾巢出动，以报特洛伊人"掠
美""夺妻"之愤。相传，在著名英雄帕里斯的婚宴上，未被邀请
的不和女神向餐桌上投下一只"金苹果"，上书"送给最美者"。于
是，奥林帕斯诸神中的赫拉、雅典娜和阿芙洛狄特三位女神竞相争
夺之。裁决权落入特洛伊王子帕里斯之手。三女神均向帕里斯许以
重诺，诱使帕里斯将金苹果判给自己。结果，帕里斯把它判给了爱
神。阿芙洛狄特遂即践诺，助帕里斯拐走斯巴达王后、美貌绝伦的
海伦。斯巴达国王和他的兄长阿伽门农恼羞成怒，遂召集各路英雄
组成联军，浩浩荡荡开向特洛伊，以惩罚帕里斯和特洛伊人的不义
之举。战争的帷幕由此拉开。

这一说法乍看似乎天衣无缝、合乎情理，能够激起各个时代人
们的共鸣和同情，这是其流行的主要原因。但实际上，只要稍加推
敲，就不难发现其破绽。首先，希腊人杰地灵，不乏英才，如此重
大的事情，三女神为何舍近求远，远涉重洋到爱琴海彼岸去让人微
言轻的小人帕里斯一人来裁决呢？其次，传说海伦既为人妻，又为
人母，以王后的身份深居宫中，她怎么可能被一位来自异乡的陌生
人毫不费力地拐走，并且被单枪匹马的帕里斯卷走大批财宝呢？再
次，其时社会发展，贫富差距拉大，穷汉以劫掠妇女的方式"娶"
妻已是司空见惯之事。"抢劫婚"的流行，使妇女的地位日益下降。
不过，按通常情况，若女子被劫，受害者家属可出面要求赔偿，这
无非是索要"彩礼"的一种方式而已。希腊人为一女子兴师动众，

大举远征，显然是小题大做，欲盖弥彰。其实，早在公元前5世纪，希罗多德在其《历史》中就已经质疑希腊人对特洛伊战争起因的解释。他说："劫夺妇女，那固然是一件坏人干的勾当，但事情很明显，如果不是妇女们自己愿意的话，她们是决不会硬给劫走的，因此在被劫之后，又处心积虑地进行报复，那未免太愚蠢了。明白事理的人是丝毫不会对这样的妇女介意的。波斯人说，在希腊人把（亚细亚的）妇女拐跑时，他们亚细亚人就根本不把这当成一回事，可是希腊人却仅仅为了拉栖代梦的一个女子而纠合了一支大军，侵入亚细亚，毁灭了普里阿摩斯的王国。"[1] 最后，即使如此，希腊大军长期围攻特洛伊，特洛伊举国上下殊死抵抗，难道特洛伊民众竟愚蠢到宁肯城毁人亡，也不交出海伦这样一位外乡女子吗？特洛伊人难道愿意为得到海伦而付出如此惨重的代价吗？希罗多德从埃及祭司那里得知，帕里斯和海伦不在特洛伊，但希腊联军以为对方在欺骗他们，于是围攻此城直到攻克为止。接着他们派人前往埃及，接回海伦和一切财宝。[2] 希氏还补充说："荷马也是知道这件事情的。但是由于这件事情不是像他用的另一个故事那样十分适合于他的史诗，因此他便故意放弃了这种说法，但同时又表明他是知道这个说法的。"[3] 接着他便援引荷马史诗中的有关诗句证实其看法。

希罗多德最后指出："至于我本人，我是相信他们关于海伦的说法的。我的理由如下：如果海伦在伊利昂（特洛伊）的话，那么不管亚历山大（帕里斯）愿意不愿意，她也要被送回到希腊人那里的。可以肯定，不论是普里阿摩斯还是他的家人都不至于疯狂到竟会使他们自己、他们的子女以及他们的城市冒着危险而叫亚历山大

1 希罗多德：《历史》，I. 2—4。
2 希罗多德：《历史》，II. 118—119。
3 希罗多德：《历史》，II. 116。

娶海伦为妻。甚至假如他们开始是有意这样做的话，但后来在与希腊人的每次交锋中都有大批的特洛伊人阵亡，而普里阿摩斯本人也在每次战役中都要失去一个，有时是两三个甚至更多的儿子的时候，这时即使海伦是普里阿摩斯本人的妻子，他也一定会把她送回到希腊人那里去的，如果这样做可以平息目前的灾难的话。尽管普里阿摩斯上了年纪，亚历山大却不是最近的一位王位继承者，因此他不可能成为当时主持政事者。这样的一个人是赫克托尔，他比亚历山大年长，而且远比他勇武，因而是最有希望在普里阿摩斯死后取得王位的。赫克托尔决不会容忍他的兄弟的不义之举，特别是在这位兄弟所引发的巨大灾难殃及赫克托尔本人以及全体特洛伊人的时候。然而事情的结果正像他们所说的那样，因为特洛伊人那里并没有海伦可以交出，而且尽管他们讲了真话，希腊人却不相信；我认为，是神圣的天意注定特洛伊的彻底毁灭……"[1]

希罗多德的分析不无道理。但既然他对荷马的观点提出不同看法，而荷马显然是站在希腊人的立场上的。[2]这似乎说明希罗多德是站在旁观者的立场上的。在希氏看来，特洛伊人实在是无辜的，"索要海伦"根本就不是，也不可能是希腊人发动远征的主要原因，但他又找不到更恰当的理由来说明希腊人为什么非要彻底毁灭特洛伊不可。于是，他就只好用天意神命来解释了。

总之，"索要海伦"与其说是后世的希腊人对战争起因的一种诠释，不如说是他们殚精竭虑为其祖辈所编织的一篇辩护辞，其出发点是要使远征的英雄"师出有名"，充其量只是战争发动者的一个借口。然而，如上所述，这个借口本身也是漏洞百出的。

---

1 希罗多德：《历史》，II. 120。
2 荷马史诗中的某些看法，或者是史诗作者自己的看法，或者是史诗编定者的看法。史诗是在雅典最后编订的。

希腊联军部族众多，成分复杂，劳师远征，困难重重，风险极大。他们之所以能够联合行动，必定是重大的共同利益使然。实际上，他们的共同目的就是到海上、到特洛伊去掠夺财宝和女人。这一点笔者下文还将论及。

四、远征军的实际兵力有多少？

希腊联军号称10万大军，但实际上究竟有多少战士？修昔底德曾做过分析，指出："我们没有理由不相信特洛伊远征是到那时为止最大规模的一次远征。……荷马是一位诗人，他的叙述可能是夸大的。尽管如此，即使按诗人所说，远征的规模也是比较小的。荷马记载的船只数目是1200条；他说每条波奥提亚船上的橹手是120人；每条菲罗克提提斯船上的桡手是50人。我认为这些数字是他说明各种舰船上人数的最大量和最小量。总之，他的船表中未记载桡手的数目。船员们不仅是桡手，同时也是战士。关于这一点，他在描写菲罗克提提斯人的船只时，说得很清楚，船上的桡手都是弓箭手。"[1] 修昔底德认为按每条船桡手人数的最大量和最小量的中间数（即每船85人）来估算希腊联军总数为10.2万人，与伯罗奔尼撒战争期间希腊诸邦总兵力相比，并不是一个很大的数字。就单船而言，如果与公元前5世纪希腊海军的主要舰种（三列桨战舰）每船装配约200人相比，每船85人确实不算多。问题是，这样计算是否合乎实际呢？

我们还可以看到另外一些有关史料。荷马在《伊利亚特》中提

---

1 修昔底德：《伯罗奔尼撒战争史》，I.10。

及阿喀琉斯的军队时说宙斯所钟爱的阿喀琉斯，带着他的人马来到特洛伊，分乘 50 条战船，每船 50 名伙伴。阿喀琉斯的军队大概是希腊联军中的精锐之师，数量不多，战斗力较强。正因为如此，当阿喀琉斯愤然离去，拒绝加入希腊联军围攻特洛伊的行动时，[1] 希腊联军的战斗力大打折扣，连吃败仗。阿喀琉斯的船队在希腊联军中应当算是装备精良的，应当是达到整个联军的平均水准以上。

古代的海盗所使用的船只向来以船体小而灵活著称。如前所述，修昔底德认为，特洛伊远征时希腊的船只是按照海盗船的样式建造的。修氏在回顾希腊海军发展史时指出，公元前 8—前 6 世纪的希腊海军，"和特洛伊战争年代的情况一样，主要还是由一些长船和五十桨大船组织而成的"，过去最大的船是五十桨大船，使用三列桨战舰不过是波斯战争前不久的事。当时"雅典、埃吉那和其他少数国家所拥有的海军，其绝大多数船只是五十桨大船"[2]。

普鲁塔克在《提秀斯传》中提到，英雄提秀斯杀死克里特的米诺陶尔牛怪后，和他的同伴们安全返航所乘的是有 30 支桨的大帆船，雅典人把这只船一直保存到德米特里·法勒琉斯的时代。他们一次又一次地拆掉朽烂的旧船板，换上坚实的新船板。这条船一直保存到公元前 4 世纪末，并且因不断更换船板而成为哲学家们讨论事物发展问题时经常援引的实例。我们认为，这条船是不是当年提秀斯所乘的船只，已难以稽考。但对于雅典人来说，提秀斯所做的是一桩具有重大意义的事情。因此，即使是后来人所造船只，也应当是尽可能与提秀斯时代相符的。提秀斯的儿子作为普通士兵参加了特洛伊远征。可以说，三十桨长船是特洛伊战争时期爱琴海地区

---

1 诗人习惯地夸大英雄个人的作用，实际上退出战场的不仅是他本人，还包括他手下的军队。
2 修昔底德:《伯罗奔尼撒战争史》，I.14。

较为常见的船型之一。

公元前 1400 年前后因火山喷发而毁灭的塞拉岛（Thera）比较完好地保存了当时的城市文明。当代考古工作者在该岛发现一幅叙事性壁画。壁画描写的是一场海上远征，舰队由 7 条五十桨战船组成。[1] 这是特洛伊远征一二百年以前的事，但真实可靠，可为佐证。

综合上述，可以看到，即使在特洛伊战争数百年以后，希腊诸邦的舰队也还是以五十桨船为主的。很显然，如果特洛伊远征军的舰船武装人员数量按每船 85 人计，就有些超出实际了。由此我们可不可以说，远征军舰船主要由三十桨船和五十桨船组成，如果取其中间数即按每船 40 人计，则希腊联军总兵力大约不超过 5 万人，而不是通常所说的 10 万人。

五、特洛伊战争的性质如何?

如上所述，在古代希腊人看来，特洛伊战争就是希腊人为惩罚特洛伊人的不义之举而进行的一场报复性战争。然而，正如希罗多德所分析的，这种报复的原因是难以成立的。

事实上，只有对特洛伊战争时期希腊人的社会历史的发展状况作出全面的考察和分析，才有可能对战争的性质作出科学的说明。修昔底德对希腊人早期历史的分析颇为深刻。他指出，在早期时代，不论是居住在沿海或是岛屿上的人们，不论他们是希腊人还是非希腊人，由于海上交往更加普遍，他们都在最强有力的人物的领导下热衷于从事海上劫掠。他们做海盗的动机是为了满足自己的贪

---

1 P. 麦克肯德里克：《会说话的希腊石头》，第 109—111 页。

多彩的雅典娜

婪欲望，同时也是为了辅助那些弱者。他们袭击那些没有城墙保护的城镇，或毋宁说是若干村社的联合，并且加以劫掠；实际上，他们就是以此来谋得大部分的生活资料的。那时候，这种行为完全不被认为是可耻的，反而是值得夸耀的，"有些以海上行劫而致富的人常常以此引以为荣"。[1]修氏还指出，陆上行劫也很普遍，古时希腊陆上交通很不安全，因而全部居民都有随身携带武器的习俗，而这一习俗直到古典时代还在希腊许多地方保持着。[2]

综观古代世界发展史，许多民族在从氏族社会向文明社会过渡时期，甚至在文明社会初期，皆有不禁劫掠之习俗。希腊人、罗马人、日耳曼人是如此，阿拉伯人、匈奴人、诺曼人也是如此。他们正是以野蛮的手段，使自己逐步摆脱野蛮状态，跨入文明的门槛的。恩格斯指出："最卑下的利益——无耻的贪欲、狂暴的享受、卑劣的名利欲、对公共财产的自私自利的掠夺——揭开了新的、文明的阶级社会；最卑鄙的手段——偷盗、强制、欺诈、背信——毁坏了古老的没有阶级的氏族社会，把它引向崩溃。"[3]随着氏族制度日趋瓦解，"古代部落对部落的战争，已经逐渐蜕变为在陆上和海上为攫夺牲畜、奴隶和财宝而不断进行的抢劫，变为一种正常的营生，一句话，财富被当作最高的价值而受到赞美和崇敬，古代氏族制度被滥用来为替暴力掠夺财富的行为辩护"。[4]

在古代地中海地区，按地理条件划分，暴力掠夺有两种基本形式：一是陆上行劫，一是海上劫掠——海盗行为。直到公元前4世纪末，亚里士多德还把海盗劫掠与农作、游牧、渔捞和狩猎并列

---

1 修昔底德：《伯罗奔尼撒战争史》，I.5。
2 修昔底德：《伯罗奔尼撒战争史》，I.6。
3 恩格斯：《家庭、私有制和国家的起源》，第101页。
4 恩格斯：《家庭、私有制和国家的起源》，第6页。

为人类五种基本谋生方式之一。[1]因此，对于特洛伊战争时期的希腊人来说，暴力掠夺是他们所崇尚的事业，是不折不扣的"英雄行为"。后世希腊人所崇拜的英雄，大都有在陆上或海上掠夺财富和女人的"辉煌业绩"，是不足为奇的。

考古资料已经证明，青铜时代的特洛伊城，在物质生产尤其是手工业方面一直领先于希腊大陆[2]。公元前14—前13世纪，随着航海技术的进步，爱琴海周边地区的经济文化交流比此前更加频繁了。据 M. I. 芬利的研究，特洛伊恰好地处亚欧金属贸易通道的交汇点上。[3]长期以来，在希腊人的心目中，特洛伊是一座城垣坚固、富有青铜和黄金的城市，希腊贵族对此无不垂涎欲滴，皆欲掠为己有而后快。正是在这样的背景下，迈锡尼国王阿伽门农大概以海伦被拐为借口[4]，组建希腊联军，跨海远征，最后攻克特洛伊，大掠而返。修昔底德说得再清楚不过了：参加远征的船只，"没有甲板，是按照古时海盗船样式建造的"。[5]修昔底德生活的时代，雅典建立海上霸权，国势如日中天，爱琴海已成为雅典人的"内海"。他们大力剿灭海盗，维持海上秩序。对于雅典人而言，"海盗"已具有

---

1 亚里士多德：《政治学》，1256a33—b5；参阅 L. 卡松（L. Casson）：《海盗行为》（"Piracy"），载格兰特（M. Grant）、基特金泽（R. Kitzinger）：《古代地中海文明：希腊和罗马》（*Civilization of the Ancient Mediterranean: Greece and Rome*），纽约，1988 年，第837—839 页。

2 如德国人谢里曼在特洛伊 II 发现大量珍贵的金银器皿。他误以为此即"普里阿摩斯"的宝藏。

3 芬利：《早期希腊》，第8—9 页。

4 在希腊神话传说中，"海伦"常常是美女的代名词。普鲁塔克在《提秀斯传》（XXXI. 1—XXXII. 5, XXIV）中提到，斯巴达人的军队进攻雅典，兵临城下，理由是提秀斯劫走年幼的海伦，并奸污了她。"抢劫婚"的流行，这样的借口是司空见惯的。

5 修昔底德：《伯罗奔尼撒战争史》，I. 10。这种船只无甲板，船身涂成黑色，夜间行动隐蔽性更强。

"海上强盗"之意。显然，他们绝对不可能把自己的祖辈英雄说成海盗。事实上，那些跨海远征的希腊人正是当时的海盗，因而特洛伊战争是古代地中海历史上一次大规模、有组织的海盗劫掠活动。

值得注意的是，古代地中海地区的海上征战往往是与海盗劫掠、海上殖民、海上贸易交织在一起的。一般说来，暴力的方式是人类原始社会末期和早期阶级社会的一种常见的交往、交流方式。根据修昔底德的分析，希腊人的远征军一定是在登陆战中获胜，取得给养，才得以在作战地区站稳脚跟的。由于给养匮乏，他们不得不把远征军一分为三：一部分人前往刻尔松尼斯耕种土地，实为早期殖民者的真实写照；一部分人从事海上劫掠；还有一部分人留下围攻特洛伊。"这是特洛伊人抗击希腊联军能够坚持十年之久的真正原因。"[1]从这里我们可以清楚地看到，古代战争与海上殖民、海盗活动简直就是同一事物的三种形式。

特洛伊战争是迈锡尼时代末期希腊人海上劫掠活动的组成部分，对于参与远征的希腊人来说，这是英雄的壮举，是值得纪念和自豪的。在一个以掠夺为荣、以战争为业的时代，在一个"英雄"与"强盗"几乎没有区别的时代，强者对弱者的战争根本无须找什么正当理由。然而，时过境迁，对于后世的希腊人来说，无缘无故地发动掠夺战争，毕竟不是光彩的事。于是，特洛伊战争的历史真相就被那些极富想象力的神话编织者有意无意地层层掩蔽起来，关于特洛伊战争原因的神话传说便应运而生，并且一直流传到战后3000多年的今天。

原载《世界历史》2002 年第 2 期

---

1 修昔底德：《伯罗奔尼撒战争史》，I. 11。

第二章

城邦・同盟・帝国

05 关于雅典同盟的几个问题

近代西方古史研究者一般把成立于公元前 478/477 年的反波斯同盟（古希腊之"雅典人及其同盟者"，本文简作"雅典同盟"）称为"提洛同盟"，并对雅典与同盟各国的关系，雅典同盟的演变及其原因、其历史地位和作用等做过大量研究，取得了许多精深的成果。但就我们所接触到的有限的史料来看，有些已被广泛接受的观点尚有明显不妥或失误之处，过去争论的一些问题也并未得到解决，问题本身又直接涉及其间雅典的经济、政治、文化和对外关系。因此，仍有必要做进一步探讨。以下准备就有关的几个问题谈一些不成熟的看法。

一、雅典同盟、提洛同盟辨异

提洛同盟即雅典同盟，雅典是提洛同盟的成员国之一，这是久已公认的说法。但成问题的是，近代史学家所提出的提洛同盟的概念，是否科学地反映了雅典同盟的历史内容，即二者是不是同一概念？

如众所周知，学者们之所以把雅典同盟称为提洛同盟，是因为同盟的公共金库和最高权力机关——同盟会议（由各成员国的代表组成）的会址皆设在提洛岛。简单地说，提洛岛乃是同盟的总部所在地。换言之，总部设在提洛岛的同盟即提洛同盟。因此，提洛同盟的所有成员国都必须同时具备如下条件：第一，承担一定的军事义务，即向公共金库提交一定数量的金钱作为对波斯作战的军费，或自费提供舰船（连同人员装备）；第二，参加同盟会议的讨论和表决；第三，在对外政策方面，原则上皆应无条件服从同盟会议的决议。

但事实上，雅典并不具备作为提洛同盟成员国的条件。首先，雅典从未向提洛岛的公共金库捐款。不唯如此，同盟者中哪些国家出钱，哪些出船，并非由同盟会议讨论确定，而是由雅典人规定的。各国的捐款数额是由阿里斯提德摊派的，这笔公款由雅典政府委派的官员负责征收和管理。[1] 然而，这并不意味着雅典也是盟金的所有者之一。换言之，盟金属于雅典人的同盟者，决非雅典人及其同盟者。

其次，雅典官员出席同盟会议，并非以成员国之一的身份参加会议的讨论和表决，接受会议的领导，相反，是作为会议的领导者来主持会议，监督与会者的讨论的。同盟会议的决议名义上虽代表大多数成员国的意志，但它能否付诸实施，在很大程度上取决于雅典公民大会的表决结果。因为决议的最后通过原则上须经双方（雅典人为一方，同盟者为另一方）赞同，雅典人可名正言顺地对同盟会议的任何决议行使否决权。况且，同盟会议的召开与否，也是由雅典所决定的。这样，同盟会议非但难以成为高于雅典的权力机构，反而仅只是它领导下的一个议事机构。修昔底德的记载无可辩

---

1 修昔底德：《伯罗奔尼撒战争史》，I. 96. 2；普鲁塔克：《传记集·阿里斯提德传》，XXIV. 2。本文所引古典作品皆据"洛布古典丛书"英译本，部分引文还参照《希腊历史学家》，纽约，1942 年。

驳地证实了这一点。他指出，"在雅典人的领导下，同盟者各国起初是独立的，并在（他们的）公共议事会中议决"。[1]

最后，雅典同盟是一个军事同盟，最高军事指挥权由谁掌握，无疑是同盟领导权的一个核心问题。我们知道，雅典的舰队不归同盟会议及其下属机构管辖，而同盟者所提供的舰队却悉归雅典人指挥。因此，主要充作军费的盟金，也不能不在很大程度上由只出舰船、兵员而不出军费的雅典人所支配。[2]

由此可见，设在提洛岛的两个公共机构，其成员是雅典的同盟者各国，不包括雅典；同盟会议不是雅典同盟的最高权力机关，充其量只是同盟者的最高权力机关。雅典同盟的领导权属于雅典人，其总部在雅典本土，不在提洛岛。因此，如果说古代希腊历史上出现过一个提洛同盟，按其定义，其成员国即雅典人的同盟者各国。如此则雅典同盟实际上是雅典人与提洛同盟结成的同盟。把雅典同盟与提洛同盟等量齐观，从而把雅典作为提洛同盟中的一员，实在是一个历史的误解。

那么，雅典同盟成立时，同盟者各国是否已结成某种形式的同盟，是否可称之为提洛同盟？答案是肯定的。

二、提洛同盟——一个由帕尼奥宁同盟演化而来的反波斯同盟

帕尼奥宁同盟系由殖民于小亚细亚及其附近岛屿的伊奥尼

---

1 修昔底德：《伯罗奔尼撒战争史》，I. 97. 1；狄奥多拉斯：《历史丛书》，XI. 47。
2 修昔底德：《伯罗奔尼撒战争史》，I. 96—99。

亚人（Ionian）各邦所组建的、以他们共同的宗教圣地帕尼奥宁（Panionium）为活动中心的城邦联盟。起初，它大概只是一个松散的宗教性质的同盟。[1] 自臣服于波斯之后，帕尼奥宁成为伊奥尼亚诸邦以及一直追随他们的埃奥利亚（Aeolian）诸邦[2] 反波斯斗争的中心。据希罗多德记载，公元前545年，波斯大军压境，同盟各邦的代表在这里集会并"一致决定派使者"外出求援；[3] 后来在会议上有人提议组建邦联政府，以加强反波斯活动的组织和领导；[4] 在拉代会战（约公元494年）前夕，同盟代表大会商定组成联军与波斯在海上决战；[5] 萨拉米斯海战之后，他们又一致劝请希腊联军乘胜追击，继续东进。[6]

由此可得出如下几点认识：第一，公元前545—前479年，设在帕尼奥宁的同盟会议成为伊奥尼亚人反波斯活动的主要组织者和领导者，会议的决议体现了同盟各国的共同意向；第二，这个同盟在长期斗争中始终以争取独立、摆脱波斯的羁绊为宗旨；第三，反抗斗争的受挫并未削弱各邦之间的同盟关系，反而增强了同盟的凝聚力，使他们更清楚地意识到统一指挥、协同作战的重要性；第四，长期共同的反波斯的武装斗争使同盟的军事性质日趋明显。拉代会战表明它已演化成为军事同盟。

帕尼奥宁同盟在米卡列战役结束时又增加了一些新成员。希罗多德指出，雅典人凭借他们在海战中的赫赫战功和崇高威望，敦促

---

1 参阅 C. J. 恩林 - 琼斯：《伊奥尼亚人与希腊文化》，伦敦，1980年，第17—21页；P. J. 罗兹：《希腊城邦》，伦敦，1986年，第190—192页。
2 希罗多德：《历史》，I. 151—152。
3 希罗多德：《历史》，I. 141。
4 希罗多德：《历史》，I. 170。
5 希罗多德：《历史》，VI. 7。
6 希罗多德：《历史》，VIII. 132。

萨摩斯人、开俄斯人、列斯堡人和其他岛民加入"同盟者的同盟"（the league of allies），并要他们发誓。[1] 很显然，雅典人没有参加宣誓，未成为这个同盟的成员国。翌年雅典同盟正式建立时，雅典的同盟者即业已扩大了的帕尼奥宁同盟，若以同盟总部所在地命名，它也就是提洛同盟。参加宣誓的双方，一是雅典人阿里斯提德，一是同盟者（帕尼奥宁同盟—提洛同盟）。

值得注意的是，修昔底德有时把同盟者称作"同盟"，还把雅典人和同盟者建立联盟的目的做了区分，指出，雅典人是为了"劫掠波斯国王的领土"，而"同盟"旨在解放希腊人，以免受波斯人的压迫。[2]

修昔底德还把提洛同盟与帕尼奥宁同盟作为前后一贯的同盟，指出："雅典逐渐剥夺它的同盟者的海军……因此，在这场战争中，单独雅典一国的海军比同盟全盛时期的同盟军总数还要多些。"[3] 修氏认为同盟的海军因被雅典剥夺而减少，显然，这个同盟只能是提洛同盟。但他又说当时拥有近 400 艘战舰的雅典海军多于同盟的全盛时期，暗示二者差额不大。我们知道，雅典同盟成立之初，同盟者的战舰共约 150 艘，以后逐步减少，而帕尼奥宁同盟海军最强大时有 353 艘。[4] 看来，修昔底德所说的同盟全盛时期，不大可能是雅典同盟初建时的提洛同盟，很可能是指拉代会战时的帕尼奥宁同盟（此后盟军战舰数量大减）。这说明，在修氏看来，同盟者本身在与雅典结盟前后一直是一个反波斯军事同盟。

---

1 希罗多德：《历史》，IX. 106。
2 修昔底德：《伯罗奔尼撒战争史》，I. 96. 1，III. 10；希罗多德：《历史》，VIII. 132. 1，IX. 106. 2—4。
3 修昔底德：《伯罗奔尼撒战争史》，I. 19。
4 希罗多德：《历史》，VI. 8。

那么，这个同盟的总部为何由帕尼奥宁移至提洛岛？其原因主要有两个：其一，提洛岛乃是伊奥尼亚人的传统圣地，把同盟总部设于此同原先的选址传统是完全一致的；其二，提洛岛地处希波交战双方之间缓冲地带西缘，希罗多德说，不习海战的波斯人不敢贸然进入萨摩斯岛以西的海域，总部迁于此比较安全。反之，继续设在小亚细亚则随时有可能遭到拥有陆军优势的波斯人的攻击。[1]

公元前479年以后，新独立的帕尼奥宁同盟诸邦为巩固胜利成果，必须团结更多的力量打击波斯在小亚细亚的势力，这一点恰恰被极欲向海外扩张的雅典人巧妙利用了。

由是观之，从帕尼奥宁同盟到提洛同盟，是小亚及附近岛屿的希腊诸邦反波斯力量不断壮大、组织性日益加强的必然结果，是反波斯斗争形势发展的客观需要。到公元前478/477年，这个同盟的性质、宗旨和组织原则与前此毫无二致，不同的是，此前同盟会议是名副其实的最高权力机构，此后同盟自愿接受雅典人的领导，同盟会议原则上还是同盟的最高权力机关，实际上却不能不在很大程度上受制于雅典人。

三、雅典与提洛同盟各邦的关系及其演变

一种在史学界长期流行的观点认为，雅典同盟即提洛同盟系由"独立、平等的希腊城市国家"组成，至少在同盟成立之初，包括雅典在内的各成员国对"有关同盟的一切问题皆有平等的发言

---

1 希罗多德：《历史》，VIII. 132。

权"。[1] 持此观点的学者们一方面强调雅典和每一个加盟国一样，在同盟会议上各有一票表决权，另一方面却又不得不承认雅典人从一开始就几乎独占同盟的领导权。

这种观点既自相矛盾，也与基本史实不符。如前所述，雅典同盟实际上由两大成员——雅典人和提洛同盟组成，雅典不是提洛同盟的成员国，却是其领导者。当然，在提洛同盟内部，各成员国原则平等，各有一票表决权，但问题是雅典有权对同盟会议的决议加以表决，显然是处于支配者的地位，这足以说明雅典的地位高于提洛同盟，更高于任何单个成员。[2] 修昔底德告诉我们，即便是同盟者中那些最强大的城邦，也从未把本国与雅典相提并论，而是把除雅典以外的那些盟邦视为平等者。[3] 可见，提洛同盟各成员国同雅典之间的不平等关系，在当时已经得到国际公认。

提洛同盟各国甘心情愿地把同盟的领导权拱手交给雅典人，使后者在军事、财政、外交等方面拥有许多重要特权，成为雅典同盟中唯一的特权者。提洛同盟的任何一个成员国都没有这样的特权，更不能像雅典人一样，有权否决同盟会议的决议，从而也绝对不可能与雅典城邦平起平坐，处于原则平等的地位。因此，把雅典与提洛同盟各国的关系理解为一种平等关系，看来并不是基于史实，而是基于"雅典同盟等于提洛同盟"这个错误的前提而作出的推论。

---

1 B.C. 塞尔格叶夫：《古希腊史》，缪灵珠译，第 225—241 页；朱庭光主编：《外国历史大事集（古代部分）》，第 1 分册，重庆：重庆出版社，1986 年，第 287、290 页；苏联科学院主编：《世界通史》，第 2 卷上册，北京：生活·读书·新知三联书店，1960 年，第 44 页。

2 修昔底德：《伯罗奔尼撒战争史》，I. 19, 141。

3 修昔底德：《伯罗奔尼撒战争史》，III. 10—11；希罗多德：《历史》，V. 91—93。参阅：《剑桥古代史》，第 5 卷，第 40—42 页；N. G. L. 哈蒙德：《反波斯的雅典同盟的组织结构》，载《希腊历史研究》，第 325—345 页。

诚然，雅典同盟的组织形式有利于大权在握的雅典人统一指挥对波斯作战，但不必否认，雅典的地位表明它是国上之国、邦上之邦。总的来看，在雅典同盟成立之初，雅典人与同盟者各国之间的关系既非原则平等的伙伴关系，也非上下臣属关系，而是一种不平等的同盟关系。

公元前 467 年以后，雄心勃勃的雅典人肆无忌惮地推行霸权主义政策，公然奴役它的同盟者，从而导致二者的关系发生质变。以往学者们往往只强调这是雅典对外政策的重大转折，即由主要对付波斯人转而对付同盟者和其他希腊人，而对此前业已奉行的扩张主义政策及其根源却极少论及，这就难以阐明雅典同盟演变的基本原因和本质内容。

雅典推行侵略扩张政策，有其深刻的社会历史根源，是国内平民与贵族斗争的必然结果。这种政策的形成和发展，在公元前 467年以前大致可分为两个阶段。从公元前 7 世纪末到前 483 年为第一阶段。梭伦改革废除了债务奴隶制，缓和了公民集体内部矛盾，为发展中的雅典奴隶制国家走上奴役异邦人（即非雅典人）的道路奠定了基础。庇西特拉图的僭主政治和克里斯提尼改革进一步打击了贵族势力，巩固了中下层公民的社会经济地位，使其对外扩张的内部条件日趋成熟。

克里斯提尼改革以后，雅典的陆军实力显著增强，一举征服了卡尔基斯。[1]然而在与海上强国埃吉那的多次交锋中，雅典却往往处于被动挨打的态势。因此，尽快建立强大的海军，战胜近在咫尺的拦路虎埃吉那，成为雅典在公元前 5 世纪初叶捍卫其主权并向海

1 希罗多德：《历史》，V. 77—78。

外扩张的头等大事。[1] 正是在这样的形势下，当公元前 483 年雅典人因开采银矿而获得巨额收入时，特米斯托克利才轻而易举地说服民众不再按惯例把它分掉，而是全部用于建造战舰，"以用来对埃吉那作战"。[2] 雅典从此成为古希腊世界第一海上强国，向海外扩张成为其基本国策。

值得注意的是，即使在希波战争期间，雅典人在抵御入侵者的同时，也未放松扩张活动。希罗多德指出，萨拉米斯海战刚一结束，特米斯托克利就迫不及待地派遣使者到许多岛国勒索金钱，声称如不缴款，就将以武力征服它们。[3] 公元前 477 年，雅典军攻占拜占庭，翌年攻克爱昂，把当地居民变为奴隶；前 472 年，征服卡利斯都，强迫其入盟。[4] 与此同时，雅典利用同盟者的公款，扩充自己的舰队，逐步剥夺同盟者的海军。公元前 468 年攸里梅敦河战役以后，雅典的综合国力大为增强，其海军实力与东地中海其他各国相比，已占有绝对优势。

尽管雅典在公元前 7 世纪末就开始走上向海外发展的道路，但长期处于力不从心的状态。社会经济的不断发展，平民与贵族的阶级关系的逐步调整，不能不给雅典的对外扩张以强有力的推动。公元前 483 年以后，雅典的当政者，不论他属于贵族派或民主派，所推行的政策皆以扩大雅典的势力、掠夺和奴役异邦人为根本原则。这是其国内奴隶制日渐发展的客观需要和必然结果，也是掠夺成性的奴隶主阶级日趋成熟和壮大的最一般表现。

---

1 希罗多德：《历史》，VI. 89。

2 希罗多德：《历史》，VII. 144。

3 希罗多德：《历史》，VIII. 111—112。

4 希罗多德：《历史》，IX. 106—107；修昔底德：《伯罗奔尼撒战争史》，I. 89，97—98。

因此，公元前467年以后雅典的对外政策乃是其既定国策的延伸和发展。公元前466—前455年，雅典先后征服了不甘俯首听命的那克索斯、塔索斯等许多城邦。被征服者通常须交出武装，定期纳贡，[1]遂彻底丧失主权，沦为雅典的附庸。修昔底德指出，征服那克索斯是雅典人"违背原先确定的原则并奴役同盟者的第一例，此后同盟者其他各国就这样逐个地遭到奴役"。[2]

有些学者认为，公元前5世纪60—50年代，提洛同盟成员国按其与雅典的关系可分为三类：一是不纳贡而提供舰队的盟邦，二是纳贡的独立盟邦，三是纳贡的臣服者。[3]事实上第二类不可能是独立城邦，充其量不过是拥有一定自治权的附属国而已。绝大多数成员国既无海军，又缺军费，无法联合起来维护其主权，从而不得不听凭雅典人摆布。[4]到公元前453年，在约150多个成员国中，属于上述第一类盟邦的大概只有开俄斯、列斯堡和萨摩斯三国了。

雅典人如何使用提洛同盟的公款，是雅典同盟演变的一个重要内容。公元前467年以后，此款主要被用于五个方面：一是继续大力扩充雅典海军；二是控制和奴役提洛同盟成员国；三是发动新的攻势（如在埃及的军事行动），力图占领更多的波斯领土；四是与斯巴达及其同盟者作战，企图称雄全希腊；五是购买粮食，养活部分入居城市的雅典公民。[5]这些行动的主要目的绝非为使同盟者各国获得独立，而是为雅典人自己谋利益，从而把异邦人的公款充作

---

1 修昔底德：《伯罗奔尼撒战争史》，I.99—108。
2 修昔底德：《伯罗奔尼撒战争史》，I.98.4。参阅罗兹：《希腊城邦》，第203—204页。
3 J.B.布瑞、R.梅格斯：《希腊史》，伦敦，1983年，第210—211页。
4 修昔底德：《伯罗奔尼撒战争史》，I.122。
5 亚里士多德：《雅典政制》，XXIV.1—3。

侵略扩张、镇压异邦人反抗的军费，这与提洛同盟宗旨是格格不入的。因此，如果说雅典同盟在公元前478—前468年间所进行的战争大体代表同盟双方的共同利益，那么此后的战争则在越来越大的程度上体现了雅典统治集团的意志，提洛同盟逐步成为雅典侵略扩张的工具了。

提洛同盟金库连同巨额存款在前454/453年被移至雅典。雅典人把此款作为战利品，并按惯例将其六十分之一移交给雅典娜神庙。[1]这意味着雅典公开侵吞同盟者的公款，标志着雅典同盟在整体上发生质变。大约自此以后，同盟会议未再召开，原同盟者的捐款，蜕变为上交给雅典的贡金，而且其数额、用途等，悉由雅典随意决定。拒绝纳贡或稍有违抗者，都会遭到血腥镇压。特别值得指出的是，在此后的演说辞中，人们开始把雅典同盟称为"帝国"（或译"霸国"），在雅典官方语言中，提洛同盟诸国被称为"雅典人控制下的诸城市"；[2]修昔底德也把雅典帝国作为一个政治、经济实体，他所说的"同盟者"亦另有所指，原同盟者诸邦被统称为"诸纳贡城市"。[3]

这样，雅典城邦的权力机关遂成为雅典帝国的最高权力机关，雅典和提洛同盟之间由同盟关系演变为势不两立的敌对关系，同盟者各国沦为雅典的臣属国，他们反抗雅典的奴役和剥削、争取独立和解放的斗争同原先反波斯斗争没有任何本质区别。亚里士多德把雅典以武力征伐萨摩斯等邦与波斯国王镇压米底等臣服者叛乱相提并论，[4]就是一个绝妙的佐证。因此，西方学者普遍把雅典公开侵吞

---

1 J. B. 布瑞、R. 梅格斯：《希腊史》，第210—211页。

2 转引自《牛津古典辞书》，第320页。

3 修昔底德：《伯罗奔尼撒战争史》，II. 9. 4—6。

4 亚里士多德：《政治学》，1284a35—b5。

同盟者的公款作为雅典同盟演变为雅典帝国的标志（虽往往忽视或淡化这一演变的实质内容），[1] 恐怕是不能简单地加以否定的。

雅典同盟作为一个反波斯军事同盟，其存在的最基本的标志，乃是同盟双方保有同盟关系并以打击波斯人为共同目标。因此，当同盟关系出现裂缝以致最终断裂而变为敌对关系时，雅典同盟也就不复存在了；同样，提洛同盟金库既已被雅典人侵吞，同盟会议事实上被取消，这个同盟必然随之消亡。所谓雅典同盟、提洛同盟是在公元前404年4月根据雅典与斯巴达的和约而被解散的说法，是没有任何信据的。[2]

雅典同盟的变质，是雅典人奴役异邦人（主要是提洛同盟各邦）的必然结果，是伯里克利时代雅典政治稳定、经济繁荣、兵源充足、文化昌盛的历史前提。任何一个奴隶制国家的强盛和版图的扩大，无不是建立在征服、掠夺甚至屠杀异邦人的基础之上的，雅典与提洛同盟诸邦关系的演变史，就有力地说明了这一点。

四、结语

综上所述，可归结出以下几点初步看法。第一，雅典不是提洛同盟的成员国，雅典同盟是雅典人和提洛同盟所结成的同盟，把雅典同盟、提洛同盟等量齐观是错误的。第二，帕尼奥宁同盟—提洛

---

1 N. G. L. 哈蒙德：《希腊史》，牛津，1977年，第303页；J. 博厄德曼等：《牛津古典世界史》，纽约，1986年，第133页。
2 所有涉及这一和约的古代文献，特别是当时的作家色诺芬、吕西亚斯的记载都没有提及此项内容。参见色诺芬：《希腊史》，II. 2. 20；吕西亚斯，XIII. 14；狄奥多拉斯：《历史丛书》，XIII. 107. 4，XIV. 3. 2；普鲁塔克：《传记集·吕山德传》，XIV. 4。

同盟是由原则上平等的各城邦所结成的反波斯军事同盟，在总部迁址并与雅典结盟前后并无任何质的变化。第三，提洛同盟各邦与雅典之间在结盟之初属不平等的同盟关系，这与提洛同盟内部各邦之间的平等关系是两回事。第四，雅典人对异邦人的征服和奴役是雅典同盟变质的基本原因。随着提洛同盟中的附属国比例的增大，它们与雅典之间不平等的同盟关系变为相互敌对的关系。因此，从雅典同盟到雅典帝国是一种质变。第五，雅典帝国的形成和希波战争的结束，标志着以反波斯、求解放为宗旨的提洛同盟、雅典同盟实已消亡。总之，雅典同盟的演变是雅典奴隶制发展的必然结果，反过来又促成奴隶制经济的进一步增长，从而推动了历史的前进。但在充分肯定奴隶制的积极作用的同时，丝毫不应忽视或掩饰雅典人以武力干涉别国内政、奴役和屠杀异邦人的事实。二者是同一事物的两个方面，不可偏废，否则难以正确揭示古代奴隶制的本质特征。

原载《西南师范大学学报（哲学社会科学版）》1993 年第 3 期；中国人民大学书报资料中心《世界史》1993 年第 10 期全文转载

06 论雅典帝国

中外古史研究者一般把公元前 5 世纪后期的雅典国家称为"雅典帝国",但对它的认识向来不尽一致。西方学者通常很重视对有关史实的描述和考证,却很少结合早期国家和奴隶制的发展加以论析。因此,他们虽普遍注意到雅典帝国不同于雅典同盟,却难以说清楚二者的本质区别,从而难以对雅典帝国的内涵作出科学的界定。[1] 近年来,国内部分学者认为,雅典帝国是"城邦的组织,所有加入组织的成员国各保持独立,至少原则如此";"雅典帝国这种帝国不是国家,不是政治单位"。因此,"从国家的实质说,雅典帝国也就是雅典同盟",传统所说的"帝国"其实并不存在。[2]

关于雅典同盟的组织结构,雅典与其同盟者关系的演变及其原

---

1 梅格斯(R. Meiggs):《雅典帝国》(*The Athenian Empire*),牛津,1972 年;刘易斯(D. M. Lewis)等:《剑桥古代史》(*The Cambridge Ancient History*),第 5 卷,剑桥,1992 年,第 127—132 页;卡甘(D. Kagan):《雅典帝国的衰亡》(*The Fall of the Athenian Empire*),伊萨卡,1987 年;《不列颠百科全书》(*Encyelopacdia Britannica*),第 7 卷,芝加哥,1963 年,第 163 页。
2 日知、张强:《雅典帝国与周天下》,《世界历史》1989 年第 6 期,第 111—112 页。

因等问题，笔者已做过初步讨论。[1] 本文拟在此基础上就雅典帝国的国家形态、历史地位和作用等问题做进一步探讨。

一

根据我们的研究成果，雅典帝国的形成，意味着雅典人对提洛同盟诸国人民的统治地位的初步确立，也意味着雅典国家的版图已扩至提洛同盟的地理范围。[2] 伯里克里时代雅典人直接控制下的属国多达 200 个左右，爱琴海几乎成了雅典帝国的"内海"；据现代学者估计，帝国居民总数约在 1000 万以上。[3] 因此，雅典帝国是一个名副其实的泱泱大国。现在我们首先来看看，雅典人是怎样组织和管理如此庞大的一个国家的。

（一）强化对各地行政和军事控制

第一，扩大行政管理人员队伍。随着国家规模的迅速扩大，雅典当政者顺应形势，放宽公职人员的任职资格，"劝告人民，抛弃田园，入居城市"，许诺"人人都会有饭吃，有些人服兵役，有些人当驻防军，有些人参与管理公共事务"，因为从帝国各地每年所

---

1 徐松岩：《关于雅典同盟的几个问题》，《西南师范大学学报（哲学社会科学版）》1993 年第 3 期。

2 徐松岩：《关于雅典同盟的几个问题》，《西南师范大学学报（哲学社会科学版）》1993 年第 3 期。

3 参见斯塔尔（C. G. Starr）：《制海权对古代历史的影响》（*The Influence of Sea Power on Ancient History*），纽约，1989 年，第 38 页；B. C. 塞尔格叶夫：《古希腊史》，高等教育出版社，1955 年，第 238 页。

得收入，"足以维持2万多人的生活"。[1] 因此，大约自公元前5世纪50年代起，大批公民开始脱离生产劳动，成为帝国中央和地方的行政管理人员。据亚里士多德记载，他们当中包括1400多名官员、6000名审判官、1200名骑士、2500名重装步兵以及拥有4000人的护卫舰队和拥有2000人的索贡舰队。[2] 他们基本上都是靠属国贡赋养活的寄生者。值得注意的是，在前5世纪60年代以前，雅典的民众法庭尚未开展大规模审理工作，海外官员和索贡舰队大概也不存在，城邦各类官员总数不超过350名。[3] 可见，在雅典帝国的形成过程中，国家公职人员的数目是成倍增长的。

第二，加强对地方事务的监督和管理。亚里士多德指出，当时雅典派往海外的官员有700名。[4] 有的学者认为这个数字可能偏大。这显然是把雅典帝国等同于雅典城邦的结果。传世铭文及其他文献中常常提及这类官员，并提到其相应的职责，说明他们遍布帝国各地。如派往米利都的5名官员的主要职责是监督当地官员、督察征收贡赋的情况，保护雅典人在当地培植的亲信（proxenoi）。[5] 事实上，700多名海外官员相当于每个属国驻二三名，这实在是微不足道的数字。同时，雅典人所培植的亲信相当于他们在各地安插了众多耳目，其重要性也是不言而喻的。[6]

第三，把海外领土划分为若干大区。雅典人先是把所有属国划为三个区，自40年代末开始划为五个区，即伊奥尼亚区、赫勒斯

---

1 亚里士多德：《雅典政制》，XXIV.1—3。每艘战舰按200人计。
2 亚里士多德：《雅典政制》，LXVIII.1—2。
3 亚里士多德：《雅典政制》，XLVII—XLI。参阅琼斯（A. H. M. Jones）：《雅典民主》（*Athenian Democracy*），牛津，1957年，第6页。
4 亚里士多德：《雅典政制》，XXIV.3。
5 梅格斯：《雅典帝国》，第207—217页。
6 修昔底德：《伯罗奔尼撒战争史》，III.1—6。

滂区、色雷斯区、卡里亚区和岛屿区，后来又增设黑海区。[1]上述地区曾是波斯人的领土，雅典人按地区征贡的办法显然是沿袭波斯旧制，甚至直到 5 世纪中期其所征贡金之数仍与波斯帝国时期大致相同。[2]

第四，改组或重组属国的政府机构。雅典人常常大力支持属国平民百姓（所谓"民主派"），但有时也支持当地的贵族。那些得到雅典人支持的地方势力，不论它属于哪一派，他们在得势后都必须按雅典人的旨意行事。这样，被重组或改组过的属国的政府机构（常常以"民主制"的形式出现），已逐步蜕变为雅典人在当地的代表，从而开始具有帝国地方政府的性质。

第五，扩充武力，增派驻军，严厉镇压属国的反抗。从波斯战争到伯罗奔尼撒战争期间，雅典军队数量大大增加。公元前 487 年雅典共有战船 50 艘，到前 480 年增至 180 艘，前 431 年超过 300 艘。前 431 年雅典重装步兵人数由 50 年前的 1 万增至约 2.6 万。不仅如此，其间雅典军队的职业化程度有所提高，雇佣兵的比例日渐增大。海军的变化尤为明显。前 431 年，科林斯人在斯巴达同盟大会上指出，"雅典的势力主要是依靠它的雇佣桡手，而不是它自己的公民"。伯里克利对此也不否认。[3]此后，由于战争、瘟疫所造成的人力损失，使雅典对雇佣兵依赖程度有所加深。在远征西西里和羊河之役的雅典军队中，雅典公民所占比例不超过 10%。[4]此外，

---

1 梅格斯：《雅典帝国》，第 524 页以下。
2 希罗多德：《历史》，VI. 42.2。参阅恩林·琼斯（C. J. Emlyn-Jones）：《伊奥尼亚人与希腊文化》（*The Ionians and Hellenism*），伦敦，1980 年，第 165—166 页。
3 修昔底德：《伯罗奔尼撒战争史》，I. 121，142—143。
4 修昔底德：《伯罗奔尼撒战争史》，VI. 30—32，42—46，VII. 20，42；色诺芬：《希腊史》，II. 1.25—32。

雅典人还在具有重大战略价值或经济价值的地方派遣驻军，前431年，其人数为8000—9000名。[1]普鲁塔克在评述这项措施的作用时指出，它一方面解决了部分公民的生计问题，另一方面也是对当地人民的一种武力威慑。[2]严厉镇压属国的反抗是雅典的基本国策。公元前5世纪后期，优卑亚诸邦、萨摩斯和拜占庭以及米提列涅人的起义，均惨遭镇压。修昔底德评论道：这是雅典人"违背原先确定的原则并奴役其同盟者的第一例，此后同盟者其他各国就这样逐个地遭到奴役"。[3]因此，雅典帝国如同世界历史上形形色色的奴隶制霸国或帝国一样，也是以武力建立并维持其秩序的。雅典人自己就不否认这一点。伯里克利在公民大会上直言不讳地告诫他的听众，事实上"你们是以暴力来维持这个帝国的"。[4]

（二）全面控制各属国的经济

第一，逐步完善地方贡赋上缴制度。在雅典设有中央财务官，总揽帝国的财政事务。各属国的贡金必须按时上缴，数目每四年重新审议修订一次，由雅典民众法庭裁定。公元前5世纪30年代，每年贡金额平均约为600塔连特，到前5世纪20年代初猛增至1300—1500塔连特。[5]为确保各地的贡金安全如数地运抵雅典，当政者采取了严密的防范措施。一项保存在铭文上的决议中有如下内容：（雅典的）议事会、各城市的官员和巡回监察官（episkopoi）务

---

1 斐圭拉（T. J. Figueira）：《雅典与埃吉那》（*Athens and Aigina*），约翰斯·霍普金斯大学出版社，1991年，第201—225页，尤其是216页。
2 普鲁塔克：《伯里克利传》，XI.5；参阅斐圭拉：《雅典与埃吉那》，第226—235页。
3 修昔底德：《伯罗奔尼撒战争史》，I. 98.4。
4 修昔底德：《伯罗奔尼撒战争史》，II. 63.1—2。
5 修昔底德：《伯罗奔尼撒战争史》，II.13.3；普鲁塔克：《阿里斯提德传》，XXIV. 1—3；《牛津古典辞书》，牛津，1984年，第420—421页。

必关注每年所征收的贡金，并把它运回雅典。要为各城市制作同样的封条（symbola），使运送贡金的人无法趁机私吞。各纳贡城市必须在一块板子上刻明贡金数目用封条加以密封，然后送往雅典。运送者在移交贡金的同时，必须交出那块有封条的板子，由其他人在议事会上宣读。"[1]

第二，直接控制属国的土地所有权。雅典人对付属国贵族、富豪的一贯政策是，通过支持当地的平民，"剥夺他们（引者按：指贵族）的公民权，没收其财产，杀戮他们，或将他们逐出家园"。[2]雅典人在镇压属国人民的起义后，往往直接占领其土地。公元前427年他们把没收米特列涅人的土地划分为3000块份地，除将其中300块作为奉献给神的圣地以外，其余的全都分配给雅典人。到伯罗奔尼撒战争前夕，雅典人在阿提卡以外已占领了大片土地，他们自认为"在诸岛屿和大陆上都拥有充足的土地"；斯巴达人也看到，"雅典帝国扩展到很远的地区，可以从那里输入一切所需"。因此，在雅典人的心目中，阿提卡只是其全部国土的一部分，而且在数量上是无足轻重的一部分。[3]

第三，统一币制和度量衡制。据公元前450—前447年的一块铭文记载，雅典公民大会通过一项法令，并将该法令副本勒石树碑，立于各属国城市市场上。其上写道："倘有人在（雅典帝国境内）各城市铸造银币，不使用雅典的币制和度量衡制，而使用别国

---

1 梅格斯（R. Meiggs）、刘易斯（D. M. Lewis）：《公元前 5 世纪末之前希腊历史铭文选辑》（*A Selection of Greek Historical Inscriptions to the End of the Fifth Century B. C.*）（以下简作《希腊历史铭文选辑》），牛津，1980 年，46.1—18。
2 伪色诺芬：《雅典政制》，I. 14。参阅斐圭拉，《雅典与埃吉那》，第 176 页以下。
3 修昔底德：《伯罗奔尼撒战争史》，I. 81. 1，143. 3—5，II. 62. 3；伪色诺芬：《雅典政制》，II. 16。

的币制和度量衡制，根据此前克里阿库斯所提出的法案，必给予他以惩罚并处以罚款。"[1]

(三) 大力强化民众法庭的作用

公元前5世纪后期，雅典民众法庭实际已成为帝国的最高司法机关。按雅典法律规定，凡是涉及各属国之间以及属国与雅典之间相互关系的诉讼案件，一律交由雅典民众法庭审理。[2]这实际上意味着各属国的对外主权在很大程度上已被剥夺。同时，雅典人还把各属国所有重大民事和刑事案件的审理权都集中到自己手中，以致"不经雅典人（准许），在任何一个城市皆不得对任何人判处死刑"。[3]这表明属国的对内主权原则上亦被剥夺殆尽。

关于雅典民众法庭的具体作用，当时一位作家在其《雅典政制》中所提供的史料特别值得重视。他指出："有人认为雅典平民迫使其同盟者渡海来雅典打官司是错误的。但雅典人却不这样看。因为他们算过这样做会给雅典平民带来许多利益。首先，他们可以从法庭收费中稳获整整一年的薪金（引者按：150—200塔连特）；其次，他们待在家乡，无须出海远征，便可在附属国中发号施令；再次，他们因此可在法庭上保护那些支持民主制的人，铲除平民的敌人。反之，假如他们在本地打官司，那他们就会因对雅典的敌视，而除掉其民众中那些同情雅典平民的人。除此以外，雅典平民还可以从同盟者把案件移送雅典一事中受益；其一，它使比利尤斯港的1%的关税收入有所增加；其二，任何有房舍出租的公民将获得更多收益，同样，那些有牲畜或奴隶出租的人亦可得到更多的实

---

1 梅格斯、刘易斯：《希腊历史铭文选辑》，45.12。
2 梅格斯、刘易斯：《希腊历史铭文选辑》，40.29—30。
3 安提丰（Antiphon）：V.47。

惠；其三，传令官们因同盟者的拜访家境渐好。相反地，如果同盟者不来雅典打官司，他们就会只对航行那里的雅典人——将军、船长和使者们表示尊敬。但事实上，每一位同盟者都是被迫来到雅典的，他在这里所接受的法律上的赏与罚完全掌握在雅典平民手中——这是雅典的法律。因此，他们在进入法庭时都拉住平民的手作祈求状，在法庭上也不得不低声下气地做答辩。这种情形使得同盟者日益屈从于雅典平民。"[1]

由此可以得出如下几点认识。第一，雅典人在强化对属国人民的统治时，既重视以武力慑服，也非常重视法制建设。依法治国是雅典帝国的主要特征之一。[2]第二，雅典人借此逐步剥夺原同盟者诸国的内外主权，同时又可以使公民集体和个人在经济上受益。这也是雅典平民踊跃"参政"的主要动因。第三，雅典平民通过保护各地的亲雅典分子，从而有效地维护了雅典的政治利益。第四，帝国时代的雅典民众法庭从表面上看似乎还是雅典城邦的法庭，是雅典城邦的民主机构之一，但它所行使的权力已大大超出雅典城邦的范围。因此，它实际上已成为雅典人维持其对帝国广大臣民政治压迫和经济剥削的强制机关。这也是雅典帝国形成之前和崩溃以后民众法庭实际工作人员较少的一个有力的反证。[3]

（四）扩大雅典宗教影响

在雅典，自公元前 6 世纪起，公民对雅典娜女神、农神狄墨特尔和酒神狄奥尼索斯的崇拜在城邦宗教生活中居于举足轻重的地

---

1 伪色诺芬：《雅典政制》，I. 16—18。
2 参阅修昔底德：《伯罗奔尼撒战争史》，I. 76—77；梅格斯：《雅典帝国》，第207—209页。
3 亚里士多德：《雅典政制》，XXIV. 1—3，LXVIII. 1—2。

位。自提洛同盟公款被雅典人侵吞之后，雅典娜女神便取代提洛岛的阿波罗神而成为贡金的庇护者。此后，雅典人在帝国各地以雅典娜女神的名义宣布对当地某些土地拥有所有权。[1] 公元前 5 世纪后期，在萨摩斯、科斯和卡尔基斯等地相继出现为"雅典的雅典娜女神"（Athena Athenon Medeousa）所建的圣殿。[2] 这表明雅典人已逐步把本邦的主神凌驾于原提洛同盟诸邦主神之上。雅典的雅典娜女神所庇护的人依然是雅典人，而她所庇护的领土则扩及整个帝国。这是雅典人领土扩张在其宗教意识中的反映。

雅典人还强令属国承担种种宗教义务。自公元前 453/452 年起，埃利特莱人开始承担向大雅典娜庆节贡献谷物的义务。前 447/446 年，雅典命令所属国届时都必须向这一庆节奉献一头母牛和一副甲胄。[3] 雅典人又根据"祖先的习俗和德尔斐的预言"，要求其属国人民向厄琉西斯的狄墨特尔和帕尔塞福涅二神奉献"第一熟果实"（aparchai）。这些原本都是雅典公民对本邦主要保护神应尽的宗教义务。但是，雅典的种种规定决不是力图把属国人民与雅典人一视同仁。因为尽一定义务的所有雅典公民都在其国家享有相应的权利，而属国人民则只是必尽义务不享有任何权利，这说明他们在雅典帝国中是处于从属地位的。

以上史实证明，公元前 5 世纪后期的雅典帝国是一个主权国家，而不是主权国家的联盟。

---

1 博厄德曼（J. Boardman）等：《牛津古典世界史》（The Oxford History of the Classical World），纽约，1986 年，第 133 页。
2 梅格斯：《雅典帝国》，第 295—296 页。
3 梅格斯、刘易斯：《希腊历史铭文选辑》，40.2—4，46.41—43，69.55—58。

二

希腊城邦在形式上是一种公民的经济、政治、社会和意识形态的共同体（公民集体），其实质是一种早期奴隶制国家形态。小国寡民是它的外部特征，国家机器不够成熟和完善，公共权力不够突出和强大则是它内在的、本质的特征。在雅典公元前 7 世纪末至 6 世纪末所发生的一系列变革，使公民集体内部的矛盾不断得到调整，向外发展的内部条件日臻成熟。波斯战争的爆发为雅典的扩张提供了千载难逢的历史机遇。雅典人以此为契机，通过武力征服和其他手段，使原本臣服于波斯的小亚西亚西部及附近岛屿和黑海地区的一些属国转而臣服于自己，从而形成希腊及东地中海地区历史上的雅典的帝国。

雅典帝国的形成，标志着雅典国家的发展进入了一个新阶段。首先，国家规模急剧扩大，已不是昔日统治阿提卡的蕞尔小邦。其次，雅典城邦的国家机器，蜕变为雅典帝国的国家机器，雅典的军队、法庭、行政官员、公民大会和财政部门等国家机关的权力的行使范围，在人口上不只是阿提卡的二三十万人，而是帝国的数百万乃至上千万人；在地域上则是包括阿提卡和其他五区或六区。最后，雅典人由阿提卡的主人一跃成为全帝国的主人，原提洛同盟诸国成为雅典的属国，其国民亦沦为雅典的臣民。雅典民主制的发展，民众政治权力的增强，军事力量的扩大和常备军的建立，是雅典国家机构日益强化、公共权力不断增长的主要表现。因此，帝国时期雅典国内的主要矛盾，不再是雅典平民与贵族的矛盾，而是全体雅典人与包括奴隶在内的帝国广大臣民之间的矛盾。它一方面表现为雅典人竭力维持其统治地位，另一方面则是属国人民时刻准备起义，以摆脱受剥削、受奴役的地位。

雅典国家在公元前 5 世纪中期的变化是迅速而巨大的。雅典帝国内外政策的核心，是如何维持雅典人对广大臣民的政治压迫和经济剥削。总的来看，帝国时期雅典国家经济制度较为完善，其政治制度显得较为落后。其一，雅典公民虽然几乎全民从政，但管理如此庞大的海上帝国依然是困难重重，显得力不从心。尤其是自公元前 451 年起实施的限制公民资格的法律，堵塞了公民集体自身扩大之路（这一点与罗马形成鲜明对照），使国家的统治基础难以与国家规模同步扩大。其二，军事制度虽有发展，但从总体上看还是兵民合一的公民兵制度，当兵打仗仍是极少数人的特权。这种情况是与国家规模的扩大很不相称的。其三，国家最高权力机关是公民大会和民众法庭，使得个人权力的增长受到极大的限制。任何一位军政首脑都有可能因某种小小的失误而受到弹劾甚至被罢免或放逐。从而始终难以形成以个人为核心的集权型领导集团。而这恰恰是一个奴隶制大国的统治阶级所必需的。以上三点显示出城邦制度的历史局限性，也显示出雅典帝国的局限性，这是其国家结构显得较为松散的内在原因。

雅典帝国的形成，是公元前 5 世纪中后期东地中海及周边地区国际关系史上的一件大事。对于希腊世界而言，它意味着希腊世界的局部的统一，对于提洛同盟诸国而言，意味着它们逐个地臣服于雅典；就雅典与提洛同盟的关系而言，意味着双方由盟友关系蜕变为敌对的主从关系，对于波斯帝国而言，意味着其西部的部分领土被雅典人侵占，失去一部分纳贡臣民。

雅典帝国是雅典人的国家，不是主权国家的联盟。那种否认雅典帝国为国家的观点，实际上就是否认原提洛同盟诸国皆臣服于雅典人，否认它们的主权遭到雅典人的践踏和剥夺，是与基本历史事实相背离的。一个再明显不过的事实是，提洛同盟诸国在被迫向波斯人纳贡时被公认为是附属国，而在遭到雅典人的更为严重的剥削和压迫时，自然还是处于臣属地位，绝不可能因为主人的更换而使其实际地位发生根本变化。面对大量确凿可信的事实，有的学者强调雅典的那些附属国在"原则上"是独立的。这种说法同样缺乏史实依据。

应当指出的是，随着雅典帝国的形成，在希腊人的心目中，雅典城邦和雅典国家不再是基本重合的两个概念。前者是指雅典人即雅典公民集体，后者系指雅典帝国。雅典人是雅典帝国的统治者，换言之，雅典帝国是雅典人（雅典城邦）统治下的国家。修昔底德在其著作中多次使用"统治着帝国的城邦"的说法，有时把"城邦"与国王并列，[1] 原因也正在于此。在这里，帝国和城邦是包容关系，是可以并存的。因此，在考察公元前5世纪后期雅典历史时，既不可把雅典城邦和雅典国家混为一谈，也不应因雅典城邦（公民集体）的存在而否认雅典帝国的存在。

雅典帝国的形成，是雅典人征服、奴役异邦人（非雅典人）的结果，是雅典奴隶制发展的具体表现。对于原提洛同盟诸国而言，它无疑是一个痛苦的过程。但雅典人对帝国臣民的压迫和剥削，是伯里克里时代雅典经济繁荣、政局稳定、文化昌盛的历史前提。雅典帝国的存在，对于维护本地区的海上秩序，对于欧洲的希腊人充分吸收东方各国各民族（包括亚洲的希腊人）的优秀文明成果，加强东地中海及周边各地经济和文化的交流，促进本地区奴隶制物质文明和精神文明向更高阶段发展，都发挥过不可磨灭的重要作用。当然，我们在充分肯定雅典帝国在雅典乃至希腊历史上的积极作用

---

1 修昔底德：《伯罗奔尼撒战争史》，II. 63. 3，65. 10—11，VI. 85. 1。

的同时，丝毫也不应忽视它的另一面，即同古代世界历史上其他奴隶制霸国或帝国一样，雅典帝国的富足和强大也是建立在征服、奴役甚至是屠杀异邦人的基础之上的。

原载《西南师范大学学报（哲学社会科学版）》1999年第1期；中国人民大学书报资料中心《世界史》1999年第3期全文转载

多彩的雅典娜

07 公元前 5 世纪末雅典城邦危机的深化及其原因

历时 27 年的伯罗奔尼撒战争（公元前 431—前 404 年），在整个古代希腊世界历史上发生过极其重大而深远的影响，是希腊城邦由极盛走向全面危机的转折点。深入探讨城邦危机的发生与深化，对于研究古典城邦的兴衰和奴隶制的发展规律都具有重要意义。本文拟以雅典为例，分析城邦危机的萌芽，特别是公元前 431—前 404 年城邦危机深化的各种因素，以及伯罗奔尼撒战争在危机深化过程中的作用。

一、城邦与城邦危机

关于城邦的概念和结构等问题，史学界迄今没有一致的看法。按我们的理解，城邦的概念有两层含义：第一，"城邦的一般含义就是为了维持自给生活而具有足够人数的公民集团"[1]；第二，城邦在本质上乃是一种早期奴隶制国家，它的经济基础是小农和独立的

---

1 亚里士多德:《政治学》，1275b20。

手工业者的所有制。因此，所谓城邦危机并不是奴隶制度的危机，而是由于奴隶制经济的发展，导致城邦土地所有制的逐步破坏，从而使由小私有者组成的城邦不再适应业已变化了的经济基础。城邦危机的主要表现是：财富的集中，小农、小手工业者的破产；公民权扩展到异邦人；军队脱离公民集体而存在（即雇佣兵制取代公民兵制）。

在雅典，由于社会经济的蓬勃发展，公元前5世纪中叶公民人数大量增加，政府在公元前451年规定享有公民权者仅以双亲均为公民者为限，[1]这表明公民人数已达到雅典城邦所能容纳的最高限度。希波战争以来，雅典的经济和军事势力的增长，农业和工商业的繁荣，巩固了小私有者的地位，但与此同时，由于雅典对盟邦剥削日益加重，奴隶劳动日益普及，经营农业不再是公民谋生的唯一出路了。亚里士多德说过，"由于国家的日益强大，而钱财也积累了很多，他就劝告人民，掌握同盟的领导权，抛弃田园，入居城市，告诉他们说，人人都会有饭吃，有的人服兵役，有的人当守卫军，有的人从事公共事务，这样就可以确保领导地位"。[2]不少公民被迫离开土地，进入城市，他们除亲自参加劳动以谋生计外，还参加由政府组织的军事移民，现在可基本确认的军事移民约始于前450年。这是组成城邦的小私有者开始分化和没落的最初表现，因此，可以认为公元前5世纪50年代，雅典城邦危机的萌芽就已出现了。

公元前5世纪40—30年代，随着奴隶制的发展，对盟邦剥削的加重，与斯巴达的对抗加剧，与科林斯等在商业上的角逐亦趋激

1　亚里士多德：《雅典政制》，XXVI.3。
2　亚里士多德：《雅典政制》，XXIV.1。

烈，雅典必须强化其国家机器才能维持和巩固霸权地位。因此，希腊两大城邦集团之间的决战是不可避免的了。其间雅典军事移民常规化，海军中异邦水手不断增多。个别首脑（如伯里克利）权力的增长都是奴隶制发展的必然结果，也是城邦危机萌芽成长的表现。

二、伯罗奔尼撒战争加深了城邦危机

（一）战争严重破坏了农业生产

在战争前 10 年，斯巴达人及其盟军就先后五次入侵阿提卡农村，并且都是在收获季节（5 月底），入侵者烧毁村庄，砍伐橄榄树和葡萄藤，赶走畜群，使农业生产几乎陷于停顿。不过这几次入侵都较短暂，之后农民仍可以利用土地。但是在狄凯里亚战争期间，斯巴达人占据要塞，长期驻扎军队，派小股部队对附近农村反复进行骚扰和蹂躏，这既切断了雅典必需品的陆路供应线，又使许多农民失去了谋生手段（因为直到战争爆发前夕，雅典公民大部分是生活在农村的）。应当看到，谷物生产本来不难恢复，但战时大多数小农从军出征，土地只得闲置。修昔底德指出，"狄凯里亚的被占领，事实上引起很多财产的被蹂躏和人力的丧失，这是雅典势力衰落的主要原因之一"。[1] 值得注意的是，此时橄榄和葡萄的种植已在农业中占有举足轻重的地位，橄榄油、葡萄酒的生产和出口也颇具规模。战争期间，多数地方的大部分橄榄树"已被砍伐，而土地则荒废了"。[2] 由于橄榄的生产短期内根本不可能恢复（橄榄树一

---

1 修昔底德：《伯罗奔尼撒战争史》，VII. 27。
2 吕西亚斯：VII. 7。

般栽培 20 年才结果，40 年以后才达到盛产期），这对于雅典农业生产是一致命的打击。同时，由于栽培橄榄或葡萄的地区多是不宜于粮食作物生长的多石山地，加之有些农民被迫长期离开自己的份地，一些染上瘟疫的公民已举家丧命，以致战争期间及战后一段时期内阿提卡地区出现了不少荒凉无主的田地。随之，土地的买卖和转让在战争后期出现。[1] 土地的兼并和集中使原属于城邦所有的土地开始落入私人手中。

（二）国内收入的减少

战争中剧增的军费和其他方面的开支大大加深了财政危机。雅典的军费开支大得惊人。以海军服役人员人均日薪按 3 奥波尔计算，则仅公元前 433—前 426 年就得支出军费 5000 塔连特。[2] 实际上还不止此数，因为这时日薪一般为 1 德拉克玛（6 奥波尔），这样算来，则每年支出的陆军军费（按服役 240 日计）为 474 塔连特，而维持 300 艘战舰的每年支出额则不下 1680 塔连特。[3] 据《剑桥古代史》作者估计，战争第一阶段甲的十年（公元前 431—前421 年）雅典共支出军费达 1.2 万塔连特。[4] 由此可知，战争前夕雅典卫城中储存的 6000 塔连特，在战争中只够三四年的开支。此外，政府每年还要花费大笔金钱去购买粮食，抚恤阵亡者的家属和伤残将士。

超负荷的开支迫使雅典政府不择手段地搜刮金钱。公元前 428

1 吕西亚斯：VII. 4—10。

2 A. 齐默恩：《希腊联邦》(*The Greek Commonwealth*)，伦敦，1961 年，第 437 页。

3 A. 齐默恩：《希腊联邦》，第 418 页。

4《剑桥古代史》，第 5 卷，剑桥大学出版社，1953 年，第 31 页。

年，政府首次向公民征收财产税；[1]伯里克利死后，克立昂等加紧勒索同盟国，把贡金总额提高到每年1300塔连特；政府还对比利尤斯港的进出口货物征1%（后增为2%）的关税；前413年，面对盟国的暴动和日益恶化的财政状况，雅典对同盟境内的海上进出口的一切货物均征5%的关税[2]，以代替盟国的贡金。西西里远征惨败后，为了镇压盟国暴动，雅典不得不动用最后一笔储存1000塔连特来装备舰队[3]。此后波斯资助斯巴达，动摇了雅典海上霸权，亚西比德对他的士兵说："因为我们没有金钱，然而敌人却从（波斯）大王那里得到丰足的金钱。"[4]可以肯定，财政危机不仅削弱了雅典的军事力量，并且使其失去了转嫁城邦危机的重要手段。

（三）战争和大瘟疫使公民兵的来源迅速趋于枯竭

首先，战争破坏了农业生产的基本条件，使能够自备武装的公民越来越少。修昔底德指出，"人民大众的财产在过去就是很少的，现在这一点也被剥夺了；富有阶级丧失了他们美好的地产和乡村中富丽堂皇、设备优良的房屋"。[5]公民兵制的基础遭到破坏。其次，战争中有大批公民阵亡。这里仅举二例：西西里远征军集中了陆军和海军的全部精锐，远征的惨败使雅典损失战舰200艘，战斗人员4.5—5万人，以及大量船货、辎重、口粮、金钱和奴隶，[6]雅典的国力从此一蹶不振。前405年的羊河之役，倾国而出的雅典海军全军

---

1 修昔底德：《伯罗奔尼撒战争史》，III. 19。

2 修昔底德：《伯罗奔尼撒战争史》，VII. 28。

3 修昔底德：《伯罗奔尼撒战争史》，VIII. 15。

4 色诺芬：《希腊史》，I. 1. 14。

5 修昔底德：《伯罗奔尼撒战争史》，II. 65。

6 N. G. L. 哈蒙德：《希腊古典时代》（ *The Classical Age of Greece* ），伦敦，1975年，第123页；《剑桥古代史》，第5卷，第310页。

覆没，被俘舰船160艘，人员损失约3万人。[1]不少公民成为战争的牺牲品。

尤其值得一提的是，瘟疫是造成雅典公民兵源枯竭的更为重要的原因。修昔底德认为，被瘟疫夺去的生命比任何其他单独因素都要多，[2]第一次瘟疫延续了两年，第二次延续了至少一年，"没有什么其他的灾祸比瘟疫给雅典人带来了更大的损失，或削弱了雅典人更多的军事力量"。[3]据记载，有些染上瘟疫的人尽管没死，但其生殖器、手指和脚趾丧失其功能，也有的人丧失了视力和记忆力，[4]因而很多人变成了残废。瘟疫所造成的灾难是如此之深重，以致一些史家对修昔底德记载的可信性发生怀疑。有的学者估计，瘟疫期间雅典约减少了三分之一的人口[5]，即共约减少10余万人。当然，这些人口中有公民，也有侨民和奴隶。A. H. M. 琼斯认为，伯罗奔尼撒战争期间雅典公民人数的减少，在某种程度上应归于大量公民阵亡，但更主要的是由于瘟疫，因为通常前者并没有什么长久性影响，而后者却带来了持续性灾难。[6]附带说明，不少20岁以下青少年和妇女染疫身亡，使此后相当一段时期内雅典公民的补充更加困难。

在人口锐减的影响下，公元前431—前404年雅典公民人数大幅度下降。据研究，雅典的中上层公民在前431年约为2.6万人，

---

1 色诺芬：《希腊史》，II. 1. 20—29。

2 修昔底德：《伯罗奔尼撒战争史》，I. 23。

3 修昔底德：《伯罗奔尼撒战争史》，III. 1。

4 修昔底德：《伯罗奔尼撒战争史》，II. 49。

5 《剑桥古代史》，第5卷，第201页。

6 A. H. M. 琼斯（A. H. M. Jones）：《雅典民主》（*Athenian Democracy*），牛津，1957年，第180页。

到前 410 年减少为 9000 人，而前 404 年只剩下 3000 人了。[1] 塞提斯阶层到战争结束时仅为 5000 人（包括丧失土地的军事移民、失业水手、造船工人等）。斯巴达将军吕山德为使雅典迅速陷入饥荒，把凡是能够见到的每一位雅典人都遣送回雅典，后来这些人成为雅典公民[2]。因而上述数据是可靠的。如此看来，公元前 431 年雅典公民共有 4 万人，而前 404 年仅有 8000 人，公民兵源的枯竭是不言而喻的。

（四）雇佣兵制取代公民兵制

在雅典公民兵源日益减少的同时，城邦不得不在越来越大的程度上依赖公民集体以外的人，雇佣兵制随之形成，并且首先在雅典海军中发展起来。海军早就是雅典公民兵的一个重要组成部分，尤其是伯罗奔尼撒战争伊始，在乡村农民悉数迁入城内的情况下，海军已无可争议地成为公民兵的主要支柱。雇佣兵制取代公民兵制的过程，可以从服役者成分构成的变化中看出。公元前 480 年萨拉米战役时，雅典拥有战舰 180 艘，约需 3.6 万人配备，其中雅典公民就有 3 万人，[3] 约占海军总数的六分之五。极盛时期的雅典拥有战舰约 300 艘，共需约 6 万人配备，[4] 大大超过了第四等级公民 2 万人，假如这支舰队的全部甚或大部分服役，则必须雇佣大批异邦水手，因为绝大多数同盟国只缴纳税款而不出人和舰船。公元前 432 年，科林斯人在伯罗奔尼撒同盟大会上指出："我们可以用高薪来吸引雅典海军中的异邦雇佣水手。因为雅典的势力是依靠它的雇佣

---

1 N. G. L. 哈蒙德：《希腊古典时代》，第 163 页。

2 色诺芬：《希腊史》，II. 2. 1—2。

3 希罗多德：《历史》，VIII. 1，44；琼斯：《雅典民主》，第 8 页。

4 A. 齐默恩：《希腊共和国》，第 417 页。

水手，而不是依靠它自己的公民。"[1] 在西西里远征军中，雅典公民只占重装步兵约三分之一，4万水手中公民所占比例更小。公元前406年，第三等级公民和相当一部分骑士，甚至连一些奴隶也被征召入伍，充任水手。[2] 尽管如此，第二年夏天，海军中的非公民已达3万余人，[3] 而吕山德在羊河之役中所俘获的3万人中，雅典公民仅占十分之一，只有3000人。[4] 显然，雅典在军事上主要依靠非公民。由国家发给水手的薪金起初只是维持贫民生活的津贴，随着公民兵源的日益减缩，这种薪金不仅逐渐制度化，更重要的是由于服役者成分的变化而改变了性质，即由贫民的生活津贴，转化为雇佣军的薪金。另外，为战争所迫背井离乡的人不断增多，也为雇佣兵制取代公民兵制提供了条件，失去基本生活保障的游民宁愿去充当雇佣兵。

（五）城邦传统意识形态的破坏

城邦传统的意识形态在这一时期遭到严重破坏，过去为人们所遵奉的传统习惯，被战争和瘟疫所摧毁。迁入城市的雅典农民，"他们很悲伤，很不愿意抛弃他们的家园和他们的祖先遗留下来的古代神庙，很不愿意变更他们的整个生活方式，把每个人所认为是自己的市镇加以抛弃。"[5] 伯里克利声称，他们也服从"那些虽未写成文字，但是违反了就算是公认的耻辱的法律"。[6] 可见古老的习

---

1 修昔底德：《伯罗奔尼撒战争史》，I.121。
2 色诺芬：《希腊史》，I.6.24—25。
3 《剑桥古代史》，第5卷，第360页。
4 《剑桥古代史》，第5卷，第361页。
5 修昔底德：《伯罗奔尼撒战争史》，II.16。
6 修昔底德：《伯罗奔尼撒战争史》，II.37。

俗是维系公民与国家之间关系的一根强固的纽带。可是，战争改变了他们的生活方式，瘟疫动摇了他们对神的尊奉，任何染上瘟疫的人都毫无区别地死亡，因而"敬神和不敬神是一样的"。[1] 瘟疫还迫使人们放弃过去的丧葬仪式，甚至连从前遭神诅咒而不能居住的地方，居然也在上面建起了房屋。[2] 重要的是，公民高度的爱国主义热情已烟消云散，对财富和国家利益态度也发生了变化。那些在战争中意外地发财致富的人"迅速地花费掉自己的金钱，以追求快乐，因为金钱和生命都同样是暂时的"，"光荣和有价值的东西只是那些暂时的快乐和一切使人能够得到这种快乐的东西"。[3] 这些都是城邦危机的全面加深在意识形态中的必然反映。

（六）公民内部阶层平衡被打破

战争改变了公民集体内部各阶层的力量对比，加剧了统治集团内各党派之间的斗争。在战争前十年，以尼西阿斯为首的温和派和以克立昂为首的激进民主派，围绕战争与和平的问题，彼此争斗，直到克立昂阵亡；接着，尼西阿斯与亚西比德展开激烈的较量，直至西西里远征失败。此后，在雅典政坛上活跃着三个政治集团：以皮山大和克立提亚斯为首的寡头派，痛恨民主政治；以克里俄丰等为首的激进民主派，主张保持克立昂以来的民主政治；以特拉蒙尼等为代表的中间派，有的学者称之为"温和寡头派"，主张"恢复祖先宪法"。[4] 战场上的胜负往往直接影响统治集团内部各派力量的消长，公元前411—前404年政变频仍（亚里士多德认为雅典历史

---

1 修昔底德：《伯罗奔尼撒战争史》，II. 47。
2 修昔底德：《伯罗奔尼撒战争史》，II. 17。
3 修昔底德：《伯罗奔尼撒战争史》，II. 53。
4 亚里士多德：《雅典政制》，XXXIV. 3。

上共发生过 11 次政制变动，仅这期间就有 4 次），其原因是显而易见的。公元前 411 年的"四百人"政变及中间派的短暂执政，其直接原因是由于西西里远征的惨败而极大地削弱了激进民主派的力量；之后，雅典海军在库诺塞马（前 411 年）和库济科斯（前 410 年）的胜利导致激进民主派再度掌权；[1]"三十人"政治的建立与羊河之役给予民主派的致命打击是分不开的。亚里士多德在论述城邦政体变革的原因时，也曾意识到战争的影响，他指出："在雅典，伯罗奔尼撒战争期间，陆军屡败，由于对全部登籍公民实施强迫兵役，贵要阶级悉数出征，大批阵亡（平民相形而成为绝对的多数，民主势力便顿时扩张了）。"[2]

在城邦内部这些错综复杂的斗争中，许多公民成为党争的牺牲品。例如，前 404 年寡头政府曾在短期内把富于资财或门第显贵或有名望的人都处以死刑，被处死者不下 1500 人。[3]为了推翻寡头政治，民主派用授予公民权为诱饵，赢得了侨民和奴隶的广泛支持，公元前 401 年，民主政治的建立者把雅典公民权授予那些随同他们返回比利尤斯及随后参加了战斗的侨民们。[4]内部的党争加速了城邦固有结构的解体，原本封闭的公民集体随着侨民的进入而发生了质变。

---

1 亚里士多德:《雅典政制》，XXXIV. 1；修昔底德:《伯罗奔尼撒战争史》，VIII. 99 以下。
2 亚里士多德:《政治学》，1303a7—11。
3 亚里士多德:《雅典政制》，XXXV. 5。
4《剑桥古代史》，第 5 卷，第 375 页。

　　　　　　　　　　　　　　多彩的雅典娜

三、深化城邦危机的其他因素

首先，奴隶制在某些方面的发展，手工业中与战争有关的行业（如武器制造业、造船业等）和商业的繁荣，货币关系的扩大与各种投机业的盛行，都不同程度地深化了城邦危机。尽管战争前阿提卡农业生产水平已居希腊诸邦前列，但战争期间，生产和对外贸易都无法正常进行，各地生产逐渐发展起来，一些原依赖雅典供应的地区已可自给。这样，农民便放弃恢复生产、重建家园的念头。手工业的发展较为显著，出现了希腊古典时代规模最大的手工业作坊（吕西亚斯之父的制盾厂拥有 120 名奴隶）。商业的发展更为突出，公元前 413 年雅典对提洛同盟境内一切港口的进出口货物一律征收 5% 的关税，数年后岁入已达到或超过 1000 塔连特，这样仅海上贸易额就至少为 2 万塔连特，[1] 足见当时商业之繁荣。频繁的贸易，希腊各邦币制的混乱，战争后期金币的迅速推广，[2] 使前五世纪末叶的货币兑换业日益兴隆，出现了专门经营这一行业的所谓的"金融商"（*trapezites*）。[3] 此外，各种投机业尤其是粮食投机在战时异常盛行。虽然雅典政府对粮食经营控制很严，[4] 但却无法杜绝投机商们从中牟取暴利。吕西亚斯指出："他们的利益与别人的正相反，由于一些不幸的消息传到城市来，他们便以高价出售其粮食，这时他们得利最多。"[5] 色诺芬认为"许多平民（private persons）依靠战争增

---

1 《剑桥古代史》，第 5 卷，第 28 页。

2 G. 格劳茨（G. Glotz）：《古代希腊的劳作》（*Ancient Greece at Work*），纽约，1926 年，第 232—233 页。

3 B. C. 塞尔格叶夫：《古希腊史》，第 269 页。

4 吕西亚斯：XXII. 6—9。

5 吕西亚斯：XXII. 4。

加了财产"[1]。

因此，战争期间公民集体内部的贫富分化加剧，一方面绝大多数农民丧失了在农村的财产，另一方面少数武装作坊主、投机商人的财产剧增，而城邦软弱的国家机器又不可能有效地调和贫富矛盾，小国寡民的奴隶制城邦随着私有制的不断发展而趋于衰落。

其次，同盟国的叛离和奴隶的反抗使雅典的军事、经济和政治受到致命威胁，加速了提洛同盟的崩溃。早在伯里克利时代，同盟国就开始反抗雅典的上邦政策，频频掀起暴动，规模最大的要属公元前446年的优波亚各邦暴动和前440年的萨摩斯暴动，但均遭到残酷镇压。伯罗奔尼撒战争期间，由于雅典力量的削弱和对盟国压榨的加重，反抗的浪潮更加高涨。公元前428年，列斯堡全岛，除麦提姆那外，都叛离了雅典；公元前413—前412年，开俄斯、优波亚各邦、列斯堡、米利都等纷纷叛离雅典，"引起了雅典人从来未曾有过的一次最大的恐慌。就是西西里的惨败（虽然在当时也引起了很大的恐慌）和其他任何事故，也没有这样可怕的影响"。[2]到战争末期，只有萨摩斯效忠雅典了。值得一提的是，公元前413年，雅典有2万多名奴隶逃亡，并且多数是有技术者，它给予奴隶主阶级以沉重的一击，同时也反映了奴隶与奴隶主两大对立阶级的矛盾有所激化。提洛同盟崩溃后，雅典的军事移民被彻底清除，他们不得不回到雅典，使游民无产者的数量大增。

---

1 色诺芬：《经济论》，I.15。
2 修昔底德：《伯罗奔尼撒战争史》，VIII.96。

　　　　　　　　　多彩的雅典娜

四、结语

　　雅典城邦危机乃是奴隶制发展的必然结果。城邦的经济基础决定了私有制在城邦范围内的发展是有一定限度的。当然，农业和工商业的繁荣以及对外掠夺都在一定程度上扩大和巩固了城邦的经济基础，保障这些小私有者进行自身的再生产（如伯里克利时代的军事移民等措施），但这同时也表明小私有者开始没落和分化，城邦固有的社会结构开始出现裂缝，城邦危机萌芽。

　　公元前 431—前 404 年，雅典城邦危机无疑是大为深化了。伯罗奔尼撒战争对于加深城邦危机的作用主要表现在：它破坏了农业生产的基本条件，瓦解了城邦的土地所有制，加速了小农的分化和破产，加剧了小私有者的衰落过程；大批公民的死亡，兵源的匮乏，推动了公民集体的破裂和雇佣兵制的形成。此外，手工业和商业在某些方面的发展，盟邦的叛离和奴隶的逃亡，公民集体内部的互相残杀，提洛同盟的崩溃，都深化了城邦危机，而这些因素又都受到伯罗奔尼撒战争的影响和制约。

　　伯罗奔尼撒战争是奴隶制城邦各邦内部和邦与邦相互矛盾的集中表现，是奴隶制发展的结果，战争本身又为奴隶主大所有制的发展提供了条件，加速了自由民的分化和没落。因此，这时期雅典城邦危机的深化，最集中地体现在这场战争的作用上，正是从这种意义上，我们认为伯罗奔尼撒战争是公元前 431—前 404 年雅典城邦危机深化的最重要的因素。

原载《齐鲁学刊》1989 年第 4 期；

中国人民大学书报资料中心《世界史》1989 年第 9 期全文转载

08 第二雅典海上同盟述论 [*]

公元前 378/377 年，以雅典为首的雅典同盟成立，名为"雅典人及其同盟者"，史称"第二雅典海上同盟"（The Second Athenian Confederacy）或"第二雅典同盟"（The Second Athenian League）。[1] 迄今为止，国内外学者关于第二雅典同盟研究还较为薄弱。古代作家如色诺芬、亚里士多德等对于这个同盟只字未提；同时代的演说家如伊索格拉底（Isocrates）、埃斯奇涅斯（Aeschines）、德摩斯提尼（Demosthenes）提及某些相关的史实，但是没有对其作专门讨论；后世作家狄奥多拉斯《历史丛书》中援引公元前 4 世纪作家厄福鲁斯（Ephrus）著作中的史料，就该同盟的组织结构、入盟成员、存在时间等作过一些说明，是色诺芬《希腊史》的重要补充，但其可靠性素有争议。在少量传世的考古资料中，特别重要的是

---

[*] 本文系国家社会科学基金一般项目"古典时代希腊理想国思想及其现实基础研究"（16BSS008）成果之一，初稿在 2016 年 9 月中国世界古代史学术年会上交流，特此说明。

[1] 公元前 478/477 年，雅典组建了以反击波斯人为宗旨的雅典同盟（The Athenian Alliance）。相关问题讨论参见徐松岩：《关于雅典同盟的几个问题》，《西南师范大学学报（哲学社会科学版）》1993 年第 3 期。

一块发现于雅典市政广场的石碑，记载了涉及该同盟的结盟宗旨、组织原则和入盟成员情况的所谓"阿里斯托特利斯通令"（"The Decree of Aristoteles"）。[1] 当代学者对于第二雅典同盟研究成果不多，1981 年 J. B. 卡吉尔出版其《第二雅典海上同盟：是帝国还是自由联盟？》，在重新评估有关史料的基础上认为该同盟成员始终保持自由和自治，指出传统认为雅典推进了该同盟向"帝国"演变的看法是没有证据的，也是错误的。这是 1905 年以后英语世界研究该主题的首部专著，在学术界引起较大反响，随后几年在欧美一些著名专业杂志发表多篇书评；J. B. 布瑞、N. G. L. 哈蒙德以及新版《剑桥古代史（第 6 卷）》也就第二雅典同盟作过简要评述。此外，专门探讨该问题的论文只有寥寥数篇。[2] 看来，这个问题似乎未引起国际古典学界的重视。但是，研究公元前 4 世纪马其顿征服之前雅典城邦政治、经济发展史，探讨期间希腊城邦国际关系史特别是

1 镌刻通令全文的石碑通高 1.93 米，由 20 余块残片拼接在一起，现存雅典碑铭博物馆。通令的希腊文原文及英文译文，参见 Rhodes, P. J. & Osborne, Robin eds., *Greek Historical Inscriptions 404–323 BC*, Oxford University Press, 2003, pp. 92–99。

2 Cargill, J., *The Second Athenian League: Empire or Free Alliance?*, University of California Press, Berkeley, 1981; Cawkwell, G. L., "The Foundation of the Second Athenian Confederacy", *The Classical Quarterly*, Vol. 23, No. 1 (1973), pp. 47–60; Cawkwell, G. L. "Notes on the Failure of the Second Confederacy", *The Journal of Hellenic Studies* (*JHS*), CI, 1981, pp. 40–55；对卡吉尔的 6 篇书评，参见 *The Classical Review*, Vol. 32, No. 2 (1982), pp. 235–239; Richard M. Berthold, *The American Historical Review*, Vol. 87, No. 3 (Jun., 1982), pp. 754–755; S. M. Sherwin-White, The *Journal of Hellenic Studies*, Vol. 102 (1982), pp. 269–271; Jennifer Tolbert Roberts, *The American Journal of Philology*, Vol. 104, No. 4 (Winter, 1983), pp. 409–413; Thomas R. Martin, *Classical Philology*, Vol. 79, No. 3 (Jul., 1984), pp. 243–247. 此外，以下著作亦有所涉及：J. B. Bury, R. Meiggs, *A History of Greece to the Death of Alexander the Great*, Fourth Edition, The Macmillan Press LTD, London, pp. 351–365; N. G. L. Hammond, *A History of Greece to 322 B. C.*, Second Edition, Oxford University Press, 1977, pp. 485–489; D. M. Lewis, J. Boardman, S. Hornblower, and M. Ostwald, *The Cambridge Ancient History*, Vol.6, Cambridge University Press, 1994, pp. 163–175。

雅典与斯巴达、底比斯等邦的关系以及希腊世界与波斯的关系，都不能绕开第二雅典同盟的建立、组织结构、发展演变和具体作用等问题。以下就笔者所接触到有限史料，就涉及第二雅典同盟的一些主要问题提出几点初步认识。

一、同盟建立的历史条件

从伯罗奔尼撒战争结束到第二雅典同盟成立的 20 多年间（公元前 404—前 378 年），与伯罗奔尼撒战争之前相比，希腊世界的国际形势发生了翻天覆地的变化。战前希腊世界两大军事集团势均力敌，长期对峙；波斯人对于希腊诸邦的事务基本上持观望的态度。随着伯罗奔尼撒战争的进行，交战双方两败俱伤，势力均大为削弱。波斯人趁机干预希腊事务，采纳阿尔基比阿德斯的献计，尽可能运用金钱的力量，使得希腊诸邦之间相互缠斗，彼此牵扯，无力东进，这一原则成为此后数十年波斯对希腊诸邦政策的主轴。[1]

战后斯巴达一邦独大，称雄全希腊将近 10 年，原雅典帝国属邦大都归斯巴达统治。斯巴达的霸权同样是建立在武力统治的基础之上的。他们在各属邦安插亲信，派遣驻军，征收贡金，广泛建立寡头政治（如雅典的"三十寡头政府"，其他诸邦多是"十人政府"）。[2] 这种统治的前提是霸主拥有强大的武力，一旦其武力衰弱，国内外的种种矛盾必然趋于激化。首先，从斯巴达国内来说，在金银货币的浸淫之下，公民集体内部贫富分化加剧；同时，斯巴

---

[1] Keen, A. G., Holloway R. "Persian Policy in the Aegean, 412–386 B. C.", *Journal of Ancient Civilizations*, vol. 13, 1998, pp. 93–95.

[2] Diodorus of Sicily, edited by G. P. Goold, *The Library of History*, XIV. 4. 1.

达人与黑劳士、获释黑劳士（所谓"新公民"）、庇里阿西人、次等的斯巴达人[1]的矛盾日趋加深，"基那敦（Cinadon）暴动密谋"就是这些社会矛盾深化的集中体现。[2]其次，帝国统治危机四伏。斯巴达为控制为数众多而分散的属邦（仅原雅典的属邦就有200多个），不得不派遣驻军或行政人员前往各地。此时斯巴达公民共约2500人，[3]可谓杯水车薪，远远无法满足维护帝国统治最基本的需要。再次，许多属邦随时准备反抗，摆脱斯巴达的羁绊。如战后一度失去独立的雅典通过反抗，驱逐了斯巴达驻军，使得斯巴达帝国的统治雪上加霜，其他许多城邦也跃跃欲试，准备起义。同时，斯巴达在希腊的扩张也受到普遍的抵制。最后，与波斯开战。斯巴达在与波斯保持了短暂的和平关系之后，便于公元前399年出兵小亚细亚，与波斯兵戎相见。公元前396年，阿格西劳斯率军出征，直逼萨尔狄斯（Sardis），在击败老谋深算的提萨佛涅斯（Tisaphernes）之后，准备进军弗利吉亚（Phrygia）省区。面对来势汹汹的斯巴达军，波斯采取"围魏救赵"之计，派人携巨款前往希腊本土，挑动那些对斯巴达不满的城邦，如阿尔戈斯、雅典、底比斯、科林斯、优波亚岛的某些城邦联合起来对斯巴达开战，公元前395年秋哈里阿图斯（Haliatus）之役，重创斯巴达军，斯巴达首尾难顾，不得不急召远征小亚细亚的阿格西劳斯班师回国。[4]由此开启了一场在波斯主导下的希腊城邦之间的混战——科林斯战争（公元前395—

---

1 *Hypomeiones*，原意为"次要者""下等人""低贱者"。据研究，他们包括那些被降低身份的斯巴达人，以及一些私生子和外邦人，他们因为出身问题一直不能拥有斯巴达人（平等者成员 *Homoios*）的身份。基那敦肯定是属于这一阶层的人。

2 Xenophon, *Hellenica*, III. 3. 4-11.

3 Xenophon, *Hellenica*, IV. 2. 16; P. Cartledge, *Sparta and Laconia: A Regional History 1300-362 B.C.*, London & Boston: Routledge, 1979, p. 308.

4 Xenophon, *Hellenica*, III. 5. 1-25.

前 387 年）。[1]

斯巴达向小亚细亚地区的扩张，是波斯人绝对不能容忍的。波斯此时的策略是支持雅典等邦与斯巴达人对抗，坐收渔人之利。雅典借波斯资助恢复自己的势力。雅典旧将科农（Conon）此时在波斯效力。公元前 394 年，他率领波斯海军在克尼多斯（Conidos）大败斯巴达舰队，从此打垮了斯巴达在爱琴海的海上霸权。随后，他们沿小亚细亚沿岸巡航，所到之处便推翻亲斯巴达的寡头政府。翌年，科农在波斯的支持下，主持重修连接雅典卫城和比雷埃夫斯的长城。雅典的国力有了一定恢复，反斯巴达联盟的力量有所加强。在雅典的领导下，反斯巴达联盟节节胜利。然而，雅典人等邦的胜利及其在爱琴海地区势力的恢复和增长，又使波斯人深感不安。于是，他们再次改变对希腊的政策，抑制雅典，囚禁科农，支持斯巴达，"科林斯战争"的战局再次被扭转。前 388 年，斯巴达派遣使者安塔尔基达斯（Antalcidas）觐见波斯国王，渴望得到对方的支持。前 387 年，波斯总督提里巴佐斯将波斯国王的敕令送达萨尔狄斯。[2]斯巴达人通过这道"和平敕令"，[3]捞得不少好处，而实际上真正得利的是波斯人，是其金钱外交的重大胜利。前 385 年，斯巴达人攻陷曼丁尼亚，拆毁其城墙；前 382 年又募集精兵 1 万，出征卡尔基狄克半岛上重要城邦奥林苏斯；前 379 年，阿格西劳斯国王征服弗琉斯；同年，粮尽援绝的奥林苏斯，不得不屈服。[4]

---

1 Xenophon, *Hellenica*, IV. 2. 9–23, 3. 15–21, 5. 11–19; Diodorus of Sicily, XIV. 7; D. M. Lewis, J. Boardman, S. Hornblower, and M. Ostwald, *The Cambridge Ancient History*, Vol.6, Cambridge University Press, 1994, pp. 97–116.

2 Xenophon, *Hellenica*, V. 1. 30–31.

3 参见陈思伟、徐松岩：《和约还是敕令：对色诺芬〈希腊史〉中所谓"大王和约"实质与译名的几点思考》，《古代文明》2012 年第 1 期。

4 Xenophon, *Hellenica*, V. 2. 11–3. 26.

色诺芬认为，"大王和平敕令"颁行以后，斯巴达人的一系列行动"终于极大地稳固了其帝国的基础"。[1]

"大王和平敕令"确定了公元前4世纪中期希腊世界的基本格局。据色诺芬的记载，提里巴佐斯向希腊各邦的代表们诵读敕令：

> 国王阿塔薛西斯认为，亚细亚所有诸邦均应归属于我，克拉左门奈和塞浦路斯二岛亦应归属于我；而其他希腊诸邦，除列姆诺斯、音布罗斯和斯基洛斯外，不论大小均须保持独立；这三个地方与往昔一样，依然归属于雅典人。但是，倘若你们双方之中的任何一方有不遵从此敕令者，我，阿塔薛西斯，将与那些遵从此令的诸邦一道，用舰船，用金钱，从陆上，从海上，向其开战。

这绝不是波斯国王与希腊城邦之间签订什么和约，而是波斯国王给希腊交战双方颁布的敕令。色诺芬写道：听到上述宣告之后，希腊诸邦的使者立即向各自城邦最高权力部门汇报和请示。所有的城邦都宣誓，将坚定不移地恪守条款规定。[2]

根据波斯国王的敕令，希腊所有现存的同盟必须解散，唯一保留下来的就是伯罗奔尼撒同盟。斯巴达通过该敕令，狐假虎威，勉强维持其在希腊大陆的苟延残喘的霸权。[3]此时雅典国力稍有恢复，自身不够强大，其对外政策无法突破大王和平敕令的束缚和限制。雅典为了维护自身的利益，于前384年与开俄斯订立了双方同盟条

1 Xenophon, *Hellenica*, V. 3. 27.

2 Xenophon, *Hellenica*, V. 1. 30–32.

3 Xenophon, *Hellenica*, V. 2. 11–3. 26; D. M. Lewis, J. Boardman, S. Hornblower, and M. Ostwald, *The Cambridge Ancient History*, Vol.6, pp. 156–163.

约就是一个明证。双方在盟约中强调，结盟的目的是为了共同的安全，是为了维护大王和平敕令，这是一个纯防御性同盟。盟约特别强调"现有和约、誓言和协议依然有效"，规定"倘若雅典人遭到任何外来攻击，则开俄斯人必全力以赴，尽其所能给予援助；倘若开俄斯人遭到任何外来攻击，则雅典人必全力以赴，尽其所能给予援助"。[1] 前 379 年，底比斯人在雅典人的支持下发动政变，推翻了拉栖代梦人所扶持的傀儡政府，驱逐了拉栖代梦驻军，重建被解散的波奥提亚同盟。波奥提亚同盟的重建，引起了斯巴达的恐慌，他们立即出兵干涉，袭掠比雷埃夫斯港。有研究者认为，斯巴达的斯福德里达斯（Sphodridas）对比雷埃夫斯港发动"突袭是第二雅典同盟建立的直接原因"。[2]

这期间雅典与底比斯的关系也十分微妙。狄奥多拉斯认为雅典协助底比斯摆脱斯巴达人的控制是官方行为；而色诺芬记载的则是雅典两位将军主动支持底比斯人，后来还因此受到处罚。前者说雅典与底比斯的结盟时间在斯福德里达斯突袭比雷埃夫斯之前，而色诺芬则说在此之后。无论如何，现有资料还不能否定狄奥多拉斯的说法：底比斯与雅典的结盟分两个阶段，第二阶段才是同盟成员关系。可以确定的是，大王和平敕令是允许成立防御性同盟的。

从斯福德里达斯被无罪释放的情况来推测，色诺芬的"斯巴达阴谋论"也许更有道理。雅典曾经与波奥提亚有过联盟关系，因大

1 P. J. Rhodes & Robin Osborne eds., *Greek Historical Inscriptions 404–323 BC*, Oxford University Press, 2003, pp.82–85; Slobodan Dušanić, "The Attic-Chian Alliance and the 'Troubles in Greece' of the Late 380's BC", *Zeitschrift für Papyrologie und Epigraphik*, Bd. 133 (2000), pp. 21–30.

2 J. B. Bury, R. Meiggs, *A History of Greece to the Death of Alexander the Great*, Fourth Edition, The Macmillan Press LTD, London, pp.350–351.

多彩的雅典娜

王和平敕令而终止。雅典将军对底比斯人的支持，与斯巴达利益发生冲突；雅典担心遭到斯巴达的报复，才迫不得已处罚本国两位将军。雅典与底比斯结盟都是出于对付斯巴达的需要，但是三个城邦皆有各自的盘算。雅典还未从那场大战中恢复过来，并不想开战；而底比斯为了自身利益，欲激化斯巴达与雅典的关系，把雅典拖入战争的漩涡。于是，他们秘密贿赂斯福德里达斯，诱使后者袭击比雷埃夫斯，迫使雅典向斯巴达宣战。

公元前 4 世纪 90 年代和 80 年代，在希腊大陆，斯巴达、底比斯、雅典三足鼎立的局面开始形成。斯巴达实力每况愈下，底比斯正在崛起，雅典实力略有恢复。东地中海地区海盗活动卷土重来，阿提卡半岛海岸线长，无险可守，极易遭到来自海上的攻击，迫使雅典寻求自保之道。[1] 正是在此条件下，雅典在斯巴达和波斯的夹缝中，抓住机遇寻求海上防御的同盟者，组建海上同盟。

二、阿里斯托特利斯通令与同盟章程

面对斯巴达咄咄逼人的海上攻势，雅典公民大会通过决议，认为斯巴达破坏了和约。雅典当局招募军队、筹集军费、配备舰船、任命统帅、积极备战，对外则与底比斯结盟。[2] 公元前 378 年冬，雅典国民大会通过来自马拉松德莫的阿里斯托特利斯的建议，此即"阿里斯托特利斯通令"，于前 377 年 3 月勒石公布。主要内容如下：

---

1 Philip de Souza, *Piracy in the Graeo-Roman world*, Cambridge University Press, 1999, pp. 31–39; Philip de Souza, "Raids on the coast of Attica", ed. By Nicholas Sekunda, *ERGASTERIA: Works Presented to John Ellis Jones on his 80th Birthday*, Gdańsk, 2010, pp. 81–92.

2 Diodorus of Sicily, XV. 28. 2; Xenophon, *Hellenica*, V. 4. 34.

瑙辛尼库斯（Nausinicus）任执政官之年，……阿里斯托特利斯提出如下建议：

为雅典人及同盟者命运计，为使斯巴达人能承诺允许雅典人享有自由和自治；为使所有城邦都在保障领土安全的条件下能和平生活（为使希腊人和波斯国王间达成协议中所承诺的和平与友谊能付诸实施，世代相传），（雅典）人民制定如下章程：

凡不属于波斯国王治下、生活在欧罗巴或诸岛屿的希腊人或异族人，如愿意与雅典人及其同盟者结盟，均可保有自由和自治，按其所愿的任何政制加以治理，无须接纳驻军，无须听命于委派的行政官，无须缴纳盟金。同盟入盟条件与开俄斯人、底比斯人及其他同盟者相同。

对于那些愿意与雅典人及其同盟者结盟的城邦，雅典人郑重承诺，民众将放弃在其领土范围内的任何财产，不论这些财产是属于个人还是集体。至于任何与雅典结盟的城邦，如订有不利的条约，石碑（stelai）竖立在雅典，则当值五百人议事会有权将其摧毁。

从瑙辛尼库斯任执政官之年开始，雅典人不得以个人的名义，也不得以集体的名义在同盟者领土范围内获取房屋、田地，不论这些房屋、田地是通过购买、抵押或其他方式获得的；如发生此类情况，任何人均可向同盟议事会（synedroion）举报，同盟议事会将变卖（违反该条款的人的）财产，所得钱款一半归举报人，另一半归同盟公共所有。

任何一个入盟的城邦，如遭到来自陆上或海上武力入侵，雅典人及其同盟者皆须尽其所能，从陆上和海上倾力给予援助。

无论是公职人员或普通百姓，如有提议或提出表决有悖于本章程的建议，或取消本章程之任一条款，皆将被剥夺公民权、没收财产，其财产将被充公，其中十分之一归女神所有；他本人会因破坏同盟罪而受到雅典人及其同盟者的指控，会依照雅典及其同盟者的判决，处以死刑或流放。如果他被判处死罪，其遗体不得安葬在阿提卡，也不得安葬在同盟者的领土上。

该章程将由五百人会议的书记负责勒石刊布，并把石碑竖立在宙斯神像旁。女神司库将从10塔连特（基金）中支付60德拉克玛用于勒石。已经入盟的城邦和将要入盟的城邦的名字一并刻写在石碑上。[1]

从通令的内容来看，有两点值得注意。第一，雅典组建第二海上同盟的目的，首先在于维护本邦及同盟者的自由、自治和领土完整。这时雅典的国力虽略有恢复，但仍然弱小，同盟建立不能开罪于波斯人，不能突破大王和平敕令的框架。雅典邀请那些不在波斯统治之下的欧罗巴以及岛屿上的城邦加入同盟，从语气上看，雅典俨然把自己视为维护大王和平敕令的领导者。雅典国力衰弱，不得不与宿敌底比斯人联合起来，以共同对付斯巴达人。第二，雅典在同盟章程中明确申明，入盟各邦无须接受雅典驻军和派驻的行政官员，无须缴纳贡金。雅典人不得在盟邦以购买、抵押等方式获取财产。这一点很容易让人联想到雅典帝国时期，雅典人曾经强制各个属邦接受苛刻的条件。如今雅典人这样做，并不是因为他们反省历

---

1 P. J. Rhodes & Robin Osborne eds., *Greek Historical Inscriptions 404–323 BC*, pp. 92–99. 参见张强、张楠译注：《希腊拉丁历史铭文举要》，北京：商务印书馆，2016年，第109—111页。

史，心慈手软，而是因为他们实力不足，只能如此。[1]

雅典第二同盟的成立与底比斯摆脱斯巴达的控制，是二者与斯巴达在海上和陆上分庭抗礼的结果。底比斯驱逐斯巴达驻军后，后者数度出兵底比斯，均遭失败。前 375 年，底比斯军重创斯巴达军，并再度控制波奥提亚诸邦。[2]公元前 374 年，他们出兵佛基斯，迫使斯巴达国王亲率大军驰援。

与底比斯人遥相呼应的是，雅典同盟于公元前 376 年那克索斯海战中大败斯巴达海军，重掌爱琴海制海权。爱琴海以及通往黑海地区的海上秩序得以重建，传统的运粮通道有了安全保障。底比斯的崛起和扩张不久就威胁到雅典的安全和独立。作为底比斯的近邻，雅典对其是怀有戒心的。前 371 年 6 月，为了遏制底比斯的崛起，雅典人说服各方，缔结和约。其核心内容是重申"大王和平敕令"的有关内容，强调各城邦必须独立，实际上是针对底比斯人的。[3]同年 7 月，底比斯在琉克特拉一战中击溃斯巴达军，希腊大陆三足鼎立的局面发生剧变。底比斯大军数度南下，美塞尼亚独立，斯巴达霸权彻底瓦解，底比斯一强独霸的局面开始形成。雅典的对外政策不得不作出调整。

三、雅典与盟邦的关系

盟主雅典与盟邦的关系，是考察第二雅典海上同盟演变的至关重要的内容。在同盟建立的同时，也设立了一个同盟议事会。该议

---

1 P. J. Rhodes & Robin Osborne eds., *Greek Historical Inscriptions 404–323 BC*, pp. 98–105.

2 Diodorus of Sicily, XV. 37; Plutarch, *The Parallel Lives*, *Pelopidas*, XVI. 2–XVII. 5.

3 Xenophon, *Hellenica*, VI. 3. 1–19.

事会没有固定的时间、地点开会，会址通常设在雅典市政广场的西北角。它由各盟邦的代表组成，原则上是同盟的共同议事机构。可以确认的是，雅典人在其中没有代表，同盟议事会的会议也并非由雅典人来主持。前343年，埃斯奇涅斯提到："雅典人民正在慎重考虑与腓力缔结和约之事，派出的大使尚未返回，他们是由雅典人民派到希腊各地召集各邦前来，以维护希腊诸邦的自由；他们受命于同盟者，一旦大使返回并向雅典及其同盟者提交报告，普利塔涅斯（*prytanes*）将依法召开两次公民大会，会上雅典人将考虑缔结和约的问题；而无论（雅典）人民作出何种抉择，都将依同盟者的集体表决形成决议。"[1]

在政治上，如果演说家引用的条文准确无误，那么雅典人与其同盟者之间没有任何主从关系。同盟议事会和雅典的决策机构是并列的、平行的。有的学者甚至认为雅典公民大会经常会屈从于同盟议事会的决定，但没有证据证明这一点。在经济上，同盟章程严禁雅典人非法侵占盟邦人民的财产。之所以制定这样的条款，很可能是因为入盟城邦对于雅典帝国时代情况仍心有余悸，担心雅典以同盟的名义再次对他们加以剥削和奴役。

第二雅典同盟初建时大体是一个由自由、自治的城邦组成的防御性军事同盟，松散的同盟是不可能形成强大战斗力的。据哈蒙德研究，同盟不是一个联邦组织。同盟的财政收入来自两个相互分离的来源——雅典本邦的收入和同盟各邦的收入。后者储存于同盟金库中，由同盟议事会决定其分配使用。同盟设有法庭。在对外关系方面，同盟作为一个整体统一行动。[2]但是入盟城邦情况不一，国

---

1 Aeschines, II. 60.

2 N. G. L. Hammond, *A History of Greece to 322 B. C.*, Second Edition, Oxford University Press, 1977, pp. 487–488.

内国际形势千变万化，成员国的权益是否切实得到保障，是很成问题的。至于加入第二雅典海上同盟的盟邦的数字，自古以来就有不同说法。阿里斯托特利斯的通令的石碑有破损，可以辨识的城邦名字不超过58个。卡吉尔认为最初入盟者有60个，[1]布瑞等认为约有70个。[2]

到公元前4世纪60年代，波斯依然是希腊世界格局的掌控者。前367年，雅典、斯巴达、底比斯、阿尔戈斯等六国都派使者前去波斯求援，得到的所谓"伯罗皮达和约"却是又一纸"大王敕令"。波斯国王明显支持底比斯人，在苏撒向六国使者宣示谕旨：应该缔结基于自主和自由原则上的和平，斯巴达须承认美塞尼亚的独立，雅典须承认安菲波利斯的独立，雅典舰队须拖上海岸，闲置勿用。结果，斯巴达使者被迫自杀，雅典使者回国后被处死。[3]

军事移民曾经是雅典帝国时代雅典人侵占属邦领土，武力震慑属邦人民反抗的重要手段。同盟存续期间，雅典是否向盟邦大规模地派驻过军事移民，雅典人是否信守对盟邦的承诺，这关乎对第二雅典同盟性质的评价问题。阿里斯托特利斯通令强调雅典人在没有授权的情况下，是不会在阿提卡以外的土地上耕作的。但雅典的

---

1 J. L. Cargill, *The Second Athenian League: Context, Organization and Nature*, p. 51; D. M. Lewis, J. Boardman, S. Hornblower and M. Ostwald, *The Cambridge Ancient History*, Vol.6, Cambridge University Press, 1994, pp. 170–171.

2 古代文献有两处提及最终入盟城邦的数目，埃斯奇涅斯说有75个城邦，狄奥多拉斯说有70个城邦。造成这些误差的原因，除了史料本身残缺不全，还因为同盟成立之后还有一些城邦陆续加入该同盟。参见 J. B. Bury, R. Meiggs, *A History of Greece to the Death of Alexander the Great*, Fourth Edition, The Macmillan Press LTD, London, p. 351; D. M. Lewis, J. Boardman, S. Hornblower and M. Ostwald, *The Cambridge Ancient History*, Vol.6, pp. 169–171; Aeschines, *Aeschines*, II. 70; Diodorus of Sicily, XV. 30。

3 Xenophon, *Hellenica*, VII. 1. 33–40; Plutarch, *The Parallel Lives*, Pelopidas, XXX. 1–XXXI; Diodorus of Sicily, XV. 76. 3; Deosthenes, *Demosthenes*, XIX. 137，XXIII. 150.

政策并非一成不变。在雇佣兵制流行的时代，金钱往往是战争胜负的决定性因素。为应付军费开支，公元前377年，雅典进行了财产普查，旨在征收战争税，但收效差强人意。正如德摩斯提尼所指出的，公元前4世纪前期雅典年财政收入不超过130塔连特，到前345年前后才达到400塔连特；[1] 前377—前355年这22年间的征税总额也不过300塔连特；[2] 平均每年不足15塔连特（相当于两百士兵的薪饷）。

财政拮据、谷物短缺的雅典抓住机会，向外派遣军事移民，不失为扩大势力、缓解危机的重要途径。前366年提摩修斯（Timotheus）担任雅典将军后，攻克萨摩斯，由雅典军事移民占有当地良田；随后提摩修斯又攻占塞斯图斯和科尔松尼斯的克里佐特，也往这里派遣了军事移民；前364年在马其顿国王的协助下攻占波提狄亚等地，并且可能向这里派驻了军事移民。提摩修斯在色雷斯地区搜刮金钱。这些事实证明雅典已经实行侵略扩张政策。[3] 哈蒙德正确指出，"如果因萨摩斯、波提狄亚、塞斯图斯和克里佐特并非雅典同盟成员，就可以对它们加以征服并把它们的土地分给雅典的军事移民，这种论据实属诡辩"。[4]

形势迫使雅典与斯巴达等邦联合起来，对付日益强大的底比斯人。前362年曼丁尼亚战役，随着伊巴密浓达（Epaminondas）战死，眼看就要归于统一的局面却戛然而止。色诺芬评论说："战争

---

1 Demosthenes, X. 37–38.

2 Demosthenes, XXII. 44.

3 Demosthenes, II. 14, XV. 9, XVI. 2; Isocrates, *Isocrates,* XV. 108–112; [Aristotle] *Oeconomicus,* 1350a 23–30, 1351b 15–25.

4 N. G. L. Hammond, *A History of Greece to 322 B. C.,* Second Edition, p. 503；J. K. 戴维斯：《民主政治与古典希腊》，黄洋等译，上海：上海人民出版社，2010年，第216页。

所带来的后果与人们事先预料的恰恰相反。全希腊所有军民齐聚于此，站在两条敌对的阵线上彼此决战；……与战前相比，双方的版图、城市和影响力也没有一点增加；而战后的希腊却比战前愈加混乱和无序了。"[1]

在斯巴达、底比斯称霸相继衰落之后，以海上实力为基础的雅典人似乎觅得东山再起的一线机会。雅典与盟邦的关系却趋于恶化，以至于发生"同盟战争"。

四、"同盟战争"与同盟的瓦解

公元前 357 年，第二雅典同盟的入盟城邦罗德斯（Rhodes）、科斯（Cos）和开俄斯为首，在拜占庭和波斯总督毛索鲁斯（Mausolus）的支持下，叛离雅典同盟，"同盟战争"爆发。战争的内因是诸盟邦对雅典霸权以及雅典派出的将军和雇佣军对其勒索的不满。[2]

其时波斯对希腊事务的干预主要是通过其西部沿海省区总督实施的。随着波斯中央政权对各地方控制力的削弱，那些远离帝国统治中心的省区已具有很大的独立性。卡里亚总督毛索鲁斯实际控制的疆域还包括伊奥尼亚以及吕底亚的大部分。他拥有一支强大的舰队，对爱琴海及希腊构成海上威胁。第二雅典同盟是他独霸爱琴海的一大障碍，为了拆除这道障碍，他利用一些盟邦对雅典的不满，怂恿一些盟邦脱离该同盟。这是引发这场战争的外因。

---

1 Xenophon, *Hellenica*, VII. 5. 26–27.
2 S. Homblower & A. Spawforth, *The Oxford Classical Dictionary*, 3rd Edition Revised, Oxford University Press, 2003, p. 1418.

在"同盟战争"中，雅典的海军在开俄斯与同盟者舰队交锋，卡布利亚斯战死，卡列斯败退。这次失利又加速了其他同盟者的叛离。开俄斯人出动100艘战舰攻击那些仍然留在同盟内的城邦，雅典船坞中虽有多达283艘舰船，但因为缺钱而无法配备，大多数只能闲置。[1]为了作战，不得不通过一项法令以筹措军费，在内部遭到富人的激烈反对，对外造成与盟邦关系的进一步恶化。

有两件古代铭文证明雅典破坏了盟邦的独立自主。[2]前357年一件铭文规定：

> 以后若任何人侵[入埃里]特利亚或者其他任何盟邦，无论是雅典[人]还是雅典[人]的盟友，[他]将被判处死刑，其财产将被[没收]，其中十分之一贡献给女神雅典娜。[其财产可]从所有盟邦中追缴，[如果]任何城邦拒不执行，那么该城邦即亏欠同盟[公共金库]如数钱款。

公元前356年一条法令写道：

> 赫格桑德罗斯提案：为使安德罗斯（Andros）不受雅典人和安德罗斯人侵犯，为使安德罗斯驻军能按照同盟决议从派定中获取薪俸，并使保障措施不被打破，从当选者中选出一名将军，令其对安德罗斯负责。还有，令阿切德摩斯（Archedemos）从诸岛收取拖欠安德罗斯驻军的钱，交与安德罗斯督办，保证士兵得到薪俸。

---

1 Diodorus of Sicily, XVI. 21. 1.
2 这两件铭文的译文皆转引自 J. K. 戴维斯：《民主政治与古典希腊》，黄洋等译，第218—219页。

公元前356年，雅典派出伊菲克拉特和提摩克拉特等率领一支庞大的海军援助仅有60艘舰船的卡列斯。舰队会合后，曾经开赴拜占庭，双方舰队先在赫勒斯滂海峡交战；后来雅典舰队来到恩巴塔——开俄斯与埃利特莱之间的海峡停泊。卡列斯率部孤军深入，遭到失败后反诬伊菲克拉特和提摩克拉特因受贿投敌而贻误战机，使后者遭到审判。

公元前355年，在面临波斯武力干预的威胁之下，雅典不得不与开俄斯、科斯、拜占庭、罗德斯缔结和约，承认这些城邦的独立。"同盟战争"耗尽了雅典最后一点财力，国库财源枯竭，民众法庭关闭。雅典的失败还导致了更多盟邦脱离雅典，其中包括柏林苏斯、塞林布里亚、麦提姆那、米提列涅等重要城邦，雅典的威望和国力再次跌入谷底。至此，雅典的同盟者只剩下优波亚以及爱琴海北部和色雷斯沿岸少数城邦。第二雅典同盟名存实亡。[1]

伯罗奔尼撒战争之后，雅典一度失去独立。雅典在斯巴达、波斯的夹缝中艰难地寻求生存空间。第二雅典同盟实际上是雅典在国力稍有恢复的基础上，欲重振霸业的一次不成功的尝试。该同盟存续期间，东地中海地区的海上交通、商业贸易秩序有所恢复。雅典所采取的政策、措施并未使第二雅典海上同盟整体上发生质变，说它已经演变为雅典第二海上"帝国"显然背离历史实际，但不能因此而否认雅典违背建盟誓约而剥削、奴役盟邦的历史事实。

奴隶制的本质特征就是其侵略性，早期奴隶制国家的基本特征就是始终保持一种向外发展扩大的趋势，即侵略、掠夺、剥削和

---

1 Cawkwell, G. L. "Notes on the Failure of the Second Confederacy", *The Journal of Hellenic Studies (JHS)*, CI, 1981, pp. 40–55.

奴役异邦人的趋向。这种趋向能否成为现实，要看具体历史条件。[1]当波斯、斯巴达的威胁有所减弱时，底比斯、马其顿相继崛起，在雇佣兵制流行的时代，经济低谷徘徊、财政拮据的雅典，始终难以实施大规模对外扩张。公元前4世纪的雅典，始终面临强国的威胁。城邦制度的局限性显露无遗，历史没有给雅典以重振霸业的机会。

原载《北京师范大学学报（社会科学版）》2017年第4期

---

1 徐松岩：《论古代雅典发展道路——兼及雅典版图问题》，《四川大学学报（哲学社会科学版）》2016年第4期，第34页。

09 论古代雅典国家的发展道路
——兼及雅典版图问题 [*]

在古代希腊城邦历史研究中，中外学界长期以来有一个通行的看法，认为希腊诸邦一经形成，便长期处于"小国寡民"状态，直到马其顿人征服希腊。[1] 不少学者认为，所谓城邦，就是一个城市连同其周围不大的一片乡村区域的独立主权国家。[2] 以日知先生为代表的一些学者认为，希腊诸邦彼此之间有同盟，有联合，但是没有兼并或吞并；即便像雅典帝国这样所谓的"帝国"，其实并不

[*] 本文为国家社科基金一般项目"古典时代希腊理想国思想及其现实基础研究"（16BSS008）成果。

1 朱龙华：《世界历史·上古部分》，北京：北京大学出版社，1991年，第356—357页。参阅 N. G. L. 哈蒙德：《希腊史》，朱龙华译，北京：商务印书馆，2016年，中译本序，第 vi-vii 页。希腊数以百计的城邦"小国寡民而始终保持独立"被作者概括为希腊城邦四大历史特点之一。

2 顾准：《希腊城邦制度》，北京：中国社会科学出版社，1982年，第1—24页。作者虽不是专业的希腊历史研究者，但其看法在国内学界却很有代表性。近期国内有多种重要研究著作被译为中文出版。参阅 J. K. 戴维斯：《民主政治与古典希腊》，上海：上海人民出版社，2010年；威廉·弗格森：《希腊帝国主义》，晏绍祥译，上海：上海三联书店，2005年；S. E. 芬纳：《统治史》，第1卷，上海：华东师范大学出版社，2010年；菲利普·内莫：《民主与城邦的衰落》，张竝译，上海：华东师范大学出版社，2011年；В. И. 库济辛主编：《古希腊史》，甄修钰等译，呼和浩特：内蒙古大学出版社，2013年，第121—136页。

存在，它只不过是若干独立城邦的联盟，盟主以下各邦始终保持独立，拥有主权，至少原则如此。[1] 早在一百多年前，英国学者 A. E. 齐默恩在讨论公元前 5 世纪雅典与其他城邦的关系时，创造性地使用"希腊联邦"（Greek commonwealth）而不是后来学者们广泛使用的"雅典帝国"（Athenian Empire），这是意味深长的。[2] 与此相关的，雅典"是否有意识地、广泛地推行霸权主义"，都是引起讨论和争议的问题。[3] 美国学者威廉·弗格森指出，"希腊城邦是一个有着特殊内在结构的单细胞有机体，除非进行再分割，否则无法发展，它们可以无限地复制同类。但这些细胞，无论新旧，都无法联合起来，形成一个强大的民族国家"。[4] 正因如此，"小国寡民"被认为是希腊古典时代诸邦最主要的外在特征。即便像雅典这样的大国，其极盛时期国土面积也不过 2500 平方千米，人口不过三四十万。果若如此，讨论雅典国家版图[5]问题似乎有些画蛇添足。然而，笔者认为问题似乎不那么简单。如果雅典国家版图始终保持基本不变，那就意味着它从未成功地向外扩张，从未吞并、侵占过

---

1 日知、张强：《雅典帝国与周天下》，《世界历史》1989 年第 6 期。参阅日知主编：《古代城邦史研究》，北京：人民出版社，1989 年，第 1—24、51—83 页；Simon Hornblower & Antony Spawforth, *The Oxford Classical Dictionary*, Oxford: Oxford University Press, 2003, pp.1205–1206.

2 A. E. Zimmern, *The Greek Commonwealth: Politics and Economics in Fifth-Century Athens*, Third Edition, Oxford: Oxford University Press, 1961. 中译本参阅 A. E. 齐默恩：《希腊联邦：公元前 5 世纪雅典的政治和经济》，龚萍、傅洁莹、阚怀未译，上海：上海人民出版社，2011 年。齐默恩是首批用英联邦（British Commonwealth）取代英帝国（British Empire）的学者。

3 黄洋、晏绍祥：《希腊史研究入门》，北京：北京大学出版社，2009 年，第 40 页。

4 威廉·弗格森：《希腊帝国主义》，第 1 页。

5 版图，严格说来包括一个国家的陆地、河流、湖泊、内海、领海以及它们的底床、底土和上空（领空），是主权国管辖的国家全部疆域。在古代，通常用以泛指一个国家的疆域。

异邦领土，这显然不符合基本历史事实。实际上，希腊许多城邦的版图并非一成不变，雅典、斯巴达和其他许多城邦都是如此，学界对此却较少关注。特别值得注意的是，在马克思主义史学界，举凡讨论国家起源，几乎不可能忽视对雅典国家起源的讨论。恩格斯说："雅典人国家的产生乃是一般国家形成的一种非常典型的例子。"[1] 因此，深入探讨古代雅典国家的发展轨迹，依然具有重要的学术价值和理论意义。笔者力图梳理雅典国家发展轨迹，考察其版图的历史演变，揭示城邦内政变革与对外政策的互动关系，以期有助于理解古代国家发展规律。

一、阿提卡的"统一"：城邦基本形成

雅典国家兴起于阿提卡半岛。关于迈锡尼文明时期雅典的历史，由于史料极度匮乏，尚有不少难解之处。首先需要说明的是，城邦的形成与国家的形成密切相关，但切不可将二者混为一谈。关于阿提卡何时统一以及雅典国家产生的时间，学术界历来就有不同看法。[2] 有学者认为，雅典国家产生于公元前 8 世纪；有学者认为，雅典国家产生于迈锡尼时代，此后一直连续发展下来，直至古典时代；还有学者主张迈锡尼时代雅典国家随着迈锡尼文明的毁灭

---

1 恩格斯：《家庭、私有制和国家的起源》，第 123 页。

2 J. B. Bury, *A History of Greece to the Death of Alexander the Great*, Random House, Inc., New York, 1913. pp.155–159; N. G. L. Hammond , *A History of Greece to 322 B.C.*, Second Edition, Oxford: Oxford University Press, 1977, p.68; J. Walker, *Theseus and Athens*, Oxford: Oxford University Press, 1995; S. Erika, "Theseus and Athenian Festivals", in J. Neils, *Worshipping Athena*, Madison: University of Wisconsin Press, 1996, pp. 9–26.

多彩的雅典娜

而毁灭，经黑暗时代，重新从氏族、部落中产生国家。[1] 无论如何，雅典国家起源历程中具有重大意义的第一步，是阿提卡的"统一"。按照希腊古代传统说法，阿提卡的统一是与提秀斯改革联系在一起的。在提秀斯之前，雅典所在的阿提卡地区已经有九代"王"，提秀斯登上"王"位后，大刀阔斧地实施改革，推行著名的"统一运动"，将分散在阿提卡各地的居民聚集拢来，使他们都成为雅典人；他解散了各地分立的议事会，在雅典卫城建造了公共的市政厅和议事会厅，给国家定名为雅典，规定了公共祭典，在阿提卡历的正月（Hacatombaeon）16 日举行纪念活动，庆祝"统一节"，此项活动至少一直延续到古典时代。

关于提秀斯的相关事迹及其历史地位问题，笔者已经作过讨论，在此不赘。[2] 值得注意的是，国内学者在研究雅典早期历史时，总是把希腊语的 synoikismos 译为"统一"，这实际上不尽符合其原意。synoikismos 原意为"一起生活"或"一同居住"，"联姻"之意。[3] 这就是说，提秀斯所谓的"统一"，大概就是他们实现了与原有居民一同居住。因此，与其说那些外来人成了雅典的"公民"（城邦未形成，不可能有公民的概念），不如说他们按照氏族的习俗被当地人接纳或"收养"。正如 N. G. L. 哈蒙德所指出的，"统一"并未导致乡村居民大量地移居雅典，他们在乡村照旧保存其神祠、墓地和庄园[4]；雅典城里的居民也并未大批地移居乡下。因此，"统一"

1 郝际陶：《古代希腊研究》，长春：东北师范大学出版社，1994 年，第 77—107 页。

2 徐松岩：《提秀斯改革新论》，《安徽史学》2003 年第 1 期。

3 H. G. Liddell & R. Scott, *A Greek-English Lexicon*, Ninth Edition, Oxford: Oxford University Press, 1996, p.1722.

4 N. G. L. Hammond, *A History of Greece to 322 B.C.*, pp. 68-69; Valeriji Gouschin, "Athenian Synoikism of the Fifth Century B.C.", *Greece and Rome*, Vol. 46, No 2, 1999, pp.168-187.

意味着阿提卡诸小公社之间的初步联合。之后，"雅典"成为阿提卡地区诸城镇之首，成为阿提卡地区的中心城镇。修昔底德指出，提秀斯改革前"阿提卡一直是由若干独立城镇组成的，各城镇有自己的议事厅和管理者。只有处在危急的时候，雅典的王才与他们商讨对策；平时各城镇独立运作，各自处理自己的事务，不受雅典王的干涉"。[1]

由于年代久远和史料严重匮乏，阿提卡"统一"过程中的许多细节很难得到确证。在这个历史进程中，由于农业、手工业生产的发展，外来人口不断涌入和定居于阿提卡，血缘关系逐步遭到破坏而松弛，地域关系在社会组织中作用日益明显，各个区域间的联系有所加强，阿提卡的统一乃势所必然。但毫无疑问，阿提卡的"统一"并非一蹴而就的，而是一个长期的、复杂的、曲折的过程。埃琉西斯最后并入雅典时间较晚，并且在古典时代雅典人心目中留下较为深刻的记忆。[2]因此，雅典城邦大体形成于公元前7世纪是可以接受的。

二、曲折的海外扩张路：从城邦到帝国

（一）成功占领萨拉米斯岛

阿提卡的"统一"也是其国内经济社会发展的必然结果。"统一"的最终完成标志着雅典城邦基本形成。这里涉及城邦的概念问题，学界对此迄今没有一致的看法。按我们的理解，城邦的概念

---

1 修昔底德：《伯罗奔尼撒战争史》，II. 15。
2 修昔底德：《伯罗奔尼撒战争史》，II. 15—16。

有两层含义：第一，如亚里士多德所说，"城邦的一般含义就是为了维持自给生活而具有足够人数的公民集团"[1]；第二，城邦在本质上乃是一种早期奴隶制国家，它的经济基础是小农和小手工业者的所有制。提秀斯改革以后，阿提卡地区经过数百年社会生产的发展，人口密度明显增加，基本形成以小农和小手工业者为主的公民集体。同时，这个血缘关系浓重的集体有一种向外的倾向，在雅典内部几次重要改革的推动下，这个农业小邦一步步走上海外扩张之路。

公元前7世纪末，在雅典原有氏族部落制度内部，贫富分化和社会分工的发展，不断侵蚀着原有的制度，阶级对立逐步成长起来，其时主要表现为贵族与平民的对立。梭伦改革颁布"解负令"（seisachtheia），废除债务奴隶制、划分财产等级、鼓励发展生产等一系列措施，公民谋生方式日益多样化，初步调整了公民集体内部不同集团之间的关系，而贵族和平民利益关系的调整，是保证作为公民集体的城邦实施向外扩张的必要前提。

梭伦改革为雅典其后大规模对外扩张开辟了道路。当然，雅典的有识之士很清楚，这条路绝不可能一帆风顺。在希腊，雅典与海陆邻邦麦加拉交战都常常处于下风，更别说雄踞伯罗奔尼撒的陆上霸主斯巴达了。因此，雅典对外扩张迈出的第一步，就是占领近在咫尺而又掌控于近邻麦加拉手中的萨拉米斯岛，维护阿提卡半岛的安全；同时，萨拉米斯岛是卫护雅典主要港口的天然屏障，也是雅典通向海外的一块坚实的"跳板"。萨拉米斯虽小，但战略地位太重要了。然而，雅典的努力却屡屡失利。如何攻下萨拉米斯，已成为公元前7世纪末雅典对外关系的当务之急。梭伦之所以赢得雅

1　亚里士多德：《政治学》，1275b20。

典贵族和平民的共同拥戴，被他们双方共同推举为"调停人和执政官"[1]，顺利颁布各派虽不满但又均可接受的改革法令，最重要的原因，也许就是在他的鼓动和领导下，雅典人击败邻邦麦加拉，攻下颇具战略意义的萨拉米斯岛。萨拉米斯距离雅典城虽然比埃琉西斯还要近些，它却是雅典人实际占领的第一块海外领土。普鲁塔克在总结梭伦攻占萨拉米斯时指出："这些事情随即就使梭伦成为一个声名远扬和有权势（famous and powerful）的人。"[2]

梭伦改革之后，雅典国内党争依然激烈。在国内诸派的角逐中，被认为极端倾向于人民的庇西特拉图家族一度占据优势，建立起僭主政治。[3]庇西特拉图并未废除梭伦的法律，相反，他在国内所推行的一系列措施实际上是梭伦改革的继续。僭主当政时代，阿提卡地区农业、手工业生产持续得以发展，平民的势力不断增长，贵族和平民的关系进一步得到调整。

庇西特拉图在雅典政坛上三落三起，地位似乎很不稳固。希罗多德记载庇西特拉图复位过程富有传奇色彩。[4]但是他最终能够在雅典站稳脚跟，建立僭主政治，并且将僭主之位未费周折地传于其子希皮亚斯，父子统治雅典共达三十余年，似乎并非偶然。除了其国内政策颇得广大中下层民众支持以外，他不遗余力地向海外尤其是在赫勒斯滂地区拓展势力，这在一定程度上有利于舒缓国内的矛盾和党争。

---

1 亚里士多德：《雅典政制》，V. 2。
2 普鲁塔克：《梭伦传》，VIII. 1—X. 4，XI. 1。普鲁塔克绘声绘色地描述了夺取萨拉米斯的全过程。其细节虽不尽可信，但这次行动对雅典城邦的影响力非同小可。
3 A. 安德鲁斯：《希腊僭主》，钟嵩译，北京：商务印书馆，1997 年，第 105—122 页；施治生等主编：《古代王权与专制主义》，北京：中国社会科学出版社，1993 年，第 89—107 页。
4 希罗多德：《历史》，I. 60。

庇氏家族据信是外来移民的后裔，他们在雅典何以赢得如此崇高的威望？亚里士多德认为是因为他在对麦加拉的战争中所致。[1]普鲁塔克也提到，他曾积极参与梭伦指挥的夺取萨拉米斯的战事。公元前570年左右，雅典再次与麦加拉交战，夺取了麦加拉的港口尼塞亚（Nisaea），皮氏在此战中发挥重要作用。[2]占领尼塞亚不仅沉重打击了麦加拉的对外贸易，而且可以确保雅典人安全地定居萨拉米斯。经过斯巴达人的仲裁，萨拉米斯永久性地划归雅典。在征服萨拉米斯约八十年之后，雅典人民通过决议，将该岛土地划分为份地，通过抽签派遣雅典公民移民前往，名为"中签者"或"份地持有者"（lot-holders 或 cleruchs）。当地原住民也像"雅典人"一样缴税、服兵役，但是不得转让其份地给他人，违者罚款。[3]从此以后，直到公元前5世纪，这种被称为"军事殖民"（cleruchy）的制度随着雅典对外扩张的进行而逐步常规化。

征服萨拉米斯岛对于雅典来说意义重大而深远。首先是削弱了强邻麦加拉人的势力，在一定程度上解除了来自麦加拉人的直接威胁，其次是为以后的海外开拓事业开了个好头。J. B. 布瑞在评价这个历史事件时总结道："对于雅典而言，征服萨拉米斯（the conquest of Salamis）是一个决定性的历史事件。现在，雅典的版图完整无缺了[4]；为陆地所包围的埃琉西斯海湾完全处于她的控制之下；如今对麦加拉构成威胁的，正是雅典。"[5]

---

1 亚里士多德：《雅典政制》，XIV. 1.

2 一说庞西特拉图担任雅典方面的指挥官，交战时间发生在公元前580年左右。

3 有铭文石碑残片留世。R. Meiggs & D. Lewis, *A Selection of Greek Historical Inscriptions to the End of the Fifth Century B.C.*, Oxford: Oxford University Press, 1980, pp. 25-27.

4 意即雅典人完全控制了阿提卡全境，否则国土大门是向敌国敞开的。

5 J. B. Bury, *A History of Greece to the Death of Alexander the Great*, p.184.

必须指出的是，梭伦和庇西特拉图共同完成了一项事业，即跨出了雅典海外扩张坚实的第一步。正因为有了对萨拉米斯岛和埃琉西斯湾的控制，才使得雅典附近的穆尼基亚（Municia）、比雷埃夫斯等良港重要作用日益突显。庇氏以爱里特利亚为基地，在爱琴海北岸及色雷斯等地开掘银矿；同时支持米太雅德家族率众在科尔松尼斯（Chersonese）半岛建立殖民地；雅典人在赫勒斯滂地区击败麦加拉等对手，攻克西格昂（Sigeum），力图掌控由黑海至爱琴海的粮食贸易运输通道，以上行动紧密相关，遥相呼应。从这种意义说，他们就是那个时代雅典的最伟大的英雄。因此，当国内外学界为梭伦、庇西特拉图是代表哪个阶级或集团利益而争论不休之时，我们似乎可以说，他们从雅典公民集体的整体利益出发，力图使贵族与平民之保持某种均势，在某种意义上说是超阶级的，是代表雅典国家长远利益的政治家。

（二）顺势殖民卡尔基斯

斯巴达作为希腊诸邦的霸主曾两次出兵，协助雅典的阿尔克麦昂家族推翻僭主政治，克里斯提尼改革措施得以顺利推行。此次改革最重要的措施之一是重划行政区，[1]以十个"地域部落"（实为新行政区）取代旧的四个血缘部落，其动机是促进不同部落公民之间的混合，便于接纳那些不属于古老氏族的新公民，直接加入公民集体，这本身就必然扩大城邦的军事实力。[2]

事实正是如此。以地域关系组织起来的雅典国家，顺应了时代的需求，在克里斯提尼改革之后迸发出巨大的力量。希罗多德对

---

1 希罗多德：《历史》，V. 66。
2 亚里士多德：《雅典政制》，XXI. 1—6；亚里士多德：《政治学》，1319b19。

此有一段著名的评论："雅典人就这样强大起来了。显而易见的是，自由是一件绝好的事情。这不只是从这一个例证中，而是从许多的例证中足以得到证明的。因为处于僭主统治下的雅典人，在军事方面丝毫不强于他们的任何邻人，但是一旦摆脱了僭主的桎梏，他们很快就脱颖而出，成为佼佼者了。这些事实还表明，当人们受到压迫的时候，他们常常一败涂地，因为那是在为他们的主子效力；但是一旦他们获得了自由，人人就都渴望尽心竭力，争取有最好的表现。"[1]随后，雅典人一举粉碎了由斯巴达国王克列奥蒙尼组织的、近邻波奥提亚人和卡尔基斯人积极参与的武装干涉，并且趁势一鼓作气跨海攻入优波亚岛，侵占了卡尔基斯人的大片国土，安置了4000名军事殖民者。雅典人俘获700名波奥提亚人和数字不明的卡尔基斯人，每一名俘虏缴纳2明那方可赎回。这次胜利让雅典人深以为傲，雅典人用释放战俘所得赎金的十分之一制作了一辆青铜战车，将它奉献给雅典娜。[2]此事已为出土铭文所证实。[3]

雅典迅速崛起原因何在？希罗多德似乎过于强调"民主"之名，未能深入理解民主改革的实际作用。依笔者之见，其直接原因有三：一是通过改革沉重打击了以血缘关系为基础的旧贵族的势力，建立起以雅典城为中心的初步"中央集权"的国家体制；二是因大批非公民获得公民权，扩大了公民集体人数，从而扩大了兵源；三是雅典人在随后扩张中增加了土地财富，获得了实实在在的利益，加强公民集体的凝聚力，综合国力大为增强。希罗多德明确指出，雅典这批移民所占有的土地，就是原卡尔基斯人的"骑士"阶层即

---

1 希罗多德：《历史》，V. 77.1—78。

2 希罗多德：《历史》，V. 77.2—4。

3 R. Meiggs & D. Lewis, *A Selection of Greek Historical Inscriptions to the End of the Fifth Century B.C.*, pp. 28-29.

当地富人的土地。[1] 这些移民因此而由第四等级上升到第三等级，成为 16 年后马拉松战役雅典重装步兵的重要组成部分。[2]

雅典人在对外扩张过程中左右开弓，稳步推进。几乎没有人怀疑克里斯提尼改革推动了雅典民主制的进步，甚至很多研究者认为此次改革意味着民主制的确立，但是人们对于改革在本质上扩大兵源，增强国力，从而推动雅典对外扩张，却极少予以关注。雅典向萨拉米斯岛和卡尔基斯派遣军事殖民，其实就是领土扩张的结果。雅典人通过扩张而获得新的领土，是保障公民集体中的那些无地少地者拥有土地的基本途径，是保障公民集体富足、稳定的重要条件，是保持公民集体对外扩张最主要的动力源。

（三）出兵波斯受挫，进攻埃吉那未果

正当雅典人准备继续向海外扩张之时，亚细亚大陆上的波斯帝国，随着大流士一世改革的实施势力迅速膨胀，为亚欧诸文明国家的发展带来空前严峻的挑战和机遇。公元前 500 年，当与希腊同文同种的伊奥尼亚诸邦掀起反波斯暴动时，暴动的发起者、米利都人阿里斯塔哥拉斯前往希腊求援，结果希腊大陆唯有雅典人决定派遣 20 艘舰船前去。[3] 据希罗多德记载，雅典人和波斯的结仇，是因为他们拒不接受波斯的无理要求。[4] 他说，这位米利都人在雅典的说法和在斯巴达没什么区别，结果却是说服了雅典人。其所以如此，是因为"欺骗一大群人似乎比欺骗一个人更容易。因为阿里斯塔哥

---

1 希罗多德：《历史》，V. 77. 2。
2 希罗多德：《历史》，VI. 100. 1。
3 对于此时的雅典而言，20 艘舰船并不是一个小数目。须知公元前 487 年雅典全部战舰也不过 50 艘左右。
4 希罗多德：《历史》，V. 96。

拉斯未能欺骗一个人——拉栖代梦人克列奥蒙尼，但是他却成功地骗过了 3 万名雅典人"。[1] 希氏的解释看起来有些不可思议，这难道不是对雅典民主的莫大讽刺吗？笔者认为，雅典人的决定恰恰是其普通民众迫不及待向外扩张的主流意愿的一种真实反映，同时也符合其统治阶级上层的利益。当然，还有一点，就是雅典人对于亚细亚大陆上的这个强大对手似乎知之甚少。这也就是说，雅典的出兵或许多少带有些盲动的成分。希氏认为这是波斯战争的起点。他说："这些舰船的派出，无论对于希腊人还是异族人，都是灾祸的开始。"[2] 雅典人和那些暴动者一起袭掠波斯帝国西部省区，火烧萨迪斯，后来遭到反击而败退至本土。

雅典出兵亚细亚行动虽遭失败，却并未阻止雅典人扩张的步伐。他们把目标锁定为海上近邻埃吉那。该岛国位居萨罗尼克湾中央，工商业较为发达，海上势力强大，伯罗奔尼撒地区通用其币制，战略位置十分重要。[3] 雅典与埃吉那结仇已久，希罗多德溯源于所谓"神像事件"，但是并未指明其具体时代。[4] 有学者考证认为，这场交锋很可能是雅典携击败麦加拉之余威，力图一举拿下埃吉那，因而战事应该发生在公元前 590—前 570 年之间。[5] 雅典人在这次交战中遭到惨败，唯一的生还者也被阵亡者的妻子们用别针刺死。这场灾难性失败使得雅典人不得不沉寂半个多世纪，此后很长时间未敢与埃吉那争锋。直至公元前 5 世纪初，在埃吉那应底比

---

1 希罗多德：《历史》，V. 97。

2 希罗多德：《历史》，V. 97。

3 笔者实地考察时，站在埃吉那岛可以清楚地看到雅典城、比雷埃夫斯港和阿提卡半岛南端的苏尼昂角，反之亦然。

4 希罗多德：《历史》，V. 82—87。

5 W. W. How and J. Wells, *A Commentary on Herodotus*, Oxford: Oxford University Press, 1979, Vol. 2, p.48.

斯之邀，不宣而战，直接攻入雅典重要港口穆尼基亚以及沿海地区大肆蹂躏之时，雅典人却不得不忍气吞声，不敢应战。希罗多德告诉我们说，雅典人这样做是因为神谕命令他们"在埃吉那袭掠活动之后30年内要按兵不动"[1]，其实，埃吉那国势强盛，雅典远非其对手，他们自己对此心知肚明，只不过是借神谕加以掩饰而已。

波斯的西侵给雅典带来了攻击、消灭对手的机遇。根据希罗多德的记载，一直想致埃吉那于死地的雅典人，在波斯进攻希腊前夕，不断到斯巴达人那里告状，说埃吉那人投靠异族人，背叛希腊。希罗多德说，大敌当前，雅典人"不断地派使者去斯巴达"，状告埃吉那背叛希腊，并且强调"雅典人正巴不得有这样的一个合情合理的借口"。[2]斯巴达人因此代表全希腊去责问埃吉那人，最后迫使埃吉那将本邦的十名贵族交给雅典作人质。

近代以来，学者们在研究雅典的崛起之路时，大都强调雅典扩充海军是为了对付异族人（波斯人）的入侵，其实国内早就有学者指出，雅典人大力扩充海军首要目标就是击败雅典出海的拦路虎——埃吉那。[3]公元前487年，雅典人在忍无可忍的情况下，出动全国50艘战舰，甚至破例从科林斯那里"租"了20艘战舰，准备与埃吉那决一死战，结果，实力不济的雅典还是未能取胜，至少未占上风。[4]公元前483年雅典劳里昂银矿发现富矿脉之后，泰米斯托克利成功说服了雅典公民，用这笔巨款建造总数约200艘的庞大舰队，是顺应民意之举。关于这一重要史实，希罗多德这样

---

1 希罗多德：《历史》，V. 89. 2。这次战役大约发生在公元前498年。

2 希罗多德：《历史》，VI. 49. 2。

3 国内早已有学者关注这一问题。参见李丹柯：《埃吉那与地米斯托克斯海军政策的关系》，《四川大学学报（哲学社会科学版）》1980年第3期。

4 希罗多德：《历史》，VI. 89—94。

记载：¹

    泰米斯托克利还提出过一个非常适时的建议。原来，来自劳里昂矿藏的收入曾经给雅典的国库带来巨额的收益，当他们的每一位成年公民都可以从中大约可分得 10 德拉克玛的时候，泰米斯托克利就劝告雅典人不要分掉这笔款项，要用这笔钱建造 200 艘三列桨战舰，² 以用于对埃吉那人的战争。正是由于当时所爆发的与埃吉那的战争，这才拯救了希腊，因为它迫使雅典成为海上强国（它迫使雅典人成为海上民族）。这些新舰船并未用于当初建造它们时的目的，但是在希腊急需舰船的关头，它们却派上用场了。于是，他们建造了这些舰船，并且已经为雅典人所使用，但是现在雅典人在这之外还得建造更多的舰船。他们在接到神谕并进行磋商之后，作出决定：他们应信托神意，本邦全体人民齐出动，以及所有愿意和他们一道的其他希腊人，都登上战舰，到海上去迎击异族入侵者。³

---

1 希罗多德：《历史》，VII. 144。
2 希罗多德这里表述的不是很明确。其时雅典的公民人数，即使以 3 万人计算，每人 10 德拉克玛之总数亦仅为 50 塔连特，对于建造 200 艘战舰来说，实在太少。关于雅典公民人数，参见希罗多德：《历史》，V. 97。因此，希氏这里只不过表示，劳里昂银矿的收入是对造船费用的一项贡献。不少古代作家认为实际造船 100 艘，参见 Aristotle, *Athenian Constitution*, XXII. 7; Plutarch, *Themistocles*, IV. 2。近代学者亦有采此说者。实际情况可能是，泰米斯托克利于公元前 483/482 年提出此建议，到公元前 480 年阿尔特密西昂和萨拉米斯海战时，雅典战舰总数增加到 200 艘。
3 希罗多德：《历史》，VII. 144。载有此决议之铭文的大理石石板，1959 年在阿尔戈利斯境内的特罗伊曾遗址中被发现。铭文全文可参阅 R. Meiggs & D. Lewis, *A Selection of Greek Historical Inscriptions to the End of the Fifth Century B.C.*, pp. 48–52。

希罗多德这里说得很清楚，雅典大力扩建海军的直接目的是用于与海上强国埃吉那的战争。碰巧遇到波斯从海上入侵，恰好就派上了用场。数百年后，对希罗多德记载的可靠性颇有微词的普鲁塔克，却也基本依从希罗多德来记载这一历史事件。他指出，"当雅典人按照惯例要把出自劳里昂地方银矿的收入拿来分掉的时候，也只有他（泰米斯托克利）敢于来到人民面前，提出不要把钱分掉而要拿来建造三列桨战舰，用于抗击埃吉那的战争。这是当时困扰着希腊的最激烈的战争，（埃吉那）岛上居民依仗他们舰船的数量（优势）而控制了海洋"。[1] 拥有大批军舰的雅典成为希腊第一海上强国后，军费问题似乎是个老大难问题。不久后成立的雅典同盟，入盟城邦所缴纳的基金，使得这个问题迎刃而解。

（四）击退异族入侵者，倾力制服提洛同盟诸邦

雅典与提洛同盟诸邦的关系及其演变，是公元前 5 世纪中期希腊邦际关系一个至关重要的问题。一种在史学界长期流行但并不正确的观点认为，雅典同盟即提洛同盟，该同盟系由"独立、平等的希腊城市国家"组成，至少在同盟成立之初，包括雅典在内的各成员国对"有关同盟的一切问题皆有平等的发言权"[2]。持此观点的学者们一方面强调雅典和每一个加盟国一样，在同盟议事会上平等的表决权，另一方面却又不得不承认雅典人从一开始就几乎独占同盟

---

1 Plutarch, *Themistocles*, IV. 1. 公元前 457 年，雅典人最终征服埃吉那，殖民该岛，驱逐岛上的埃吉那人。

2 朱庭光主编：《外国历史大事集（古代部分）》，重庆：重庆出版社，1986 年，第 287、290 页；B. C. 塞尔格叶夫：《古希腊史》，缪灵珠译，北京：高等教育出版社，1955 年，第 225—241 页；苏联科学院主编：《世界通史》，第 2 卷上册，北京：生活·新知·读书三联书店，1960 年，第 44 页。

的领导权。对此笔者已经做过讨论，在此不赘。[1]关于雅典人和同盟者之间关系的恶化及其原因，修昔底德评论道：

> 在引发叛乱的各种原因中，主要原因都是缴纳贡金或提供舰船的数目不足，或是拒绝服役。因为雅典人非常严厉，他们横征暴敛，对于那些不习惯于而且事实上也不愿意为雅典人不断地效力的人们施以必要的暴力，因而丧失人心。在其他方面，雅典人作为统治者，已经不再像起初那样得人心了；一旦雅典人所承担的兵役额度超过其应有的份额，相应地就容易使他们强迫任何想脱离同盟的盟邦回到同盟中来。造成这种局面，同盟者自己也有过失。因为他们不愿意服兵役，他们大都依照规定的数额缴纳金钱，而不提供舰船，以免远离家乡。结果，雅典利用他们所缴纳的金钱，扩充雅典自己的海军，当他们发动暴动时，总是发现自己缺乏战争资源和军事经验。[2]

公元前468/467年攸里梅顿战役大败波斯人之后，雄心勃勃的雅典人肆无忌惮地推行霸权主义政策，公然奴役它的同盟者，从而导致二者的关系发生质变。以往学者们往往只强调这是雅典对外政策的重大转折，即由主要对付波斯人转而对付同盟者和其他希腊人。

其实雅典的海外扩张活动在波希战争期间也没有停歇。希罗多

---

1 В. И. 库济辛主编：《古希腊史》，甄修钰等译，第148—149页；N. G. L. Hammond, *A History of Greece to 322 B.C.*, pp. 256-258。参见徐松岩：《关于雅典同盟的几个问题》，《西南师范大学学报（哲学社会科学版）》1993年第3期。

2 Thucydides, *History of the Peloponnesian War*, I. 99. 1-3.

德告诉我们，马拉松战役刚刚结束（约公元前489年），米太雅德即主动请缨，统率全国的海军，以帕洛斯人曾随波斯人入侵阿提卡为借口，向该岛居民勒索巨额金钱，企图一举攻克该岛，却遭到失败。米太雅德因此而被弹劾并被处以巨额罚款。[1] 此后，雅典人在准备抵御波斯入侵的同时，也未放松扩张活动。萨拉米斯海战刚刚结束，希腊阵亡将士尸骨未寒，泰米斯托克利就迫不及待地派遣使者到许多岛国勒索金钱，声称如不缴款，将以武力制服他们。[2] 公元前477年，雅典军队攻占拜占庭（Byzantium），翌年攻克爱昂（Eion），把当地居民变为奴隶；前472年，雅典征服卡里斯都（Carystus），强迫其入盟。[3] 与此同时，雅典利用同盟者的公款，扩充自己的军事力量，逐步剥夺同盟者的海军。

公元前467年以后，雅典的对外政策乃是其既定国策的延伸和发展。公元前466—前455年间，雅典先后征服了不甘俯首听命的那克索斯（Naxos）、塔索斯（Thasos）等许多城邦。被征服者通常须交出武装，定期纳贡，甚至要宣誓效忠。[4] 到公元前454/453年，在大约150多个加盟成员国中，拥有一定自治权的盟邦大概就只有开俄斯、列斯堡和萨摩斯三国了。雅典的当政者已经具备一定的海防意识。如果说雅典和阿提卡是雅典帝国的中心，这三个盟国就地处帝国边陲，与波斯帝国相毗邻。它们拥有一定的军事力量，有利于边境安全。[5]

---

1 Herodotus, *The Historiae*, VI. 132-136. 周洪祥：《帕洛斯远征与雅典海军的发展》，《军事历史研究》2006年第1期。

2 Herodotus, *The Historiae*, VIII. 111-112.

3 Herodotus, *The Historiae*, IX. 106-107；Thucydides, *History of the Peloponnesian War*, I. 89、97-98.

4 修昔底德：《伯罗奔尼撒战争史》，I. 99—108。

5 亚里士多德：《雅典政制》，XXIV. 2—3。

这样，雅典城邦的权力机构遂成为雅典帝国的最高权力机关，雅典和提洛同盟之间由同盟关系演变为势不两立的敌对关系，同盟者各国沦为雅典的臣属国，他们反抗雅典人的奴役和剥削、争取独立和解放的斗争同他们原先反波斯的斗争在性质上没有任何本质区别。亚里士多德把雅典以武力征伐萨摩斯等邦与波斯国王镇压米底（Media）等地的臣服者的叛乱相提并论，[1] 就是一个绝妙的佐证。雅典与提洛同盟诸邦关系的演变过程，实际上就是雅典人征服后者的过程，也是雅典版图（包括海洋版图）的扩大过程。

（五）雅典帝国：世界历史上第一个海上帝国

雅典帝国的形成，意味着雅典人对提洛同盟诸国人民的统治地位的初步确立，也意味着雅典国家的版图已扩至提洛同盟的地理范围。[2] N. G. L. 哈蒙德认为，"到公元前 466 年，（在爱琴海地区的）这个海上霸权（thalassocracy）实质上完全由雅典掌控。"[3] B. И. 库济辛认为"雅典海上同盟可分为两个阶段：提洛同盟时期（公元前 478—前 455 年）和雅典统治时期"，[4] 是符合历史事实的。

公元前 5 世纪后期，雅典国家经历的重大事件，如原提洛同盟拥有一定自治权的三大城邦先后掀起暴动，公元前 440/439 年萨摩斯、前 428/427 年的米提列涅、前 412 年开俄斯等邦暴动，虽然屡遭镇压，但每一次都给雅典帝国的统治以沉重打击。伯里克利在公民大会上直言不讳地告诫他的听众，事实上"你们维持这个帝国靠

---

1 亚里士多德：《政治学》，1284a35—b5。
2 徐松岩：《论雅典帝国》，《西南师范大学学报（哲学社会科学版）》1999 年第 1 期。
3 N. G. L. Hammond, *A History of Greece to 322 B.C.*, p. 266; Pseudo-Xenophon, *Constitution of the Athenians*, II. 7.
4 B. И. 库济辛主编：《古希腊史》，甄修钰等译，第 199 页。

的是一种暴政"[1]。

在对外方面，雅典帝国遭到三次重创。其一，在雅典帝国稍具雏形，雅典人的统治立足未稳之时，自不量力的他们便迫不及待地冒险发动对埃及的远征，结果遭到惨败。埃及作为波斯帝国一行省，远征埃及就是对波斯战争的继续。远征发生在公元前460—前454年间，雅典250艘战舰，约5万名将士，几乎全军覆没，海外扩张的势头从此受到遏制。[2]其二，公元前460—前446年间，所谓"第一次伯罗奔尼撒战争"，其标志性事件是公元前457年雅典陆军主力惨败于塔那格拉之役以及公元前446年签订"三十年和约"，从而迫使雅典放弃控制中希腊的野心。其三，公元前431—前404年伯罗奔尼撒战争，最终被斯巴达人彻底击败。其标志性事件是公元前415—前413年雅典远征西西里遭遇惨败，雅典帝国遭到致命一击。

雅典帝国的形成，标志着雅典国家的发展进入了一个新阶段。首先，国家规模急剧扩大，雅典已不是昔日统治阿提卡的蕞尔小邦。其次，雅典城邦的国家机器，蜕变为雅典帝国的国家机器，雅典的军队、法庭、行政官员、公民大会和财政部门等国家机关的权力的行使范围，在人口上不只是阿提卡的二三十万人，而是帝国的数百万乃至上千万人；在地域上则包括阿提卡和其他海外5区或6区。再次，雅典人由阿提卡的主人一跃成为全帝国的主人，原提洛同盟诸国成为雅典的属国，其国民亦沦为雅典的臣民。雅典民主制的发展，民众政治权力的增强，军事力量的扩大和常备军的建立，是雅典国家机构日益强化、公共权力不断增长的主要表现。因此，帝国时期雅典国内的主要矛盾，不再是雅典平民与贵族的矛盾，而是全体雅典人与包括奴隶

---

1 修昔底德：《伯罗奔尼撒战争史》，II. 63. 2。
2 修昔底德：《伯罗奔尼撒战争史》，I. 104. 1—110. 4。

在内的帝国广大臣民之间的矛盾。它一方面表现为雅典人竭力维持其统治地位，随时准备镇压各地臣民的反抗，另一方面则是属国人民时刻准备起义，以摆脱受剥削、受奴役的地位。[1]

三、后帝国时代：举步维艰的复苏路

随着雅典在公元前 404 年 4 月战败投降，雅典帝国至此彻底崩解。雅典被迫拆毁长城和比雷埃夫斯城墙，只保留 12 艘舰船，海外领土丧失殆尽，海外殖民者悉数被遣回。[2] 雅典一度失去独立，沦为斯巴达的属国。公元前 403 年民主制重建时，其版图百年前大致相当，而其军事实力却大不如前。此后直到公元前 338 年喀罗尼亚之战被马其顿人征服，雅典一直维持小国寡民状态。

战后雅典国力缓慢恢复，虽在公元前 378 年组建第二海上同盟，但是已无法与百年前的雅典同盟同日而语。[3] 值得注意的是，如亚里士多德所说，这期间雅典民众的权力却一直在增长，雅典成了名副其实的民主制城邦。[4] 随着雇佣兵制度的流行，财政实力对国家的军事力量往往有着决定性影响。雅典直到公元前 341 年左右国库存款寥寥无几，年财政收入达到约 400 塔连特，相当于鼎盛时

---

1 徐松岩：《雅典民主制历史上的两次"无痕蜕变"》，《光明日报》2016 年 5 月 7 日，第 11 版。

2 Xenophon, *Hellenica*, II. 2. 20.

3 徐松岩：《雅典民主城邦何以逆向蜕变》，载侯建新主编：《经济—社会史评论》，北京：生活·读书·新知三联书店，2008 年；《论古典时代雅典经济走势》，《西南大学学报（社会科学版）》2009 年第 6 期。

4 Aristotle, *Athenian Constitution*, XLI. 2.

期的五分之二，相当于公元前 426 年的约四分之一。[1] 其间雅典对外扩张基本上处于有心无力的状态，是不足为奇的。当包括雅典在内的希腊诸邦再一次面对强敌的时候，任凭有德摩斯提尼这样的雄辩家奔走呼号，也无法挽救其失败的命运。

正如有研究者分析指出："色诺芬不加掩饰地将国内的平等建立在对外扩张、创建帝国的基础上，从而向我们揭示了平等的真相。平民的解放创造了军队，并促成了能够养活平民和贵族的帝国的产生，使得国内生产从此变得无足轻重了。其中至关重要的是资源问题。可以从雅典帝国的运作中看到色诺芬的这个原则。团结一致的民主政府赢得了雅典帝国，而帝国则为其提供各种资源。斯巴达人的平等也推动了其对外扩张，而为其提供大量资源的庇里阿西人（农民）和希洛特（农奴）却被排斥在平等者（homoion）之外。"[2]

奴隶制的本质特征就是其侵略性。早期奴隶制国家的基本特征，就是始终保持一种向外发展扩大的趋向，即侵略、掠夺、剥削和奴役异邦人的趋向。这种趋向能否成为现实，要看其具体历史情况。公元前 4 世纪的思想家们对此似乎了然于心。色诺芬在《追忆苏格拉底》中指出，要想使邦国致富，最简单的办法就是征服别人；可那前提是自己要比别人强大，否则以卵击石，血本无归。[3] 公元前 4 世纪希腊社会精英基于城邦现实而逐步形成一个共识，是希望在保持城邦独立的前提下，团结起来，依靠集体的力量对外掠夺。

在古代世界史上，绝大多数小国寡民的国家，并没有像雅典一

---

1 伯罗奔尼撒战争战争之前一段时间，雅典存款最高达 9700 塔连特，雅典年财政收入达 1000 塔连特左右，公元前 426 年约为 1500 塔连特。

2 C. Rowe & M. Schofield edt., *The Cambridge History of Greek and Roman Political Thought*, Cambridge: Cambridge University Press, 2000, pp.145–146.

3 Xenophon, *Memorabilia*, III. 4. 12, III. 6. 7.

样，经历由内部统一、到大国霸国、再到蕞尔小邦的过程，它们往往还未及发展壮大，就成了大国强国鲸吞的对象。古风时代的希腊世界，原本有许多独立自主的小邦；随着区域性霸国的崛起，它们的独立性往往受到威胁甚至被剥夺；雅典帝国统治下的众多小邦，曾经是波斯人臣属之邦；雅典帝国崩解之后，又成为斯巴达的附属之邦；继而成为马其顿人、罗马人的臣民。必须指出的是，雅典国家发展道路的特殊性，主要就在于它是通过海上扩张来拓展其疆域的，雅典帝国不仅拥有广大领土，而且拥有广阔的"领海"——极盛时期的雅典不但控制了爱琴海，甚至控制了马尔马拉海和黑海的部分海域。[1]

严格说来，近代以前所谓国家"版图"往往是模糊的，古代更是如此。但古代雅典国家的基本历史事实是清楚的。雅典国家版图的扩大与缩小，与其政治、经济、社会的发展息息相关，否认雅典国家版图的扩大，就意味着否认雅典人侵略、剥削和奴役异邦人的事实，由此所造成的对雅典及希腊历史的诸多误解可想而知。

原载《四川大学学报（哲学社会科学版）》2016 年第 4 期；
中国人民大学书报资料中心《世界史》2017 年第 1 期全文转载；
《中国社会科学文摘》2016 年第 12 期长文摘登

---

1 Pseudo-Xenophon, *The Constitution of the Athenians*, II. 2-16. 伪色诺芬在这里详细陈述了雅典掌握制海权的优势及其所带来的种种益处。另可参阅 A. E. Zimmern, *The Greek Commonwealth*, p. 315; Chester G. Starr, *The Influence of Sea Power on Ancient History*, Oxford: Oxford University Press, pp. 35-38。据斯塔尔研究，雅典距离帝国最远的地方约为200—250 英里（约合 320—400 公里），需要连续航行八天方可抵达。

10 中西古代国家发展道路的同与异

历史是按照其自身所固有的规律发展演进的，是不以人们的意志为转移的。国家是人类社会发展的必然产物，是人类由蒙昧走向开化、由野蛮步入文明的重要标志。

国家不是从来就有的。曾经有过不需要国家而且根本不知道国家和权力为何物的社会，即氏族社会。国家的产生是对氏族制度的否定，但它在产生之初又必然或多或少地带有氏族制度的痕迹。国家与氏族制度的区别，一是按地区来划分国民，二是公共权力的设立，后者是国家的本质特征。公共权力既是对氏族制度下处于萌芽状态的"公共权力"的继承和发展，也是对它的扬弃和否定。

在原始社会末期的军事民主制时代，无论东方还是西方都存在三种权，即氏族成员权、氏族贵族权、部落或部落联盟的酋长权。在以后的历史进程中，这三种权中的任何一种都有可能超过其他两种而凌驾于社会之上。可见，早期国家政体出现民主制、贵族制或君主制都是正常的历史现象。相对说来，古代西方早期国家对氏族成员权、氏族贵族权这类民主权承袭多一些，对酋长权的承袭少一些。而在古代东方早期国家中，对酋长权的继承则多一些，对民主权的继承则少一些。无论如何，最初的国家公共权力一般说来是弱小的，不突出的。三种权长期并存、相互依赖、彼此制约的情况是普遍存在的。因此，某些西方学者认定中国乃至其他东方国家一经出现便拥有庞大的国家机构和强大的公共权力，就由权力几乎不受限制的专制君主来统治，显然是脱离历史实际的。

最初的国家都是在血缘集团的基础上形成的，血缘集团的封闭性、狭隘性，决定了国家规模和范围不可能很大，与之相适应的则是技术薄弱的国家机构。国家的形成，意味着血缘关系的封闭性藩篱被冲破，被新的地域关系所取代。当然，地域关系取代血缘关系是一个错综复杂的历史过程，绝不是一蹴而就的。在古代希腊和罗马，地域关系在国家形成过程中较快地取得优势的地位；而在古代中国，血缘关系和地域关系在相当长一段时期内处于相对均衡状态。其最主要的表现是两种因素在国家中合而为一。血缘组织同时是地域组织，宗法等级同时是社会等级，宗族规制同时是国家纲纪，君统和宗统合一。这种情况在古代早期国家中是极为少见的。

最初的国家一般都是小国寡民之邦。就国家形态而言，有城市国家，有村社国家，有游牧国家；就政体而言，有君主制国家，有共和制国家。但是，国小民寡之邦，或迟或早地要被地域更广阔、人口更多、靠常备军和官僚机构维持的高一级的国家组织所取代。这是古代世界国家发展的必然规律的表现。在西方，从雅典城邦到雅典帝国，再到马其顿帝国，从罗马城邦到罗马帝国；在中国，从商代到周代，从春秋五霸到战国七雄，再到秦汉帝国，无不反映着国家规模扩大和国家机构日益完善和强化的发展趋势。公共权力的逐步增长是这种发展过程的实质性内容，是古代国家发展的内在逻辑。国内部分研究者认为最初出现的国家都是城邦（城市国家），政体都是共和制的，起而代之的又都是专制主义的奴隶制帝国，似乎是过于绝对了。

农业是古代世界的决定性的生产部门。古代中西各国的绝大多数国民是农牧业为生的，工商业在国民经济中始终处于次要地位，相应地，工商业者在社会上也都处于受鄙视的地位。不可否认，由于世界各地历史地理条件的巨大差异，在古代西方的某些国家，工商业一度得到较为充分的发展，成为国民谋生的一条重要途径，成为国家财政收入的重要来源。然而，在古代中西国家的发展过程中，其经济结构并未发生质变，工商业始终未能取代农业而成为国家主要经济部门，古代世界不存在"工商业国家"。所谓"工商业国家"实际上不过是工商业较发达的农业国家而已。因此，试图以中西古国经济结构"迥异"表明中西文明的差异进而阐释近代中西文明的差异，实际上是对古代文明史的一种"近代化"的理解。

中西古代国家的产生和发展都是建立在生产力极低的基础之上的。国家经济实力的增长，主要不是依靠生产力的提高，也不是依靠科学技术的进步，而是依靠暴力手段特别是赤裸裸的武力征服而实现的。每一个帝国的形成，几乎无不是以征服、兼并众多小国为前提的，其经济实力的增长通常也都是以奴役和剥削广大被征服者为基础的。值得注意的是，那些在军事上占有优势的野蛮的征服者，往往又会成为文化上的被同化者或"被征服者"。因此，每一个区域性霸国或帝国的形成，客观上都为该地区经济文化交流造成某些条件，它往往意味着该地区诸民族、诸文化的新的碰撞、新的融合、新的进步。

我们相信，随着中西古典学研究的深入和中外文化交流的扩大，对中西国家发展道路的认识必将日益深化。

原载《光明日报·史林》1998 年 2 月 20 日

第三章

民主政治·历史趋势

11　雅典民主制历史上的两次"无痕蜕变"

公元前 5 世纪 60—50 年代，雅典国家规模不断扩大，已经不再是盘踞在阿提卡的那个蕞尔小邦了。与此同时，雅典城邦的管理机构也随之蜕变为雅典帝国的管理机构，雅典当政者将其政治智慧发挥到极致，悄无声息地完成了政治史上的第一次"无痕蜕变"。

国内外古史研究者一般十分重视雅典民主制权力机构运行的具体情况，对于雅典对外扩张相关史实则有所忽略。譬如管理国家事务的公职人员的数量，随着国家规模的扩大而增长，并与综合国力的增长互为因果。这种情况恰恰就是阿里斯提德力劝雅典乡村公民离开农村的历史背景。这些人离开乡村后，一部分进入国家管理者的行列。可是，雅典人所统治或管理的对象，已经不仅只局限于阿提卡，而是地跨爱琴海、人口数百万的海上帝国了。

军队和法庭是最重要的国家机器，其权力实施最能体现统治者的意志。伯里克利时代雅典建立了一支常备军。这支海军常年游弋于帝国的海域，维护帝国的安全，保护雅典海外利益。海外利益就是雅典国家利益的一部分，因为其时雅典是一个海上帝国。公元前 5 世纪中后期，雅典海军主要用于对外扩张领土，在希腊与斯巴达争霸，在其他地区与波斯帝国争霸；对内则血腥镇压属国和臣民的反抗，维护雅典人对他们的奴役和剥削。雅典公民依然是军队的主力，但其权力实施的范围已远远超出了阿提卡。

帝国时期雅典民众法庭常年都有数以千计的人参与法庭审理工作。平心而论，一个公民人数3—4万的城邦，从事司法审判事务的公民常年保持在五六千人，如此高比例的公民常年从事司法事务，看起来既无必要，也无可能，但确实存在过。伪色诺芬在其《雅典政制》中提供的史料揭示了其中的奥秘。第一，民众法庭主要是针对帝国范围内的属国人民而非雅典公民的。第二，雅典人借此逐步剥夺原提洛同盟诸邦的内外主权，又可以使公民集体和个人在经济上受益。这也是雅典平民踊跃参政的主要动因。第三，雅典平民通过保护各地的亲雅典分子，从而有效地维护了雅典的政治利益。总之，帝国时代的民众法庭从表面上看似乎还是雅典城邦的法庭，是雅典城邦的民主机构之一，但它所行使的权力已大大超出雅典城邦的范围。因此，它实际上已成为雅典人维持其对帝国广大臣民政治压迫和经济剥削的强制机关，是雅典国家机构强化的重要体现。以往研究者强调雅典民主机构权力扩大，却对该机构实施对象的变化有所忽略，这不能不说是一种偏差。

伯里克利时代雅典民主发展的实质，是以伯里克利为首的雅典人对广大属国人民和奴隶的集体专政。尽管雅典公民内部有平民贵族之分，有奴隶主和非奴隶主之别，但相对于广大属国人民和奴隶而言，雅典人就是一个征服者、剥削者、奴役者、统治者的集体，是奴隶主的集体。因此，可以说，雅典民主制的实质就是奴隶主民主制。

研究雅典民主制的学者们还常常把公元前5世纪帝国时代的民主与雅典帝国瓦解后的所谓后帝国时代的民主混为一谈。如在讨论雅典广大属国受奴役与雅典民主制的关系时，A. H. M. 琼斯认为属国和贡金的存在与雅典民主制没有必然联系，前4世纪雅典帝国已然瓦解，而民主依然存在就是有力的证明；又如许多学者强调伯里克利时代民主制得到充分的发展，然而其间恰恰是个人权力最大的时期，雅典平民权力最大的时期恰恰在后帝国时代。如果以平民的权力大小作为衡量民主制发展的标准，那么雅典民主的极盛时期应该在公元前4世纪而非前5世纪。

旷日持久的伯罗奔尼撒战争和持续数年之久的瘟疫，造成大量公民伤亡；敌军频频侵入阿提卡地区，肆无忌惮地蹂躏，使得当地农业生产遭到毁灭性打击。在战争中被严重削弱的是那些以农业和土地为主要财源的社会阶层，从而使公民集体内部各集团的力量对比关系发生了重大调整。

战争末期，雅典诸派力量之间的角逐趋于白热化。平民派企图保持民主政治，寡头派在吕山德及斯巴达驻军的支持下，强行建立"三十寡头"政府。雅典流亡者起而推翻"三十寡头"统治。随后，"市民党"和"港民党"联合起来，驱逐斯巴达驻军，双方达成和解，实行大赦，重建民主制，从而实现了期间雅典民主制的第二次"无痕蜕变"。

关于重建的民主制及其所施行的政策，学界有一种相当流行的观点认为，重建后的雅典民主制逐步演化为广大穷人对少数富人的"集体的僭政"，有的文献称其为"暴民统治"或"极端民主制"，现代学者则往往称之为"激进民主制"。但学者们对于这种民主制的本质内涵并未深刻加以揭示和论证，因而时至今日问题依然扑朔迷离。

古典作家站在贵族富户的立场上，他们对所谓"极端民主制"的批评、抱怨、指责，不能说没有夸大失实之处，但是如果彻底否认他们所说，恐怕也是难以切合历史实际的。一些学者把公元前

4世纪的平民领袖与早期的政治领袖等量齐观，这种做法是不可取的。笔者认为，雅典的平民领袖大致可以分三个阶段来考察。早期平民领袖处于城邦蓬勃向上的发展时代，主要是站在公民集体整体和长远利益的立场上，为中下层公民争取基本权利，他们的改革对于推动生产发展、公民的团结和对外扩张发挥了至关重要的作用；中期即雅典帝国时代的平民领袖（如伯里克利），主要历史作用是推动雅典城邦国家机构的"帝国化"改造，利用雅典侵略、扩张所得，增加公民的福利，赢得了包括平民在内的全体公民的支持，同时维护和强化了帝国的统治；后期即后帝国时代的平民领袖，处于城邦危机日益深化的时代，公共财政拮据，兵源枯竭，公民集体意识趋于淡漠，对外扩张受制于波斯以及希腊本土诸强国，始终无所作为。平民领袖的基本作用首先是维护城邦的独立自由；其次在内政上，利用现有的民主机制，牺牲贵族富户的部分利益，勉强保全整个公民集体。生活在这个集体中贵族富户们虽满腹怨恨，但只能委曲求全，他们除了无奈和叹息，别无他法；而广大平民在对外扩张无望的情况下，利用合法机构和手段搜刮、侵夺富者财富的历史事实肯定是存在的。

必须指出的是，考察雅典民主制的发展和嬗变，绝不能忽视这样一条重要历史线索，即雅典社会的主要矛盾及其变化。在每一个历史阶段，雅典社会都存在多种错综复杂的矛盾，把握其主要矛盾是解开其间历史之谜的关键。大体说来，在雅典，公元前7世纪末到前5世纪初，社会的主要矛盾是公民集体内部贵族和平民的矛盾；前5世纪中后期即雅典帝国时期的主要矛盾，是全体雅典人与广大属邦属民以及奴隶之间的矛盾；前4世纪又回复到贵族与平民的矛盾。

考察雅典民主制的发展和嬗变，必须同考察雅典国家的发展紧密结合起来。雅典民主制第一次"无痕蜕变"的实质，是伴随着国家版图和规模的迅速扩大，雅典城邦的国家机构逐步被改造成为雅典帝国的国家机构；雅典民主制第二次"无痕蜕变"的实质，是帝国的国家机构被重新改造成为城邦的国家机构，是与国家版图和规模陡然缩小相适应的。帝国时代的民主和后帝国时代的民主制迥然有别，不可混为一谈。

原载《光明日报·世界史》2016 年 5 月 7 日

12　塞拉麦涅斯与公元前5世纪末雅典政治 *

公元前5世纪末是雅典乃至希腊历史上的一个多事之秋，也是一个重大转折时代。希腊世界两大政治军事集团，在陆上和海上展开殊死较量，这场古代希腊的"世界大战"对于获胜的斯巴达和失败的雅典其后的历史走向都产生了重大影响。其间雅典经济、政治、军事、社会、外交、文化以及民众的心态诸方面都发生过一系列错综复杂的变化，这段历史一直被认为是希腊古典时代历史研究中的难点，也是探讨雅典民主政治嬗变的重要节点。

这一时期雅典社会历史的相关资料虽较为丰富，但是其间某些历史事件如雅典在公元前411—前403年间数次政变的具体细节，特别是"三十人"执政[1]前后雅典诸党派的政治主张，缺乏翔实可靠

---

* 本文为笔者主持的国家社会科学基金一般项目"古代雅典历史研究"（08BSS003）中期研究成果。

1 公元前404—前403年，雅典曾建立"三十人"（或译"三十寡头"）执政的政府。它本为草拟"新宪法"的委员会。这三十人由三部分组成，斯巴达人指定10人，塞拉麦涅斯指定10人，民众选举10人。色诺芬：《希腊史》，II. 3; P. J. 罗兹（P. J. Rhodes）：《亚里士多德〈雅典政制〉注释》（*A Commentary on the Aristotelian Athenaion Politeia*），牛津大学出版社，1981年，第322—493页；P. 科伦茨（Peter Krentz）：《色诺芬〈希腊史〉译注》（*Xenophon' Hellenica*）第1卷，阿里斯和菲利普公司，1995年，第（转下页）

的记载，古典作家遗留下来的史料往往语焉不详，甚至相互矛盾，近代学者的阐释也是见仁见智。雅典帝国末期和瓦解后，雅典城邦究竟发生了怎样的变化，重新建立起来的民主制与此前究竟有何区别，现代史家所说"塞拉麦涅斯的宪法"实质内容如何，迄今为止仍迷雾重重，难有定论。[1]

近代以来，国际古史学者在雅典历史研究中，似乎都未充分重视对其政坛上一个至关重要的人物塞拉麦涅斯的研究。塞氏在古代就是一位颇具争议的人物，修昔底德认为他"多谋善断、辩才出众"[2]，有人称誉其为雅典"史上最优秀政治家"，也有人贬斥其为反复无常的"墙头草"（见下文），时至现代依然褒贬不一，争议不

（接上页）190—191 页。必须说明的是，古代雅典严格说来并不存在近代意义的"政府"或"宪法"。笔者文中所说"政府"指希腊城邦的主要管理机构和权力机关；"宪法"则是对古希腊语词汇 *politeia* 的意译（英文通常译为 constitution），依不同语境而译为"政制"或"宪法"。

1 古典作家的著作可参见：修昔底德：《伯罗奔尼撒战争史》；色诺芬：《希腊史》，第 1—2 卷；吕西亚斯演说词，第 12 篇，《控告埃拉托斯提尼》；亚里士多德：《雅典政制》；狄奥多拉斯：《历史丛书》，第 14 卷；现代学者往往有意无意回避这个问题。C. 希格涅特（C. Hignett）：《公元前 5 世纪末之前雅典政制史》(*A History of the Athenian Constitution to the End of the Fifth Century B. C.*)，牛津大学出版社部印刷所，1952 年；J. M. 摩尔（J. M. Moore）：《亚里士多德、色诺芬论民主制与寡头制》(*Aristotle and Xenophon on Democracy and Oligarchy*)，伦敦，1975 年，pp. 19—64，139—313；P. J. 罗兹：《亚里士多德〈雅典政制〉注释》，第 322—493 页；D. M. 刘易斯（D. M. Lewis）等主编：《剑桥古代史》(*The Cambridge Ancient History*)，第 5 卷，剑桥大学出版社，1992 年，第 11 章；D. M. 刘易斯等主编：《剑桥古代史》，第 6 卷，剑桥大学出版社，1994 年，第 32 页以下；M. H. 汉森（M. H. Hansen）：《德摩斯提尼时代的雅典民主制》(*The Athenian Democracy in the Age of Demosthenes*)，J. A. 库克译，巴兹尔·布莱克威尔出版社，1991 年；P. 科伦茨（P. Krentz）：《雅典的"三十人"》(*The Thirty at Athens*)，康奈尔大学出版社，1982 年，第 28—68 页；徐松岩：《雅典民主城邦何以发生逆向蜕变》，载侯建新主编《经济—社会史评论》第 4 辑，北京：生活·读书·新知三联书店，2008 年。

2 修昔底德：《伯罗奔尼撒战争史》，VIII. 68. 4。

断。[1] 19 世纪历史学家 G. 格罗特和 20 世纪学者 N. G. L. 哈蒙德就分别对塞拉麦涅斯个人品格作出"卑鄙小人"和"正人君子"截然不同的评价。[2] 在两篇专门讨论"塞拉麦涅斯的宪法"的论文中，作者引述近代欧美学者的种种分析，依然难以确定亚里士多德《雅典政制》第30、31章所述雅典宪法的性质及其与塞拉麦涅斯的关系。[3] 有些学者则采取折衷观点，陈述基本史实，不作明确评价。J. B. 布瑞指出，民主派怀疑塞氏为寡头分子，寡头派猜疑他为民主派人

1 百余年来英语世界专门研究塞拉麦涅斯的论文不过寥寥数篇。其中重要的如 B. 佩林（Bernadotte Perrin）:《塞拉麦涅斯恢复名誉》("The Rehabilitation of Theramenes")，《美国历史评论》（*The American Historical Review*）第 9 卷，1904 年第 4 期，第 649—669 页；W. S. 弗格森（W. S. Ferguson）:《塞拉麦涅斯的宪法》("The Constitution of Theramenes")，《古典语文》（*Classical Philology*）第 21 卷，1926 年第 1 期，第 72—75 页；G. H. 史蒂文森（G. H. Stevenson）:《塞拉麦涅斯的宪法》("The Constitution of Theramenes")，《希腊研究杂志》（*The Journal of Hellenic Studies*）第 56 卷，1936 年第 1 部分，第 48—57 页；J. A. R. 蒙罗（J. A. R. Munro）:《塞拉麦涅斯反对吕山德》("Theramenes against Lysander")，《古典学季刊》（*The Classical Quarterly*）第 22 卷，1938 年第 1 期，第 18—26 页；S. 乌舍尔（S. Usher）:《色诺芬、克里提亚斯与塞拉麦涅斯》("Xenophon, Critias and Theramenes")，《希腊研究杂志》第 88 卷，1968 年，第 128—135 页；P. 哈丁（Phillip Harding）:《塞拉麦涅斯神话》("The Theramenes Myth")，《菲尼克斯》（*Phoenix*）第 28 卷，1974 年第 1 期，第 101—111 页；P. 科伦茨:《库济科斯战后雅典政治和军事》("Athenian Politics and Strategy after Kyzikos")，《古典学杂志》（*The Classical Journal*）第 84 卷，1989 年第 3 期，第 206—215 页；M. L. 兰格（Mabel L. Lang）:《塞拉麦涅斯与阿尔吉努塞》("Theramenes and Arginousai")，《赫尔墨斯》（*Hermes*）第 120 卷，1992 年第 3 期，第 267—279 页；R. 斯特姆（Rex Stem）:《公元前 404 年之夏雅典"三十人"》("The Thirty at Athens in the Summer of 404")，《菲尼克斯》第 57 卷，2003 年第 1/2 期，第 18—34 页。

2 G. 格罗特（G. Grote）:《希腊史》（*History of Greece*）第 8 卷，纽约，1899 年，第 255 页；N. G. L. 哈蒙德:《希腊史》（*A History of Greece*），牛津大学出版部印刷所，1959 年；转见 P. 哈丁:《塞拉麦涅斯神话》,《菲尼克斯》第 28 卷，1974 年第 1 期，第 101—102 页。

3 W. S. 弗格森:《塞拉麦涅斯的宪法》,《古典语文》第 21 卷，1926 年第 1 期，第 72—75 页；G. H. 史蒂文森:《塞拉麦涅斯的宪法》,《希腊研究杂志》第 56 卷，1936 年第 1 部分，第 48—57 页。

士，在那个动荡无常的时代，塞氏力求引导邦国走一条避免极端化的中间路线，难免被诬为"墙头草"。[1]《牛津古典辞书》认为，塞氏作为"三十人"之一，因与极端分子尤其是克里提亚斯发生争执，而被后者处死；并且认为塞氏"多变的政治立场既遭到民主派分子的吕西亚斯的批评，也招致寡头派分子的克里提亚斯的责难"。[2]国内有研究者指出，塞拉麦涅斯与克里提亚斯是"同伙"，认为他"参与公元前411年的政变，雅典战败后又参与三十寡头的统治，是一个地道的寡头分子"。[3]

塞拉麦涅斯出身显贵阶层，其父乃是伯里克利同僚将军哈格浓。大约自公元前411年起，塞氏在雅典政坛上崭露头角。塞氏一生倾力参与或者主持的六件大事如下：（1）前411年积极参与政变并建立"四百人"寡头政府；（2）四个月后成为推翻"四百人"政府、建立"五千人"政府的主要领导者；（3）此后四年，在赫勒斯滂地区指挥舰队作战，致力于恢复雅典海上霸权；（4）前406年参加阿尔吉努塞海战；（5）挑动民众起诉并处决6名将军的主要推手；（6）战争末年率使团与斯巴达人谈判，是"三十人"政府的主要组建者和领导者之一。[4]

以往研究者有将塞拉麦涅斯归于贵族寡头派、民主派、中间派、温和寡头派、温和民主派等多种不同意见，但讨论者通常各抒己见，未见哪种观点具有特别强的说服力。问题的根本在于对塞氏

---

1 J. B. 布瑞：《希腊史》，北京：北京大学出版社，2009年，第490—494页。

2 S. 霍恩布鲁尔、A. 斯鲍福斯主编：《牛津古典辞书》，第1507、1513页。

3 晏绍祥：《古典民主与共和传统（上卷）》，北京：北京大学出版社，2013年，第88、107页。

4 B. 佩林：《塞拉麦涅斯恢复名誉》，《美国历史评论》第9卷，1904年第4期，第650页，塞氏一生大事仅列举其中4件。

的历史际遇有不同的认识。本文拟从梳理公元前 5 世纪最后十余年雅典政治变动的脉络入手，全面探讨塞拉麦涅斯的政治立场和主张，厘清与塞氏相关的主要史实，从而对塞氏个人作出相对确当的评价。

一、政坛剧变与塞氏的政治主张

古典作家修昔底德、色诺芬和亚里士多德都对塞拉麦涅斯有过比较翔实的记载和评述。根据修昔底德的记载，塞拉麦涅斯在公元前 411 年推翻民主制政权、建立"四百人"政府中发挥过突出作用，开始成为雅典政坛的风云人物。当时雅典刚刚经历了西西里远征的惨败，斯巴达人及其盟军两年前开始在阿提卡乡村长期驻扎、反复蹂躏，优波亚诸邦、开俄斯等纷纷起兵反叛，他们的死敌斯巴达人又与东方宿敌波斯人签约结盟；雅典帝国内忧外患，形势危如累卵。为了赢得波斯国王的好感和资助，挽救雅典在战争中的岌岌可危的颓势，雅典当政者被迫答应成立"四百人"政府，对雅典公民则声称把权力移交给 5000 名"能够自备武装者"；[1] 亚里士多德认为，"在西西里灾难发生之后，当拉栖代梦人方面因为和波斯国王订立同盟而强大起来的时候，他们（雅典人）就被迫废弃民主政治而建立'四百人'政府了"；有关的决议案是由佩索多鲁斯起草的，主要内容是成立一个 30 人的宪法修订委员会，"他们在郑重宣誓起草他们认为最有利于国家的方案之后，应起草公共安全方案"；[2] 接

---

1 修昔底德：《伯罗奔尼撒战争史》，VIII. 63.1—72. 2。
2 亚里士多德：《雅典政制》，XXIX. 1。

186   多彩的雅典娜

着，他们采取了废除违法法案申诉（*graphy paranomon*）、告密和传讯的程序等措施，并制订了如下宪法："邦国收入，除战争外，不得用于任何别的方面；所有官吏在战争时期均为无薪俸的……在战争时期，所有其他政府职务均须托付给那些在身体和钱财方面最能为邦国效力的雅典人，其人数不少于五千人；这些人有权跟任何合其意愿者缔结条约；……提出五千人名单。"[1]亚里士多德指出，塞拉麦涅斯是推翻民主制政府的主要领导人之一。[2]

这里有两点需要提出说明：其一，成立宪法修订委员会，修改宪法；其二，废除违法法案申诉。二者必须同时并行，才能顺利实施改革。因为在雅典民主政治制度下，凡议事会或公民大会决定的法案与现行宪法相抵触者，或者不合程序者，公民可以提出申诉，在法案成立后一年之内，原法案的动议者应负其咎。因此，要实现修订宪法的目标，必须先废除此法。修昔底德指出，塞氏大力推动下建立"四百人"政府的"目的并不是危害城邦或公民，而是想保全整个邦国"；他希望"掌握政权的不仅是四百人，而是五千人"。[3]由于"四百人"政府主政者并未按照塞氏的要求去做，塞氏便组织起反对派，激烈抨击当权者；强烈要求"那'五千人'应当明确指定出来，使这个团体不仅仅在名义上存在，而且实际上也存在；主张政府应建立在更加公平合理的基础上"。[4]

这样看来，塞氏的主张和"四百人"政府的核心成员即那些当权者似乎是大相径庭的。因为"四百人"并不希望"五千人"实际存在，"他们认为，在（雅典）帝国境内有如此众多的同仁与他们

---

1 亚里士多德：《雅典政制》，XXIX. 2—5。
2 亚里士多德：《雅典政制》，XXXII. 2—3。
3 修昔底德：《伯罗奔尼撒战争史》，VIII. 72. 1，86. 2—7。
4 修昔底德：《伯罗奔尼撒战争史》，VIII. 89. 2—3。

共同执掌政权，这完全就是民主政治了；而保留'五千人'的不确定性，会使民众相互畏惧"。[1] 显然，"四百人"是主张实行寡头制，反对实行民主制的，而塞氏的主张似乎很接近民主制。大概正是由于这样的根本性分歧，塞氏最终不得不和"四百人"政府分道扬镳，并成为推翻这个政府的主要人物。

特别值得注意的是，在"四百人"把持雅典政权约四个月以后，以塞拉麦涅斯为首的人士推翻了"四百人"政府，并由他主持建立被称为"五千人"政府。正是这个新政府博得古典作家的一致好评。修昔底德这样评述道：

> 他们废除了"四百人"政权。他们投票决定：把政权移交给"五千人"，所有能自备重装步兵装备的人都有资格成为"五千人"的成员；还规定，任何担任公职的人不得享受薪金，违者将遭到神的诅咒。后来他们举行过多次其他会议，在这些会议中，他们选举出起草法案的人，并采取了其他各项措施，修订宪法。在这种新宪法实施的初期，雅典人似乎有了一个比以前都要好的政府，至少在我的时代是这样的。因为它使少数的上层阶级和多数的下层民众之间的斗争得到适当的和解，这种和解首先使邦国在历经劫难之后，能够重新振作起来。[2]

这实际上是对塞拉麦涅斯的一个全面而明确的肯定。亚里士多德对此也有类似的评价，指出：

---

1 修昔底德：《伯罗奔尼撒战争史》，VIII. 92. 11。
2 修昔底德：《伯罗奔尼撒战争史》，VIII. 97. 1—2。

他们废黜了那"四百人"，将政务交给具有军籍的那"五千人"去处理；他们还投票决定，任何公职均为无薪职。最积极地促成此次废黜者是阿里斯托克拉特斯和塞拉麦涅斯，他们憎恶"四百人"的所作所为；因为他们一味独断专行，根本不咨询那"五千人"。可是，在这危难时期，这些人看起来治理得十分出色，尽管战争还在延续，而且政府仅掌握在这些具有军籍的人手里。[1]

塞拉麦涅斯在希腊古典作家笔下赢得这样的称誉，实际上也拥有众多支持者，并不是偶然的。塞氏在此前默默无闻，他的迅速崛起，大概正是与他一贯政治主张密切相关的。他主张把邦国利益置于至上的地位，厉行节约，所有开支都尽可能服务于迫在眉睫的战事。[2]

那么，塞氏主要代表哪些民众、哪个阶层的利益？古代史料并未提供明确的答案，有关史料在行文上也相当模糊。伯罗奔尼撒战争期间大量公民伤亡，人数剧减。据 N. G. L. 哈蒙德研究，雅典中上层公民由前431年的2.6万锐减为前410年的9000人，前404年仅有约3000人。[3] 在战争中被严重削弱的首先是那些以农业和土地为主要财源的社会阶层，从而使公民集体内部各集团的力量对比发生了重大变化。伯罗奔尼撒战争特别是狄凯利亚战争对于雅典的贵族派和以小农为主的民主派力量的巨大损耗，催生了第三派力量的

---

1 亚里士多德：《雅典政制》，XXXIII. 1—2。
2 M. H. 穆恩（M. H. Munn）：《苏格拉底时代的雅典》（*The School of History: Athens in the Age of Socrates*），加利福尼亚大学出版社，2000年，第195—207页。
3 N. G. L. 哈蒙德：《希腊古典时代》（*The Classical Age of Greece*），剑桥大学出版社，1975年，第123页。

崛起。亚里士多德指出："在雅典，伯罗奔尼撒战争期间，陆军屡败，由于对全部登籍公民实施强迫兵役，贵要阶级悉数出征，大批阵亡〔平民相形而成为绝对的多数，民主势力便顿时扩张了〕。"[1] 羊河海战后不久，以塞拉麦涅斯为首的雅典使团，通过和斯巴达人的谈判，争取到"根据祖先宪法治理政府"的条件。[2] 此时雅典国内比较强大的几股政治势力都有各自的打算。亚里士多德指出，"和约之订立，本以他们根据祖先宪法（patrios politeia）治理政府为条件，因此平民党派企图保持民主政治，但是，在有声望的雅典人（hoi gnorimoi）当中，那些政治集团（hetaireiai）[3] 的成员以及和平之后才由放逐中归国的人，却力图建立寡头政治，而没有组成任何政治集团但在其他方面声望绝不亚于其他公民的人们，则旨在恢复祖先宪法；属于这一党派的……其主要的领袖则是塞拉麦涅斯"。[4]

塞氏及其追随者并未掌握实权，"三十人"政府的主要领导者克里提亚斯等人，他们是听命于斯巴达人的。"当他们（三十人）在国内的地位比较稳固的时候，他们就对任何公民下手了，把富于资财或门第显贵或有名望的人都处以死刑，目的是在扫除这些危险的源泉，同时还想夺取他们的地产；在一个很短的时间内，他们处死了不下一千五百人。"[5]

如此看来，塞拉麦涅斯虽然也是"三十人"政府的重要成员，但和寡头派领导人克里提亚斯的政见迥然不同。亚里士多德写道：

---

1 亚里士多德：《政治学》，1303a8—11。

2 亚里士多德：《雅典政制》，XXXIV. 3；色诺芬：《希腊史》，II. 2. 20。

3 S. 霍恩布鲁尔、A. 斯鲍福斯主编：《牛津古典辞书》，第 702 页。

4 亚里士多德：《雅典政制》，XXXIV. 3。

5 亚里士多德：《雅典政制》，XXXV. 4。关于三十人屠杀无辜者的数字，古代作家有不同说法。吕西亚斯说有 2500 人被杀；埃斯奇涅斯（III. 235）说有超过 1500 人；伊索格拉底（VII. 67，XX. 11）和亚里士多德皆从此说。

"塞拉麦涅斯看到国家正在这样零落衰败，他愤恨目前发生的这一切事情，不断劝告他们停止他们的胡作非为，并让比较高尚的阶级参与国事。最初，他们反对他，但是，当这些建议的消息散布到大众中间，而一般民众开始倾向于塞拉麦涅斯时，他们就惧怕他会成为人民领袖而推翻寡头政治，于是他们把三千人登记了，目的在于使他们参加政府。可是，塞拉麦涅斯又批评这个办法，第一是因为他们虽然愿意让那些值得尊敬的人参加政府，但他们只让三千人参加，好像才德只限于这些人一样……"[1]

公元前404年冬雅典流亡者占领了费列，"三十人"政府派出的军队也铩羽而归，形势急转直下，对寡头党人更加不利。他们决定除掉塞拉麦涅斯。随后以克里提亚斯为首的"三十人"在斯巴达驻军的保护和支持下，解除人民的武装，大肆捕杀他们的政敌，许多无辜的麦特克和公民都死于他们的屠刀之下。[2]

塞拉麦涅斯挺身而出，冒死与寡头派作最后的抗争。他慷慨陈词，据理力争，回击克里提亚斯对他的诬陷诽谤，揭露"三十人"政府卖国误邦种种恶行，阐明自己的政治主张，指出：

> 克里提亚斯说我是叛徒，其实真正的叛徒是那些不公平地褫夺他人财产，并且屠杀无辜人民的人，是那些使自己的敌人不断增多的人，这些人既背叛了他们的朋友也背叛了他们自己，所做的一切都是为了满足自己的贪欲。……正如他宣称，我是一株"墙头草"，因为我试图去迎合两个党派。……就你们而言，在民主政治时代被认为是所有人当中

---

1 亚里士多德：《雅典政制》，XXXVI. 1—2。
2 色诺芬：《希腊史》，II. 3. 38—40；亚里士多德：《雅典政制》，XXXVII. 1—2；S. 霍恩布鲁尔、A. 斯鲍福斯主编：《牛津古典辞书》，第3版，第969页。

痛恨平民的最甚者，而在贵族政治下，你们又表明是所有人当中仇视贵族最甚者。

克里提亚斯啊，我从来没有停歇与这样一些人的斗争。他们认为，除非奴隶们和那些分文没有而出卖邦国的人也参加政府，否则就不算是优良的民主政制；另一方面，我也曾与这样一些人为敌，他们认为只有使城邦达到由少数人绝对统治时，才算是建立了最好的寡头政制。但是，引导政府与那些具备服役财产资格者，或者达到骑士或达到重装步兵财产资格的人们合作。——这是我以前所认为的最佳蓝图，如今也毫不改变这一观点。

克里提亚斯啊，如果你能够举出我与平民领袖或专权的君主合作，或褫夺有名望者的公民权的任何一个例证，那你就说出来。因为无论现在还是过去，如果我犯过这种罪行，我甘愿一死，决无怨言。[1]

综括塞氏的言与行，其政治立场可以归结如下。其一，他始终如一地反对寡头政治，反对寡头制政府的种种违法行为。其二，他在普通民众尤其是在比雷埃夫斯港口居民中，似乎颇有威望和号召力；而比雷埃夫斯的居民中工商业者的比例较大，被认为是更具民主倾向的。[2] 其三，他曾倾力支持建立"四百人"和"三十人"的寡头政府，同时又是积极推翻这两个寡头政府的主要领导人，说明他的主张和寡头派格格不入，对于这种看似自相矛盾的行为的一种较为合理而可信的解释，是以塞氏为代表的这股政治力量欲借助当权

---

1 色诺芬：《希腊史》，II. 3. 43—49。
2 亚里士多德：《政治学》，1303b11—12。

者，来达到自己党派所企求的某种目的。所以把塞氏归于寡头派似有不妥。其四，他们所推行的是一种务实的政策。其五，主张把政权交给能够自备武装者，实际上就必须修改宪法，尤其是要废黜前451年的公民资格法，所以他在前411年要求把那"五千人"指定出来，在前404年要求把那"三千人"的名单予以公布，强调在此以外凡符合条件者都可以参加政府的管理，主旨就是扩大公民权；其六，塞氏及其追随者破坏一切政府，并且极力主张"恢复祖先的宪法"，恰恰体现了他们的核心主张——"托古改制"。[1]

二、"托古改制"与塞拉麦涅斯之死

　　雅典民主制曾经对雅典经济、社会和文化的发展，发挥过极其重要的促进作用。然而，随着历史条件的变化，公元前5世纪末雅典民主制出现了一些问题。其中最重要的就是其决策方式难以适应国内外形势发展的需要，而现行法律也难以保障邦国有相对充足的兵源；因为此时雅典的当务之急是如何打败劲敌斯巴达人，赢得战争。既然现行的宪法急需变革，又很难找到突破口以使改革合法推行，于是他们就投向祖宗之法，希冀从"祖先的宪法"里撷取某些条款，通过"托古改制"，以为现实服务。那么，"祖先的宪法"是指哪部宪法，他们想从中得到哪些支持？亚里士多德在其《雅典政制》中有这样一段记载："德拉科制定了他的法典，其制度如下：凡能自备武装的人有公民权利，这些人进行选举，九执政官和一些司库官由财产不少于10明那且无负累的人们中选出，其余低级官

---

[1] C. 希格涅特：《公元前5世纪末之前雅典政制史》，第5—6、28—29页。

吏由能够自备武装的人们中选出……"[1]

这里特别引人注目的是，德拉科的制度首先强调的就是"凡能自备武装的人有公民权利，这些人进行选举"，和前411年塞拉麦涅斯的主张完全一致！据考证，《雅典政制》中关于德拉科宪法改革的主要内容，可以肯定不是前7世纪末的"德拉科立法"。[2]实际上，这种情况的源头很可能是一度掌权的塞氏及其支持者为了达到修改宪法之目的，虚拟了"德拉科的宪法"内容，以便名正言顺地根据"祖先的宪法"进行改革。

亚里士多德还提到，塞氏的同党克雷托丰曾经就"主张当选的（负责修宪的）委员也应当研究克里斯提尼在其创建民主政治时所制订的那些祖先法律，这样，他们在听取这些法律之后，就可以作出明智的决定，其理由是克里斯提尼的宪法有似梭伦宪法，并不是民主的宪法"。[3]克氏改革最引人注目的措施，是把所有居民划分为十个新行政区（所谓"地域部落"），亚里士多德认为其"目的是要使不同部落的成员混合起来，以便让更多数的人可以参加到政府来"；[4]克里斯提尼改革后，同一等级的公民现在将分属于不同的部落；一批新公民，如原来不是氏族成员的自由的异邦人以及获得解放的奴隶，都被登入公民之列了。[5]以上可见塞氏力图仿效克里斯提尼改革措施，甚至觉得克氏做得还不够。

这实际上是涉及古典时代雅典历史研究中的重大难题之一，即

---

1 亚里士多德：《雅典政制》，IV. 1—3。
2 王敦书：《亚里士多德〈雅典政制〉第4章"德拉科宪法改革"说辨误》，载王敦书：《贻书堂史集》，北京：中华书局，2003年，第558—567页。P. J. 罗兹：《亚里士多德〈雅典政制〉注释》，第108—118页。
3 亚里士多德：《雅典政制》，XXIX. 3。
4 亚里士多德：《雅典政制》，XXI. 2—4。
5 亚里士多德：《政治学》，1275b35—40。

公民权限制与开放的问题。众所周知，前451年，伯里克利制定了一项限制公民资格的法律，该法律的实施结果造成数千人被卖为奴隶。[1]

由此我们可以作出如下推论：其一，在此项法律实施以前，雅典人的非婚生子以及他们与异邦人所生子嗣似乎是可以取得合法公民资格的；其二，克里斯提尼改革以后，直到前451年，雅典的异邦人似乎可以通过在村社登记或通婚而成为雅典人，这是雅典兵源充足、势力增长的重要原因；其三，公元前5世纪后半期，"雅典人"成为一个几乎完全封闭的集体，非雅典人之子以及异邦人要想成为雅典公民几乎是不可能的，因为这种设想无法获得大多数公民的支持，也就无法成为法律。雅典是古代世界中颇具法治传统的城邦，公民的法制观念是比较强的。按雅典"违法法案申诉"，任何想修改现行宪法的人几乎注定会身败名裂、倾家荡产。唯其如此，前411年塞氏集团掌权期间，首要措施就是废除这项制度。

雅典迫在眉睫的问题是要解决兵源和财源问题，一部分有远见的政治家深切地意识到，扩大雅典公民权势在必行。大量长期定居阿提卡富有的麦特克一旦获得公民权，将大大缓解上述问题。然而，在雅典，修改现行法律谈何容易。

公元前411年，以塞拉麦涅斯为首的一派政治势力主张"恢复祖先的法律"，其实质内容是要扩大公民权，节约财政开支，把有限的资源用于战争，使符合条件的异邦人（首先是麦特克）成为雅典公民，以期迅速增加兵源。这大概就是所谓"塞拉麦涅斯的宪法"的实质内容。[2]客观地说，他们的主张，不仅代表雅典统治集

1 普鲁塔克：《传记集·伯里克利传》，XXXVII. 3。
2 亚里士多德：《雅典政制》，XXX. 1—XXXI. 3。

团的长远利益，也符合雅典的眼前利益，甚至可以说是雅典摆脱窘境的必由之路。

尽管如此，塞拉麦涅斯却无法使自己的主张合法化。这样的建议如公开提出表决，非但不大可能获得通过，反而很有可能导致杀身之祸。就塞拉麦涅斯本人而言，他既反对民众简单表决以决定军国大事（民主派的做法），又激烈抨击寡头派滥杀无辜、劫财夺命的不法行为。于是，塞拉麦涅斯屡屡参与政变，力图寻找合适的机会，修改宪法。因此，在某些人看来，塞拉麦涅斯的确可以算作"一切政府的破坏者"了。

事实上，随着公民人数在战争期间的不断损耗和减少，雅典军队在战争后期是以异邦人为主的。西西里远征军中的雅典公民所占比例很小。[1]公元前405年的羊河之战，雅典的骑士阶层甚至所有获得解放的适龄男奴，都破天荒地参加了海军。即便如此，在总数大约3万的海军之中，公民仅占十分之一。[2]

公元前5世纪后期，雅典社会中始终存在着一个人数众多、拥有比较丰富资产的麦特克集团。麦特克原则上无权拥有土地，所以他们多以经营工商业为生。在地域分布上，居住在比雷埃夫斯和雅典城区的比较多。塞氏的主张主要代表了这个阶层的利益。伯罗奔尼撒战争期间，由于乡村居民迁居城里，客观上扩大了市场需求，促进了工商业的发展，特别是与军事有关的行业（如刀剑、盾牌制造业、日用品零售以及粮食投机等），麦特克的势力相对增强。这大概是引起贵族不满和嫉恨的重要原因。前404年，雅典"三十

---

1 修昔底德：《伯罗奔尼撒战争史》，I. 30—32，42—46，VII. 21。
2 色诺芬：《希腊史》，I. 6. 24，II. 28；阿里斯托芬：《蛙》，第693—694行；普鲁塔克：《传记集·吕山德传》，VIII. 1；波桑尼阿斯：《希腊纪行》，IX. 32. 9。

人"政府下的受害者，是以富有的麦特克为主的。[1] 吕西亚斯就是其中颇为典型的一例。[2] "三十人"政府的恐怖政策，使大批麦特克逃离雅典，那些流亡者的领袖，为了尽快结束"三十人"的统治，赢得雅典内战的胜利，曾许诺一旦执掌政权，就授予那些和他们并肩作战的麦特克和奴隶以雅典公民权。[3] 事实上，一部分自由的异邦人在战后确实获得雅典公民权。[4] 然而，公元前4世纪的所有历史文献无不对此讳莫如深。后世的雅典人（如获得公民权的德摩斯提尼、吕西亚斯等）提及其长辈出身的真实情况的材料，都是在偶然的情况下透露出来的。

在塞氏被处死约70余年之后，亚里士多德在其《雅典政制》中总结雅典政治史时概括指出：

> 人们认为，继那些早期政治家之后，在雅典最优秀的政治家是尼基阿斯、修昔底德和塞拉麦涅斯。关于尼基阿斯与修昔底德，几乎人人都一致认为，他们不仅是高尚而善良的人，而且是父亲般地统辖整个城邦的政治家；但是，关于塞拉麦涅斯，人们的评判则是众说纷纭，因为恰巧在他那个时期，宪法发生了剧烈的变动。当然，那些经过深思熟虑的作家们认为，他并不像批评他的人所诽谤的那样，是一切政府的破坏者，而总是致力于引导一切政府走向完全守法的境界，表明他善于在一切政府之下为邦国效力，这正是一位好

---

1 色诺芬：《希腊史》，II. 4. 20—22。

2 吕西亚斯：《控告埃拉托斯提尼》，XII. 11—19。

3 亚里士多德：《雅典政制》，XL. 2。

4 P. J. 罗兹（P. J. Rhodes）等：《公元前404—前323年希腊历史铭文集》（*Greek Historical Inscriptions 404–323 BC*），第21—24页。

公民可以做到的，他拒不向僭越法律者让步，宁可招致他们的敌视。[1]

这段评述是相当重要的。它在相当程度上代表了公元前4世纪雅典人特别是知识精英对塞拉麦涅斯的总体评价。这个评价应当说是比较客观公允的。我们从中大致可以得出如下几点认识：其一，前4世纪晚期，许多人认为塞氏是最优秀的雅典公民、优秀的政治家之一；其二，对他的评价之所以有争论，主要是因为其时政体、宪法剧烈变动；其三，有人攻击他是"一切政府的破坏者"，这一点包括亚里士多德在内的许多作家似乎并不同意，主流的意见似乎是倾向于认为他始终力图把国家引向正确的、法治的道路；其四，人们肯定他敢于同违法的政府或个人作斗争，决不屈服和让步，其言其行恰恰应该是一位正直、优秀公民的做法。

塞拉麦涅斯毕生的追求终于在其死后部分地得到了实现。相当数量（至少有1000名）的麦特克在重建后的民主政府下获得了雅典公民权。[2]其后雅典历史也并未循着这个趋向继续发展。到前4世纪晚期，随着希腊世界国际形势的发展和城邦危机的加深，某些有识之士终于看到塞拉麦涅斯政治主张是符合雅典国家长远利益和根本利益的。这也许是塞氏获得"最优秀政治家"评价的主要原因。

伯罗奔尼撒战争直接影响并且不断改变着雅典公民集体内部诸派的力量对比状况。在这种形势下，雅典公民中以土地财产为主要财富形态的贵族集团和广大农民阶层皆遭受沉重打击，而以工商业

---

1 亚里士多德：《雅典政制》，XXVIII. 5。
2 P. 哈丁（P. Harding）：《从伯罗奔尼撒战争结束到伊苏之战》（*From the End of Peloponnesian War to the Battle of Ipsus*），剑桥大学出版社，1985年，第8—10页。

为主受损失较小甚至在战争中有所发展的麦特克集团的势力相对增强。公民集体内部由两派演化为三股势力，塞拉麦涅斯就是这第三股力量的主要领袖和代言人，这股政治力量的致命缺陷是支持者大都在公民集体之外，而"托古改制"的主要内容之一就是扩大公民权，这使得塞氏始终难以在城邦内部诸派博弈中找到稳固的支点，也是他立场多变并且最终在斗争中以身殉道的根本原因。

　　塞拉麦涅斯的基本策略是借民主派或寡头派之力使其彼此攻击，相互削弱。这两派势力被削弱，塞氏实现其政治目标的可能性就会随之增加。塞氏唆使雅典民众控告并表决处死六名将军；为迫使雅典接受斯巴达提出的缔和条件，他故意拖延数月，致使大批同胞被饿死。[1] 这种卑劣残忍的行径必然招致人们的谴责。但他坚决反对三十寡头滥杀无辜的恐怖政策，不遗余力地力图通过"托古改制"实现修订宪法，进而实现其政治主张；前403年重新建立起来的民主制大致是遵照此前业已生效的雅典宪法运作的，该宪法的核心内容正是扩大公民权，拓展和巩固雅典城邦的统治基础。

原载《世界历史》2015 年第 2 期

---

1 色诺芬:《希腊史》，II. 2. 10—22。

13　雅典民主城邦何以发生逆向蜕变

　　伯罗奔尼撒战争是雅典历史上的一个重大转折。长期流行的观点认为，伯罗奔尼撒战争以后，希腊奴隶制经济普遍增长，奴隶劳动日益排挤自由民劳动，土地逐步集中于少数人之手，大批公民破产，城市游民无产者人数激增，公民兵制度瓦解，雇佣兵制度取而代之，阶级矛盾日趋激化，阶级斗争不断加剧。虽然这些看法曾被质疑，但它似乎仍具有相当的合理性。本文力图对这一时期雅典社会的这种逆向蜕变作一探讨。

一、奴隶制经济：低谷徘徊

　　一些学者在讨论前 4 世纪的雅典历史时，是以雅典奴隶制经济的空前高涨，奴隶人数持续增长和奴隶被更为普遍使用为大前提的；也有学者主张以经济危机来解释前 4 世纪雅典的城邦危机。[1]

1　J. Pecirka, "The Crisis of Polis of Athens In Fourth Century B.C.", *Eirene*, XIV, 1976, pp. 5–29.

因此，雅典的经济状况是首先必须弄清的一个问题。

长期战争给雅典经济造成巨大损失。伯罗奔尼撒战争使它积累多年的巨额金钱消耗一空，农牧业生产遭到毁灭性打击，劳里昂银矿完全荒废，奴隶人数骤减，工商业急剧败落。随着雅典帝国的瓦解，雅典人所控制的领土、领海的范围大大缩小，属民人口剧减，国势一落千丈。[1]战后雅典经济的复苏举步维艰。战争的破坏、居民的拓荒和滥采滥伐，使阿提卡地区的生态环境恶化。同时，因战争、瘟疫而造成大量人力损失，大批精壮劳力外流，[2]其人口出生率比前个世纪有所降低。这都不利于经济的回升。德摩斯提尼指出，前4世纪前期，雅典的岁入仅130塔连特，约相当于前427/426年的1/15；直到前345年左右才达到400塔连特，也只有前427/426年的1/5。[3]前4世纪雅典的经济潜力远不如其极盛时期。雅典政府在前428/427年首次向公民征收战争税（税率约为公民财产价值的1%），一次即征得200塔连特。[4]然而，雅典在前378/377年进行的财产普查表明，应纳税者的财产总值仅约6000塔连特，[5]不足50年前的1/3。因此，尽管这种税收逐步制度化，但前377年至前357年的20年征税总额仅约300塔连特。[6]伯里克利时代雅典国库储存最多时达9700塔连特，而前4世纪前期至多不超过1000塔连特。[7]这足以说明前4世纪雅典城邦的物质财富大大减少。德摩斯提尼在其演说中，曾称当时希腊城邦（尤指雅典）的物质财富在数量上已

1 B. S. Strauss, *Athens after the Peloponnesian War*, London, 1986, pp. 43–63.

2 N. G. L. Hammond, *A History of Greece to 322 B. C.*, Oxford, 1977, pp.666–667.

3 Demosthenes, X. 37–38; Aristophanes, *Wasps*, 656–660.

4 Thucydides, III. 19. 1.

5 Demosthenes, XIV. 19, 37.

6 Demosthenes, XXII. 44, XXVII. 37.

7 Demosthenes, IX. 37–40.

大大超过波斯战争时期。[1]但德氏的本意并不是说明其时希腊城邦的经济实力空前强大。笔者已就此作过辨析。[2]

一般说来，古代国家奴隶制经济的发展总是同本国物质财富的增长相一致的。奴隶作为奴隶主的一种特殊财产，其数量是随着生产发展和财产增加而增加的。恩格斯指出："要使奴隶劳动成为整个社会中占统治地位的生产方式，那就还需要生产、贸易和财富积聚有更大的增长。"[3]事实上，在前404年至前338年间，雅典奴隶来源未见扩大，公民使用奴隶的条件大都不如此前，奴隶劳动的范围和规模也有所缩小，奴隶总数大大少于极盛时期。可以说，这时雅典奴隶制经济的整体水平远不及伯里克利时代。[4]

前4世纪70—60年代，雅典经济尤其是阿提卡的农牧业生产已有较大恢复。[5]"同盟战争"（前357—前355年）结束时，其经济再度跌入低谷。其后十余年有较快回升，特别是海上贸易和采银业的恢复，[6]成为前4世纪的第二个高潮。因此单就前4世纪而言，雅典经济的确呈波浪式增长之势，说它处于经济危机或经济衰落状态似有欠公允。但与古典时代前期的极盛相比，前4世纪的雅典经济

---

1 Thucydides, II. 12. 同盟战争时期，雅典政府连每年不足500塔连特的军费开支都难以维持。

2 徐松岩：《古雅典经济史研究中的一个问题》，《西南师范大学学报（哲学社会科学版）》，1992年第4期。

3 恩格斯：《反杜林论》，《马克思恩格斯选集》，第3卷，北京：人民出版社，1972年，第200页。

4 徐松岩：《关于雅典奴隶制状况的两个问题》，《世界历史》1993年第5期；徐松岩：《古典时代雅典奴隶人数考析：兼及"持续增长"说》，《世界历史》1994年第3期。

5 A. French, "Economic Conditions in Fourth-century Athens", *Greece and Rome*, Vol. 38, No. 1, 1991, pp. 24-40.

6 E. M. Burke, "Athens after the Peloponnesian War: Restoration Efforts and the Role of Maritime Commerce", *Classical Antiquity*, Vol. 9, No. 1, 1990, pp. 1-13.

只能说并未走出低谷徘徊状态。[1]

二、土地所有制：私有化程度加深

土地财产是雅典公民的主要财富形式和主要收入来源。土地所有制的变革，无疑是导致城邦经济基础变化的一个至关重要的因素。传统观点认为，前4世纪城邦土地逐步集中于少数人之手，小土地所有制迅速向大土地所有制转化，从而破坏了城邦原有的所有制结构，城邦的经济基础随之趋于瓦解。这种看法实际上并无充足的史实依据。

众所周知，阿提卡土地贫瘠、耕地稀少、水源不足，不具备经营大农场的自然条件，因而在农业中大规模役使奴隶是无利可图的。[2]事实上，雅典人在农业中使用的奴隶一直很少，使用者通常只是少数富人，农场的劳动者亦非清一色的奴隶。由铭文材料可知，在153名已知其职业的获释奴隶中，64名妇女无一务农，在89名男人中，仅有11位农民和2名种植葡萄者。[3]色诺芬提到，雅典某些富人的"各个田地里都有管家"，而且主人对这些管家奴要精心选购，自幼训练。[4]显然，一般农家不可能具备这样的条件。

---

1 徐松岩：《论古典时代希腊经济发展趋势》，《重庆师范学院学报（哲学社会科学版）》1994年第1期；徐松岩：《关于希腊奴隶制的理论和实际》，《世界历史》2000年第1期。

2 M. I. Finley, *Ancient Economy*, The University of California, 1972, p. 31; G. Glotz, *Ancient Greece at Work*, New York, 1926, pp. 202, 257.

3 见中国世界古代史研究会等编：《世界古代史译文集》，呼和浩特：内蒙古大学学报编辑部，1987年，第127页。

4 Xenophon, *Oeconomicus*, III. 10, XII. 2ff.

阿提卡的债碑（*Horoi*）多年来一直被视为前4世纪雅典小农经济衰落和农业财产日益集中的重要证据。这一点已为 M. I. 芬利等人的研究成果所否定。芬利通过对几乎所有现存债碑的全面细致的研究，得出的结论是：抵押土地者既不是急需用钱的贫民，也不是那些为生产筹集资金的作坊主。抵押贷款是为了履行公益捐献义务和缴税，以及对现款的紧急需求（如置办嫁妆、赎取战俘等），也有的是为了牟利（如海事贷款），债碑本身并未告诉我们任何有关小农及其债务的情况，它们是以比较富有的土地所有者的财产为基础的。[1]

根据古典文献资料，前4世纪雅典确实存在着债务问题。债务人包括社会各阶层，上至将军，下至小农，都不乏其人。有不少债务人因无力还债而破产的事实，但他们当中很少有农村的居民。[2]"在阿里斯托芬最后几部喜剧中，穷人往往是那些因兵燹而不是因经济发展而破产的。"[3]

从有关土地买卖的证据来看，出售土地的原因是复杂多样的。有的卖主确为贫困所迫，有的则欲从事有利可图的行业（如海上贸易、零售业、贷钱业等），有的企图以此逃避纳税。[4]因此，那种把土地买卖与土地集中无条件联系起来的论点，似乎还可以再商榷。与前一世纪相比，雅典确实存在某种土地集中化的趋势。例如腓尼浦斯拥有面积约为778英亩的地产，[5]获释奴帕西昂的财产中有价值20塔连特的地产。[6]土地集中的途径大概是通过购买或转让。但有

1　M. I. Finley, *Economy and Society in Ancient Greece*, London, 1981, pp. 62-76.

2　Xenophon, *Oeconomicus*, XX. 1, 22-26; Isocrates, VII. 32-35; Demosthenes, L. 61.

3　见中国世界古代史研究会等编：《世界古代史译文集》，第123页。

4　Xenophon, *Ways and Means*, IV. 6; Lysias, XX. 23; Demosthenes, V. 8; Isacus, XI. 47.

5　Demosthenes, XLII. 5.

6　Demosthenes, XXXVI. 4-6.

一点要注意，伯罗奔尼撒战争初期的瘟疫使许多雅典人举家丧命，这必然使战后的阿提卡出现一批无主地，从而为私有土地规模的扩大创造了条件。[1]

但土地兼并和集中的情况并不严重。腓尼浦斯的地产规模是雅典历史文献中绝无仅有的一例。琼斯根据其农作物产量分析，认为其中只有 1/4 是可耕地（约相当于古罗马一个中等规模的农场[2]）。当时的演说家一般把 70 英亩以上的地产称为"大地产"，而且这种地产往往散布在几个地区，[3]不利于规模经营和使用奴隶。尤其不可忽视的是，前 4 世纪雅典土地所有者的人数稳中有升。前 403 年，雅典人口总共约 1.4 万—1.6 万，其中无地者约 5000 人；[4]而前 322 年在雅典实施拥有 2000 德拉克玛以上财产方可成为公民的法令时，有 1.2 万人被剥夺公民权。[5]按当时的地价，2000 德拉克玛约合 6 英亩的土地。[6]拥有土地与公民权互为条件，6 英亩恰好是雅典公民人均耕地之数。因此，没有任何理由否认这 1.2 万公民大都是小土地所有者[7]。可见，前 4 世纪雅典的小土地所有者在数量上应该是占优势的，而且地位较为稳定。

总体上看，前 4 世纪的雅典国家已难以继续依靠扩充领土、对外掠夺等手段改善公民的物质文化生活。与前一世纪相比，此时雅

---

1 Thucydides, II. 51.

2 A. H. M. Jones, *Athenian Democracy*, Oxford, 1957, p. 89.

3 Xenophon, Oeconomicus, XII. 2–3; M. I. Finley, *Economy and Society in Ancient Greece*, pp. 99–100; J. K. Davis, *Athenian Propertied Families 600–300 B.C.*, Oxford, 1971, No. 2921.

4 Dionisus: "On the Speech of Lysias", 52 ; B. S. Strauss, *Athens after the Peloponnesian War*, p. 81. 关于他们的成分，参见 Xenophon, *Hellenica*, II. 2. 1–2; Aristotle, *The Athenian Constitutions*, XL. 2。

5 Plutarch's *Lives, Phocion*, XXVIII. 7; Diodorus Siculus, *The Historical Library*, XVIII. 18. 5.

6 Lysias, XIX. 29, 42.

7 A. H. M. Jones, *Athenian Democracy*, p. 24.

典土地所有制最显著的变化并不是土地经营规模的扩大和所谓"大土地所有制"的流行，而是土地私有化程度加深，土地的转让、买卖、抵押、出租的情况日渐增多。人们对土地的传统看法也悄悄地发生着深刻变化：土地不仅是公民安身立命、自给自足之本，而且在某些情况下它与一般财产或商品无异。[1]虽然现在可以确认的"金融商"不足30人，[2]但工商业的发展和城市居民的增多，说明雅典居民的谋生方式更加多样化。与同期的希腊诸邦相比，雅典土地所有制状况是相当稳定的。在雅典，土地似乎远不是一个严重的社会问题。其间雅典公民可以随时在公民大会上表达自己的意愿，但却从未出现真正要求或害怕取消债务、重分土地的迹象。这恰恰是上述结论的一个有力的反证。

三、政治局势：相对稳定

城邦政局动荡，阶级斗争加剧，少数权贵专横跋扈，公民大会作为最高权力机关作用的丧失，[3]一向被认为是城邦危机在政治生活中的主要表现。然而在事实上，前4世纪的雅典政局稳定，阶级斗争并未加剧，公民大会的作用显著增强。亚里士多德指出，自前403年雅典民主政治再建以后，"平民大众的权力一直在增长。平民使自己成为一切事情的主宰，依靠决议和平民当权的民众法庭来处理任何事情，甚至原本由议事会所审判的案件也落到了平民的手

---

1 Claude Mosse, *Athens In Decline 404–86 B.C.*, London, 1973, pp. 94–96.

2 M. I. Finley, *Economy and Society in Ancient Greece*, p. 73.

3 郭小凌：《希腊军制的变革与城邦危机》，《世界历史》1994年第6期，第70页。

中"。[1] 正是由于其间公民大会和民众法庭真正成为雅典最高权力机关和最高司法机关，几乎所有决议皆需多数人的赞同方能通过和生效，才使得人数占绝对优势的中下层公民有效地维护了自身利益，从而巩固了自己的经济、政治和社会地位。公民集体大多数成员地位稳定，是其时雅典统治集团内部诸派之间虽常常相互攻讦和谩骂，但并无激烈的武装冲突的一个至关重要的原因。

前4世纪雅典政治史大致可以"同盟战争"为界，分为两个阶段。在前一阶段活跃于雅典政坛上的主要有三个集团，其代表人物分别是克里斯特拉托斯、阿里斯托丰和狄摩特奥斯。三派在追求复兴雅典霸业这个基本点上是一致的，只是在具体策略上略有不同。克氏力图推行雅典、斯巴达"二元"霸权政策，即尽力保持与斯巴达的友好关系，共享在希腊世界的霸权。但底比斯的崛起并接连大败斯巴达，破坏了这一政策的基础，导致该集团的衰落。此后，另外两个集团积极推行海上扩张政策，恢复了雅典在爱琴海地区的海上霸权，同时加紧对第二次海上同盟成员国的勒索，雅典在"同盟战争"中的惨败，实际上宣布了这一政策彻底破产。[2]

前355年以后，希腊世界的国际形势发生剧变。波斯人虽不再成为希腊人的直接威胁，但北方的马其顿王国日益强大，希腊诸邦尤其是雅典的海外利益不断受到侵害，雅典的独立和主权受到严重威胁，从而不能不成为全社会关注的焦点。其时雅典政坛上有两种引人注目的主张。以德摩斯提尼为首的一派从雅典公民集体的实际利益出发，极力反对马其顿扩张；他们甚至主张利用波斯的资助

---

1 Aristotle, *The Athenian Constitutions*, XLI. 2; Aristotle, *The Politics*, 1298a3—11. R. K. Sinclair, *Democracy and Partipation in Athens*, Cambridge University Press, 1993, p. 67.
2 森谷公俊：《第二次海上同盟时期雅典的政治和外交》，《史学杂志》第92编，第11号。

来对付马其顿人。另一派以伊索格拉底为代表，他们立足全希腊的利益，把富有而疲弱的波斯帝国视为头号敌人，先是主张雅典、斯巴达捐弃前嫌，携手东征；后看到二邦皆难胜此任，便把希望寄托在新兴的马其顿人和多谋善断的腓力身上，希望他能成为进军亚洲的统帅，掠夺东方的财富。必须指出，两派意见都是以保持雅典的独立为前提的，他们之间的矛盾是建立在根本利益一致的基础之上的。因此，长期以来有些学者把所谓"反马其顿派"与"亲马其顿派"的争斗，理解为一场阶级斗争，并将其视为前4世纪雅典阶级斗争进一步激化的表现，看来是与历史事实有一定距离的。

前4世纪雅典高层军政官员的权力日益分散，个人权力发展受到严重制约，是城邦政局稳定的又一重要因素。在雅典国力极盛时期，公民大会原则上是最高权力机关，但伯里克利在连任将军的十余年间，几乎独揽全国军事、财政、外交大权。[1] 修昔底德一针见血地指出，雅典"虽在名义上是民主政治，但实际上权力是掌握在第一公民（伯里克利）手中"。[2] 而在前4世纪，在民主政治权力机关的有效制约下，城邦最高军政首脑的个人权势日渐缩小。[3]

在古代城邦历史上，雇佣兵制度是少数权贵攫取权力并最终建立军事独裁的重要条件。与前5世纪相比，前4世纪雅典使用雇佣兵的情况不断增多。然而正如普里切特指出的，在前4世纪，全部或主要由公民重装兵所担当的军事行动仍很常见，甚至比以雇佣兵

---

1 Plutarch's *Lives*, *Pericles*, XV. 1–XVI. 6.

2 Thucydides, II. 65.

3 S. Perlman, "The Politicians in the Athenian Democracy of the Fourth Century B. C.", *Athenaeum*, 1963, pp. 327–355; S. Perlman, "Political Leadership in the Athens in the Fourth Century B.C.", *La Parola Del Passato*, Vol. 22, 1967, pp. 161–176.

为主的情况要多。[1]而且，雇佣兵的招募和薪金的发放，指挥官的任命，通常皆由民主机关控制；即便是才能出众的将军，只要他稍有失误，很快就有身败名裂之虞。前403年至前323年间，雅典共有27位将军受到指控或弹劾。[2]在持续不断的财政困难困扰下，雅典不可能长期维持一支人数众多的军队。因此，前4世纪的雅典从未出现过雇佣兵骚乱事件或个别权贵以雇佣兵为背景而左右政局的现象。

特别重要的是，由于前4世纪雅典奴隶制经济水平远低于前一个世纪，因而奴隶主与奴隶两大对立阶级之间的矛盾暂时得以缓和。其间雅典既未发生奴隶大起义，也未出现大规模的奴隶逃亡事件，就颇可说明这一点。

实际上，前4世纪雅典的民众权力在稳步增长，可以说德摩斯提尼时代是雅典历史上一个真正的民众当家做主的时代。雅典的民主制作为一种政治制度，在前4世纪不仅没有寿终正寝，反而得到空前发展，并且是雅典政局稳定的重要前提、调节贫富矛盾的有效杠杆。不过，雅典的民主制度虽可以使其城邦在没有强大外敌的情况下苟延残喘，但在奴隶制的历史环境下绝不能使国家迈向富强。

四、游民无产者：为数甚少

土地集中的必然结果，是大批农民失地破产，沦为游民无产者。一些研究者认为，前4世纪雅典等城市的游民无产者即使不是

---

1 R. K. Sinclair, *Democracy and Partipation in Athens*, pp. 57–58.

2 R. K. Sinclair, *Democracy and Partipation in Athens*, pp. 148–169.

其人口的绝大部分，无论如何也有相当可观的一部分。[1] 就雅典而言，这种说法的最主要依据，乃是这些无产者基本上可以靠参加各种政治活动所得津贴生活。[2] 历史事实果真如此吗？

诚然，前4世纪雅典的津贴制度得到前所未有的发展。汉森对于其时雅典参与公共事务的公民数量做过专门研究。[3] 按雅典法律规定，五百人议事会成员在执行公务的当天每人可得5奥波尔，民众法庭的审判员起初可得1奥波尔，后增至2奥波尔，以至3奥波尔。[4] 公民大会的参加者在前4世纪90年代中期每人每天可得1奥波尔，数年后增至3奥波尔，前3世纪20年代则增至1德拉克玛。[5] 法律还规定，十将军委员会成员等军事官职是以举手的方法选举，其他官员均通过抽签的方法选举，而且不得连任或兼任（唯五百人议事会成员可连任一次）。因此，正如亚里士多德所说，普通公民一生难得两度任职。[6] 根据汉森的研究，在德摩斯提尼时代，公民大会除特别重要的会议以外，与会者人数通常为2000—3000人。[7] 一位公民每年至多参加40次公民大会，若运气好，还有可能当选为审判员。尽管按规定每位审判员在一年内参加民众法庭的活

1 B. C. 塞尔格叶夫:《古希腊史》，第369页；崔连仲主编:《世界史·古代史》，北京：人民出版社，1991年，第237页。崔著作者认为，此时"无产公民人数超过雅典居民总数的一半"。

2 *Classical Review*, 1963, p. 317ff.

3 M. H. Hansen, *The Athenian Democracy in the Age of Demosthenes*, Translated by J. A. Crook, Cambridge, 1991, pp. 91–92, 130, 134, 186–187, 240, 251.

4 Aristotle, *The Athenian Constitutions*, XLI. 3, XLII. 2, XXVII. 3; Aristophanes, *Ecclesiazusae*, 183–188, 289–310, 383–395. M. H. Hansen, *The Athenian Assembly in the Age of Demosthenes*, London, 1987, pp. 46–48.

5 R. K. Sinclair, *Democracy and Partipation in Athens*, pp. 57–58.

6 Aristotle, *The Politics*, 1275a23, 1317b23.

7 M. H. Hansen, *The Athenian Assembly in the Age of Demosthenes*, London, 1987, pp. 14–17.

动不得少于100天（这恰恰证明许多公民参加法庭审判活动常少于100天），但审判员人数多寡通常视案情而异。如在1000德拉克玛以内的讼案呈送有201名审判员的法庭；超过1000德拉克玛的讼案呈送有401名审判员的法庭。[1]按当时的物价，公民每日所得津贴约相当于其本人的当日膳费。由于是通过抽签决定谁当选，所以极不稳定；有时因当局财政困难，民众法庭也被迫关闭，这样，在抽签选出的公职中，常年有把握领到津贴的普通公民数量几乎为零。这就是说，即便是那些无牵无挂的单身汉，也不可能常年靠政府的津贴维持生计，更何况那些有妻室儿女的人了。

从演说家对其听众讲话的口吻及所陈述的内容来看，在大多数情况下，公民大会的参加者多是那些应纳战税者。[2]无论是担任各种官职的公民，还是参加公民大会和民众法庭活动的公民，他们当中的无产者都很少。[3]色诺芬提到，那时充斥于公民大会的有擀毡工、鞋匠、铁匠、农民和小商贩。[4]他们显然都是自力谋生者。

当时劳动者所得收入大大超过参加公务所得津贴。据出自埃琉西斯的前328/327年的铭文所记，粗工日薪为1.5德拉克玛，技工为2—2.5德拉克玛。[5]而各种津贴一再增加也证明，让民众经常参

---

1 Aristotle, *The Athenian Constitutions*, LIII. 3, LVIII. 1.

2 据 A. H. M. Jones 研究，这些公民的财产多为中等或中等以上，参见 *Athenian Democracy*, pp. 36–37。

3 A. H. M. Jones, *Athenian Democracy*, pp. 106–109.

4 Xenophon: Memorabilia, III. 7. 6, IV. 2. 36–38. 顺便说一下，这些人就是古希腊语文献中所谓的 πένης，英译者常常直译为 the poor，中文转译为"穷人"。从字面上看，似乎没有太大的出入。但国内学者常常把"穷人"理解为"无产者"，进而把他们视为"游民无产者"，这实际上是一种误解。此字按希腊文原意是指"以劳动为生的人，零工，穷人"，实际上主要是指自力谋生的小生产者。参见 H. G. Liddell & R. Scott, *A Greek-English Lexicon*, London, 1953, p. 1359, πένης。

5 A. H. M. Jones, *Athenian Democracy*, pp. 79–80, 135.

加公共事务似乎并非易事。因此，与其说津贴是一种福利，一种调动公民参与公共事务的积极性的手段，还不如说是为了补偿因误工而遭受的损失。由此我们也才可能更准确地理解亚里士多德所说"由于有津贴，穷人亦可常参与公共事务"。[1]

在雅典帝国时代，当政者可以通过剥削广大属国人民所得的巨额收入，为贫民提供多样谋生手段，如参加公共工程建设和管理公共事务、在海军中充当桡手等。但最主要和最有效的措施是以强大的武力为后盾，把所侵占的良田沃土以份地的方式分给他们，使其成为自食其力的农业生产者。[2]然而到前4世纪，雅典中下层公民已难以直接或间接依靠剥削异邦人和奴隶为生，靠政府津贴生活又几乎不可能，因而他们基本上都是自力谋生者。一方面，由于农业生产的逐步恢复，城市工商业有所发展，公民中兼营或专营工商业的人数增多，一句话，经济的复苏和发展，使雅典公民的谋生方式日趋多样化；另一方面，雅典政府采取的某些扶贫抑富措施，有效地保护了中下层公民的利益。色诺芬提到，中下层公民向国家捐款所得的厚利是"世间财产中最安全和最经久的收入"，因为"大多数雅典人每年所得比他们捐献之数还多"。[3]政府所颁布的公共工程承包项目，也明显照顾中下层公民，经常把一项较大的工程分解为若干小工程。前328年埃琉西斯铭文账目所提及的工程承包项目金额，只有两三项超过500德拉克玛。[4]此外，政府向公民征收的战

1 Aristotle, *The Politics*, 1293a2–5.
2 Aristotle, *The Athenian Constitutions*, XXIV. 3; Plutarch's *Lives*, *Pericles*, XII. 4–XIV. 2; A. H. M. Jones, *Athenian Democracy*, pp. 8–9.
3 Xenophon: *Means and Ways*, III. 9–10.
4 G. Glotz, *Ancient Greece at Work*, pp. 271–272.

多彩的雅典娜

税，征收对象主要是比较富有的公民，大多数公民是免缴战税的。[1]
这些措施在一定程度上抑制了公民的贫富分化，缓和了贫者与富者
的矛盾。一个人数占压倒优势、经济社会地位相对稳定的小所有
者、小生产者阶层的存在，是前4世纪实行民主制的雅典城邦社会
稳定的最重要原因。

五、集体意识：日趋淡漠

公民的集体意识是随着城邦的形成和发展而得以巩固和强化
的。它包括集体主义和爱国主义精神、共同的风俗习惯、宗教伦理
观念等等。其核心内容是城邦利益与公民个人利益自然地融为一
体，而且城邦利益绝对地高于个人的利益。高度的集体主义和爱国
主义精神，曾是雅典人维护国家独立和主权、抵御外来入侵、扩充
国力的强大精神力量，是城邦的灵魂和精神支柱。任何一位公民，
作为公民集体的一分子，都必须无条件地服从城邦（公民集体）的
需要，以城邦利益为最高利益，这是城邦集体意识的突出表现。

但是，随着私有制的发展，公元前5世纪后期，雅典社会的奢
侈浮华之风日盛，个人主义、利己主义、享乐主义思潮渐兴，公民
的集体意识日益淡漠。伯里克利去世后，雅典统治集团内部诸派相
互倾轧、争权夺利愈演愈烈，一些野心家把个人的或党派的利益置
于城邦或民族利益之上。战争后期雅典政坛风云人物阿尔基比阿德
斯的所作所为，就颇具代表性。这是城邦危机在意识形态领域的必
然反映，也是导致城邦国力衰落的重要原因之一。

---

1 Demosthenes, XIV.19, 27, XXVII.9; A. H. M. Jones, *Athenian Democracy*, pp. 24–37.

如何摆脱城邦所面临的种种困难，重振昔日雄风，始终是前 4 世纪雅典爱国主义的主题。其间爱国主义思潮大致有两种论调。一种是以伊索格拉底为代表的泛希腊爱国主义，呼吁希腊诸邦停止交战，联合起来东侵。伊氏曾大声疾呼："让爱国主义思想所激发的斗争精神把希腊变成东方无穷财力的主人！"其口号是"让我们把战争带到亚洲，把亚洲的幸福带回希腊！"

德摩斯提尼发出的是另外一种声音。他主张消除雅典国内的不和因素，以实际行动捍卫城邦的独立和主权。然而，此时雅典公民大都持观望态度，他们虽希望国家保持独立，但又不愿意纳税支持战争，更不愿意冲锋陷阵、为国捐躯。前 351 年，德摩斯提尼发表演说，正确分析了当时的国际形势，指出马其顿人是希腊诸邦最凶恶的敌人。这篇精彩的演说饱含爱国激情，有理有力，在场的雅典人报以热烈的掌声，却没有人采取任何实际行动。德摩斯提尼痛心疾首地说："腓力正在对我们铺罗设网，四面合围，而我们却还呆坐着不求应付！雅典人啊，你们究竟要在什么时候才能采取必要的行动呢？"[1]

曾几何时，万名雅典勇士在马拉松平原打败波斯四万大军，弹丸之地的希腊诸邦同心协力竟能战胜庞大帝国的倾国之师！希腊人的辉煌业绩连他们自己都感到不可思议！如今希腊大多数城邦的经济实力超过当年，而他们面对的马其顿人又远比从前的波斯人弱小，为什么两次战争的结果却是截然相反的呢？

德摩斯提尼的一番话给了我们些许启示。他指出，从前公民们那种关心社会事业、自我牺牲、乐于奉献、疾恶如仇的美德，统统被置于市场出卖了！所换来的是使城邦陷于绝境的东西。他说：

---

1 Demosthenes, IV. 9–10.

　　　　　　　　　　　　多彩的雅典娜

"雅典人啊，有一种力量，从前存在于民众心中，现在已荡然无存，它夺取过波斯的财富，维护过希腊的自由，它从来没有在海上或陆地上吃过败仗……如今我们的战舰、强大的人力、岁入、别的丰富的物资，以及其他一切被认为足以加强城邦力量的东西，都比从前的希腊人多得多、强得多，可是这一切都被那些卖国者弄成了无用之物、无效之物、无益之物。"[1] 德氏如此看重公民集体意识的作用绝非偶然。在他的心目中，爱国心和集体意识的丧失，极大地削弱了雅典公民集体的凝聚力和战斗力；同时，商品经济的发展也犹如一种腐蚀剂，在一定程度上侵蚀着公民的传统美德。他似乎已经预见到，如此下去他所钟爱的祖国和人民只能是坐以待毙，受人奴役。

六、结语

伯罗奔尼撒战争破坏了雅典农业生产的基本条件，瓦解了城邦的土地所有制，加速了小农分化和破产，加剧了小私有者的衰落过程，在很大程度上决定了古典后期雅典的历史走向。

总结本文，古典后期雅典经济和社会发展主要呈现如下特点。第一，雅典没有任何领土扩张，奴隶制经济在低谷中徘徊发展，总体水平远低于其极盛时期。第二，雅典公民私有土地的规模无明显扩大，土地所有权与公民权基本重合，中小土地所有者仍是公民的主体。但土地私有化程度加深、进程加快。第三，公民的数量和财产状况相对稳定，游民无产者为数甚少。雅典虽名义上实行公民兵

---

1 Demosthenes, IX. 36-39.

制度，公民兵制度并未被雇佣兵制度所取代，但公民中甘愿为国效死者日渐稀少，他们的战斗力和从军的积极性日益为金钱和私利所左右，这实际上是公民兵的雇佣兵化。第四，与极盛时期相比，公民贫富分化并未加剧，社会的主要矛盾有所缓和，民众权力不断增长，个人权力日趋弱化。一言以蔽之，公元前4世纪雅典城邦的躯体尚在，而且基本保持完好，但实际上已由昔日同心同德、充满活力、勇于进取的公民集体，逐步蜕变为缺乏凝聚力和战斗力的机体。集体意识日趋淡漠，意味着城邦精神支柱的崩塌，这贯穿着城邦危机的全过程。总之，这时的雅典，是一个国力更弱、规模更小、国家机构更为简单的奴隶制国家，这是一种暂时的停滞或倒退现象。在奴隶制时代，奴隶制国家不断对外扩张和掠夺是其生存和发展的主要途径。国家规模的逐步扩大，综合国力的日渐增长，国家机构日趋完善和强化，是奴隶制国家发展演化的总的逻辑趋势。但公元前4世纪的雅典城邦却在几乎完全相反的方向上越走越远，从而不能不渐渐地陷于绝境。

原载侯建新主编《经济社会史评论》第四辑，
北京：生活·读书·新知三联书店，2008年；
《中国社会科学文摘》2009年第10期长文摘登

14 希腊历史发展趋势与马其顿征服希腊之主要原因

公元前 338 年马其顿人大败希腊联军，此后希腊诸邦丧失主权，沦为马其顿人的附庸。这在古希腊史上是一件划时代的大事。如何理解这段历史？许多学者认为，马其顿征服希腊，马其顿帝国的形成，是希腊城邦奴隶制经济持续增长、阶级斗争日趋激烈的必然结果，是符合希腊历史发展趋势，符合古代国家由城邦到帝国的发展规律的（以下简作"必然"说）。[1]然而，根据我们的考察，这种观点与历史实际不尽相符，问题本身又涉及如何理解古代国家发展的统一性等重大理论问题。因此，很有必要继续加以研究。本文拟从缕析古典时代希腊城邦经济、政治状况及其发展趋势入手，力图辨明马其顿征服希腊的主要原因。

---

1 世界上古史纲编写组：《世界上古史纲》，上册，北京：人民出版社，1979 年，第17—27 页；下册，北京：人民出版社，1981 年，第 192—207 页；江爱沪：《论马其顿之统一希腊》，《上海师范学院学报》1982 年第 4 期。关于国外学者的讨论，参见中国世界古代史研究会编：《古代城邦问题译文集》，北京：时事出版社，1985 年，第80—101、191—230、268—328 页。

一

希腊城邦经过数世纪的发展，特别是由于它们在波斯战争中的胜利，到公元前 5 世纪中后期，各主要城邦的经济达到空前繁荣的程度。其中尤以雅典最为突出。

公元前 478 年以后，雅典人巧妙地利用他们在反波斯军事同盟中的领导地位，牢固地控制了爱琴海的战略要地和交通要道，一跃成为希腊世界国力最强的城邦。到公元前 5 世纪 30 年代，雅典年财政收入平均达 1000 塔连特以上，前 427/426 年更高达近 2000 塔连特，国库存款在前 437 年曾达 9700 塔连特。[1] 雄厚的经济实力使雅典不仅能够支付连年征战的庞大军费和行政开支，同时还可出巨资连续数十年大兴土木。粗略统计显示，仅在公元前 447—前 443 年间，雅典的军费和行政开支就不下 6000 塔连特，营建各种公共建筑耗资约 8000 塔连特。[2] 尽管如此，前 431 年其国库存款仍有 6000 塔连特。[3] 与此同时，其他城邦的经济亦普遍有所增长。在斯巴达、帖撒利亚等盛行黑劳士制度的地区增长速度略缓，但它们大都处于本邦经济发展的鼎盛时期。毫无疑义，历时 27 年的伯罗奔尼撒战争是希腊经济史上的一个转折点。但是，战后各邦经济发展状况和趋势如何？这不能不涉及对这场战争的历史作用的评价问题。战争虽使个别城邦（如斯巴达）的物质财富一度有所增加，但

---

1 色诺芬：《长征记》，VII.1.27；阿里斯托芬：《马蜂》，656—660 行；修昔底德：《伯罗奔尼撒战争》，II. 13. 3—5。
2 齐默恩（A. Zimmern）：《希腊联邦：公元前 5 世纪雅典的政治和经济》（*The Greek Commonwealth: Politics and Economics in Fifth-century Athens*），伦敦，1961 年，第 411—412 页。
3 色诺芬：《长征记》，VII.1.27；阿里斯托芬：《马蜂》，656—660 行；修昔底德：《伯罗奔尼撒战争史》，II. 13.3—5。

绝大多数参战国因此而造成严重的难以弥补的经济损失。就雅典而言，战争使它积累多年的巨额金钱消耗一空，农业生产遭到毁灭性打击，劳里昂银矿荒废，工商业败落，国民收入锐减；随着雅典帝国的瓦解雅典人所控制的领土范围骤然缩小，属民人口大减，国势一落千丈。[1] 这场战争波及整个希腊世界，且规模大、时间长，尤其是各交战国皆频出重兵蹂躏对方的田园，使作为主要生产部门的农业遭到严重破坏，从而不能不极大地阻滞战后各邦经济的恢复和发展。因此，从古典时代希腊经济史的总体上看，这场战争对参战诸邦经济发展主要是起了消极作用的。

在战争中获胜的斯巴达人，掠取了大量金银财富，控制了许多战败国，一度成为全希腊的霸主。但斯巴达并未因大量金银财富的涌入而使其生产发展、经济繁荣、国库充裕、武力强盛，反而因此加剧了"平等者公社"的分化和瓦解，削弱了国家的统治阶级的力量。前4世纪70—60年代，它接连为底比斯联军所败。美塞尼亚人经过长期不懈的斗争，终于摆脱了斯巴达人的奴役。[2] 从此，斯巴达不仅丧失了一切海外利益，连本土的疆域和奴隶人数亦减少过半，半数以上的公民势必因此而破产。[3] 亚里士多德不无感叹地写道，斯巴达"取得了（伯罗奔尼撒）战争的胜利，开疆拓土，正要经营新版图时，他们又突然衰弛了"。[4]

在公元前4世纪，无论哪个城邦都未达到或超过极盛时期雅典

---

1 斯特劳斯（B. B. Strauss）:《伯罗奔尼撒战争以后的雅典》(*Athens after the Peloponisian War*)，伦敦，1986年，第43—63页；徐松岩:《公元前五世纪末雅典城邦危机的深化及其原因》,《齐鲁学刊》1989年第4期。

2 色诺芬:《希腊史》，VII.2.2。

3 狄奥多拉斯:《历史丛书》，XV. 66.1。

4 亚里士多德:《政治学》，1271b3—6。

的经济水平，除雅典等极少数城邦经济呈缓慢回升态势以外，其他城邦大都是停滞不前或每况愈下的。即使是雅典，奴隶人数也大大少于伯里克利时代。[1] 因此，从总体上看，希腊经济的鼎盛时期在公元前 5 世纪，前 4 世纪进入相对低落期。显然，把古典时代希腊奴隶制经济的持续增长作为马其顿征服希腊的历史前提，是不符合基本历史事实的。

二

那么，从总体上看，公元前 5—前 4 世纪希腊各地阶级斗争是否日益激烈，国家规模是否具有不断扩大的趋势呢？希腊主要城邦的历史事实可以回答这个问题。

在斯巴达，公元前 464 年爆发了声势浩大的黑劳士大起义。斯巴达人及其盟军与起义者交战 10 年仍未分胜负。这次起义规模之大，历时之久，在古典时代希腊世界奴隶起义中是首屈一指的。这颇可说明当时斯巴达人和黑劳士之间阶级对抗的激烈程度。可是，在公元前 4 世纪，这两大对立阶级之间并未发生大规模武装冲突。公元前 398 年，发生了一次未遂起义即所谓"基那敦起义的密谋"。尤其是公元前 371 年斯巴达兵败留克特拉之后，"许多庇里阿西人的城市和所有黑劳士都起义了"。[2] 这固然表明斯巴达社会矛盾仍相当尖锐，但问题是此后斯巴达的版图和黑劳士人数皆大为减少，所有担任战事的男子竟不足千人。[3] 公元前 4 世纪 70 年代以后的斯巴

---

1 徐松岩：《古典时代雅典奴隶人数考析》，《世界历史》1994 年第 3 期。

2 波桑尼阿斯：《希腊纪行》，IV. 27.9。

3 亚里士多德：《政治学》，1270a32—33。

多彩的雅典娜

达与其鼎盛期相比，无疑是一个规模更小的国家。

再看雅典。公元前 5 世纪后期，随着原提洛同盟诸邦多已臣服于雅典，雅典国家版图急剧扩大，爱琴海已变成雅典的"内海"。[1]国内的主要矛盾逐步转变为统治者（雅典人）同广大被奴役者、被剥削者（霸国境内臣民尤其是奴隶）之间的矛盾。为摆脱雅典人的羁绊，优卑亚、萨摩斯、米提列涅等地人民先后举兵反抗；西西里远征之后，开俄斯等众多属邦掀起暴动；阿提卡 2 万多名奴隶趁机逃走。这足以说明雅典霸国境内阶级对抗之激烈。

不仅如此，公元前 5 世纪末雅典统治集团内部的斗争也是相当激烈的。亚里士多德所说雅典历史上的 11 次政制变动，仅在前 411—前 403 年间就有 4 次；前 404 年有 1500 多富人在内讧中被杀。[2]

然而，在公元前 403—前 338 年间雅典社会一直是相当稳定的。在这里既没有发生大规模的属民、奴隶的暴动，也未发生奴隶集体逃亡事件，更未发生新的政制变动及公民集体内部的流血冲突和相互残杀。公元前 4 世纪后期，雅典曾有过所谓"反马其顿派"与"亲马斯顿派"之间的争斗，但它充其量不过是公民集体内部的一场唇枪舌剑的争论而已。我国的教科书往往以此为雅典阶级斗争空前激烈的证据，这是值得商榷的。

需要指出的是，波斯战争以后雅典的扩张使其领土大增，这是其国力增长的主要原因之一。伯里克利自豪地指出，"雅典人……在岛屿上和大陆上都拥有充足的土地"，"可以从那里输入一切所

1 徐松岩：《关于雅典同盟的几个问题》，《西南师范大学学报（哲学社会科学版）》1993 年第 3 期。

2 亚里士多德：《雅典政制》，XXXV. 2—XLI. 3。

需"。[1] 在他的心目中，阿提卡的土地只是雅典全部领土的一小部分。这也正是雅典在伯罗奔尼撒战争中采取"放弃乡村、入居城市"策略的基础。而这场大战的失败又使雅典重新成为一个小国寡民之邦。

在阿尔哥斯，社会矛盾空前激化。公元前 370 年这里发生了所谓"棍棒党"暴动，1200 多名有钱有势的显贵公民被杀。问题是经过这场斗争，阿尔哥斯不仅未成长为一个领土更广阔、国力更强大的国家，反而国力日衰，一蹶不振。

可见，"必然"说对古典时代希腊诸邦阶级斗争和国家发展趋势的理解是与历史实际有一定距离的。公元前 4 世纪希腊诸邦混战的结果，并未促成国家规模的扩大，而且一个城邦内部矛盾的激化与否，同它是否具有向高一级的国家转化的客观趋势并无必然联系。

城邦是一种早期奴隶制国家形式。奴隶制帝国则是古代奴隶制国家的最高形式，它的形成是奴隶制经济发展即国家的物质财富的增长、国家规模不断扩大和国家机构逐步强化的结果。一个国家对外扩张的成功，总是或多或少地加速这些条件的形成。国家机构的完善与强化，则是古代国家发展的实质性内容。遗憾的是，许多古史研究者对于阶级斗争的具体情况极为关注，却往往忽视这些斗争对国家机构的完善和强化有何影响，这不能不是一种偏差。

军队是国家政权的支柱，是维护统治阶级利益的主要工具。公元前 4 世纪 60 年代以后，主要城邦的军事力量与其全盛时期相比，皆已大为削弱。斯巴达曾拥有近万名公民兵，此时已不足千人；一度崛起的底比斯经过 10 年征战，大批公民战死，兵源迅速趋于

---

1 修昔底德：《伯罗奔尼撒战争史》，I. 143.4—5；II. 62.3。

　　　　　　　　　　　　　多彩的雅典娜

枯竭。

其时雅典经济状况在希腊诸邦中是最好的。然而，在"同盟战争"时期，维持一支7000—8000名雇佣兵的费用，即使其财政左支右绌，以致战后民众法庭都不得不关闭。这说明它很可能没有常备军或常备军远不足此数。可是，在伯里克利时代，雅典拥有一支约2万人的常备军；此后在其海军中服役的外籍雇佣军人数亦常保持在3万人左右。[1]

上述情况的出现并非偶然。自公元前5世纪末叶起希腊诸邦的公民兵制度渐趋衰落，但这并不意味着雇佣兵制度自然而然地随之兴起和发展，更不意味着军事力量随之增强。因为一个国家能否拥有强大的职业化军队，在很大程度上取决于其经济实力。公元前4世纪中叶以后，希腊绝大多数城邦生产停滞、谷物短缺、财政拮据、人口减少，根本不具备组建比昔日公民兵更强大的雇佣军的物质条件。

顺便提一下，公元前4世纪中期雅典官员数目比伯里克利时代大为减少。亚里士多德在《雅典政制》中提供的资料表明，伯里克利时代雅典本土及派往各属国的官员至少1400名，而一个世纪以后人数不超过350名，减少四分之三以上。[2] 这是雅典国家规模急剧缩小的必然结果。

公元前4世纪希腊诸邦情况虽不尽相同，奴隶制社会的主要矛盾即奴隶主与奴隶之间的矛盾并未空前激化；各主要城邦的国家机

---

1 修昔底德：《伯罗奔尼撒战争史》，VI. 30—30.2，42—46，VII. 20；普鲁塔克：《传记集·伯里克利传》，XI. 4。参阅加恩西（P. D. A . Garnsey）等主编：《古代世界的帝国主义》（*Imperilisim in the Ancient world*），剑桥大学出版社，1978年，第122页。
2 亚里士多德：《雅典政制》，XXIV. 3，XVIIL，XI。参阅琼斯（A. H. M. Jones）：《雅典民主》（*Athenian Democracy*），牛津大学出版社，1957年，第6页。

构不仅未日益完善和强化，反而日趋软弱甚至陷于瘫痪。危机四伏的希腊城邦已失去昔日的活力，国家机器对内不能有效维护奴隶主贵族的利益，镇压属民和奴隶的反抗，对外难以开疆拓土，攻城掠地。因此，希腊城邦发展成为更大规模国家的可能性，以及以掌握军权为背景的少数权贵左右政局、建立独裁统治的可能性皆愈来愈小，即希腊城邦在公元前 4 世纪根本不存在逐步为专制主义帝国所取代的发展趋势。

三

　　一种在学术界长期流行但并不科学的观点，是从现代希腊共和国的观念出发，把古代希腊视为一个"民族国家"。有的学者由此出发，极力强调马其顿人和希腊人在种族上的亲缘关系，以期证明马其顿乃是"希腊"（国家）的一部分，马其顿征服希腊乃是希腊民族或国家内部的"统一"，而非一个国家兼并其他国家的国际战争。他们据此把马其顿统一希腊的必然性，混同于希腊城邦转化为帝国的必然性[1]。这也正是"必然"说以希腊城邦的经济、政治状况作为马其顿帝国成因的依据。其实，这种说法本身存在很多缺陷。其一，至迟在公元前 4 世纪以前，希腊还只是一个地理的概念，马其顿人的征服战争，使希腊实现了统一，这不等于希腊民族国家由分裂走向统一。征服是实现统一的手段，而统一则是强者征服弱者的结果。其二，"希腊"这一地理概念约形成于公元前 8—前 7 世纪，即希腊城邦形成初期，马其顿人在希腊历史舞台上的出现比

---

1 江爱沪：《论马其顿之统一希腊》，《上海师范学院学报》1982 年第 4 期。

希腊城邦要晚得多。因此，希腊人理所当然地不把马其顿王国视为希腊诸邦之一。[1]事实上，公元前4世纪中期以后腓力父子的改革和对外扩张，恰恰是促成马其顿人吸收希腊文化因而也是加速他们"希腊化"的主要因素。[2]在某种意义上可以说，马其顿成为"希腊"的一部分，乃是它征服希腊的结果。其三，马其顿征服希腊，实质上是其国家规模扩大的过程。因此，希腊诸邦奴隶制经济状况及其政治制度、阶级关系的发展演变，仅仅是、也只能是马其顿征服希腊的外部因素，是次要原因。如果以此作为马其顿征服希腊和马其顿帝国形成的历史前提和出发点，则势必混淆甚至颠倒马其顿国家发展的内外因关系，其方法是不科学的。

我们认为，马其顿征服希腊的主要原因只能求之于马其顿王国本身；马其顿的对外征服既符合本国奴隶制发展的客观要求，同时也反映了东地中海周边地区奴隶制发展的大趋势。

首先，古代国家形式的变化从根本上说是取决于奴隶制发展状况和趋势的，而军事征服和掠夺是奴隶制发展的主要途径。因此，一旦奴隶制的发展与建筑在它上面的国家形式之间发生矛盾，那么，"在大多数情况下，这种矛盾是通过另外的比较强盛的公社对衰落的公社进行暴力的奴役（例如马其顿以及后来的罗马对希腊的奴役）而解决的；只要这些比较强盛的公社本身也是以奴隶制为基础的，那这里发生的就仅仅是中心的转移和这一过程在较高阶段

---

1 参见修昔底德：《伯罗奔尼撒战争史》，I. 1—12；希罗多德：《历史》，II. 56、171，V. 22。

2 参阅哈蒙德（N .G .L .Hammond）：《马其顿国家的起源、制度和历史》（*The Macedonian State: Origins, Institutions and History*），牛津大学出版社，1989年，第152—165页。希腊普通话即 *koini*。

上的重复……"[1]恩格斯在这里对古代奴隶制发展规律所做的科学总结，对于我们正确理解古代国家形式的发展变化具有重要的指导意义。城邦是希腊国家的基本形式。及至公元前4世纪，奴隶制的发展与希腊的国家形式之间的矛盾愈益突出。主要表现是：城邦日趋衰弱，无力保持国内奴隶制的继续发展，更无力对外扩张和征服，这是与奴隶制发展的对外征服和掠夺的客观要求背道而驰的。换言之，小国寡民的城邦已经日益成为奴隶制进一步发展的障碍。

其次，公元前4世纪50—40年代，马其顿王国与毗邻诸邦相比，已经占有明显的优势。主要表现在三个方面。其一，王国疆域广阔，经济实力雄厚，人力资源丰富。足智多谋的腓力采用正确的战略策略，软硬兼施，远交近攻，在公元前359—前356年短短三年间就占领富有矿产和造船木材的色雷斯沿海地区，使王国的版图扩大了一倍，人口增长了两倍，由55万人增至165万人，而同期希腊大陆最大的城邦雅典至多15万人。[2]在领土扩大的过程中，马其顿人生活条件有所改善，国库收入激增。公元前353年，腓力攻下麦坦后，"夷平城市，将其领土分给马其顿人"。[3]前348年腓力攻克奥林托斯，"他洗劫了城市，奴役了其居民，把那里的人和财产都当作战利品卖了。他用这种办法获得大量军费"。[4]尤其重要的是，腓力每年可以从新占领的潘加伊昂金银矿山获取1000塔连特的收入[5]，仅此一项就相当于伯里克利时代雅典帝国金钱岁入总数。

1 恩格斯：《〈反杜林论〉材料》，《马克思恩格斯全集》，第20卷，北京：人民出版社，1972年，第676页。

2 哈蒙德：《马其顿国家的起源、制度和历史》，第111—119页。

3 狄奥多拉斯：《历史丛书》，XVI. 34. 5。

4 狄奥多拉斯：《历史丛书》，XVI. 53. 3。

5 狄奥多拉斯：《历史丛书》，XVI. 8. 6。

这就为马其顿王国进一步对外扩张奠定了物质基础。其二，国内社会矛盾相对缓和，军事实力强大。马其顿人至少可出 3 万—4 万精兵，国内成年男子总数达 41.5 万，[1] 而此时雅典公民共 2.1 万人，至多出兵 1 万。[2] 马其顿王国兵源充足，兵器先进，并且具备招募、训练职业化雇佣兵的经济条件。据估计，腓力野战军一年的军费开支近 3000 塔连特，[3] 这是任何一个希腊城邦所望尘莫及的。腓力的军队训练有素、士气高昂，加上采用了当时欧洲最具战斗力的战阵——马其顿方阵更是如虎添翼，威力大增。其三，逐步形成以国王为首的强有力的政治领导核心。依照马其顿的习俗，"靠武力赢取的财富归国王所有"。马其顿王国与希腊诸邦在财政制度方面最显著的不同，是其大部分财富尤其是金银矿产资源归国王个人支配。因此，国王的权力随着对外扩张的成功而日益增长。[4] 腓力的改革全面地强化了马其顿国家机构，加强了君权和中央集权，巩固了对境内人民的统治，从而也为它进一步向外扩张准备了条件。自公元前 352 年起，马其顿已成为巴尔干半岛上综合国力最强大的国家。对于它来说，征服一盘散沙、贫弱交加的希腊诸邦，只是个时间问题。

最后，马其顿对外扩张顺应了东地中海周边地区奴隶制发展的大趋势。公元前 3 世纪以前，该地区奴隶制发展总体上是呈上升趋势的。然而，伯罗奔尼撒战争以后，一度居于该地区领先地位的希腊（尤其是雅典）经济发展滞缓甚至不同程度地呈衰退之势，经济

---

1 哈蒙德：《马其顿国家的起源、制度和历史》，第 167 页。
2 雅典在决定命运的喀罗尼亚战役中出兵 1 万。
3 朱建军：《论物质财富对古代马其顿王权消长的决定作用》，《世界历史》1987 年第 2 期。
4 哈蒙德：《马其顿国家的起源、制度和历史》，第 159—182 页。

中心开始东移。事实上，马其顿征服希腊继而东征波斯，其结果一方面大大加速了奴隶制经济中心东移的进程，另一方面在客观上促成东西各地文化的交流和发展，使本地区奴隶制文明总体水平有所提高。简言之，本地区奴隶制的上升趋势恰恰体现在马其顿对外扩张和征服的过程之中。从这种意义上，我们似乎可以说，马其顿之征服希腊和希腊之被征服，都是奴隶制发展的必然结果。

四

国家的产生乃是人类历史发展的必然。世界各地最初出现的国家一般说来都是国小民寡之邦，与之相适应的则是技术薄弱的国家机构，公共权力也往往很小。但是，"随着国内阶级对立的尖锐化，随着彼此相邻的各国的扩大和它们人口的增加，公共权力就日益加强"[1]。因此，古代国家由小到大的发展过程，在本质上乃是公共权力逐步增长的过程。任何一个地域辽阔、人口众多的大国或霸国，不论它的政体如何，其公共权力通常都大于国小民寡之邦，因而原则上应属高一级的国家形态。

希腊城邦的发展史以及它们最后被马其顿征服的事实证明：在最初出现的众多的国家中，能够逐步扩张成为大国和帝国的，毕竟只是极少数。而每一个霸国或帝国的形成，无不是以征服和奴役其他国家的人民为前提的。雅典霸国和马其顿帝国难道不是如此吗？绝大多数国家因国力弱小或外敌过于强大或在争霸中失利而或早

---

1 恩格斯：《家庭、私有制和国家的起源》，《马克思恩格斯选集》，第4卷，北京：人民出版社，1972年，第167页。

或迟地沦为被鲸吞的对象。自公元前 5 世纪末开始的希腊诸邦的争霸、混战，并未使其朝统一的方向发展，相反，却更加四分五裂。马其顿王国与希腊城邦之间力量对比的变化，使希腊人保持独立的一切努力都只能归于徒然。

从宏观上看，古代世界国家发展的必然性表现为：机构原始的、简单的国家形式，必将为机构更加完善、复杂的高一级国家形式所取代。但这种必然性是逻辑的必然性，不是历史的必然性。历史的必然性是受历史环境制约的，是有条件的，因而不排斥其他的历史可能性。古代世界各地条件千差万别，国家的发展道路远非整齐划一、千篇一律的。仅就国家规模而言，最初出现的一般说来都是小国寡民的国家，它们以后的发展至少有三种可能性，有的始终基本保持原有状态，如苏美尔、腓尼基和希腊的多数城邦；有的则逐步发展为规模较大的霸国，如雅典、叙拉古、迦太基等；有的则在霸国的基础上发展为地域辽阔的、超越了自然的地理和民族界限的大帝国，如波斯、马其顿、罗马等。有的学者把逻辑的必然性混同于历史的必然性，认为奴隶制城邦必然地或普遍地为奴隶制帝国所取代，把错综复杂的历史进程简化为某种僵硬的公式或"规律"。持"必然"说的学者无视马其顿帝国的前身是马其顿王国这一再明显不过的事实，无视征服希腊后的马其顿王国与希腊城邦之间只是逻辑的承继关系，认定马其顿征服希腊和马其顿帝国的形成是希腊城邦历史发展的必然结果，难道不是附会上述公式或"规律"的产物吗？

原载《西南师范大学学报（哲学社会科学版）》1997 年第 4 期

15 黑劳士制度、土地制度与"平等者公社"的兴衰

——近 50 年来斯巴达历史研究的成就和问题

最近半个世纪以来，中外学者在古代斯巴达历史研究中，已经取得了许多精深的研究成果。关于斯巴达城邦的土地制度、黑劳士制度（或译希洛特制度、希洛制）、军事制度等问题的研究一直受到国内古典学者的普遍关注。早在新中国成立之初，我国学者如郭沫若、杨向奎、童书业、日知诸先生在讨论古史分期和黑劳士的阶级属性时，都曾关注过这些问题。[1]其后，也不断有学者就相关问题展开讨论。[2]在西方，自乔治·格罗特的《希腊史》问世以后，尤

---

1 郭沫若：《关于奴隶与农奴的纠葛》，《奴隶制时代》，北京：人民出版社，1954 年，第 106—122 页；杨向奎：《古代史研究中的几个问题》，《文史哲》1956 年第 6 期；童书业：《古代史研究中的几个问题的补充》，《文史哲》1956 年第 6 期；日知：《古典作家所记的黑劳士制度》，《东北师范大学科学集刊》1957 年第 3 期。
2 刘家和：《美塞尼亚战争和黑劳士制度的发展》，载朱庭光主编：《外国历史大事集》古代部分第一分册，重庆：重庆出版社，1986 年，第 244—253 页；王敦书：《斯巴达早期土地制度考》，《历史研究》1983 年第 6 期；刘家和：《论黑劳士制度》，载氏著《古代中国与世界》，武汉：武汉出版社，1995 年，第 78—139 页；廖学盛：《黑劳士是奴隶抑或农奴》，《中国第二届世界古代史国际学术研讨会论文选 . 世界古典文明杂志（增刊）》，长春：东北师范大学古典文明研究所，1998 年；刘先春：《试论希洛人的阶级属性》，《齐鲁学刊》1992 年第 3 期；黄洋：《古代希腊土地制度研究》，上海：复旦大学出版社，1995 年，第 81—116 页；胡庆钧：《早期奴隶制社会比较研究》，北京：中国社会科学出版社，1996 年，第 3—74 页。

其是近 50 年来，不少学者参与过黑劳士制度以及与此密切相关的土地制度的研究和讨论。[1] 1957 年，F. W. 沃尔班克教授指出："斯巴达土地制度的问题是斯巴达制度研究这一模糊的领域中最有争议的问题之一。"[2] 其中，英国学者 P. 卡特里奇所著《阿格西劳斯与斯巴达的危机》，在西方古史学界被公认为古典时代斯巴达历史研究中最有分量的研究成果。苏联著名古史学者 И. М. 季雅科诺夫、Ю. В. 安德列耶夫等也曾对斯巴达的土地制度和黑劳士制度作过卓有成效的探讨。[3] 土地制度以及与此密切相关的黑劳士制度是斯巴达城邦的社会经济基础，是考察斯巴达城邦（所谓"平等者公社"）兴衰的至关重要的历史因素。当然，除此以外，军事制度、继承制度、公餐制度等其他因素无疑也是不应忽视的。因此，近年来学者们在研究斯巴达历史时，似乎更加注重综合考察。本文拟简要回顾近 50 年来的有关研究成果，并试图指出研究中存在的一些问题。

---

1 H. Michell, *Sparta*, Cambridge, 1952; A. H. M. Jones, *Sparta*, Oxford, 1967; P. Oliva, *Sparta and her Social Problems*, Translated by Iris Urwin-Lewitova, Amsterdam, 1971; P. Cartledge, *Sparta and Laconia: A Regional History 1300-362 B.C.*, London, 1979, 在该书附录四，作者集中罗列了古典作品中涉及黑劳士制度的史料；E. David, *Sparta between Empire and Revolution 404-243B.C.*, New York, 1981; G. L. Cawkell, "The Decline of Sparta". *Classical Quarterly*, 33(1983), pp.385ff; S. Hodkinson, "Land tenure and inheritance in classical Sparta", *Classical Quarterly* 36(1986), pp.378-406; P. Cartledge, *Agesilaos and the Crisis of Sparta*, London & Baltimore, 1987; A.Powell, Edt, *Classical Sparta:Techiques Behind Her Success*, University of Oklahoma Press, 1989; W. G. Forest, *A History of Sparta*, Bristol Classical Press (3rd edn), 1998.

2 F. W. Walbank, *A Historical Commentary on Polybius*. Vol.1, Clarendon, Oxford, 1957, p. 278.

3 И. М. 季雅科诺夫：《古代早期的奴隶、黑劳士和农奴》，《古代史通报》1973 年第 4 期；Ю. В. 安德列耶夫：《斯巴达是城邦的一种类型》，中国世界古代史学会编：《古代世界城邦问题译文集》，北京：时事出版社，1985 年，第 102—117 页。

一

　　众所周知，公元前6—前5世纪，斯巴达以其强大的陆军称雄于希腊大陆。斯巴达人称霸的基础，是它所拥有一支训练有素并且完全脱离生产劳动的职业化军队。而此前斯巴达人对美塞尼亚的侵占和征服，使其领土、财富和奴隶数目皆得以成倍增长，这是他们能够成为完全依靠剥削黑劳士为生的寄生阶级的决定性因素。然而，斯巴达在取得伯罗奔尼撒战争的胜利之后，尤其是到了公元前4世纪，"平等者公社"的经济基础日趋瓦解，城邦公民人数急剧减少。[1]希罗多德告诉我们，公元前480年，斯巴达人的成年男子约有8000人，[2]这个公民数字比较可信，因为它与普拉泰亚战役时斯巴达陆军兵力（有5000战士[3]）是相符的。[4]亚里士多德也提到斯巴达在"某个时期公民数确实不少于1万人"。[5]可是，公元前464年，斯巴达发生强烈地震，普鲁塔克说斯巴达城几乎被夷为平地，仅有5间房屋保存完好；[6]人员死伤惨重。狄奥多拉斯记载说，仅拉哥尼亚就死了2万多人。[7]H.米歇尔认为，这个数字并非不可能，但也许有所夸大。[8]到公元前418年曼丁尼亚战役时，参战的斯巴达公民为3584人，这意味着公民总数约4300人。[9]公元前394年约有

1　P. Cartledge, *Sparta and Laconia: A Regional History1300-362B.C.*, pp. 307-324.

2　Herodotus, *The Historiae*, VII. 234.2.

3　除在境外作战的士兵外，通常还有一部分士兵留守国内。

4　Herodotus, *The Historiae*, IX. 10.1, 11.3, 28.2, 29.1; Thucydides, *The Peloponesian War*, 1996, V. 64.

5　Aristotle, *The Politics*, 1990, 1270a36-37.

6　Plutarch, *The Parallel Lives, Cimon*, XVI; Polybius, *The Historiae*, IV. 24.6.

7　Diodorus Siculus, *The Historical Library*, XI. 63.

8　H. Michell, *Sparta*, Cambridge University Press,1952, p. 32.

9　Thucydides, *The Peloponesian War*, V. 68.3. 修昔底德（V. 64）说此前有1/6的公民已返回家乡。

2500 人，[1] 及至公元前 371 年留克特拉之战时，斯巴达陆军兵力仅有 700 人，[2] J. M. 摩尔认为这意味着能担负兵役义务的斯巴达人总数约为1200人[3]；A. H. M. 琼斯估计有1300人[4]；P. 卡特里奇认为至多1500人。[5] 亚里士多德说，在他撰写《政治学》时，有能力担任战事的斯巴达公民人数减少到不足 1000 人。[6] 在亚氏看来，斯巴达的衰落的主要原因之一是当政者对妇女的放纵，以及妇女的贪婪和穷奢极欲；另一个原因是缺少男子，因而一战失利（指留克特拉之战），便一蹶不振。[7] 斯巴达公民迅速减少的原因何在？它与土地私有制发展的关系如何？美塞尼亚和美塞尼亚人在斯巴达城邦历史上的地位和作用怎样？这都是国内外学者感兴趣并试图解决的问题。

　　事实上，早在公元前 4 世纪，希腊的思想家们，如伊索格拉底、柏拉图、色诺芬等，就试图对斯巴达公民迅速减少的原因作出自己的解释。这是色诺芬撰写的《拉栖代梦人的政制》的重要动因之一；[8] 亚里士多德指出，斯巴达土地集中到少数人手中，而另有些人却陷于贫穷。[9] 按照斯巴达的法律规定，如果公民不能交纳用于公餐的粮食，他就会丧失公民权。[10] 普鲁塔克对于斯巴达的土地制

1 Xenophon, *Hellencia*, IV. 2.16; P. Cartledge, *Sparta and Laconia: A Regional History 1300–362 B.C.*, London, 1979, p.308.

2 Xenophon, *Hellencia*, 1997, VI. 1.1, 4.15, 17.

3 J. M. Moore, *Aristotle and Xenophon On Democracy and Oligarchy*, London, 1975, p.93; W. G. Forest, *A History of Sparta*, Bristol Classical Press(3rd edn), 1998, pp.131–137.

4 A.H.M. Jones, *Sparta*, Oxford,1967, pp.134–137.

5 P. Cartledge, S*parta and Laconia:A Regional History1300–362B. C.*, p.308.

6 Aristotle, *The Politics*, 1270a29–31.

7 Aristotle, *The Politics*, 1269b–1270a40.

8 Xenophon.*The Constitution of the Lacedemonians*, 1984, I. 1–2.

9 Aristotle, *The Politics*, 1270a15.

10 Aristotle, *The Politics* , 1271a33–35, 1272a13–15.

度亦给予了相当的重视，并对此提出了自己的看法。他提到，斯巴达的立法者来库古斯曾将土地分成 9000 份，每个公民分得一份。[1]后来，这种份地制度的瓦解，正是斯巴达衰落的重要原因。

在国内学者的研究成果中，日知（林志纯）教授的《古典作家所记的黑劳士制度》、刘家和教授《论黑劳士制度》（以下简作"刘文"）、王敦书教授《斯巴达早期土地制度考》（以下简称"王文"），这三篇论文，堪称 20 世纪中国学者对斯巴达历史研究最有分量的著作。日知先生相当全面地搜罗了古典作家的有关记载和评论，重点对斯巴达以及其他地方的黑劳士制度进行考察，认为"黑劳士制度和中世封建的农奴制度"有着根本的不同，它属于早期奴隶制的范畴之一。[2]王敦书先生通过深入扎实的研究和精审缜密的考证，指出，"直到公元前 5 世纪末，斯巴达的土地制度在本质和根源上是以剥削国有农业奴隶希洛人（引者按：黑劳士）为基础的土地国有制，但这种国有制已在不同程度上遭到破坏；另一方面，土地私有制开始产生和发展，但在不同程度上受到限制。到公元前 4 世纪，斯巴达的土地国有制迅速破坏，私有制则急剧发展"；王文最后得出这样的结论："斯巴达土地财产分化和集中的渠道是多方面的。不但国王和贵族能在征服战争中多占土地，而且地产可以通过馈送、遗赠、嫁妆、嗣女婚姻、充当养子和负债抵押等多种方式集中到少数人手里……总之，斯巴达的土地私有制和土地财产的分化与集中的现象，在公元前 5 世纪之前已逐步发展起来，但是在土地国有制尚占上风的情况下受到抑制。而到伯罗奔尼撒战争结束，以及公元前 371 年斯巴达战败失去美塞尼亚后，斯巴达的土地制度发

---

1 Plutarch, T*he Parallel Lives, Lycurgus,* VIII. 5.
2 日知：《古典作家所记的黑劳士制度》，《东北师范大学科学集刊》1957 年第 3 期。

生了急剧的变化，土地国有制瓦解，私有制迅速膨胀。"[1]

刘家和先生指出，"黑劳士制度是一种与城邦土地所有制相对应、与斯巴达城邦命运共始终的奴隶制度"。[2]刘文主要考察的是黑劳士制度的兴衰，但同时不能不论及土地制度。文章写道："在斯巴达，私有制受到抑制的情况，经过伯罗奔尼撒战争而发生了剧变。斯巴达赢得了战争的胜利，赢得了霸权，也赢得了大量金银货币。"[3]据普鲁塔克所记，"在阿奇达姆斯统治的时代（引者按：公元前427—前398年），金银钱币最初流入了斯巴达，随着金钱的流入，贪婪和致富之欲也泛滥起来，虽然吕山德本人并不腐化，然而正是通过他的行为，他从战争中带回金银，才在国家中充满了发财与奢侈的风气，并因此而破坏了吕库古斯的法律。"[4]刘文接着评论道："金银风暴卷起的贪欲狂澜，以不可抗拒的威力震荡着斯巴达人的社会，浸淫着贵族们的心。由于原来缺乏工商业方面的基础，从而缺乏从这方面吸收和利用金银货币的能力，因此这一狂澜便主要卷向了土地。"[5]

国内外学者在探讨斯巴达土地制度时，经常援引普鲁塔克所记的一段材料："现在可以这样说，拉栖代梦人的国家在推翻雅典霸权并被金银充满之后不久，它就开始忍受纷乱和腐化的痛苦了。不过因为吕库古斯所规定的家庭数字还因地产的遗传而保持未动，父亲仍把家产遗给儿子……。但是有一个时候某一个名叫爱皮塔丢斯

---

1 王敦书：《斯巴达早期土地制度考》，《历史研究》1983年第6期。

2 刘家和：《论黑劳士制度》，载《古代中国与世界》，武汉：武汉出版社，1995年，第138页。

3 刘家和：《论黑劳士制度》，载《古代中国与世界》，第127页。

4 Plutarch, *The Parallel Lives*, XXXV. 1.

5 刘家和：《论黑劳士制度》，载《古代中国与世界》，第127页。

15 黑劳士制度、土地制度与"平等者公社"的兴衰   235

（Epitadeus）的有势力的人做了监察官，他是一个刚愎任性、脾气暴躁的人，他因为和自己的儿子发生口角，就提出了一条法律，允许一个人在其生前把自己的财产和份地赠给任何他所愿给的人，或者用其遗嘱和誓言来这样支配其财产。这个人是用立法来报复个人的私恨，但他的国人却因贪欲而欢迎这项法律，并把它付诸实施，于是制度的最优秀之点就被毁坏了。因为有权势的人们立即毫不犹豫地开始掠取地产，把合法继承人从其继承权中排挤出去，于是国家财富迅速流入少数人手中，贫困变成了一般规律……。剩下来的旧斯巴达家庭不过 700 家，而这 700 家中，大概只有 100 家是占有土地和份地（所据有的土地和份地）的；而普通的群众，既无资财，又无公民权，只好无所事事地生活着。他们无心也无力防御外来的战争，却时刻伺机在国内进行政变。"[1]

刘文在引用这段史料后紧接着指出："从这个记载里似乎还未见到土地的买卖，其实正如亚里士多德所说，土地转让和自由买卖'导致了同样的后果'。所谓赠与或遗赠，不过是变相的买卖而已。随着土地的兼并和集中，土地所有制的性质也在变化。过去斯巴达的城邦公有地和份地，显然都成了兼并的对象，变成了如普鲁塔克以上所说的富人'所据有的土地'的来源。于是大量的城邦所有制（公地和份地）的土地迅速地转化为私有地。"[2]

黄洋博士在《古代希腊土地制度研究》（以下简称"黄著"）一书中，专辟一章"斯巴达的'份地'及其土地制度"，就此作了专门研究。黄著吸收了 20 世纪 90 年代初以前西方古典学界的主要研究成果，正确地指出，"斯巴达的土地制度同它的共餐制、教育制度

---

1 Plutarch, *The Parallel Lives.*
2 刘家和：《论黑劳士制度》，载《古代中国与世界》，第 128 页。

和军事制度都有着密切的关系，而同它的黑劳士制度更是不可分割的"。[1] 作者在对相关史料认真加以考辨后认为，斯巴达城邦的土地可分为两类，"黑劳士为斯巴达城邦而不是公民个人所有，他们被用来耕种公民的份地"，"斯巴达城邦进行过份地的平均分配"，"份地的平均分配实质上是征服者对被征服领土的瓜分"，"而这实际上主要是对美塞尼亚土地的瓜分"。这是第一类，即公民的份地。第二类土地即斯巴达本土拉哥尼亚的土地。"拉哥尼亚的大部分土地集中在少数贵族手中，而大多数的下层斯巴达人则没有或拥有很少的土地"。[2] 黄著在该章最后的结语中指出："份地的分配使得社会的下层获得了最基本的经济基础，从而能够参与城邦的社会与政治生活……他们才得以成为城邦的正式成员即公民。从这个意义上来说，斯巴达份地的分配实际上限定了公民群体的范围，从而也就定义了公民权。此后，公民的份地为他们的后代所继承。子女共同继承的制度以及女继承人的众多又导致了土地的集中和公民群体内的贫富分化。"[3]

裔昭印博士在其《古希腊的妇女》（以下简作"裔著"）一书中，从一个新的视角对斯巴达的土地财产状况加以考察，指出："经济上，公民间财富分配不平等，贫富分化日益加深，财产逐渐集中到少数人手中。财富的集中最突出的表现是土地财产的集中。来库古立法时，约有 9000 户斯巴达公民家庭得到了土地，到了公元前 4 世纪，保有田产的公民战士大约只有 1500 户。"[4] 作者认为，"通过

---

1 黄洋：《古代希腊土地制度研究》，上海：复旦大学出版社，1995 年，第 81—116 页。
2 黄洋：《古代希腊土地制度研究》，第 115 页。
3 黄洋：《古代希腊土地制度研究》，第 103、115—116 页；廖学盛：《〈古代希腊土地制度研究〉读后》，《历史研究》1997 年第 1 期。
4 裔昭印：《古希腊的妇女》，北京：商务印书馆，2001 年，第 155—156 页。

富有家庭之间交换妇女的联姻，富者更富，土地日益集中到少数人手中，作为城邦社会基础的公民的数量也不断减少"；值得注意的是，裔著还特别强调，"是私有制的发展，而不是妇女的奢侈导致了斯巴达城邦的衰落"。[1]

值得注意的是，S.霍德金森从份地制度、婚姻制度和财产继承制度的角度对斯巴达土地所有制的历史沿革作了全面、系统的研究。[2]他系统地发展了斯巴达土地私有制的理论，力图否认城邦主持份地平均分配的所谓"正统观点"，强调在整个古典时代斯巴达人土地所有权的明显不平等性，并特别指出女性（包括嗣女和其他家庭的女儿）拥有土地所有权、财产继承权以及与此密切相关的婚姻制度，在加速私有制发展中至关重要的作用。[3]

综括上述，可以看到，国内外研究者对于斯巴达公民人数在古典时代后期急剧减少，"平等者公社"土崩瓦解的原因的大致有两种看法。一是认为主要由于土地私有制的发展，土地兼并和集中的加剧而引起的贫富分化；二是认为子女共同继承份地的制度以及女继承人的众多又导致了土地的集中和公民群体内的贫富分化，其最终结果都是导致众多下层公民的贫困化以致破产，从而失去公民权。这两种看法实际又不无相通和交叉之处。其共同的核心论点是财产私有制尤其是土地私有制的发展导致斯巴达城邦的衰落。需要说明的是，普鲁塔克是罗马帝国时代的学者，熟悉晚期罗马共和时代土地兼并和集中的情况，他在写作斯巴达土地改革者阿基斯和克

---

1 裔昭印：《古希腊的妇女》，第174页。

2 S. Hodikinson, "Inheritance, Marriage and Demograhpy: Perspectives upon the Success and Decline of Classical Sparta". A. Powell, Edt, *Classical Sparta: Techiques Behind Her Success*. University of Oklahoma Press, 1989.

3 A. Powell, Edt, *Classical Sparta: Techiques Behind Her Success*, pp. 79–121.

里奥蒙尼的传记时，就是与罗马的土地改革家格拉古兄弟配对比较的。因而我们不能排除他有可能把罗马的情况类推于斯巴达，进而夸大斯巴达土地集中的程度。

二

　　国内外学者近几十年的研究，大致廓清了斯巴达历史上一些重要问题。如斯巴达土地私有制是否存在的问题，斯巴达的领土扩张尤其是第一、二次美塞尼亚战争与黑劳士制度的确立、与公民份地制度确立的关系问题，继承制度、婚姻制度对公民贫富分化和社会地位的重要影响，等等。如前所述，私有制的发展、土地兼并和集中、馈送、遗赠、嫁妆、嗣女婚姻等固然都是导致公元前4世纪斯巴达广大公民的贫困化，进而成为导致其人数减少和斯巴达国势衰微的重要原因。但是，除此以外，还有没有其他的也许是更重要的原因了呢？回答是肯定的。

　　实际上，有的学者已经注意到这些问题。前引刘文已经指出，长期的伯罗奔尼撒战争所带来的后果是多方面的，"战争本身就可以导致斯巴达公民的分化"，"战胜的斯巴达也是会有很多公民在战争中破产的"。[1]至于战争本身是如何导致斯巴达公民的分化和破产的，大概由于篇幅所限而未能展开论述；王文虽提到公元前4世纪土地"私有制迅速膨胀"，但是，土地私有制究竟是怎样膨胀的？大概是因其主要考察的是斯巴达"早期"土地制度，也未就此作进一步阐释；黄著和裔著虽都注意到公元前4世纪"斯巴达

1　刘家和：《论黑劳士制度》，载《古代中国与世界》，第127页。

女继承人众多"，[1]但为什么出现这种情况？二著均未作更详尽的说明。因此，笔者认为，国内外研究者在认定公元前4世纪斯巴达土地私有制急剧发展的史实证据方面，似乎稍显薄弱；而把公民人数迅速减少视为土地集中的重要证据，这本身就是很成问题的问题。

在这里首先值得我们特别关注的是修昔底德、色诺芬和亚里士多德的有关记载。因为他们生活的时代纵跨公元前5世纪中期至前4世纪末，有的去过斯巴达甚至长期生活在那里，对斯巴达的实际情况比较了解，可以说是斯巴达历史发展变化最近的见证人。

据修昔底德记载，公元前464年斯巴达发生强烈地震，黑劳士趁机发动起义。他提到，"大多数的黑劳士是古代美塞尼亚人的后裔，他们在一次著名的战争中被奴役了。因此，所有的黑劳士渐渐地被统称为美塞尼亚人"。[2]修氏所说的"大多数"具体地说是一个什么样的数量概念？我们不得而知。但既然黑劳士可以被统称为美塞尼亚人，就足以说明美塞尼亚人在黑劳士阶级之中数量上的绝对优势了。[3]因此，如果说美塞尼亚人占黑劳士总人口的三分之二甚或更多一点，这样的推论大体是符合历史实际的。

毫无疑问，征服美塞尼亚人，对于斯巴达黑劳士制度的确立，具有决定性意义。斯巴达人对于美塞尼亚土地的占领和瓜分，对美塞尼亚人的压迫和剥削，是古典时代斯巴达城邦制度赖以存在的基础，是它成为希腊本土最早拥有的强大职业化重装步兵的经济前提，这也就是斯巴达能够长期称雄希腊大陆的物质基础。

---

1 裔昭印：《古希腊的妇女》，第174页。

2 Thucydides, *The Peloponesian War*, I. 101.

3 Strabo, *Gegoraphy*, VIII. 5. 6; Pausanias, *Description of Greece*, IV. 27. 9.

然而，斯巴达人的这支军队的数量，到公元前 5 世纪末 4 世纪初，比之全盛期已大为减少。伯罗奔尼撒战争后期，斯巴达人在波斯人的金钱援助下，组建海军，最终击败了老对手雅典人。可是，斯巴达脆弱的霸主地位并没有维持多久，"科林斯战争"（公元前 394 年—前 387 年）后，其霸主地位就已经名存实亡了。亚里士多德不无感慨地写道："斯巴达人赢得了（伯罗奔尼撒）战争的胜利，开疆拓土，正欲经营新版图时，却突然衰弛了。"[1]

可以看到，古代学者的记载和现代学者的研究成果似乎比较一致地认定，斯巴达土地私有制在公元前 4 世纪尤其是前 371 年以后迅速发展，公民人数便因此而迅速减少。但是，土地私有制的发展和公民人数减少这二者之间究竟是一种怎样的关系，学者们迄今未能作出令人满意的解释。现代学者研究结果给人们的突出印象似乎是，原本属于八九千甚至上万户公民的土地，到公元前 4 世纪后期，已经集中到千余户公民手中。[2] 斯巴达的土地集中和兼并的情况果真有如此严重吗？

事实上，土地私有制的发展与公民人数的减少之间并不是必然的因果关系，土地私有制的发展不是公民人数减少的充分必要条件。因为土地私有制的急剧发展是完全有可能与公民人数的迅速增长同时出现的，罗马共和国晚期的历史就是很好的例证。在斯巴达，以往研究者似乎普遍忽视了由于以底比斯为首的波奥提亚人攻入伯罗奔尼撒、原本臣服于斯巴达人的美塞尼亚人重新获得独立这一重要历史事实。这一史实的重要性表现在：其一，大多数的黑劳士从此摆脱了斯巴达人的剥削和奴役，这对于斯巴达

---

1 Aristotle, *The Politics*, 1271b3–6.
2 米晨峰：《世界古代史》，北京：中国人民大学出版社，2001 年，第 325 页。

的黑劳士制度是一个极其沉重的打击；其二，斯巴达国土面积骤减，也就是说，斯巴达"平等者公社"自第二次美塞尼亚战争以来所拥有的物质财富的数量减少过半；其三，"平等者公社"中那些原本习惯于依靠剥削黑劳士（美塞尼亚人）为生的斯巴达人，必然因此而难以谋生。这是此后"斯巴达人"迅速减少的最重要的原因。

公元前5—前4世纪斯巴达"平等者公社"人数减少的另一个重要原因是地震和战争。如前所述，斯巴达人在公元前464年的大地震中的人口损失是巨大的。值得注意的是，地震中死亡的人口包括妇女和未成年人，因而对其后一段时间人口出生率、增长率的负面影响是不可低估的。同样，其间的大大小小的战役中的损失，也导致了他们人口减少。公元前418年的曼丁尼亚战役至少有300名斯巴达人阵亡；[1]公元前371年留克特拉之战，斯巴达又损失400人。[2]成年男子死亡，其份地大概仍属于该家庭所有；男主人不在了，女主人就自然成为土地所有者，主人的女儿亦可分得一份地产。[3]这是土地私有制发展的重要表现，也正是史料中"女继承人众多"的重要原因。嫁妆制度也许在公元前5世纪及其以后对于斯巴达妇女拥有较多财产发生过很大影响，进而对于公民人数的减少起到某种促进作用，但并非主要原因。

离开本土，到外地充当雇佣兵是公元前4世纪斯巴达公民人数减少的又一重要原因。希腊城邦全盛时期实行公民兵制度，但

---

1 Thucydides, *The Peloponesian War*, V. 74.

2 Xenophon, *Hellenica*, VI. 4.15.

3 S. Hodikinson, "Inheritance, Marriage and Demograhpy: Perspectives upon the Success and Decline of Classical Sparta". A. Powell, Edt, *Classical Sparta: Techiques Behind Her Success*. University of Oklahoma Press, 1989.

这种兵制在公元前 5 世纪末斯巴达、雅典两强争霸战争中逐步暴露出其种种弊端，雇佣兵制度悄然兴起。[1] 商品经济的发展、城邦危机的深化和长期战争，直接导致了以挣钱为目的职业军人阶层的出现，战争的结束往往意味着他们的"失业"，充当波斯国王或权贵的雇佣兵成为他们的一条重要出路。公元前 401 年，希腊"万人军"随小居鲁士参与波斯内战，揭开了希腊人到波斯充当雇佣兵的序幕。在色诺芬的战友中，有不少是来自伯罗奔尼撒的士兵。其中有斯巴达人克利尔库斯带领 1000 名重装兵、800 名色雷斯轻盾兵和 200 名克里特弓箭手。[2] 斯巴达当局还直接派遣克里索甫斯率 700 名重装步兵加入居鲁士的远征军。[3] 从色诺芬的记载来看，他们似乎已经习惯于这种以挣钱为直接目的的职业。他们跟随居鲁士出征，主要是因为有"高薪"的诱惑。公元前 4 世纪后期，希腊人跨过赫勒斯滂海峡到波斯充当雇佣兵更为流行。值得注意的是，前 334 年亚历山大与波斯国王在伊苏斯交战时，波斯国王手下至少有 3 万名训练有素的希腊籍雇佣军。[4] 而据英国学者 N.G.L. 哈蒙德的研究，此时波方的希腊籍雇佣军有 5 万名。[5] 显然，这些军人不是临时招募的，而是此前一个时期已经到达的。伯罗奔尼撒的斯巴达无疑是兵源供应地之一。亚历山大东征伊始，便特地派克连德到伯罗奔尼撒招募兵员，数月后他就带回 4000 名希腊雇佣兵，[6] 可为佐证。

---

1 刘林海、徐松岩：《希腊军制变革与城邦的兴衰》，《西南师范大学学报（哲学社会科学版）》1998 年第 2 期。

2 Xenophon, *Anabasis*, I. 1-2.

3 Xenophon, *Anabasis*, I. 4.

4 Arrian, *Anabasis Alexandri*, II. 8.

5 N. G. L. Hammond, *A History of Greece To 322 B.C.*, pp. 666-667.

6 Arrian, *Anabasis Alexandri*, I. 24, II. 20.

我们再回过头来看看亚里士多德的记载。他认为斯巴达衰落是由于男子缺乏和财产制度失当，显然是避重就轻，因为在留克特拉战前斯巴达的男子就所剩无几；同时他对斯巴达失去对美塞尼亚的统治权只字不提，却大谈土地集中的问题。他所说的公民子女众多而导致斯巴达公民地产被不断分割，进而导致公民的贫困化，恐怕仅只是理论上的原因而已。亚氏还提到，那时斯巴达全国将近五分之二的土地为妇女所有。显然，这五分之二的土地是指以妇女为户主的家庭所有，这些妇女大致包括两种情况：一是公民之妻，二是公民之女，有些妇女可能身兼两种角色。男主人或许已死，或许还活着，但肯定不在斯巴达境内。另外还有约 1200—1500 户（即占总户数的五分之三）的土地仍在以男人为户主的家庭控制之下。亚里士多德所说的"斯巴达全国土地"，自然不包括已经获得独立的美塞尼亚在内。由此笔者似乎可以得出这样一个结论：在公元前 4 世纪后期的斯巴达的领土（拉哥尼亚）上，大约生活着 2000—2500 户斯巴达人，其中五分之二的家庭已没有成年男子（即土地控制在妇女手中）。

斯巴达的国土曾经包括拉哥尼亚和美塞尼亚两部分。拉哥尼亚的面积明显小于美塞尼亚，而且前者绝大部分为山地，后者素以土地肥沃著称；[1]美塞尼亚人是斯巴达人黑劳士的主要组成部分。黄洋先生甚至认为，"斯巴达份地的实质是其公民对征服地区土地的瓜分，而这实际上主要是对美塞尼亚土地的瓜分"。[2]因此，笔者觉得，如果说，征服美塞尼亚，可以使斯巴达三分之二甚至更多的公民及其家人得以脱离生产劳动，反之，美塞尼亚的独立，同样是

---

1 H. Michell, *Sparta*, Cambridge University Press, 1952, pp. 3-6, 228-229.
2 黄洋：《古代希腊土地制度研究》，第 103 页。

他们无法维持其寄生生活、无法保持其公民权的最主要原因。由此笔者似乎可以得出另一个结论：美塞尼亚独立后，斯巴达原有的9000块份地，大约有三分之二已不属于斯巴达人所有；同时，大约有三分之二的黑劳士摆脱了斯巴达人的压迫和剥削。这就是说，在斯巴达全盛时期，依靠剥削拉哥尼亚的黑劳士生活的斯巴达人也不过是3000户左右，而公元前4世纪后期亚里士多德写作《政治学》时也还有约2000—2500户。如果我们对公元前5—前4世纪斯巴达土地兼并和集中的程度做一种量化处理的话，那么土地集中的"系数"似乎并不是学者们普遍认可的8∶1或9∶1，更不是少数学者所想象的40∶1，[1]而大致应当是3∶2。公元前4世纪斯巴达土地私有制发展的主要表现，是私有化程度的加深，土地继承、转让的频度空前加快。当然，这个速度和程度是相对于公元前6—前5世纪几乎处于停滞状态的情况而言的。由于公元前371年以后斯巴达土地总量急剧减少，使得土地兼并和集中的范围，不得不局限在拉哥尼亚境内；在这里，公民数量变动不大，土地集中的程度和规模，看来都是很有限的。

三

综上所述，笔者认为，古典时代后期随着斯巴达土地私有制的发展，土地兼并和集中固然是存在的，对斯巴达城邦的社会经济基础的瓦解产生过重要影响，但并不是公元前4世纪斯巴达"平等者公社"基础瓦解、黑劳士制度衰落的主要原因；斯巴

---

1 米晨峰：《世界古代史》，第325页。

达的战败、美塞尼亚的丧失是其间斯巴达版图缩小、国力衰微、"斯巴达人"数量减少、黑劳士制度衰落最主要的也是最直接的原因。当然，诚如裔著所说，把斯巴达城邦（"平等者公社"）的衰落归罪于斯巴达妇女，是有欠公允的，也是缺乏确凿的史实依据的。

土地兼并和集中，固然可以导致公民数目的减少。但是，如上所述，至少从亚里士多德开始，斯巴达土地兼并和集中的程度就是被严重夸大了的。现代学者在某种程度上受到古代史料的误导，循着亚里士多德的思路继续前行。事实上，公民数目的减少，其原因是多方面的，它并不一定是完全或主要地由土地兼并和集中引起的。看来，公元前5—前4世纪，关于斯巴达土地兼并和集中史料尤其是关于土地买卖的史料的匮乏，恰恰是历史实际的真实反映。因为这样的史实原本就不存在，所以也就不单单是一个史料"匮乏"的问题。然而，迄今为止，在许多研究者的心目中，公元前4世纪斯巴达公民人数的迅速减少，似乎就一定是因为其间发生过严重的土地兼并和集中，于是殚精竭虑寻觅有关土地兼并和集中的史料，而结果也往往令他们大失所望。

近50年来国内学者们在考察斯巴达历史时，似乎比较普遍地存在着这样一种偏向：过多地强调和夸大斯巴达土地兼并和集中的规模和程度，进而过高估计财产私有制尤其是土地私有制发展的历史作用，[1]而对其他历史因素特别是美塞尼亚的得与失的历史地位和作用则多有忽略。这不能说不是一种偏差。在历史发展过程中，一因多果、多因一果、多因多果的情况是司空见惯的。因

---

1 高中伟、徐松岩：《公元前4世纪雅典土地所有制状况及其成因》，《内蒙古民族大学学报（社会科学版）》，2001年第4期。

此，对于某一种历史现象的前因后果，必须实事求是地逐一加以辨析，绝不可以某种现成的思维定式去简单地处理那些错综复杂的历史问题。

原载《西南师范大学学报（人文社会科学版）》2003年第3期；
中国人民大学书报资料中心《世界史》2003年第9期全文转载

第四章

奴隶制·经济结构

16　关于雅典奴隶制状况的两个问题

　　国内外学者对于古典时代雅典奴隶制（尤其在工商业方面）的发展状况和趋势，历来很感兴趣，并已取得许多精深的研究成果。但这并不意味着问题已得到圆满的解决。相反，某些传统的立论以及对有关史料的理解和使用的方法还有明显不妥或失误之处。因此，仍有必要从理论上和史实上加以澄清和纠正。本文拟从考析一则史实的年代入手，着重讨论两个问题：（一）古典时代奴隶制大作坊的规模、发展趋势；（二）公元前 4 世纪雅典公民占有奴隶的基本状况。

一

　　学者们通常以雅典为例，力证古典时代希腊出现大批奴隶制作坊，并以此作为奴隶制"发达""典型"的主要标志之一。关于手工业作坊的规模和发展趋势，苏联学术界广泛认为，公元前 5 世纪后期，雅典小型作坊一般有 3—12 名奴隶，到前 4 世纪作坊的规模不断有所扩大，吕西亚斯之父和德摩斯提尼之父的作坊分别拥有 120 名和 63 名奴隶。[1] 这种观点已为我国学者所普遍接受。有的学者在此基础上进一步指出，"在公元前 4 世纪初的大型奴隶作坊中……奴隶数目一般在二三十人左右，有的多到百余人"（指吕西亚斯之父的作坊）；同一著作稍后又说，公元前 4 世纪雅典"奴隶制的发展表现为大奴隶作坊的盛行，奴隶主比前此拥有更多的奴隶……大奴隶作坊使用奴隶最多者可到一二百人，一般在三四十人到五六十人之间"。[2]

上述学者对公元前 4 世纪雅典大作坊的规模的理解虽不尽一致甚至自相矛盾，但都断定其规模普遍大于前一世纪，数量显著增多。众所周知，吕西亚斯兄弟的作坊是雅典古典时代已知的人数最多的一个，弄清它存在的年代对于准确理解大作坊的规模和发展趋势皆十分重要。既然学者们普遍把它作为前 4 世纪初作坊规模进一步扩大的证据，[3] 也就等于否认此前有过同样规模的作坊，同时肯定它出现或至少存在于前 4 世纪初。历史事实果真如此吗？作坊主本人如是说："他们（引者按：那些来抄家的人）从我们的作坊里掠得 700 面盾，取走所有的金银以及铜、珠宝、家具……还有那 120 名奴隶，他们把其中最好的留给自己，其余的移交国库。"[4] 显而易见，吕西亚斯在法庭上发表演说时，他们的作坊和奴隶已被查抄、瓜分。

那么演说发表于何时，所陈述的事实发生于何时？吕西亚斯讲

---

1 苏联科学院主编：《世界通史》，第 2 卷上册，北京：生活·读书·新知三联书店，1960 年，第 35、69—70 页。

2 周一良、吴于廑主编：《世界通史（上古部分）》，北京：人民出版社，1980 年，第 213—223 页。

3 B. C. 塞尔格叶夫：《古希腊史》，北京：高等教育出版社，1955 年，第 365 页；刘家和主编：《世界上古史》，长春：吉林文史出版社，1987 年，第 261 页；参见《古希腊的经济》，载中国世界古代史研究会编：《世界古代史译文集》，第 85 页。

4 吕西亚斯，XII. 19.

得一清二楚。他的父亲约于公元前 450 年应邀由叙拉古迁至雅典，经营一座大型盾牌作坊。雅典远征西西里失败后，吕氏兄弟开始接管他父亲的产业。公元前 404 年，"三十僭主"大肆迫害富有的麦特克，剥夺其财产。吕氏兄弟被捕，家产被抄，兄长被杀。翌年，民主制得以重建，幸免于难的吕西亚斯被授予公民权，并亲自当众指控与杀害其兄有牵连的被告（"三十僭主"之一）。

尽管吕西亚斯本人在公元前 4 世纪初还活着（约卒于前 380 年），但没有任何证据表明他重新拥有一个同样规模的大作坊。事实上，他后来仅拥有 12 名奴隶。[1]

由此可以断言，吕氏兄弟的大作坊在雅典历史上存在的时间范围不可能超出公元前 450—前 404 年。说它出现或至少存在于前 4 世纪，是毫无根据的。

公元前 4 世纪，雅典是否出现超过 120 名奴隶的大作坊呢？答案也是否定的。

事实是，现已确知奴隶人数的最大的两处作坊：一是刀剑作坊，有 32 或 33 名奴隶；一是睡床作坊，有 20 名。可在当时人看来，它们分别都是大型作坊。[2] 另外，获释奴帕西昂拥有一处年利为 1 塔连特的盾牌作坊，[3] 而上述刀剑作坊年利 30 明那（1/2 塔连特），学者们据此估计奴隶人数可能为 60—70 人。

古典史料中关于其他富人的奴隶数目的记载如下：潘泰尼图（一位矿坑承租人）拥有 30 名奴隶，[4] 提玛尔科斯之父有 9—10 个，[5] 列

---

1 B. C. 塞尔格叶夫：《古希腊史》，第 258 页。

2 德摩斯提尼，XXVII. 9。

3 德摩斯提尼，XXXIV. 4—6。

4 德摩斯提尼，XXXVII. 4。

5 埃奇斯尼，I. 97。

奥格拉底有价值 35 明那的奴隶（约 9—12 个），[1] 吕西亚斯有 12 个，亚里士多德有 13 个，特奥佛拉斯托有 9 个，斯特拉同有 6 个。[2]

由此可得出两点认识：第一，其时奴隶作坊人数最多的约 60—70 人，仅相当于前此最大作坊的 1/2，人数达 20—30 人的皆属大作坊；第二，雅典富人占有的奴隶通常不超过 13 个，且并非清一色工奴。把这两点归结为一点，那就是 20 人以上的大作坊很少见，大型作坊规模并未扩大。

如此看来，那种关于公元前 4 世纪奴隶制作坊规模空前扩大，人数最多者可到 100—200 人，一般在 30—60 人之间的观点，显然是夸大失实的。近年来学者们虽不再照搬此说，但仍普遍把吕氏兄弟的大作坊"移植"到后一世纪，借以说明奴隶制在手工业中的进一步发展。由此所得出的结论自然是没有什么说服力的。

不必否认，对古典时代雅典奴隶制大作坊的规模和发展趋势作更具体深入的剖析是很困难的。理由简单而明确：史料严重匮乏。值得指出的是，雅典手工业作坊的规模从根本上取决于奴隶制在手工业中的总体发展水平，而这又不能不受到诸多因素的制约和影响。

首先，同希腊许多城邦一样，直到公元前 4 世纪，雅典公民的主要财富是土地和房产，许多城市居民本身就是土地所有者，农业以及出租房屋是大多数公民谋生的基本手段。色诺芬指出，经营田产、出租房屋和剥削会手艺的奴隶是自由民谋生的三种典型方式。[3]

---

1 莱库古：《反列奥格拉底》，22—23，58。

2 B. C. 塞尔格叶夫：《古希腊史》，第 258 页。

3 色诺芬：《回忆苏格拉底》，III. 11. 4。参阅芬利：《古代希腊的经济和社会》（*Economy and Society in Ancient Greece*），伦敦，1981 年，第 65—67 页；琼斯（A. H. M. Jones）：《雅典民主》（*Athenian Democracy*），牛津，1957 年，第 79—80 页。

因此，富人一般拥有土地或可供出租的房产，有时兼营手工业，并非仅以手工业为生。[1]

其次，由于非公民自由人（麦特克、获释奴等）被排斥在土地所有权之外，因而其资产只能更集中于经营工商业特别是那些与土地所有权无关的行业。铭文资料显示，他们在工商业者中占有人数上的压倒优势。[2]亚里士多德指出，"在古代，在有些国家，手工业者阶级事实上包括奴隶和外国人，因此，甚至现在大部分手工业者还是这样"。[3]雅典历史上规模最大的两家作坊的所有者（吕西亚斯兄弟和帕西昂）皆不是公民；德摩斯提尼之父的全部遗产中竟无一块地产，这在富有公民中是极其罕见的。因此，大作坊的形成，与其主人无权或未曾购置土地大有关系。

再次，经营手工业与农业相比，所担风险（如奴隶死亡或逃亡、产品销路不畅等）要大得多，而利率却相差无几。德摩斯提尼的一个作坊因没活干而不得不卖掉半数的奴隶。[4]

复次，公元前4世纪雅典国家和公民私有财产大大少于前一世纪后期。伯里克利时代雅典国库存款一度高达9700塔连特；前428/427年，应纳战争税公民的私产总额至少2万塔连特，[5]而前378/377年仅为6000或5750塔连特。[6]这势必使国家和公民私人以更大规模剥削奴隶的可能性大大减小（关于后两点，下文将作进一

---

1 琼斯：《雅典民主》，第14—16页。
2 参见格罗茨（G. Glotz）：《古代希腊的劳作》（*Ancient Greece at Work*），纽约，1926年，第172—187页。
3 亚里士多德：《政治学》，1278a6—15。
4 德摩斯提尼，XXVII. 18。
5 修昔底德：《伯罗奔尼撒战争史》，II. 13；III. 27。参阅梅格斯（R. Meiggs）：《雅典帝国》（*The Athenian Empire*），牛津大学出版社，1975年，第257页。
6 德摩斯提尼，XIV. 19；波里比阿：《通史》，II. 62. 7。

步论证）。

最后，古代人一般认为农业是自由公民的本业，从事工商业则普遍受到鄙视。这样，一方面，富有的公民变卖房地产以经营手工业是难以想象的，另一方面，以经营工商业而发财致富的极少数非公民在获得公民权以后，却又不遗余力地购置地产（帕西昂因此而拥有价值 20 塔连特的地产）。这种双重趋向连同上述诸因素有效地遏制了奴隶制作坊的更大发展，所谓公元前 4 世纪作坊规模不断扩大、拥有 30—60 名奴隶的大作坊盛行的说法不可能成为历史的现实。因此，我们认为，这种观点与其说缺乏史料依据，毋宁说有关史实在雅典历史上根本不存在。

二

欧美史学界历来公认的一个观点是：古典时代雅典农业中使用奴隶一直很少，但手工业中使用奴隶劳动相当普遍。理由是中产或中产以下（塞提斯）公民凡从事农作者，一般自力谋生，而若从事手工业，相当一部分塞提斯可以剥削奴隶为生。早在 20 世纪 50 年代，以反对夸大古代社会中工商业经济成分而著称的英国学者 A. H. M. 琼斯根据德摩斯提尼所提及的工奴价格（大多数每人 5—6 明那，其余的至少 3 明那，平均 4.5 明那），[1]认为：既然 20 明那的财产相当于 6—7 名会手艺的奴隶的价钱，那么属于塞提斯阶层的公民至多可拥有一处作坊和 5 个工奴，以下是那些拥有 1—4 个奴

---

1 德摩斯提尼，XXVII. 9。

　　　　　　　　　　　　　　多彩的雅典娜

隶的手工业者，或者是以其子女为助手的工匠，最底层充当佣工。[1]
中产阶层的公民当然可拥有更多的奴隶。这样，中下层公民被认为
普遍可拥有奴隶，以剥削奴隶为生，他们因此而往往被作为一个中
小奴隶主阶层。

上述观点借以立论的最主要的论据，乃是经营手工业的利润
通常数倍于农业。法国学者 G. 格罗茨以工奴的身价之和为全部本
金，推算奴隶作坊的年利率一般可达 25%—30%。[2] 这就是说，一
位拥有价值 20 明那工奴的公民，每年约可净得 5—6 明那的收入，
按当时的物价这笔钱可养活 2 名成年人。[3] 如此则这个观点似乎无
可非议。但成问题的是，其推算方法是否科学，结论是否切合历史
实际？

在古代希腊和罗马，自由公民中的哪些人具备使用奴隶所必需
的物质条件，即哪些人可能成为奴隶主？这是古代奴隶制研究中迄
今未得到很好解决的一个重要理论问题。关于这种的具体内容，恩
格斯作过精辟的阐述，他指出，"为了能使用奴隶，必须掌握两种
东西：第一，奴隶劳动所需的工具和对象；第二，维持奴隶困苦生
活所需的资料。"[4]

按照我们的理解，恩格斯所说的强迫者，既可以是国家，也可
以是个人。就个人而言，除非两个条件兼备，否则不可能成为奴隶
的占有者。因此，拥有相当于一定数量的奴隶价钱的资产，固然表
明他可能具备第一个条件，却未必意味着具备第二个条件，即掌握
了超过维持本家庭所需的剩余的生活资料，以维持奴隶的生存。易

---

1 琼斯：《雅典民主》，第 80—81 页。
2 格罗茨：《古代希腊的劳作》，第 273 页。
3 亚里士多德：《雅典政制》，XLII. 3。
4 恩格斯：《反杜林论》，《马克思恩格斯选集》，第 3 卷，第 200 页。

言之，那些不能自给、勉强可以自给或略有剩余但不足以维持一个奴隶生活的小生产者，通常不可能成为奴隶主。

诚然，在古希腊人看来，奴隶仅仅是主人的财产和会说话的工具，但他们又不得不承认，奴隶乃是所有财产和工具中唯一需要吃饭、穿衣否则便无法使用的工具。当时奴隶主阶级的思想家就已指出，"奴隶的生活有三项内容，那就是做工、受罚、喂肚子。……因此要始终既让奴隶做工，又给他们以足够的食物，因为不给予报酬是不能统驭奴隶的，而一个奴隶的报酬就是他的食物。"[1] 近代西方史学研究结果表明，"无论是私人所有的奴隶或国家所有的奴隶，都由所有者给以衣食住，有时他们获得一部分钱，作为津贴自己衣食之用。"[2] 这就是说，只要奴隶为主人劳动，主人就必须给予他维持生存所必需的食物和衣服。从铭文资料可知，养活一名奴隶每年至少需 225 德拉克玛，与国家分配给一青年公民的口粮（240 德拉克玛）相差无几，[3] 对雅典中下层公民来说这是一笔不小的开支。显然，把奴价之和作为推算工奴利率的全部本金，[4] 的确有很大缺陷。因为这实际上不仅把奴隶看成是不需衣食住的财产，而且完全忽视了奴隶不与劳动工具和对象相结合便不可能成为工奴这一基本事实。以资料翔实的德摩斯提尼的两处作坊为例，53 名奴隶价值 230 明那，奴隶们年生活费至少 120 明那，房屋、原材料 180 明那，每年净收入 42 明那。[5] 可以肯定，倘若德氏仅拥有价值 230 明那的财

---

1 伪亚里士多德：《经济论》，I. 5。

2 杜丹：《古代世界经济生活》，北京：商务印书馆，1963 年，第 57 页。

3 格罗茨：《古代希腊的劳作》，第 212 页；亚里士多德：《雅典政制》，XLII. 3。

4 塞尔格叶夫：《古希腊史》，第 254 页；格罗茨：《古代希腊的劳作》，第 273 页；库左甫科夫：《论奴隶制发展中产生差别的诸条件和古典世界中奴隶制的最高发展》，《史学译丛》1954 年第 3 期。

5 德摩斯提尼，XXVII. 9—11。

　　　　　　　　　　　　　多彩的雅典娜

产，是绝不可能成为拥有 53 名奴隶、净收入 42 明那的作坊主的。

　　根据现有史料，我们可以较为准确地推算出各行业的赢利状况。首先看农业。公元前 4 世纪后期，在厄琉西斯，承租神庙出租的耕地，要缴纳收获物的 8%—10%，[1] 演说家伊萨优斯提到，一块价值 20 明那的地产出租约可得 160 德拉克玛的收入。[2] 很明显，一个拥有 20 明那地产的公民若从事农业，维持自己的生活已十分困难，绝不可能再蓄养奴隶。正如亚里士多德所说，牛"在穷苦家庭中就相当于奴隶"。[3]

　　再来看手工业和房屋出租业的情况。如前所述，拥有 530 明那的财产是德氏成为年利 42 明那的作坊主的最基本的前提。换言之，42 明那的利润是包括奴隶在内的 530 明那财产而不仅仅是奴隶本身所带来的。照此推算，一个价值 20 明那的小作坊若使用奴隶，年利仅约 160 德拉克玛。在雅典等大城市出租房屋的利率为 8.5%。史料记载，雅典人斯特拉托克利把价值 35 明那的房产出租，每年获利 3 明那。[4]

　　由此可见，任何一位拥有价值 20 明那财产的公民，不论他从事以上哪种行业，其全部财产出租所得收入相差无几，皆难以养活一位成年自由民或奴隶。吕西亚斯生动地描述了这样一位工匠的境遇："我懂一种可获取少量收入的手艺，由本人亲自经营，因为如果把它交给一名奴隶来做，我就无力承担奴隶的费用。"[5] 因此，可以肯定，这个阶层的公民只能是那些靠自己的劳作而勉强度日的穷

---

1 格罗茨：《古代希腊的劳作》，第 254—255 页。
2 伊萨优斯，XI. 42。
3 亚里士多德：《政治学》，1252b13。
4 格罗茨：《古代希腊的劳作》，第 239 页。
5 格罗茨：《古代希腊的劳作》，第 204 页。

人，不可能是奴隶的直接占有者和剥削者。

尤其值得注意的是，色诺芬在把农业和其他行业的利润做比较时，间接证实了上述结论的正确性。他写道，"当谷物和酒类丰足时，谷价低廉，种植谷物便无利可图，这样许多农民就会放弃耕耘而从事商业、零售业或借贷业"。[1]色氏很清楚后三种行业比农业更有利可图，确实也正是如此。这里的商业主要指海上贸易，只要船只安全返航，船主的收益是颇为可观的。而与此相关的所谓"海洋贷款"，例如从雅典到黑海沿岸地区的航程（这是前4世纪雅典海上贸易的主要商路），利率可达12.5%—30%。[2]由神庙经营的大规模金融业务，贷款的年利率通常为12%—18%。[3]存入"银行"的现款利率一般为12%。[4]至于零售业，虽然当局以立法的形式严格规定某些重要物品（如粮食）的零售价与批发价之间的差额，但从吕西亚斯的一篇反粮食商贩的演说辞中，[5]我们看到这样做仍难以阻止他们牟取更高的利润。

因此，假如奴隶作坊的年利率达25%—30%，其中间数明显高于"海洋贷款"，约相当于农业的三倍，那么色诺芬在列举比农业更有利可图的行业时，似乎没有任何理由对此只字不提。还应当说明的是，梭伦改革时划分财产等级是以公民的收入为标准的，到公元前4世纪则以财产数为标准，这恰恰反映出财产数量相当的公

---

1 色诺芬：《论收入》，IV. 6。后一句可直译为"许多农民就会放弃耕耘而成为商人、店主(shopkeepers)或贷钱者"。按希腊文原意，"店主"本指从事零售的摊贩或小商店主，而非旅店店主。

2 参见加恩西等主编：《古代经济中的商业》(*Trade in the Ancient Economy*)，伦敦，1983年，第36—52页。

3 苏联科学院主编：《世界通史》，第2卷上册，第41页。

4 德摩斯提尼，XXVII. 10。

5 吕西亚斯，XXII. 5—9，14—16。

民，无论从事哪种职业，收入大致相等。因此，他们占有和使用奴隶的物质条件绝不可能有明显差异。

三

公元前4世纪雅典所有公民中肯定不占有奴隶和可能占有奴隶的各有多少人？这无疑是一个非常复杂、也许永远无法准确回答的问题。但是，运用科学的理论对其间雅典公民占有奴隶的状况作尽可能准确的量化分析，仍不能不说是十分必要的。

如上所述，以往研究者一般估计，财产不足20明那者有条件占有1—5名，少数富人往往拥有30—60名奴隶。这样，财产数界于二者之间的公民普遍可拥有5—30名奴隶。

古典时代雅典公民人数由于种种原因而时有增减，不过仍有一些比较可信的数字。据估计，公元前431年，公民总数约为4.2万，其中塞提斯约2万；此后到前403年，公民人数剧减。[1]前4世纪中后期，公民人数约2.5万—3万，其中财产在20明那以上的9000人。[2]由此可知，财产在20明那以下者约1.6万—2.1万人。

公元前5世纪末至4世纪末，拥有20明那以上财产的公民大概一直保持在9000人左右。[3]他们占有奴隶的状况如何，是我们讨论的重点。

---

1 参见斯特劳斯：《伯罗奔尼撒战争以后的雅典》(*Athens after the Peloponnesian War*)，伦敦，1986年，第70—86页；琼斯：《雅典民主》，第161—180页。
2 阿里斯托芬：《公民大会的妇女》，I. 1132；柏拉图：《宴话篇》，175e；普鲁塔克：《佛西昂传》，XXVIII. 7。参阅《希腊研究杂志》第107卷（1987年），第233页。
3 吕西亚斯，XX. 13；普鲁塔克：《佛西昂传》，XXVIII. 7。

色诺芬在《追忆苏格拉底》中，把雅典公民一分为二，"凡所有不足以满足其需要的"属于拜尼斯（πένης，原意指每日以劳动为生的人）；与之相对的是普劳肖斯（πλούσιος），即"凡所有不仅足够而且有余的人"。[1] 我们知道雅典公民的财产多寡与他们对国家所承担的义务是息息相关的。有证据表明，有义务缴纳战争税的公民至少要拥有 25 明那的财产，[2] 纳税者中的大多数当属普劳肖斯，应纳税者共约 6000 人。[3] 由此可知，财产在 20—25 明那之间的公民约 3000 人，他们比其他不纳税公民的收入略高，境况稍好，可归于拜尼斯。他们以劳动为生，收入也难以满足自己的基本需要，从而也就根本不可能有足以维持奴隶最低生活的剩余的生活资料。正因为如此，为维持家庭生活，公民的妻子或年长的儿子常常不得不外出做工，以增加一点收入。[4] 这样，在 2.5 万—3 万公民中，不占有奴隶的自力谋生者约有 1.9 万—2.4 万人。

有义务的纳税的 6000 公民可归于普劳肖斯，他们在公元前 378/377 年的财产总额为 6000 塔连特（后来大概又有所增加），平均每人 1 塔连特。普劳肖斯按其财产大致可再分两个层次，最富有的 1200 名公民构成其上层，其中最富有的 300 人中有些人的财产超过 15 塔连特，其余 900 人中的许多人的财产约在 1.5—5.5 塔连特之间。[5] 这些公民普遍有可能占有奴隶，具体数字难以稽考。从现有史料来看，拥有 50—70 名奴隶的公民在 300 人最富者中也是

---

1 色诺芬：《追忆苏格拉底》，IV. 2. 36—39。参阅芬利：《古代希腊的经济和社会》，第 71—72 页。
2 德摩斯提尼，XXVII. 7，XXVII. 4，XXIX. 59。
3 琼斯：《雅典民主》，第 83—84 页。
4 杜丹：《古代世界经济生活》，第 57 页。
5 德摩斯提尼，XXVII. 7—9，XXVIII. 4，XXIX. 59；伊萨优斯，XI. 41—42，VII. 32，42，X. 23，III. 2，VIII. 35。

极少数（须知，帕西昂被认为是当时雅典的首富！关于他占有大量奴隶的其他原因前已论及），[1] 其他富人所占有的奴隶通常不超过13名。

其余4800人可作为普劳肖斯的下层。既然1200名最富者的私有财产平均数（琼斯估计人均3塔连特）大大高于全体应纳税者的平均数，因而这4800人中很少有超过1塔连特的，大多数人的财产约在25—45明那之间。按当时的土地价格，约相当于7—13英亩的地产。而14英亩的地产被当时演说家称为小农场。[2] 可见，普劳肖斯的下层基本上由小土地所有者组成。

在土地贫瘠的阿提卡，栽培农作物尤其是橄榄、葡萄，需要十分精细。由于土地面积不大、产量不高，农民一般都是亲自经营，平时以自己的家眷为助手，有时（多在农忙时）辅以一二名奴隶或雇工。这种小农场在使用劳动力甚至耕牛时都必须精打细算。正如色诺芬所说，"如果送到田里的牛和人手多于需要，他们就会认为是一种损失"。[3] 同样，若从事手工业，公民本人通常不脱离生产，有时和自己的家眷或奴隶（约1—3名）一起做工，正如铭文材料所显示的那样。[4] 由于生产力水平低下，奴隶劳动效率低，使用奴隶劳动一并不像现代人所想象的那么有利可图（如德摩斯提尼之父53名奴隶一年创造的利润仅约相当于其生活费的三分之一）。无怪乎色诺芬在列举有利可图的各种行业时闭口不谈使用奴隶劳动的手

---

1 雅典最大的土地所有者腓尼浦斯的土地中约有四分之一为可耕地，比古罗马中等规模的农场（使用15—16名奴隶）稍大。德摩斯提尼，XLII. 5, 7, 20；琼斯：《雅典民主》，第89页；M. P. 加图：《农业志》，10—11。

2 吕西亚斯，XIX. 29, 42；伊萨优斯，V. 22。

3 色诺芬：《论收入》，IV, 5。

4 参见罗德斯（P. J. Rhodes）：《希腊城邦》(*The Greek City States*)，伦敦，1986年，第105页；《剑桥古代史》，第5卷，第15页。

工业各行业。

综上所述，我们认为，在公元前 4 世纪的雅典公民集体中，非奴隶主（自力谋生的农民和工商业者）占 80% 以上，可能拥有奴隶的主要是最富有的 1200 人，以及中产阶层中极少数较富有者，其人数远不是总人数的 20%。在这些奴隶主中，除个别拥有 50—70 名以外，奴隶人数一般不超过 13 个。因此，奴隶的占有和使用远未普遍化，中下层公民和中小奴隶主（拥有奴隶少于 20 名）远非同一概念。那种认为公元前 4 世纪雅典公民使用奴隶普遍化，塞提斯可拥有 1—5 名奴隶，中产阶层公民可拥有 5—30 名，上层公民可拥有 30—60 名甚至出现奴隶人数空前（即 1000 个以上）[1] 的大奴隶主的观点，显然严重曲解了历史事实，从而毫无根据地把其间奴隶制（尤其在手工业方面）的发展水平夸大到令人吃惊的程度。

一个多世纪以来，在西方史学界，因对工商业在古代（希腊、罗马）社会经济中的性质、地位和作用的理解有所不同，而明显形成两个学术流派，即所谓"现代化派"和"原始主义派"。但是，基于经营手工业的利润数倍于农业这一脱离实际的共识，两派学者都肯定古典时代雅典公民中存在一个人数众多、实力雄厚的工商业奴隶主阶层，并在城邦政治、经济、文化生活中发挥着巨大的甚至是决定性的作用。近几十年来，苏联和中国学者虽对西方史学的某些偏向作过批判，但实际上却又基本上全盘接受了其关于工商业地位和作用的观点。可以说，中苏史学界多年来所肯定的关于公元前 4 世纪奴隶制比此前大有发展的论点，恰恰是近代西方学者通过曲解史实而提出的臆说。由此出发而把公元前 4 世纪雅典公民划分为大

---

1 色诺芬：《论收入》，IV. 14。

奴隶主和中小奴隶主两部分，以及认定奴隶（尤其工奴）人数大增，奴隶与奴隶主阶级矛盾日趋激化，自由民劳动在很大程度上被奴隶劳动所排挤，这些观点难道不值得重新加以考虑吗？

历时 27 年的伯罗奔尼撒战争，是古雅典历史上的一个重大转折点。然而，在此前后雅典奴隶制是循着直线上升还是迂回曲折的道路发展前进的？这是古典时代雅典城邦史研究中的一个关键。以上所云，固然表达了个人对这一问题的粗浅认识，但更希望它成为引玉之砖。

原载《世界历史》1993 年第 5 期；
中国人民大学报刊书报资料中心《世界史》1994 年第 2 期全文转载

17 古典时代雅典奴隶人数考析

——兼评"持续增长说"

　　在前资本主义诸社会形态中，奴隶制社会是最有争议的一种。但迄今为止，中外古史研究者仍普遍把古典时代的雅典视为典型的"奴隶制社会"之一。可是，由于种种原因，其间雅典奴隶人数问题，一直未得到圆满解决。唯其如此，进一步探讨这个问题，对于正确理解奴隶制社会经济及阶级结构，科学认识奴隶制的历史地位，或许是不无裨益的。

　　以往学者们已就古典时代雅典奴隶人数问题作过大量分析和研究，提出过种种不同的估计数字。关于公元前431年左右的奴隶人数，《剑桥古代史》作者估计为8万—10万人，至多不超过12万人；[1] N. G. L. 哈蒙德认为有20万人（国内学者多从此说）。[2] 关于伯罗奔尼撒战争期间以及此后（迄公元前338年）的奴隶数目，许多学者认为，公元前431—前338年雅典奴隶制不断发展，奴隶人数持续增长，到前338年已明显超过20万人甚至达30万人以上（简

1《剑桥古代史》（ *The Cambridge Ancient History* ），第5卷，剑桥：剑桥大学出版社，1953年，第11页。

2 哈蒙德（N. G. L. Hammond）：《希腊史》（ *A History of Greece* ），牛津：牛津大学出版社，1977年，第328—329页。参见国内近年来各种世界上古史教材和专著。

称"持续增长说")。[1]

但"持续增长说"无论立论或史实皆有不少可疑之处。以下笔者拟分段就伯里克利时代至公元前338年雅典奴隶人数及其变化态势和原因略加辨析。

一

古代奴隶制发展史业已证明，国家、集体和个人获取奴隶的途径大致有四种：一是战争掳掠，二是金钱购买，三是家生增殖，四是变罪犯或负债者为奴。就古典时代希腊诸邦的实际情况而言，第四个来源无足轻重，第三个来源无疑从属于前两个来源。因此，诚如公元前4世纪希腊史家泰奥庞甫斯所说，强力征服和金钱购买是奴隶的主要来源。[2] 亚里士多德也有类似的看法，他把奴隶分为两类：一是天生的奴隶——"蛮族"，即非希腊人；一是后天的奴隶，因战争暴力使然。[3] 同时，古希腊人按获取奴隶的方式不同而将其奴隶制经济分为两种类型：奴隶主要通过战争获得的斯巴达型和奴隶主要通过购买得来的开俄斯型。因此，在奴隶制得到一定发展的基础上，任何一个国家奴隶来源扩大，都意味着它获取奴隶的能力有所增强，而这必须是以其拥有更强大的武力或更雄厚的经济实力为前提的。

事实上我们不能不看到，在那些奴隶人数较多的城邦中，既有以

1 哈蒙德：《希腊史》，第524—528页；苏联科学院主编：《世界通史》，第2卷上册，北京：生活·读书·新知三联书店，1960年，第68—71页；《世界上古史纲》编写组：《世界上古史纲》，下册，北京：人民出版社，1981年，第192—193页；刘家和：《世界上古史》，长春：吉林文史出版社，1987年，第260—261页。
2 阿特奈乌斯（Athenaeus）：《哲人宴享》（Deipnosophistae），VI. 264e—267c。
3 亚里士多德：《政治学》，1253b15—1255b14。

武力称雄的斯巴达，也有以富有而著称的开俄斯（修昔底德认为开俄斯人是全希腊最富有者），更有稍晚崛起的、兼具二者之长的雅典。

伯里克利时代（公元前443—前429年）是雅典综合国力最强大的时期。其时，国际环境相对和平，雅典海上霸权地位较为稳固；雅典人控制着200多个属邦，统治着约200万希腊人；[1]其国库存款一度高达近1万塔连特，岁入为1000塔连特。[2]雅典人在波斯战争中掳获了大量财富和奴隶，随后又大力推行侵略扩张政策，致使许多公民在海外拥有财产，经济状况普遍有所改善。在公元前480—前431年间，雅典虽有大量男子战死沙场，但前431年中上层公民人数仍比50年增长了1.6倍，由1万人增至2.6万人，财产相当的麦特克亦多达6000人；[3]公元前427/426年，应纳战争税者私产总值达2万塔连特以上，[4]都有力地证明了这一点。

随着私有制的发展，有条件购买、使用奴隶的雅典人明显增多，奴隶的销路日益扩大。于是，出售、倒卖战俘和拐卖人口成为有利可图的事业。成千上万的奴隶被推上市场。公元前468/467年，雅典人把2万多名战俘卖为奴隶；前446/445年，他们在麦加拉捕获2000名奴隶；[5]前451/450年，因不合雅典公民资格法而被揭发、诬告，变卖为奴者，约有5000人。[6]最富强的雅典拥有当时希腊世界规模最大的奴隶市场，是毫不足怪的。

1 斯塔尔（Chester G. Starr）：《制海权对古代历史的影响》（*The Influence of sea Power on Ancient History*），纽约，1979年，第38页。

2 修昔底德：《伯罗奔尼撒战争史》，II. 12；伊索格拉底，XV. 234；色诺芬：《长征记》，VII. 1. 27。

3 哈蒙德：《希腊史》，第328—329页；B. C. 塞尔格叶夫：《古希腊史》，第238页。

4 修昔底德，III，27；阿里斯托芬：《公民大会妇女》，823—829行；梅格斯：《雅典帝国》，第257页。

5 转引自苏联科学院主编：《世界通史》，第2卷上册，第34页。

6 普鲁塔克：《传记集·伯里克利传》，XXXVII. 3—4。

伯里克利时代雅典使用奴隶的规模和范围空前扩大，私有奴隶显著增多，雅典历史上迄今所知拥有奴隶最多的四个大奴隶主（分别拥有 1000 名、600 名、300 名、120 名）都出现在公元前 5 世纪后期[1]；劳里昂银矿中所使用的奴隶约有 3 万名，几乎全属私有[2]；在持续数十年大兴土木的劳动大军中，奴隶约占四分之一。[3]雅典还拥有数以千计的公共奴隶。[4]这些事实使我们不得不相信伯里克利时代是迄至当时奴隶人数最多的时期。

二

"持续增长说"肯定伯罗奔尼撒战争期间奴隶人数呈递增之势。但事实却恰恰相反，奴隶人数大幅递减。其原因主要有三个：

首先，持续数年之久的瘟疫造成大量奴隶死亡或丧失劳动能力。据修昔底德记载，战衅初启，城外的雅典公民连同其奴隶迁入城区，结果许多人在前 430—前 427 年的瘟疫中丧生或从此残废。修氏再三强调，瘟疫给雅典人所造成的损失（尤指人口伤亡）超过任何其他单独的因素。[5]据估计，瘟疫吞噬了雅典大约 1/3 的人口。[6]从修氏所描述瘟疫流行期间城里的惨状和雅典在外地的一支驻军在短短 40 天内即有 26% 的士兵罹疫身亡（作战部队共损失 1/4—

---

1 色诺芬：《论收入》，IV. 14—17；吕西亚斯，VII. 19。

2 芬利：《古代希腊的经济和社会》，第 101 页；齐默恩：《希腊联邦》，第 399 页。

3 齐默恩：《希腊联邦》，第 412 页；塞尔格叶夫：《古希腊史》，第 266 页。

4 亚里士多德：《雅典政制》，XXIV. 3；阿里斯托芬：《阿卡奈人》，54 行。

5 修昔底德：《伯罗奔尼撒战争史》，II. 48—58，III. 87，I. 23，II. 51。

6《剑桥古代史》，第 5 卷，第 201 页。有的学者认为死亡近半。参见 L. S. 斯塔夫里阿诺斯：《全球通史》，上海，1988 年，第 210 页。

1/3）的事实[1]来看，这种估计是毫不夸张的。需要指出的是，城区是瘟疫最严重的地区，这里的人口死亡率比其他地区高得多，死者当中必有不少奴隶。如修氏所说，许多人"全家都死光了"，"连所有接触过人的鸟类和狗都死绝了"。[2] 由于奴隶通常不服兵役，生活条件亦不如自由人（况且大量公民不在本土），此时他们多集中于城区，因而其死亡率明显高于自由人应是不成问题的。由此可以认为，如果原有奴隶数量9万—10万，那么瘟疫期间约减少3万—4万；如果原有20万，则应净减7万—8万。

其次是奴隶逃亡。它是奴隶反抗斗争的重要方式之一。公元前432年雅典当局颁布所谓"麦加拉法令"，其主要理由之一就是麦加拉人窝藏其逃亡奴隶；前423年雅典与斯巴达签订的和约中规定，双方在休战期间皆不得收容对方的逃亡奴隶。看来，即便在和平时期，小规模的逃亡也是屡屡发生、难以制止的。

而战时敌对双方常把煽动对方奴隶起义或逃亡作为攻击手段之一。众所周知，狄凯里亚战争期间，雅典有2万多名奴隶逃走。[3] 此后数年间又有一批矿奴逃亡。为防止更多的矿奴逃走，内外交困的雅典直到前409年才着手在矿区修筑要塞。这样看来，公元前431—前404年间奴隶逃亡的总数当在3万人上下。

最后，所有成年男奴在公元前406年应征入伍，其中小部分阵亡，其余的几乎皆落入斯巴达人之手。据色诺芬记载，严峻的形势迫

---

1 修昔底德：《伯罗奔尼撒战争史》，II. 58，2。参阅斯特劳斯：《伯罗奔尼撒战争以后的雅典》，伦敦，1986年，第75—76页。

2 修昔底德：《伯罗奔尼撒战争史》，II. 50，III. 87. 3，I. 139—142，IV. 118。

3 修昔底德：《伯罗奔尼撒战争史》，VII. 27. 5。参见汉森（V. D. Hanson）：《修昔底德与狄凯里亚战争期间阿提卡奴隶逃亡》（"Thucydides and the Desertion of Attic slave during the Decelean war"），《古典古代》（*Classical Antiquity*）第11卷第2期（1992年），第210—228页。

270

多彩的雅典娜

使雅典人采取非常措施。征募"所有兵役年龄的男子，不论他是奴隶还是自由人"，甚至还包括"相当多的骑士"，把他们配置在 110 艘战船上。这支舰队人数至多 2.2 万，其中雅典公民约 2 千人，还有相当多的麦特克及其他自由人。[1] 很显然，公元前 406 年雅典成年男奴总数远不足 2 万人。顺便说一下，这则由色诺芬记录下来的关于雅典奴隶数目的极重要的史料，长期以来似乎一直未引起学者们的足够重视。

诚然，雅典在战争前期曾多次把战俘卖为奴隶。但如果据此断定其奴隶总数激增，就难免失之偏颇了。因为：

第一，出售战俘仅只表明雅典人是卖主，买主未必是雅典人。第二，奴隶数量的绝对增加总是与生产发展状况密切相关的。然而，战争期间尤其是后期，雅典生产遭到毁灭性打击，唯有军用手工业等极个别行业有一定发展。显然，与伯里克利时代相比，此时雅典根本不具备吸收更多的奴隶劳动力的条件。第三，战争后期，雅典经常处于被动挨打的困境之中，如此非但难以继续掠夺、出售奴隶，甚至无法有效制止原有的或新获得的奴隶逃亡。第四，公民经济状况因战争而普遍恶化，私人购买力必然随之下降；而奴隶反抗运动的加强势必加大购买和使用奴隶的风险系数，这不能不使奴隶的销路趋于狭窄。第五，使用奴隶利润之高低要受诸多因素的制约。铭文资料表明，主人必须为其奴隶提供衣食住（每人每年衣食需 2 明那多），[2] 这是一笔不小的开销。这样，一旦无利可图，主人往往就得（甚至情愿以低价）卖掉自己的奴隶。德摩斯提尼的监护人就是因为作坊没活干而卖掉其半数的奴隶。[3] 无怪乎公元前 4 世

---

1 色诺芬：《希腊史》，I.6.24；II.28；阿里斯托芬：《蛙》，693—694 行；普鲁塔克：《传记集·吕山德传》，VIII.1；波桑尼阿斯：《希腊描述》，IX.3.9。
2 格罗兹：《古代希腊的劳作》，第 212 页。
3 德摩斯提尼，XXVII.18。

纪一位历史学家把 5 世纪末底比斯的勃兴，归功于他们从雅典人那里买得极廉价的奴隶并掠获其他的战利品。[1]

事实上，战时最急需的无疑是军费和军粮，雅典人始终不渝地把筹措军费作为国家的头等大事。他们一方面不择手段地加紧勒索各属国，另一方面在征战中尽可能地掠夺金银财富，而战俘往往被就地出售给那"奴隶贩子"。这既可获得可观的收入，同时也减轻了征战者自身的负担，实在是明智之举。

总之，雅典在战争前期虽可能吸收了少量奴隶，但它与公元前 431—前 404 年间死亡（包括自然死亡）和逃亡的奴隶人数相比，毕竟是微不足道的。到公元前 406 年，成年男奴总数远不足 2 万，就无可辩驳地证明了这一点。

那么，全体成年男奴在奴隶总数中究竟占多大比重呢？

现有史料很难确切说明奴隶的性别比例，但也有一些统计数字可供参考。在由铭文资料所知的 1675 名获释奴隶中，男性占 45%。但雅典的情况略有不同。在前 415 年被拍卖的奴隶中，男性占 69% 或 75%；在 233 名获释奴隶中，男性占 58%。[2] 这种比例主要反映了成年奴隶的实际状况。值得注意的是，雅典在采矿、建筑等行业中所使用的奴隶以公共奴隶数目较大且以男性为主，这种特色是其他多数城邦所不具备的，因而其男性奴隶明显多于女性。另外，如前所述，前 416 年以后雅典几乎未再购进奴隶，而此前的童奴到 406 年多已长大成人；况且应征入伍的男奴中还有一部分矿奴。因此，全体成年男奴至少应占奴隶总数的一半，也就是说，公元前 406 年雅典奴隶数量已减至 3 万左右，羊河之役后减至 1.5 万。接着，在水陆大军围困下的

1 芬利：《古代希腊的经济和社会》，第 110 页。
2 格罗兹：《古代希腊的劳作》，第 199 页；中国世界古代史研究会等编：《世界古代史译文集》，第 127 页。

多彩的雅典娜

孤城雅典，由于粮尽援绝，许多人饥饿而死。死者中显然有一些奴隶。这样看来，到公元前404年4月战争最后结束时，雅典的奴隶总数不超过1.5万，决不是"持续增长说"所说的20万以上。

根据公元前406年雅典奴隶总数为3万人左右这一确凿事实，可以推知，在狄凯里亚战争前夕奴隶人数约为6万，公元前431年约为9万—10万。倘若公元前431年奴隶人数达20万，则前406年还应有9万—10万。后一种估计显然偏高了。

三

"持续增长说"肯定公元前404—前338年雅典奴隶制空前大发展，奴隶人数明显超过前431年的主要论据是：（一）公元前404年奴隶数量超过前413年；（二）公民所拥有的物质财富总量空前增多；（三）希腊籍战俘被卖为奴隶的情况有所增加；（四）色诺芬在一篇文章（约写于公元前355年）中提到三位大奴隶主；（五）转引雅典演说家希培里德的一句话（见下文）。

然而，这些论据都是有缺陷的，有的甚至是完全错误的。

第一条论据与基本史实相违背，是根本不能成立的。对此前文已论及。

第二条论据也与史实不符。请看下表[1]：

---

1 表中的数字除已提及的以外，请参阅阿里斯托芬：《马蜂》，658—659行；德摩斯提尼，X.17—18，XIV.19；《剑桥古代史》，第6卷，第441页；波里比乌斯：《通史》，II.62.7；哈蒙德：《希腊史》，第328—329页；吕西亚斯，XX.13；普鲁塔克：《传记集·佛基昂传》，XXVIII，7；狄奥多拉斯，XVIII.18.5。每一位塞提斯财产平均按20明那计。

公元前 438—前 338 年雅典经济概况

项目 年代 （公元前）	年财政收入（塔连特）	国库存款（塔连特）	纳战税财产总额（塔连特）	中上层公民人数	塞提斯人数	公民财富总额（塔连特）
437 年	1000 以上	10000	20000 以上	26000	16000	36000
431 年	1000 以上	6000		26000	16000	
426 年	约 2000		20000 以上			
409 年	约 1200			9000		
404—355 年	约 130	500 以下	6000			12000—14000
341—338 年	400—600			9000	16000—21000	

可见，与极盛时代相比，公元前 4 世纪中叶雅典人的物质财富（包括奴隶在内）总量减 60% 以上；财政收入减少 40%—60%，甚至 80% 以上；国库存款减少 90% 以上；中上层公民人数减少 65% 以上；同时，塞提斯由占公民总数的 38% 猛增至 64%—80%。[1] 因此，把公元前 404—前 338 年物质财富激增作为其间奴隶数量激增的前提或结果的说法，[2] 都是难以令人信服的。

---

1 公元前 4 世纪中叶公民人数约 2.5 万—3 万。参阅汉森（M. H. Hansen）：《雅典公民大会》（*The Athenian Assembly*），牛津，1987 年，第 19 页。
2 哈蒙德：《希腊史》，第 525 页；《世界上古史纲》，第 193 页。

多彩的雅典娜

有的学者援引德摩斯提尼在公元前341年所发表的演说中的一番话：如今"三列桨战船、强大的人力、金钱的收入、别的丰富的物资，……在数和量上都远远超过当年的希腊人"，[1]力图证明前341年雅典的物质财富较波斯战争时期空前增多。这既曲解了演说家的原意，也有悖于基本史实。笔者已就此作过辨析。[2]

第三条论据也值得重新加以考虑。首先，雅典奴隶一直以非希腊人为主。即使希腊籍奴隶略有增多，也不可能对总数的变化带来太大的影响。其次，出售战俘对于非战胜国而言只是奴隶数量的一个外部条件。因为实际使用奴隶的必是那些拥有超过中等水平财产的人。如前所述，公元前4世纪雅典公民私有财产额大减，蓄奴条件更无法相提并论，因而绝不可能迅速补充和吸收大量奴隶。最后，史料本身缺乏说服力。有的学者列举了9条史料，其中5条属前416年以前的史实，属前404—前338年的只有4条。[3]其中与雅典直接相关的史实只有一则，怎么能说其间奴隶数量因希腊籍战俘奴隶的增多而增多呢？

第四条论据曲解了史料的原意。的确，色诺芬在《论收入》中曾提及三位从事采银业的富豪，分别拥有1000名、600名和300名奴隶，但是大量文献和考古资料证明，这三位大奴隶主绝不可能存在于公元前4世纪前期。[4]应当指出的是，多年来不少学者为说明雅典奴隶制发展的顶峰在前4世纪，硬把出现在前5世纪后期的

---

1 德摩斯提尼，XX. 37—38。

2 徐松岩：《古雅典经济研究中的一个问题》，《西南师范大学学报（哲学社会科学版）》1992年第4期。

3 参见《世界上古史纲》，第193页注；塞尔格叶夫：《古希腊史》，第365—366页。

4 霍珀（R. J. Hopper）：《古典时代希腊的贸易和工业》（*Trdae and Industry in Classical Greece*），伦敦，1979年，第177—186页。徐松岩：《公元前4世纪前期雅典采银业状况考》，《西南师范大学学报（哲学社会科学版）》1994年第3期。

几位大奴隶主"移植"于后一世纪。这不仅丝毫无助于问题的解决，反而增添了一些不必要的麻烦。

第五条论据实则一孤证。雅典演说家希培里德在公元前 338 年说，"来自银矿及（阿提卡）其他地方的共有 15 万以上"。[1] 后人推测，这句话大概是在涉及他的释放奴隶的建议时说的。有人认为，这个数字指的是成年男奴，进而推论奴隶总数大大超过 20 万。但必须指出的是，这句话出自成书于公元 10 世纪的苏易达斯《辞典》，它本身意义不甚明确，也不能直接说明雅典有 15 万名成年男奴。[2] 至于它的原始出处及其依据，更是无从稽考了。

正因为如此，自近代以来，学者们对于这句话是否信而有征普遍持怀疑和审慎的态度。部分持"持续增长说"的学者则竭力搜罗可作为其旁证的史实。然而，这些旁证（同时也是"持续增长说"的主要论据）都程度不同地偏离了历史实际。可以断言，"持续增长说"不过是一种不切实际的臆测而已。

四

在公元前 404—前 338 年间，雅典奴隶制发展甚缓，处于停滞、徘徊状态，奴隶人数几无增长，奴隶制经济的总体水平远不及伯里克利时代。

首先，古代国家奴隶制的发展总是同本国物质财富的增长相一致的。奴隶作为一种需要衣食住和劳动工具及对象的特殊财产，他

---

1 琼斯：《雅典民主》，第 77 页。
2 琼斯：《雅典民主》，第 77 页。

　　　　　　　　　　　　　　多彩的雅典娜

们的增多始终是与其他财产的增加相伴随的，并以后者的增加为前提。恩格斯指出，"要使奴隶劳动成为整个社会中占统治地位的生产方式，那就还需要生产、贸易和财富积聚有更大的增长"。[1]公元前404—前338年雅典经济状况决定了其奴隶制是不可能得到空前大发展的。

另一方面，奴隶在其所有者的财产中的份额总是有一定限度的。帕西昂共有财产75—80塔连特，其中奴隶价值约3—3.5塔连特，[2]不足总数的5%。由于绝大多数公民以土地和房产为主要财源，在农业这个主要经济部门所使用的奴隶一直很少，因而奴隶在物质财富中所占比重一定不大（约不超过十分之一）。公元前437年，雅典公民连同本地麦特克的财产总额不下4万塔连待，其中奴隶总值不足3000塔连特，[3]占7.5%；公元前4世纪中叶财产总值约1.4万塔连特，即使按同样大的比例，也仅有价值1050塔连特的奴隶，人数约2万。如果奴隶数目增至2—3万，则其价值即为1—1.5万塔连特，自由民财产总值至少应10倍于此数，显然与史实不符。

其次，公元前4世纪使用奴隶的领域和私有奴隶的规模较前此大为减小。雅典奴隶主要用于采矿业和手工业，以及富人的家务劳作。但其间绝大部分时间采矿业远未全面恢复；公共建筑业与伯里克利时代相比小得可怜；农业生产的不景气、物价上涨、食物短缺要求蓄奴者具备更好的物质条件；而所谓手工业作坊规模日益扩

---

1 恩格斯：《反杜林论》，《马克思恩格斯选集》，第3卷，第200页。

2 德摩斯提尼，XXXVI.5以次。奴隶人数约60—70个，按单价3明那计。

3 公元前415被拍卖的奴隶平均单价1.7—1.8明那；前4世纪奴价略有上升，老德摩斯提尼的奴隶平均单价4.3明那。参阅梅格斯和刘易斯：《公元前五世纪末以前希腊历史铭文选辑》（*A Selection of Greek Historical Inscriptions to the End of the Fifth Century B. C.*），牛津，1980年，第240—247页；德摩斯提尼，XXVII.9—11。

大，大作坊愈益流行的说法，也是没有任何史实依据的。[1]

不仅如此，奴隶在某些生产领域劳动者中的比率亦呈缓缓下降趋势。在公元前 409/408 年的一件有关公共建筑业的铭文所提供的劳动者清单中，奴隶占总数的 23%；在 80 年后的一件同行业的铭文中，奴隶仅占 21%；而在伯里克利时代，奴隶曾占 25%。[2] 这在某种程度上表明，伯里克利时代以后奴隶劳动日益排斥自由民劳动的发展趋势并不存在。

再次，奴隶主在公民集体中始终不占人数优势。根据笔者近年来的研究成果，公元前 4 世纪可能拥有奴隶的雅典公民主要是最富有的 1200 人，以及中产阶层中极少数较富有者，总数不超过 3000。[3] 如果这 1200 人平均拥有 9 个，另外 1800 人平均各 2 个，奴隶总数亦不足 1.5 万。连同其他人所拥有的少量奴隶，全阿提卡奴隶总数充其量不过 2 万左右。

早在 20 世纪 50 年代，A. H. M. 琼斯根据阿提卡谷物产量、进口量和居民的消费量推算，认为公元前 4 世纪 40—30 年代雅典奴隶至多 2 万人。[4] 琼斯的依据是确凿可靠的，结论也是可信的。但是他未从当时社会结构、经济状况等方面作进一步说明，也未从纵的方面论证奴隶制的发展态势。同时，由于长期以来"持续增长说"的广泛流行，有些学者自觉不自觉地过高估计公元前 4 世纪雅典经济水平，并把"贬低"奴隶制的地位和作用视为"资产阶级史学"的特征之一。因此，琼斯的观点至今未引起史学界的注意当然

---

1 徐松岩：《关于雅典奴隶制状况的两个问题》，《世界历史》1993 年第 5 期。
2 格罗兹：《古代希腊的劳作》，第 174—180 页；塞尔格叶夫：《古希腊史》，第 266 页。
3 徐松岩：《关于雅典奴隶制状况的两个问题》，《世界历史》1993 年第 5 期。
4 琼斯：《雅典民主》，第 77—79 页。

是不难理解的。

最后，从色诺芬的记载来看，直到公元前 355 年前后，雅典奴隶来源仍相当匮乏。色氏建议由当局出资收购私人奴隶以得到 1200 名奴隶。这表明平时在市场上很少有奴隶出售。色氏又说，"如今正在劳动的奴隶当中有很多已步入老年"。显然，当时的奴隶普遍老化，缺乏精壮劳力。为此他提醒当政者："如果我们立即着手收购大量奴隶，那我们就不得不以高价买下那些质次的奴隶。"[1]这恰恰证明，公元前 4 世纪前期雅典新获得的奴隶为数甚少。不过，公元前 338 年的奴隶数量可能比 17 年前略有增加，但其时暴力掠夺和金钱购买皆不可能有效扩大其奴隶来源。因此，总的来看，公元前 404—前 338 年间雅典奴隶人数无明显变化。在探讨公元前 4 世纪雅典奴隶制状况时，与其说因史料匮乏而难以找到其间奴隶来源扩大、人数大幅增加的史实依据，不如说这些依据从来就不曾存在过。

综上所论，可归结出如下结论：雅典奴隶制发展的顶峰时代是伯里克利时代，绝不是在公元前 4 世纪（迄前 338 年）；伯罗奔尼撒战争期间，雅典奴隶人数由 9 万—10 万骤减至不足 1.5 万；公元前 404—前 338 年，奴隶制发展滞缓，奴隶人数至多 2 万左右，奴隶制发展的总体水平远不及伯里克利时代。在整个古典时代，小土地所有者始终是雅典公民集体的主体，自力谋生的小生产者一直占公民的大多数，正是这些小所有者小生产者构成了城邦的社会经济基础。

"持续增长说"的失误首先在于它低估和忽视了伯罗奔尼撒战争对雅典奴隶制发展所产生的巨大消极影响，甚至完全脱离历史事

---

1 色诺芬:《论收入》，IV. 18—43。

实而把它作为推动战争期间及战后奴隶制进一步发展的主要因素。这种观点在严重曲解公元前 431—前 404 年雅典奴隶制走势的基础上，过高估计了战后奴隶制经济的起点水平，以及前 404—前 338 年的奴隶人数以及奴隶劳动在当时社会中的地位和作用，进而也必然片面夸大公元前 431—前 338 年雅典奴隶制经济的总体水平。

原载《世界历史》1994 年第 3 期

多彩的雅典娜

18 公元前 4 世纪前期雅典采银业状况考

　　奴隶劳动在主要生产领域日益广泛地被应用，国家和奴隶主个人占有越来越多的奴隶，这是古代奴隶制日趋发展的一个基本表现。采银业在公元前 5—前 4 世纪曾是雅典的重要财源，也是使用奴隶最集中、最普及的行业之一，贵族奴隶主把大批奴隶出租到矿区，以从中牟利。因此，国内外古希腊史研究者在探讨古典时代雅典奴隶制经济状况和发展趋势时，历来十分重视考察采银业的规模以及使用奴隶的状况。

　　然而，目前学者们对于公元前 4 世纪前期采银业状况的认识仍有失实之处。一种长期流行的观点认为，公元前 4 世纪前期雅典采银业规模空前扩大，矿奴人数大增。[1] 这种观点借以立论的最主要依据，乃是色诺芬在他的一篇论文中提及三位从事采银业的大奴隶主，如有的学者在论及公元前 4 世纪前期奴隶制状况时指出，约公元前 355 年，色诺芬曾列举一些大奴隶主出租奴隶的数字，有的

1《世界上古史纲》编写组：《世界上古史纲》，下册，北京：人民出版社，1981 年，第 192—193 页；苏联科学院主编：《世界通史》，第 2 卷上册，北京：生活·读书·新知三联书店，1960 年，第 69—70 页。

1000 人，有的 600 人，有的 300 人，都是在矿山的。[1]

很明显，在这些学者看来，这三位在雅典历史上占有奴隶数量最多的大奴隶主出现于或至少存在于公元前 4 世纪前期。可是，如此理解和使用这则史料是否符合其原意呢？采银业的实际状况如何？本文拟就此略加考证。

一

这则史料出自色诺芬的论文《论收入》。

作者写道，"我们——至少是注意这种事情的人——确实在很久以前就已熟知，尼基拉图斯之子尼基阿斯保有在银矿中使用的奴隶 1000 人，出租给色雷斯人索西阿斯，条件是每人每日收取租费 1 奥波尔……希波尼库斯也以同样的收费率出租 600 名，这使他每天能够得到 1 明那的净收入，菲列摩尼出租 300 名奴隶，每天得到半明那的收入；而且我认为还有一些别人按其资历拥有一定数目的奴隶"。[2] 色氏卒于公元前 355/354 年，从全文的内容和文风上看，尚无任何理由否认此文为色氏所作。因此，文中所涉及的所有史实的年代，绝不可能迟于公元前 354 年。

准确把握上述史料原意的前提，是要弄清楚作者列举三大奴隶主及其收入的动机和目的，而这又应从他撰文的宗旨和当时的历史背景中去寻找。

史学界已经公认，《论收入》大概写成于"同盟战争"（公元前

---

1 刘家和主编：《世界上古史（修订本）》，第 261 页。
2 色诺芬：《论收入》，IV. 14—15。

多彩的雅典娜

357—前355年）结束之际。其时，雅典财政状况极度恶化，公民破产加剧。面对如此严峻的形势，色诺芬认为，雅典贫民因贫穷而剥削盟邦是不公正的，而利用本国资源维持其生活才是最公正的；雅典完全有条件以公正的手段发展经济，摆脱财政危机。为此他殚精竭虑，指出可增加收入的各种途径，为当政者提出若干"建议"。其中包括建议当局仿效私人购买奴隶用于采矿，并列举事实反驳可能出现的反对意见，论证其计划的"可行性"。

诚然，提及三大奴隶主占有奴隶具体数目的史料首次出现于公元前355年，但这未必意味着此时他们还健在。关于他们存在的年代，色氏间接地提到两点证据：其一，人们对大量出租奴隶一事"确实在很久以前就已熟知"；其二，在陈述出租奴隶的事实后紧接着写道，"当目前在矿山里有许多奴隶可以出租时，我又何必追述往事呢？"[1]作者在这里以史为鉴，是通过把"目前"（即撰文之时）与往昔的经营状况加以比较来阐发其主张的。由此可得出如下几点认识：第一，尼基阿斯等人处于银矿中有大批奴隶从事劳作、国家和部分奴隶主收益颇丰的时代；第二，既然作者追述的是很久以前的往事，那么它可能不是公元前355年或此前较短时期的事实；第三，关于奴隶的数量和采银业的收入，作者给了我们一个相对的，但确实的概念，"目前"明显比"很久以前"要少。

此外，色诺芬还对"目前"采银业的状况作了更为翔实的说明。他指出，尽管"开凿新矿在目前肯定地和从前一样是确实可行的"，但人们决不愿意冒着巨大的风险去开采，说明矿区范围未曾空前扩大；"直到最近银矿才又重新开采"，表明在"最近"以前开采活动一度中止；现有的奴隶中许多人日趋衰老，暗示矿奴的来源似乎

---

1 色诺芬：《论收入》，IV. 14—17。

不很充足。[1]无怪乎色氏开宗明义写道，"我要向那些对此一无所知的人们说明这些银矿可以增加收入的可能性。因为一旦你们认识到这种可能性，就将以更好的态度考虑如何对银矿加以管理"。[2]一言以蔽之，目前对旧矿区重新开采的规模、奴隶人数和收入都难以和"很久以前"相提并论。[3]

可见，色诺芬援引出租奴隶的事实旨在说明采银业曾经是有利可图的，现在和将来也必定如此，借以增强人们大胆投资采矿的信心，并未把三大奴隶主说成是公元前 355 年或此前较短时期内的人物。

以上虽确证有关三大奴隶主的事实距离色氏撰文时较为久远，但还不能断定不属于公元前 4 世纪。

值得注意的是，作者在文中所强调指出的另一事件——狄凯里亚战争（公元前 413 年），有助于我们确定三大奴隶主的时代。他说，如果人们还记得战前从奴隶身上所获得过巨大收益，就必定相信他的建议是切实可行的。[4]事实上，由于矿奴属私人所有（色氏在文中仍断然否认国有矿奴的存在），因而矿奴总数的多少同奴隶主们占有、出租奴隶的总体状况是密切相关的。矿奴的数目大，是国家和奴隶主收入丰厚的基本前提，同时也是雅典富人拥有大批私有奴隶的结果。不难看出，所谓"很久以前"和狄凯里亚战争以前采银业的情况相吻合，色诺芬把二者作为同一参考物来对比现状，以说明同一主题，足以说明二者很有可能是同时代的事实。

---

1 色诺芬：《论收入》，IV. 28—29。

2 色诺芬：《论收入》，IV. 1。

3 色诺芬：《追忆苏格拉底》，II. 6. 12。

4 色诺芬：《论收入》，IV. 25—26。

二

　　上述推论是以大量确凿的历史事实为依据的。

　　近代欧洲考古工作者在劳里昂银矿旧址的多次发掘，使我们对银矿早期开发史有了一定的了解。比利时人在索里克斯（Thoricus）遗址的发掘结果证实，采银业在希腊中期青铜时代末（约公元前16世纪末）即已出现，只是规模有限。[1]

　　劳里昂银矿的大规模开采始于公元前483/482年。雅典人在该年度因此获得巨额收入，具体数字自古即有二说：希罗多德说，全体公民每人可从中得10德拉克玛，又提到公民总数为3万，[2]学者们通常由此推论总收入为50塔连特；而亚里士多德则明确指出当年收入100塔连特。[3]看来，这两种说法都不是没有根据的。

　　对于公元前480—前450年间采银业的具体情况，我们所知甚少。有证据表明，公元前450—前413年间采矿业有了进一步发展，尤其在公元前425—前413年间，矿区范围明显扩大，收入有所增长。[4]史学界一般估计，此间矿奴已达2万人以上。[5]修昔底德指出，在狄凯里亚战争期间，雅典有2万多名奴隶逃亡，其中大部分为有技术的工奴，这是其财政收入减少的重要原因之一。[6]在这些逃亡

1 霍伯（R. J. Hopper）：《希腊古典时代的贸易和工业》（*Trade and Industry in Classical Greece*），伦敦，1979年，第170—174页。
2 希罗多德：《历史》，VII. 144，V. 97。
3 亚里士多德：《雅典政制》，XXII. 7，XLVII. 2。
4 阿里斯托芬：《骑士》，362行；《鸟》，1105—1106行。参阅霍伯：《希腊古典时代的贸易和工业》，第176—177页。
5 齐默恩：《希腊联邦：公元前5世纪雅典的政治和经济》，第399页。
6 修昔底德：《伯罗奔尼撒战争史》，VI.91.7，VII. 19.1，27.5。

奴隶中大概有相当一部分是矿奴，[1]以至于采银业在此后一个时期基本陷于停顿。这一点在《论收入》中得到某些印证，色氏把狄凯里亚战争作为奴隶人数、采银收入多与少的分水岭；又反复强调战时的御敌之策，表明那时人们对于战争迫使他们放弃银矿仍心有余悸。[2]其实，这正如叛变投敌的雅典将军亚西比德在战前所预言的那样，只要斯巴达及其盟军出兵狄凯里亚，雅典"从劳里昂银矿取得的收入……马上就都被剥削了"。[3]可以肯定的是，再度较大规模开采银矿已是公元前4世纪40年代末以后的事了。[4]

据亚里士多德记载，在公元前4世纪，雅典当局向私人出租矿坑，每年按有关规定向承租人抽税，[5]并留下铭文，从而为研究采矿业的状况提供了极富价值的史料。迄今所知此类铭文最早见于公元前367/366年，该年度的记载相当完整，共有17项租约，总税额仅为3690德拉克玛[6]、税率大概为银产量的1/24。[7]依此推算，银矿的年收入共14塔连特多。鉴于有些人为了偷税而设法隐瞒其产量，实际数字可能会大些，但不会有太大的出入。这些事实与色诺芬所描述的银矿"近期"的采掘状况大体是一致的。

在公元前425—前413年间，雅典人每年从劳里昂银矿所获

---

1 参阅施特劳斯：《伯罗奔尼撒战争以后的雅典》，第45—46页。

2 色诺芬：《论收入》，IV. 43—48。

3 修昔底德：《伯罗奔尼撒战争史》，VII. 27.5。

4 哈蒙德等主编：《牛津古典辞书》(*The Oxford Classical Dictionary*)，牛津，1984年，第583页；摩瑟（Claude Mosse）：《衰落中的雅典：公元前404—前86年》(*Athens in Decline 404—86B.C.*)，伦敦，1973年，第42—43页。

5 亚里士多德：《雅典政制》，XXII. 7，XLVII. 2。

6 琼斯：《雅典民主》，第18页。

7 《苏易达斯辞书》，"agraphon metallon dike"条，转引自霍伯：《希腊古典时代的贸易和工业》，第182—183页。

得的收入大概在 200 塔连特以上。[1] 因此，奴隶的逃亡和银矿的破产，不仅将使他们（尤其是与采银业有关的那些奴隶主）的收入剧减，更严重的是同时将使其丧失价值约 660—1000 塔连特的"活的财产"——奴隶，[2] 原来价值连城的矿井也将变成无人问津的乱石坑。这样，银矿成为雅典的敌人攻击的主要目标之一，[3] 也就不足为奇了。

如前文所述，色诺芬在撰文时很清楚采银业的复苏步履维艰，进展甚缓。纵然此时的实际年收入比 10 年前增长一倍，总数也不足 30 塔连特。事实上，采银业的较快恢复恰恰是在公元前 354 年以后。到公元前 342/341 年，承租矿坑的租约达 80 项以上，收入也明显有所提高。[4]

必须指出的是，由于当时人们根本无法确知银矿脉的走向和储量，采矿业远非只赚不赔，因而从事采银业的私人一般说来应具备相当的经济实力。在公元前 366 年从事采银业的 16 个人中，有 11 人属雅典最富的 1200 人之列，[5] 这绝非偶然。

国家大规模采矿同样如此。在伯罗奔尼撒战争结束时，劳里昂的矿奴所剩无几，[6] 此后要恢复到以前的开采规模，至少需要购进 2 万多奴隶，需要 600—1000 塔连特甚至更多的金钱。可是，对于在公元前 4 世纪前期年财政收入仅 130 塔连特的雅典城邦来说，[7] 筹措这笔巨款谈何容易！有的研究者指出，其间与海上贸易有关的收入

---

1 这个数字是按色诺芬提供的数字推算出来的。
2 奴隶单价约为 2—3 明那。德摩斯提尼（XXVII. 9—11）提到的工奴平均单价约 4.3 明那。参阅《史学译丛》1954 年第 3 期，第 44 页及注 [1]。
3 修昔底德：《伯罗奔尼撒战争史》，VII. 27. 5。
4 霍伯：《希腊古典时代的贸易和工业》，第 179、181—182 页。
5 霍伯：《希腊古典时代的贸易和工业》，第 179、181—182 页。
6 色诺芬：《希腊史》，I. 6, 24。
7 德摩斯提尼，X. 37—38。参阅《希腊研究杂志》第 83 卷（1963 年），第 61—63 页。

在其财政收入中占主要地位。[1] 显然，要保持和增加这项收入，必须有和平的国际环境，色诺芬极力强调这一点，[2] 确实是不无道理的。另外，如前所述，投资采矿更需要和平。因此，我们认为，"同盟战争"以后雅典采银业的迅速恢复，与其间相对和平的国际环境、本邦综合国力的逐步增强有着密切的关系。而在公元前4世纪前期，直到60年代末，雅典先后面临陆上强国斯巴达、底比斯入侵的危险，饱受战乱之苦的雅典人普遍不愿意投资采矿，是不难理解的。

顺便说一下，古希腊人习惯于在公民名字前冠以父名，可以此区别同名者。尼基阿斯是雅典历史上一位知名度颇高的政治家、将军和巨富。古典作家屡屡提及他在银矿中的财产（包括奴隶）。[3] 普鲁塔克援引与尼基阿斯同时代的演说家帕西丰的话说，尼氏拥有自己的银矿，在那里"保有大批奴隶，他的大部分财产在采银业中"。[4] 他们所说的正是尼基拉图斯之子。但事实上这位将军早在公元前413年远征西西里时兵败被杀。尼基阿斯也是狄凯里亚战争和奴隶大逃亡的直接受害者。吕西亚斯在一篇演说辞（发表于公元前388/387年）中指出，尼氏虽曾拥有100塔连特的财产，但留给他儿子的遗产价值仅14塔连特（并且"没有金银"）。希波尼库斯（二世）的父亲卡里阿斯（二世）是公元前5世纪雅典赫赫有名的豪富之一，曾拥有价值200塔连特的财产。[5] 吕西亚斯说，希氏刚去世时，他的儿子卡里阿斯（三世）被认为是希腊人中最富有者，

---

1 参阅 E. M. Burke, "Athens after the Poleponnesian War: Restoration Efforts and the Role of Maritime Commerce", *Classical Antiquity*，第 9 卷（1990 年），第 1 期，第 1—13 页。

2 色诺芬：《论收入》，V. 1—6。

3 亚里士多德：《雅典政制》，XXVIII. 3—5；色诺芬：《追忆苏格拉底》，I. 5.2；吕西亚斯，XIX. 47。

4 普鲁塔克：《传记集·尼基阿斯传》，第 3—4 页。

5 吕西亚斯，XIX. 45—48。

"可如今他的应纳税财产不足 2 塔连特"，且与采银业无关。[1] 可以肯定，者两位奴隶主的继承人此时所拥有的财产和奴隶数量大大少于其父辈们；[2] 更何况色诺芬在撰写《论收入》时，已是一位熟谙雅典历史的作家，恐怕不至于把作古数十年的历史名人当作健在的人。

通过对雅典采银业状况的粗略考察，我们认为可提出如下看法：色诺芬所提及的有关三大奴隶主出租奴隶的史实确属公元前 5 世纪后期；雅典采银业在公元前 425—前 413 年间发展到前所未有的规模，公元前 412—前 367 年间基本停顿（其中前 404—前 375 年间完全中止），在公元前 366—前 355 年间有一定程度的恢复，但矿奴人数、实际收入远未达到狄凯里亚战争前的最高水平。因此，长期以来有些学者把色诺芬所追述的公元前 5 世纪的史实"移植"到 4 世纪，力证公元前 4 世纪前期雅典采银业得到空前大发展，[3] 这不能不严重曲解古代史料的原意，由此，所得出的结论是难以切合历史实际的，其治史方法也是不可取的。

原载《西南师范大学学报（哲学社会科学版）》1994 年第 3 期

---

1 修昔底德：《伯罗奔尼撒战争史》，II. 91；霍伯：《希腊古典时代的贸易和工业》，第 175—176 页。
2 按上述奴价，1000 名、600 名奴隶各价值 33—50 塔连特和 20—30 塔连特。
3《世界上古史纲》编写组：《世界上古史纲》，下册，第 192—193 页；苏联科学院主编：《世界通史》，第 2 卷上册，第 69—70 页；刘家和主编：《世界上古史（修订本）》，第 261 页。

19 关于希腊奴隶制的理论和实际

　　一百多年来，在对前资本主义诸生产方式的研究中，奴隶制问题一直受到中外古史研究者，尤其是马克思主义历史学家的广泛重视。由中国国家教委规划并组织编写的《世界史·古代史编》（以下简称《古代史编》）以相当大的篇幅论及奴隶制问题。作者在该书第 8 章纵览世界历史全局，从比较史学的角度出发，全面系统地阐述了希腊奴隶制及其主要特征。它在一定程度上反映了 20 世纪我国学者对古代奴隶制的研究成果和认识水平。[1] 我们在研究中发现，《古代史编》关于希腊奴隶制的某些提法不尽符合历史实际，而这几乎都与新中国成立以来我国史学界在奴隶制研究中的某些失误有关。以下准备结合《古代史编》的有关论述略陈管见，以就教于各位专家和读者。

---

[1] 刘家和、王敦书主编：《世界史·古代史编（上卷）》，北京：高等教育出版社，1994 年。参阅王方宪：《世界古代史体系的创新之作：高教版〈世界史·古代史编〉评介》，《世界历史》1994 年第 4 期。

一、牲畜与奴隶

国际古史研究者一般认为，在希腊，直到公元前 5 世纪中期，除了那些实行希洛特制的城邦以外，在以雅典为代表的另一类城邦的农业生产中，使用奴隶的情况仍不多见。《古代史编》却认为：

> 自耕农或小农所私有和使用的奴隶，在雅典等希腊城邦农业中最常见，在公元前 5 世纪也是最为发达的农业奴隶经济形式。当时奴隶价格约等于一头毛驴，因此能拥有一两头牲口的小农往往也购买一两名奴隶。在雅典……以第三等级为主的小农几乎都使用奴隶，数目由五六名至二三名不等，甚至第四等级的贫农也常以一名奴隶帮工……可见希腊农业中使用奴隶是非常普遍的，几乎可说是有耕牛处就有奴隶。[1]

作者肯定雅典等城邦的小农普遍拥有奴隶，其主要依据乃是奴隶与毛驴价格大致相等。按作者所说，公民之中那些能购置耕牛、毛驴者，便自然可以成为奴隶的占有者和使用者。这种观点看似有理有据，实际上则恰恰是多年来国内学者在古代奴隶制研究中的一个带有根本性的理论误区。

这里涉及的首要问题是个人使用奴隶所应具备的条件。诚然，在希腊自由人看来，奴隶就如同牲畜、土地房屋一样，是主人的一种财产，是一种会说话的工具。但他们同时又不得不承认，奴隶

---

[1] 刘家和、王敦书主编：《世界史·古代史编（上卷）》，第 264 页。本文以下凡引此书，皆只注页码。

乃是所有财产中唯一可以自己拿起武器与其主人拼死抗争的特殊财产，也是所有工具中唯一需要吃饭、穿衣，否则便无法被正常使用的特殊工具。古希腊的一个思想家指出："奴隶的生活有三项内容，那就是劳作、受罚、喂肚子。……如果奴隶劳作、受罚而没有食物，那就不止是残酷，还将损害奴隶的（使用）效率。因此，要始终既让奴隶劳作，又给他们以足够的食物；因为不给予报酬是不能统驭奴隶的，而一个奴隶的报酬就是他的食物。"[1]

自由人固然可以把奴隶视若牲畜，但奴隶毕竟不是牲畜。一个简单而明显的事实是：牲畜可以终年以草果腹，而奴隶则不可；牲畜可以被宰杀食用或出售，奴隶则绝不可。近代史学研究成果已经证明："无论是私人所有的奴隶或国家所有的奴隶，都由所有者给以衣食住；有时他们获得一部分钱，作为津贴自己衣食之用。"[2]由铭文材料可知，公元前4世纪晚期雅典一名国有奴隶每年可从国家领取伙食费180德拉克玛，另配发一套劳动服，价值45德拉克玛。[3]这意味着一名奴隶一年的生活费至少需225德拉克玛，与雅典国家分配给年轻公民的口粮钱（240德拉克玛）相差无几。[4]由此我们也大致可以推知私人维持奴隶生活所需费用的一般标准。

那么，个人使用奴隶究竟应具备哪些条件呢？恩格斯就此做过精辟的分析，指出："并不是每个人都能使用奴隶服役。为了能使用奴隶，必须掌握两种东西：第一，奴隶劳动所需的工具和对象；第二，维持奴隶困苦生活所需的资料。"[5]

---

1 伪亚里士多德：《经济论》，I. 5。
2 杜丹：《古代世界经济生活》，北京：商务印书馆，1963年，第57页。
3 格罗茨：《古代希腊的劳作》，第212页。
4 亚里士多德：《雅典政制》，XLII. 3。
5 恩格斯：《反杜林论》，《马克思恩格斯选集》，第3卷，第200页。

就雅典小生产者的财产水平而言，他们一般都具备了使用奴隶的第一个条件，但未必具备第二个条件。既然奴隶是被作为财产或工具来养活的，因而那些不能自给、勉强自给或自给有余但不足以养活一名奴隶的小生产者，在理论上是不可能成为奴隶主的。

然而，迄今为止，学者们仍普遍地把奴价之和作为推算希腊奴隶劳动利率的全部本金。[1] 这实际上不仅是把奴隶视为不需衣食住的一般财产，而且在很大程度上忽视了奴隶不与劳动对象和生产工具相结合便不可能成为被剥削的对象这一基本事实。雅典公民大都以农业为主，出租房屋、剥削会手艺的奴隶也是其谋生的重要手段。[2] 在公元前 4 世纪，公民出租一块价值 20 明那的地产，每年可得 1.6 明那的收入。[3] 因此，一位拥有 20 明那财产的公民若从事农业，维持本人生活已相当不易，绝不可能再蓄养奴隶。但他们完全有可能饲养一二头耕牛或毛驴。正如亚里士多德所说，牛"在穷苦家庭中就相当于奴隶"[4]。

许多学者习惯地以奴价之和作为全部本金，推算出奴隶主在手工业、采矿业中使用奴隶的年利率高出农业两三倍。[5] 因此，传统认为雅典第四等级公民（财产不足 20 明那者）若从事农业，则必是自力谋生，若从事手工业，则有相当一部分人可以靠剥削奴隶为生。英国学者 A. H. M. 琼斯认为：既然 20 明那的财产相当于 6—7

---

1 博厄德曼（J. Boardman）等：《牛津古典世界史》(The Oxford History of the Classical World)，牛津：牛津大学出版社，1986 年，第 221 页；库左甫科夫：《论奴隶制发展中产生差别的诸条件和古典世界中奴隶制的最高发展》，《史学译丛》1954 年第 3 期；格罗茨：《古代希腊的劳作》，第 273 页。
2 色诺芬：《追忆苏格拉底》，III. 11.4。
3 伊萨优斯，XI. 42。
4 亚里士多德：《政治学》，1252b13。
5 格罗茨：《古代希腊的劳作》，第 273 页。

名工奴的价钱，那么属于这一等级的公民至多可拥有一处作坊和 5 个奴隶，以下是那些拥有 1—4 个奴隶的手工业者。[1]

但是经营奴隶制手工作坊的实际收益并没有学者们想象的那么高。在雅典，任何一位拥有 20 明那财产的公民，如果他自己不参加劳动，则所得收入皆难以养活一名成年自由人或奴隶。请听吕西亚斯在其演说辞中提到的一位工匠的自述："我通晓一门可赚取少量收入的手艺，由我本人亲自经营，因为如果把它移交给一名奴隶来做，我就无力承担养活奴隶的费用。"[2] 由此可以肯定，雅典第四等级公民只能是那些终年劳作而勉强度日的穷人，而不是也不可能是奴隶的直接占有者和使用者。

现在我们再来看看牲畜和奴隶的价格问题。常识告诉我们，耕牛的价格通常高于毛驴，因而把牛价与奴价加以比较也许更能说明问题。荷马提到，一名女奴可与 20 头耕牛交换。[3] 据法国学者格罗茨所引史料，公元前 410 年雅典人献祭所用牛的价格为平均每头 51 德拉克玛，不足同期奴价（1.7—1.8 明那）的三分之一；前 375 年牛价涨至每头 77.25 德拉克玛，不足同期奴价的五分之一。[4] 由于蓄养奴隶费用高昂（一名奴隶的年生活费相当于 3—4 头牛的价钱之和），因而凡购置并使用一二名奴隶的公民，他在理论上至少可拥有 8—16 头牛。因此，那种认为拥有一二头牲畜就自然可拥有一二名奴隶的说法，是缺乏必要的史实依据的。

---

1 琼斯：《雅典民主》，第 80—81 页。

2 吕西亚斯，XXIV. 6。

3 荷马：《奥德赛》，I. 431。奴隶依其性别、技能等情况而有不同的价格，但从古代两河流域和埃及的有关资料来看，奴隶与其他商品相比，仍是相当昂贵的。

4 格罗茨：《古代希腊的劳作》，第 237—238 页注；梅格斯、刘易斯：《希腊历史铭文选辑》，第 240—247 页。

《古代史编》作者把个人拥有和使用奴隶的物质前提与拥有毛驴、耕牛的条件等量齐观，实际上不能不极大地低估使用奴隶的物质条件，有的学者甚至把奴隶视为几乎不需任何生活资料就可为主人带来丰厚利润的"摇钱树"。由此出发去理解古代希腊的奴隶制，其必然结果之一便是片面夸大奴隶被占有和使用的普遍性。看来，所谓雅典等城邦的农业生产中"有耕牛处就有奴隶"的说法，也不过是由此所得出的推论而已。

二、小生产者与小奴隶主

《古代史编》以雅典为例，把希腊城邦中的小生产者阶层视为小奴隶主阶层，在该书第262—266页认为"雅典公民群众各个等级都是大大小小的奴隶主"，并且强调"第四等级往往也有一两个奴隶"；在论及手工业中使用奴隶的状况时，指出："小作坊使用奴隶在5—10人之间，作坊主往往就是公民中第三等级的手工业者。"作者估计，雅典第一、二、三等级公民"拥有奴隶的数目大致是第一等级25人左右，第二等级15人左右，第三等级3人左右"。

古典时代雅典公民等级的划分通常是按公民的金钱收入（或按市价把实物收入折算为金钱），或者是以其财产价值额为基准的。这一事实本身就意味着财产数额相当的公民，其实际收入也是大致相同的。这里我们来考察一下第三等级公民的实际情况。

据当代学者研究，雅典第三等级公民的财产额大致在20—40

明那之间，平均约为 30 明那。[1] 按同时期的土地价格，20—40 明那约相当于 5—10 英亩的田地。这正是演说家们所说的小地产。[2] 因此，他们一般都可归于小土地所有者阶层。如果我们把 20—40 明那的财产折算为奴隶，则在前 5 世纪末相当于 11—22 名，在 4 世纪中期约相当于 5—10 名。如此则《古代史编》所说第三等级公民几乎都是拥有 3—6 名奴隶的小农场主，或是拥有 5—10 名奴隶的作坊主似乎也不无道理。然而，事实果真如此吗？

如前所述，任何一位自由民要想成为奴隶主，除了要为奴隶提供衣食住的条件以外，如果他从事农业，则还必须拥有一定数量的土地以及农具种子、水源等生产条件；如果经营手工业，则还需拥有厂房、工具原材料和必要的流动资金等。因为"奴隶要用别人的生产条件来劳动，并且不是独立的"[3]。况且，任何一位奴隶主通常是不可能把自己所有的财产都用于生产的，其财产中总是有相当一部分属非生产用的财富（如奢侈品、儿女的聘金或嫁资，等等）。因此，奴隶作为奴隶主财产的一部分，其所占份额总是有一定限度的。以资料较为翔实的帕西昂为例，他共有财产 75—80 塔连特，其中包括一个盾牌作坊（约有奴隶 60—70 人），按同期奴价，奴隶只占 5.4%—6.5%。[4] 照此推算，公元前 4 世纪中期一位拥有一名奴隶的公民，财产额应在 65 明那以上，相当于第三等级公民的财产平均数的两倍多。正如恩格斯所说，使用奴隶的个人"在任何情况下，都要拥有一定的超过中等水平的财产"[5]。

---

1 参阅琼斯：《雅典民主》，第 85—86 页。
2 吕西亚斯，XIX. 29, 42；伊萨优斯，V. 22。
3《马克思恩格斯全集》，第 25 卷，第 891 页。
4 德摩斯提尼，XXXIV. 4—6。
5《马克思恩格斯选集》，第 3 卷，第 201 页。

事实上，在土地贫瘠、水源匮乏的阿提卡，栽培农作物尤其是橄榄、葡萄，工作需要十分精细。当时希腊各地已普遍采用休耕制，这样，一块 5—10 英亩的土地所生出的农产品，通常仅够公民养家糊口，少数人略有剩余。德摩斯提尼指出，许多应纳税公民（财产在 25 明那以上者）因养家糊口和公共开支而拖欠税款，在他们当中几乎找不到拥有奴隶者。[1] 德氏还提到，有两位各拥有 45 明那财产的雅典人谋生之路亦颇艰难。[2] 因此，广大小农一般自力耕耘，平时以家眷为助手，农忙时邻居互助，或雇一二名临时帮工（自由民或奴隶）。[3] 如遇天灾人祸，收成不好，公民的妻子或年长的儿子也不得不外出打工，以减轻家庭负担。可以想见，这类农业生产者在使用劳动力甚至耕牛时都必须精打细算，决不会轻易增加奴隶的数量。正如色诺芬所说，"如果送到田里的牛和人手多于需要，他们就会认为是一种损失"[4]。在一份载有 177 名获释奴隶的清单上，有 158 名居于雅典城区及近郊村社，有 10 人居住于沿海地区；在另一份载有 131 名获释奴隶的清单上，从事农业生产的仅有 11 名，约占总数的 8%。[5] 这表明，在雅典农业中使用奴隶的情况一直不多，不可能像使用牲畜那样普遍。

在古典时代的希腊，由于奴隶劳动效率低，商品生产规模有限，市场极为狭小，使用奴隶一般说来并不像某些近代学者所想象的那么有利可图，如老德摩斯提尼的奴隶一年所创造的利润仅为

---

1 德摩斯提尼，XXII. 65，XXIV. 172，197。

2 德摩斯提尼，XLII. 22。

3 阿里斯托芬：《财神》，506—516 行。参阅格罗茨：《古代希腊的劳作》，第 202—203 页；芬利：《古代希腊的经济和社会》，第 99—100 页。

4 色诺芬：《论收入》，IV. 5。

5 格罗茨：《古代希腊的劳作》，第 216 页。

奴隶生活费的三分之一。[1]这是奴隶制社会生产力水平低下的一则极有力的证明。因此，一位精明的奴隶主是不会轻易扩大生产规模增加其奴隶人数的。另一方面，在奴价、粮价上涨，产品积压或滞销，国内局势动荡或有外敌入侵的情况下，使用奴隶的成本必然大幅上涨。那时，主人蓄养的奴隶越多，经济上的包袱就越沉重，加上随时都有可能发生的奴隶的逃亡或暴动，常常会使主人谈奴色变。这些因素都有可能促使奴隶主（甚至情愿以低价）卖掉其部分或全部的奴隶。德摩斯提尼的作坊就是因为"没活干"而不得不将其半数的奴隶卖掉。[2]公元前4世纪希腊一位佚名历史学家指出，在伯罗奔尼撒战争期间，底比斯人就曾趁机从雅典人那里购得极廉价的奴隶。[3]

在希腊，即使在商品经济最发达的雅典，自然经济也是占支配地位的，人们从事生产的主要目的是自给自足，而不是发财致富。劳动仍被认为是公民谋生的基本手段。因此，那些可用可不用奴隶的小生产者，通常都不是奴隶的直接占有者。就雅典而言，其公民中奴隶主阶层，主要集中于第一、二等级的富人，以及第三等级中极少数较富有者。顺便说一下，按希腊文原意，雅典第三等级公民意为"能蓄养双牛者"，第四等级意为"佣工"，这恰恰印证了他们都是自力谋生的小生产者。正是这些小所有者、小生产者构成雅典公民的主体。这种"小农经济和独立的手工业生产"，在"奴隶制真正支配生产以前，还构成古典社会全盛时期的经济基础"。[4]需要指出的是，《古代史编》在该书第266页论及希腊城邦经济基础时，

---

1 德摩斯提尼，XXVII. 9—11。
2 德摩斯提尼，XXVII. 18。
3 《奥克赛林库斯希腊史》，XII. 4。
4 《马克思恩格斯全集》，第23卷，第371页。

也引用了马克思的这段话，却略去原文"在……以前"，并把"小农经济和独立的手工业生产"理解为一种普遍化奴隶制生产，把小生产者等同于中小奴隶主阶层。我们认为这既不符合马克思这段话的原意，也是与基本历史事实相背离的。

三、关于奴隶制的发展趋势

《古代史编》在论及伯里克利时代以后希腊奴隶制状况和发展趋势时，在该书第 271 页指出：

"（城邦）危机引起的战争虽然破坏生产，却对奴隶制发展不无好处，因为战争提供了滔滔不绝的奴隶来源，还使许多奴隶主借战争大发横财。

"伯罗奔尼撒战后直到公元前 4 世纪末，江河日下的希腊世界中唯一不见衰减反而显著发展的是奴隶制。历次大小混战中卖作奴隶的战俘和被征服人口不计其数，各城邦的奴隶市场到处'货源'充足，而奴仆成群的大奴隶主也日见增多……到公元前 4 世纪中期雅典的奴隶制经济从数量看已超过 5 世纪的极盛期。……公元前 338 年之际，雅典银矿及其他行业使用成年男奴之数高达 15 万人，若加上女奴或老幼奴仆，则雅典奴隶总数已在 30 万以上，比 5 世纪至少增加 50%。"

关于奴隶制继续发展的条件，《古代史编》在讨论希腊古典时代奴隶制经济状况时，断言公元前 4 世纪奴隶制发展达到前所未有的水平，并认为它是江河日下的形势之下的"唯一"显著发展的因素。这实际就是说，奴隶制的发展似乎是不需要任何前提或附加条件的。但事实上，奴隶制经济仅只是希腊社会经济中与非奴隶制经济相对的一种经济成分，正如工商业经济之于农业经济、商品经济之于自然经济一样。因此，它的消长必然受到诸多因素的制约和影响。

关于希腊古典时代社会经济的整体走势，笔者已作过讨论。[1]这里需要指出的是，伯罗奔尼撒战争以后，希腊城邦经济的整体水平，国家、集体和个人所拥有、使用奴隶的物质条件皆明显不如公元前5世纪的极盛期。任何一个国家的奴隶制，都是不可能在这种条件下得到显著发展的。

战争与奴隶来源的扩大充足、廉价的奴隶来源，无疑是奴隶制发展的重要条件。纵观古代世界奴隶制发展史，国家、集体和个人获取奴隶的途径大致有四种：一是战争掳掠，二是金钱购买，三是家生增殖，四是变罪犯或负债者为奴隶。就古典时代希腊城邦而言，第四个来源无足轻重，第三个来源实际上从属于前两个来源。因此，诚如公元前4世纪希腊史家泰奥庞甫斯所说，强力征服和金钱购买是奴隶的主要来源。[2]可见，在奴隶制发展到一定程度的基础上，任何一个国家奴隶来源的扩大，都应当是以其拥有更强大的武力或更雄厚的经济实力为后盾的。

《古代史编》认定战争使公元前4世纪希腊的奴隶来源扩大，个人财富增长。但作者对于战争究竟是怎样提供、为哪些人提供了"滔滔不绝"的奴隶来源却含糊其辞。其实，任何一场战争对交战各方的影响不可能完全一致，因而对于战争的后果必须认真具体地加以分析，切不可一概而论，按希腊世界"凡战败者归战胜者所有"的惯例[3]，战争往往使胜利者的国力和财富有所增长，从而或多

---

1 徐松岩：《论古典时代希腊经济发展趋势》，《重庆师院学报（哲社版）》1994年第1期。

2 阿特奈乌斯：《哲人宴享》，VI. 264e—267c。

3 亚里士多德：《政治学》，1255a6。

300   多彩的雅典娜

或少地促成本国奴隶制的进一步发展。[1]

然而，公元前4世纪希腊诸邦混战的结果，并未形成一个军事、经济实力超群的强国，相反，却造成一种交战各邦普遍趋于衰弱的局面。其间，在希腊史籍中确有一些关于战俘被出售的记载，但其数量少于前一世纪，也难以确定买主是哪些人。就雅典而言，公元前4世纪（迄前338年）国内生产条件、海外贸易规模以及综合国力皆远不如伯里克利时代，有可能成为奴隶主的那些富人的境遇每况愈下，加上粮价、奴价上涨，国家、个人购买和使用奴隶的规模、数量必然随之下降。这种情形的出现显然是与伯罗奔尼撒战争对雅典经济的负面影响有关的。据色诺芬记载，当时希腊人很清楚：战胜敌人固然可以使自己的城邦富裕起来，但其前提是自己比敌人更强大，如果自己比敌人软弱，就会连自己所有的都丢光。[2]《古代史编》不仅忽视了这场大战对雅典奴隶制经济的消极影响，而且把战争与奴隶来源的扩大和个人财富的增长无条件地联系起来，甚至把这场战争视为推动战后雅典奴隶制大发展的主要因素，这都是不尽符合历史事实的。

四、西方与东方：奴隶数目及其所占比例

奴隶数目及其在古代国家人口中所占比例是古代奴隶制研究

---

1 徐松岩：《雅典两大奴隶主年代考辨》，《求是学刊》1995年第1期；郭小凌：《论希腊战俘的命运及其与奴隶制发展的关系》，《北京师范大学学报（哲社版）》1988年第5期。
2 色诺芬：《追忆苏格拉底》，III. 1.3，6.7—8。参阅徐松岩：《公元前五世纪末雅典城邦危机的深化及其原因》，《齐鲁学刊》1989年第4期。

中最复杂的问题之一。《古代史编》纵览世界历史全局，在第 267—268 页指出：

"目前史学界较普遍的看法是，以最发达的雅典为例，总人口 40 万人中，奴隶 20 万，公民 16.8 万，外邦侨民 3.2 万，因此奴隶只占人口的 50%，至于整个希腊世界，则比率还要低一点。例外的恐怕只有斯巴达和开俄斯岛……但总的说来，希腊社会奴隶与自由民之比不会超过 50%，虽然较之古代东方各国，这个比例仍是大大超过了（古代东方约 30% 以下）。"

显然，作者把奴隶比例占人口之半作为希腊世界奴隶制国家的总体特征（所说的"例外"系指超过这个比例的国家），并由此断定这个比例大大超过古代东方各国。以下想就两个方面谈谈个人看法。

首先，关于奴隶人数。先看雅典。笔者曾对雅典奴隶人数及其走势做过考察。我们在全面缕析公元前 5 世纪，尤其是希波战争以后奴隶制发展诸因素的基础上，认为公元前 431 年前后雅典奴隶制经济达到古典时代的顶峰，奴隶人数至多约为 9 万—10 万；之后，战争、瘟疫、奴隶逃亡等因素使奴隶人数在前 404 年已减至约 1.5 万人；公元前 404—前 338 年，奴隶制发展滞缓，奴隶人数至多 2 万左右，奴隶制经济的总体水平远不及伯里克利时代。[1]

再看斯巴达公元前 6—前 5 世纪中期，斯巴达国有奴隶人数约在 20 万人。第三次美塞尼亚战争（公元前 464—前 455 年）结束时，一大批起义的黑劳士摆脱了受奴役的命运，斯巴达奴隶人数必然因此而减少。[2] 修昔底德指出，黑劳士大都是美塞尼亚人的后

---

1 徐松岩：《古典时代雅典奴隶人数考析》，《世界历史》1994 年第 3 期。
2 修昔底德：《伯罗奔尼撒战争史》，I. 101—103。

裔，以致当时人们把黑劳士统称为美塞尼亚人。[1] 因此，公元前 369 年美塞尼亚的独立，不仅意味着斯巴达丧失了其最肥沃的一大片国土，还意味着大多数黑劳士不再是斯巴达人的国有奴隶了。[2]

公元前 5—前 4 世纪雅典、斯巴达奴隶人数的显著减少无不与他们在战争中屡屡失利密切相关。这证明，那种把公元前 4 世纪希腊诸邦混战无条件地与其奴隶制的显著发展联系起来的观点，是脱离历史实际的。

其次，关于奴隶所占人口比例。众所周知，雅典奴隶制的大发展主要是公元前 5 世纪 70 年代以后的事了。公元前 431 年，雅典公民连同家属共 15 万—17 万人，麦特克约 5 万人[3]，奴隶约占阿提卡总人口的 31%；公元前 4 世纪中期，公民连同家属 10 万—12 万人，麦特克及其他外国人约 4 万人[4]，奴隶约占人口的 11%—13%。若按《古代史编》所说，则公元前 4 世纪中期雅典奴隶应占其人口的 65% 以上。

众所周知，雅典是希腊世界奴隶制经济发展水平最高的国家之一。即使在雅典，奴隶人数达到其人口 30% 左右的时间也只有短短一二十年。在古典时代的绝大部分时间里，奴隶所占比例大约不超过人口的 10%—15%。而希腊其他多数城邦奴隶所占比例恐怕还要低一些。可见，《古代史编》作者对雅典乃至希腊奴隶所占人口比例的总体估计，未免过于夸大了。

---

1 修昔底德：《伯罗奔尼撒战争史》，I. 101—103。
2 色诺芬：《阿格西劳斯》；色诺芬：《希腊史》，VII. 2.2；狄奥多拉斯：《历史丛书》，XV. 66.1。
3 刘易斯等主编：《剑桥古代史》，第 5 卷，第 308 页。
4 参阅汉森（M. H. Hansen）：《雅典公民大会》（*The Athenian Assembly*），牛津，1987年，第 14—16 页；琼斯：《雅典民主》，第 78—79 页。

我们对古代东方各国的奴隶制状况几乎毫无研究，所以对于《古代史编》作者所说奴隶在这些国家人口中所占比例，不能表示任何意见。不过，在古代中国历史上，汉代特别是西汉被公认为是奴隶人数较多的一个朝代。但由于学者们在古史分期上意见不一，估算方法和依据各异，因而估计数字相差很大。最低估计认为奴隶为 150 万人，占总人口的 25%；最高估计认为奴隶占总人口 20%—25%[1]。有的学者根据汉代官吏富豪的数字（西汉自佐吏至丞相 13 万余人，东汉 15 万余人），以他们平均每人占有奴婢 30 人计，则全国当有私奴婢 450 万人，加上官奴婢，可能是 500 万人，约占当时人口的 10%。[2] 我们认为，这种估计的依据比较合理。根据西汉平帝元始二年（公元 2 年）的资料，全国有 1223 万余户，人口近 6000 万。[3] 如果每户平均可拥有两头耕牛或毛驴，按《古代史编》"有耕牛处就有奴隶"的原则加以推演，则全国的奴隶总数亦接近总人口之半数了。然而，这样的数字只有在把所有小生产者都视为小奴隶主的条件下才有可能出现。因此，《古代史编》作者关于古代希腊奴隶所占人口比例大大超过古代东方各国的观点，实际上是长期以来史学界习惯地抬高古典古代社会奴隶制发展水平，进而片面夸大古代东西方奴隶制差异性的一种具体表现。

以上通过对古典时代希腊尤其是雅典奴隶制的粗略考察，我们

---

1 翦伯赞：《关于两汉的官私奴婢问题》，童书业：《中国史分期问题的讨论》，分别见《中国的奴隶制与封建制分期问题论文选集》，北京：生活·读书·新知三联书店，1962 年，第 392、153—154 页。

2 马克垚：《罗马同汉代奴隶制比较研究》，《历史研究》1981 年第 3 期。据何兹全在其《中国古代社会》（河南人民出版社 1991 年版，第 312—313 页）中估计：汉代什之七八家没有奴隶，什之二三家每家平均有两个奴隶，汉代的奴隶总数约 450 万—650万，占总人口的 10% 左右。

3《汉书》卷二八，《地理志》。

觉得可以提出如下几点认识。第一，古代世界经济是以农牧业为主体的自然经济，古希腊诸邦与同时代东方诸国社会生产力水平相当，商品经济规模和水平极其有限。在这样的生产力条件下，不论是东方的奴隶，还是西方的奴隶，都不可能创造出近代意义上的剩余价值。这也是奴隶制的发展在很大程度上有赖于对外征服和掠夺的根本原因。第二，在奴隶制生产方式的上升时期，社会生产、贸易和财富积聚的增长是一个国家奴隶制持续发展的前提，而不是其结果。同样，随着经济的衰落，生产萎缩，个人财富减少，奴隶制必然（往往是暂时地）趋于衰落。第三，公民集体在发挥其侵略、欺压、剥削奴役异邦人的作用时，在理论上，它是一个奴隶主的集体；而实际上，在公民之中，奴隶主阶层主要局限于那些中等财产以上的富人范围内，他们始终只是整个自由民群体中的极少数人；作为公民集体的主体的小生产者，通常都不是奴隶的直接占有者。第四，奴隶在一个国家人口中所占比例之大小，是衡量该国奴隶制发展水平的重要依据。在希腊，除极个别情况外，奴隶一般不超过总人口的 15%，东方各国也大体如此。这从根本上说是由古代生产发展水平所决定的。第五，希腊古典时代处于地中海地区奴隶制发展史上的早期阶段，小土地所有制是城邦的经济基础。自公元前 5 世纪末开始的小土地所有制的逐步瓦解和小生产者的破产、没落，主要是由于战争对其生产条件的破坏和城邦综合国力的衰弱所致，而不是、也不可能是希腊奴隶制持续发展的结果。

《古代史编》作者把奴隶和牲畜等量齐观，并以此作为认识和理解古代希腊奴隶制的基础，从而明显低估了私人拥有奴隶的物质条件，进而不能不过高估计自由民当中奴隶主的数量、奴隶的数目及其在总人口中所占的比例；作者片面强调战争与奴隶制发展的关系，从而难以正确认识奴隶制持续发展的条件和奴隶制发展的客观趋势。这些看法在国内外史学界都具有一定代表性，是近50年来国内史学界的通行看法。以此为基础而形成的对古希腊奴隶制的认识以及对古代东西方奴隶制差异性的认识的某些传统观点，似乎都有重新加以考虑的必要。应当指出的是，即便在马克思主义史学界，马克思、恩格斯关于奴隶制的某些原则性科学论断，似乎也并未得到应有的重视和正确的理解，尤其是未能结合历史实际加以理解。国内史学界多年来对有关奴隶制的理论和实际问题认识的某些偏差（甚至是长期的以讹传讹），大概与此不无关系。

原载《世界历史》2000 年第 1 期

20　古希腊城邦经济结构刍论

——兼评东西古国经济结构"迥异"说

　　中外史学传统认为，希腊是古代世界工商业较为发达的地区之一，许多城邦在古典时代已是"工商业城邦"，其中尤以雅典、科林斯为典型。[1] 有的学者认为，"古希腊城邦经济具有与东方古典经济完全不同的特点"，因为前者"以城市工商经济为主，以乡村农牧经济为辅，以生产交换产品为主，以自给自足为辅"，而后者是一种自给自足的农本经济。[2] 因此，深入剖析希腊城邦的经济结构，其意义不仅局限于古希腊史，也关系到古代世界历史发展的统一性与差异性的问题。本文拟着重以雅典为例，针对近年来国内研究中出现的某些偏向，谈谈我们对上述问题的粗浅认识。

1　左文华：《论古代城邦产生与存在的条件》，《思想战线》1982 年第 1 期；左文华：《也评〈希腊城邦制度〉》，《思想战线》1985 年第 6 期；顾准：《希腊城邦制度》，北京：中国社会科学出版社，1982 年，第 99—100、122—123 页；张鸿雁：《古希腊罗马城邦与先秦城市比较研究》，《史学理论研究》1993 年第 3 期。
2　吴高军：《古希腊城邦经济初探》，《求是学刊》1991 年第 1 期。

一

在这里首先必须明确古代城邦的概念。关于这一点，学术界迄今无一致意见。按照我们的理解，它有两层含义：第一，"城邦的一般含义就是为了维持自给生活而具有足够人数的公民集团"[1]；第二，城邦在本质上是一种早期奴隶制国家，它的经济基础是小农和小手工业者的所有制。

因此，"工商业城邦"即以工商业经济为主的城邦，必定是那些其大多数公民以工商业为基本谋生手段的，或者其国民收入以工商业为主的城邦。当然，如果一个城邦的大多数公民从事农业，国民收入以农业为主，那就没有理由不称之为农业城邦。

如众所周知，在希腊世界数以百计的城邦中，工商业发展水平参差不齐，它在国民经济中所占比重亦不尽相同，同一城邦在不同时期的经济结构亦有所变化。但一个举世公认的事实是，古典时代希腊工商业发展达到历史最高水平，而在工商业比较发达的几个城邦中雅典发展得最充分，是全希腊最大的工商业中心。因此，认真剖析工商业在极盛时期雅典经济中的地位，无疑成了问题的关键所在。

伯里克利时代（公元前443—前429年）是雅典经济史上的极盛时期。公元前454/453年，雅典当局把提洛同盟金库连同约5000塔连特存款从提洛岛移至雅典。此后，原同盟金库成为雅典国库的一部分，原盟国的捐款变为交给雅典的贡金，变为雅典财政收入的一部分。[2]雅典财政收入从此迅速增加，到公元前431年金钱岁

---

1 亚里士多德：《政治学》，1275b20—21。
2 梅格斯：《雅典帝国》，牛津，1972年，第152页以次。徐松岩：《关于雅典同盟的几个问题》，《西南师范大学学报（哲学社会科学版）》1993年第3期。

多彩的雅典娜

入已达 1000 塔连特。[1] 其中，各属国的贡金每年 600 塔连特[2]；从审判属民所提出的诉讼案件中取得的诉讼费和罚款约 150 塔连特[3]。此外，雅典人在平息属国的暴动后，没收暴动者的财产并勒索巨额赔款，也是它的一个重要财源。如在公元前 439 年战败的萨摩斯人被迫答应偿付战费 1276 塔连特（分期交付）。[4] 由此算来，雅典城市工商业（如市场销售税、关税、异邦工商业者所缴的人头税等）的年收入不超过 100 塔连特，不足财政收入的 10%。假如没有对众多属民（直接受雅典统治的希腊人就多达 200 万左右）的奴役和剥削，[5] 伯里克利时代雅典国势强盛、经济繁荣的局面也就根本不可能出现。唯其如此，伯里克利在多次演说中强调，属国"所缴纳的金钱就是雅典的力量"[6]。

毫无疑义，雅典社会经济的迅猛发展与繁荣，是与它拥有当时东地中海地区最强大的海上力量，并且较为稳固地掌握这一海域的制海权分不开的。[7] 然而，有些学者往往把希波战争以后雅典向海外的扩张理解为一种商业性扩张，从而不能不在很大程度上掩饰了雅典人奴役、掠夺异邦人的实质内容。事实上，伯里克利时代雅典海军主要用于维持其海上霸主地位，镇压属民的反抗；它驱除海盗、整顿海上秩序的主要目的并不是保护国际贸易的开展，而是确

---

1 色诺芬：《长征记》，VII. 1. 27。

2 修昔底德：《伯罗奔尼撒战争史》，II. 13. 3。

3 伪色诺芬：《雅典政制》，I. 16；阿里斯托芬：《马蜂》，661—663 行。

4 梅格斯、刘易斯：《希腊历史铭文选辑》，第 149—151 页。A. W. 格米等认为此款在公元前 431 年已付清，即每年缴纳约 160 塔连特。

5 斯塔尔（Ch. G. Starr）：《制海权对古代历史的影响》（*The Influence of Sea Power on Ancient History*），纽约，1989 年，第 35—45 页。

6 修昔底德：《伯罗奔尼撒战争史》，I. 143。

7 斯塔尔：《制海权对古代历史的影响》，第 35—45 页。

保自己的海外利益不受损害，确保海外巨额贡税和粮食得以源源不断地平安输入雅典。如在公元前 427/426 年的近 2000 塔连特的财政收入中，仅属国贡金一项即高达 1500 塔连特。[1] 雅典人的这种巨大的收益，并不是得自其产品的销售利润，而是得自其广阔的海外领土，得自对广大属民的赤裸裸地奴役和掠夺。

因此，我们认为，尽管雅典大力扩张客观上有利于各地经济文化联系的加强和工商业的发展，但如果把它的扩张和掠夺说成是发展工商业，即扩大原料来源和产品销售市场，则势必在很大程度上把属国的贡金与海上贸易的收入混为一谈，[2] 是不符合基本历史事实的。

在古典时代雅典诸邦中，任何一邦的公民都有贵族、平民之分，平民几乎是清一色的自力谋生的小生产者，他们在人数上占绝对优势。纵然像雅典这样经济发达的城邦，小生产者人数也在公民总数的 80% 以上。[3] 然而，有的学者为说明城市工商业是城邦经济的主要部分，居然把"城邦经济的所有者和经营者"说成是清一色的奴隶主和贵族，并且以城市居民为主，以工商业者居多。[4] 这些同志心目中的希腊城邦中竟然不存在自力谋生的小生产者。看来，这种所谓"以城市工商经济为主"的城邦，充其量不过是他们臆造出来的乌托邦而已。

社会意识是社会存在的反映。古希腊社会普遍重农鄙商，城邦时代的思想家们把工商业视为"粗俗的技艺"，把工匠、商贩的劳

---

1 阿里斯托芬：《马蜂》，659 行；普鲁塔克：《传记集·阿里斯提德传》，XXIV. 3；哈蒙德等主编：《牛津古典辞书》，"提洛同盟"（The Delian League）条。
2 参见张树卿：《略论雅典工商业经济》，《松辽学刊》1985 年第 4 期。
3 参见徐松岩：《关于雅典奴隶制状况的两个问题》，《世界历史》1993 年第 5 期。
4 吴高军：《古希腊城邦经济初探》，《求是学刊》1991 年第 1 期。

作蔑称为"贱业",这恰恰是城市工商业在整个社会经济中处于次要地位的反映(下文将进一步论及)。[1]马克思指出,"古代人一致认为农业是自由民的本业,是训练士兵的学校",因而"城市的手工业和商业受蔑视,而农业则受尊敬"。[2]

二

极力强调希腊城邦为"工商业城邦"的学者,力图否认它们普遍具有以农为本的特点,否认农业在城邦经济中的主要地位。[3]这种观点也是值得商榷的。

诚然,希腊境内多山,水源不足,土地不甚肥沃,可耕地不足土地总面积的1/5。但勿庸置疑,希腊城邦中的绝大多数都是农业城邦。[4]有争议的只是少数农业条件较差、工商业较发达的城邦。下面我们仅对在希腊诸邦中素以土地贫瘠著称的雅典的情况略加分析,看它究竟是不是农业城邦。

根据雅典历史学家修昔底德的记载,从神话传说时代直到公元前5世纪末,雅典人一直保持散居于乡村的生活方式。他指出,"大多数的雅典人,从早几代一直到这场战争发生的时候,都生长在阿提卡乡村","这种乡村生活就是雅典人民生活的特征"。[5]因

---

1 色诺芬:《经济论》,IV.1—6;亚里士多德:《政治学》,1319a25—29。
2 马克思:《资本主义以前各生产形式》,《马克思恩格斯全集》,第46卷,上册第480页。
3 吴高军:《古希腊城邦经济初探》,《求是学刊》1991年第1期。
4 加恩西等主编:《古代经济中的商业》(*Trade in the Ancient Economy*),伦敦,1983年,绪言;中国世界古代史研究会等主编:《世界古代史译文集》,第69—84页。
5 修昔底德:《伯罗奔尼撒战争史》,II.13.2。

此，战衅初启，当他们被迫举家迁入雅典城内的时候，"他们很悲伤，很不愿意抛弃他们的家园和他们祖先遗留下来的古代神庙，很不愿意变更他们整个的生活方式"。[1] 进城的农民牢骚满腹、怨气十足。在公元前 425 年上演的喜剧《阿卡奈人》中，农民狄开波利斯说："我厌恶这个城市，思念我的乡村，那儿从来也不叫：'买木炭啊！''买醋啊！''买油啊！'从来不懂得这个'买'字，什么都出产，应有尽有，就没有这种'妈呀''妈呀'的怪叫。"[2] 这是对进城农民的精神风貌的真实写照，生动地反映出广大农民故土难离和对自给自足的乡村生活无限眷恋的心态，当代著名古代经济史专家、已故英国学者 M. I. 芬利在分析了大量史料后认为，公元前 430 年雅典约有 2 / 3 的公民居住在乡村，过着自给自足的生活，而在那些定居城市的公民中，很多都是农田所有者[3]。

值得一提的是，公元前 5 世纪 50—30 年代雅典当局大力推行军事移民政策，结果使 1 万多名贫民成为双牛级土地所有者。[4]

雅典的军事移民实际上也是农业移民，它是雅典人对外扩张、兼并异邦人土地的直接结果。通常，当局把所侵占的土地（多为上等农田）按一定面积划为份地，再以抽签的方式分配给本邦无地或少地的公民，由他们及其家属自力耕耘。[5] 有时，移民把自己的份

---

1 修昔底德：《伯罗奔尼撒战争史》，II. 14. 2—16. 1。

2 阿里斯托芬：《阿卡奈人》，28—36 行。

3 芬利：《古代希腊的经济和社会》（*Economy and Society in Ancient Greece*），伦敦，1981 年，第 65 页；鲍威尔（A. Powell）：《雅典与斯巴达》（*Athens and Sparta*），劳特里奇，1988 年，第 318 页。

4 琼斯：《雅典民主》，第 8—9 页；哈蒙德等主编：《牛津古典辞书》，"军事殖民"（Cleruchy）条。

5 哈蒙德等主编：《牛津古典辞书》，"军事殖民"条。

多彩的雅典娜

地交由当地人耕种，而坐收一定数目的地租。[1]可见，军事移民的过程同时也是自力谋生的小农的再生过程。

有的学者认为，在伯罗奔尼撒战争前夕，伯里克利轻而易举地说服了占公民多数的乡村居民主动放弃其祖产，这难道不是雅典工商业高度发展以致其重要性远远超过农业的明证吗？其实，这是一种误解。如上所述，在伯里克利时代，雅典人已经侵占、控制了大片海外领土。在他们的心目中，雅典疆域广阔、财力雄厚，海外领土的重要性大大超过其本土。伯里克利声称，"伯罗奔尼撒半岛一部分土地的破坏对于斯巴达人及其同盟者的影响，比整个阿提卡的破坏对于我们的影响，要严重得多"，因为"我们在岛屿上和大陆上都占有充足的土地"。[2]可见，雅典人主动放弃阿提卡农村，并不能说明农业经济已无足轻重，而只能说明此时阿提卡的土地仅仅是雅典人所有土地中的一小部分。显然，雅典人之所以敢于铤而走险，一方面固然是由于本国陆军实力不足以与斯巴达相匹敌，另一方面主要是他们自以为可利用其海军优势，从海外领土"输入一切所需的东西"。[3]

哈利卡纳苏的狄奥尼修斯提及的史料表明，公元前403年雅典无地公民约有5000人，[4]但这并不是说他们都是非农业人口。其时，雅典派驻各地的移民几乎悉数被遣返雅典城，这5000人中有很多就是以前的移民，因而此前他们大都是农业生产者。[5]

---

1 修昔底德：《伯罗奔尼撒战争史》，II. 16. 2。
2 修昔底德：《伯罗奔尼撒战争史》，III. 50。
3 修昔底德：《伯罗奔尼撒战争史》，I. 143. 4—5。
4 狄奥尼修斯：《关于尼西阿斯的演讲》，52。
5 色诺芬：《希腊史》，II. 2. 1—2；《追忆苏格拉底》，II. 8. 1。参阅齐默恩：《希腊联邦：公元前五世纪雅典政制和经济》，第 234 页。

公元前5世纪中叶是希腊城邦高度发展的时期。对于任何一位雅典人来说，拥有土地不仅是公民身份的标志，同时也是取得公民权的前提。值得注意的是，古典时代雅典土地所有制状况几乎无明显变化，仍以小土地所有制为主。土地集中的速度缓慢，是与自梭伦以来雅典历代当政者所采取的限制贫富分化、抑制土地集中的措施大有关系的。不仅如此，公元前5—前4世纪与公元前7—前6世纪相比，希腊人耕种和开拓的土地的面积虽明显扩大，但农牧业技术和设备并未取得相应的显著进步。耕田、播种、收获、打谷，这一切在色诺芬时代与赫西俄德的诗中所说的大致相同，畜牧业仍然以饲养山羊、绵羊为主。[1]因此，同古代世界许许多多奴隶制强国一样，公元前5世纪中期雅典经济的巨大增长，主要不是建立在发展生产力、提高生产技术，而是建立在以暴力开疆拓土、奴役和剥削异邦人的基础之上的。

基于以上分析，我们可以对公元前431年雅典公民的分布情况作出如下估计：在总共4.2万名公民中，居住在阿提卡乡村的约2.8万—3万人，在海外领土上约有1万人。他们基本上都是躬耕田亩的农业生产者。而在长住城市的2000—4000名公民中，绝大多数也是土地所有者，其中少数人因贫困流落城市；其他多数人就像伯里克利、尼基阿斯那样，以自己在乡村的地产或矿产为主要财源。因此，伯里克利时代雅典公民中的无地者寥寥无几，95%以上是以土地（连同上面的房产或地下矿产）为主要财产、以农业为

---

1 芬利：《古代世界的技术发明与经济进步》（"Technical Innovation and Economic Progress in the Ancient World"），载《古代希腊的经济和社会》，第176—195页；杜丹：《古代世界的经济生活》，商务印书馆，1963年，第32—47页。

主要谋生手段的。[1]

可见，在雅典城邦的经济结构中，农业是最主要的组成部分，土地是财富的主要形式和主要来源。农业条件较差、工商业相当发达的雅典尚是农本之邦，那么完全否认农业在希腊其他大多数城邦经济中的主要地位，恐怕是难以令人信服的。

近几十年国际古史研究结果表明，"古代的经济基本上是农业经济。任何时期的大多数生产者皆以务农为主，他们把大部分产品用于自己的消费"，"古代的城市主要是消费中心，而不是工商业中心"。[2]在希腊工商业比较发达的几个城邦中，工商业的发展虽使其公民谋生手段多样化，在国民经济中已占重要地位，但它毕竟不足以取代农业的地位，工商业者在政治生活中也长期受到歧视和排斥。色诺芬指出，经营田产、出租房屋和剥削会手艺的奴隶，是自由民谋生的三种典型方式。[3]亚里士多德说，那时人类的五种基本谋生方式是游牧、农作、劫掠、渔捞和狩猎，而且大多数以农业为生，有的也兼营其他职业。[4]因此，在古希腊人看来，工商业只是实现城邦自给自足的一条捷径，它在城邦经济生活中

---

1 不应过低估计古希腊农村人口所占比重。直到1950年，希腊农村人口仍占总人口的50%；在美国，1790年农村人口占95%；到1860年仍为80.2%。参阅斯塔尔（Ch. G. Starr）：《个人与公社：公元前800—500年城邦的兴起》（*Individual and Community: The Rise of Polis 800—500B.C.*），牛津大学，1986年，第6页；解学东主编：《国外农村经济》，郑州：中原农民出版社，1990年，第3页。

2 加恩西等主编：《古代经济中的商业》，伦敦，1983年，绪言；中国世界古代史研究会等主编：《世界古代史译文集》，第69—84页。

3 色诺芬：《追忆苏格拉底》，III. 11. 4。参阅芬利：《古代希腊的经济和社会》，第65—67页；琼斯：《雅典民主》，第79—80页。

4 亚里士多德：《政治学》，1256a33—b5，1319a25—29，1321b13—15；柏拉图：《法律篇》，VIII，848；希罗多德：《历史》，II. 167。

仅仅是一种辅助性因素，是农牧渔猎等谋生方式的补充手段，[1] 也就不足为奇了。

三

迄今为止，古代经济的研究在许多方面尚有待于深入。100多年来，西方某些史家（尤其是"现代化"派学者）从"欧洲中心论"的立场出发，自觉不自觉地把近代资本主义的理论模式和经济术语应用于古代，片面夸大西方古代社会经济中工商业成分和商品经济因素，认为古代希腊罗马奴隶制的与近代资本主义的经济结构之间只有量的而无质的差异。这种论点在国际史学界影响深远，并波及我国史学界（尤其是东西古史比较研究）。自20世纪50年代以来，尽管在西方史学界掀起一股反对把古史现代化的思潮，以M. I.芬利和A. H. M.琼斯为代表的这派学者的观点也得到日益广泛的肯定，但直到最近，仍有人习惯地夸大古代希腊社会经济中的工商业成分，毫无根据地把希腊人称为"商业民族"或"工商业民族"，[2] 并在此基础上阐释古代东西文明的巨大差异，提出东西古国经济结构"迥异"说。其主要表现是：

第一，把工商业发达的城邦混同于工商业城邦，认为希腊城邦大都是工商业城邦，从而严重曲解了城邦的经济结构。勿庸讳言，与希腊多数城邦以及古代世界其他地区的一些早期国家相比，雅典等少数城邦的工商业和商品经济意识得到较充分的发展，工商业在

---

1 亚里士多德：《政治学》，1256a33—b5、1319a25—29、1321b13—15；柏拉图：《法律篇》，VIII，848；希罗多德：《历史》，II. 167。
2 左文华：《也评〈希腊城邦制度〉》，《思想战线》1985年第6期。

国民经济中所占比重一度较大（尤其在公元前4世纪）。[1]问题在于工商业经济占较大比重并不意味着以工商业经济为主，并不意味着农业已处于次要的、辅助的地位。工商业发达的城邦与工商业城邦并非同一概念，如把二者混为一谈，正像把现代农业发达的工业国等同于农业国一样，都是不可取的。农业是古希腊城邦的主要经济部门，是绝大多数公民的主要收入来源，因而也是城邦经济兴衰的决定性因素。工商业则不然。公元前4世纪，商品货币关系的发展虽在一定程度上缓解了雅典的财政危机，却不能从根本上改变综合国力尤其是经济实力大为削弱的事实。看来，所谓古代东西方早期国家经济结构截然不同的说法，是脱离历史实际的。

第二，随意夸饰希腊城邦的经济水平，抬高其历史地位，贬低古代东方国家的经济成就和历史地位。有的学者把古希腊城邦经济与"东方古典经济"尤其是古代中国经济加以比较后断言："就雅典等大多数城邦来说经济已达到古代世界繁荣的顶峰。"[2]在他们的心目中，这些希腊城邦中任何一邦的经济水平都超过古代世界其他国家，特别是东方国家。无怪乎这些学者把希腊城邦经济的衰落，当作古代奴隶制趋于衰落的标志。[3]如此便把他们心目中的"工商业城邦"推到古代世界历史的中心地位。同时，他们还把以斯巴达为代表的农业城邦说得一无是处，进而极力贬低古代东方农业国对人类文明史的巨大贡献，甚至连此后"希腊化"诸国和罗马奴隶制经济空前大发展的事实也给一笔抹杀了。这种全盘否定农业国的历史的历史观，也是很不科学的。

---

1 伯克：《伯罗奔尼撒战争以后的雅典：国力的恢复及海上贸易的作用》，《古典古代》第9卷（1990年）第1期，第1—13页。
2 吴高军：《古希腊城邦经济初探》，《求是学刊》1991年第1期。
3 吴高军：《古希腊城邦经济初探》，《求是学刊》1991年第1期。

20 古希腊城邦经济结构刍论   317

综上所论，我们认为，在古希腊诸邦中不存在以工商业为主要经济部门的城邦即工商业城邦，更不存在以"城市工商经济为主"的城邦；希腊民族不是什么"商业民族"或"工商业民族"。各邦公民以乡村居民为主，以农业生产者居多，工商业并非城邦经济兴衰的主要的决定性因素；传统上所谓的"工商业城邦"乃是一不科学的概念，它实际上不过是那些工商业得到较充分发展的农业城邦而已。古希腊大多数或一部分城邦为"工商业城邦"的说法，人为地扩大了古代东西方早期国家经济结构之间的差异性，从而忽视甚至抹杀了它们以农牧业为主、以工商业为辅，以自然经济为主、以商品经济为辅的共同的基本特征。

原载《西南师范大学学报（哲学社会科学版）》1995 年第 3 期

第五章

史家・史料・史学

21 希罗多德 *Historia* 诸问题刍议

希罗多德《历史》问世 2400 多年来，历代学者就希罗多德的成就和不足发表过诸多评论。自修昔底德以降，在欧洲学术界对希罗多德的批评之声不绝于书，而称誉希罗多德为"史学之祖"的罗马学者西塞罗，同时也称其为"谎言之祖"。古代作家由于种种原因而导致他们对希罗多德《历史》的误读，其影响波及后世。[1] 时至今日，关于希罗多德著作的主要内容，他的世界观、历史观和治学方法，研究者们的看法依然歧异迭出，这又不能不牵涉到对这位历史学家的总体评价，笔者认为，国内外学者曾经讨论的关于希罗多德其人其著的许多问题，似乎还有继续探讨的余地，某些广为流行的观点可能还值得重新推敲。譬如希罗多德所著《历史》的主题，该书对"异族"的内涵的阐释、波希战争起因、起点和终点等等，似乎都不能说已成定论。以下拟就这些问题略抒己见。

---

1 郭小凌：《被误读的希罗多德》，载彭小瑜、张绪山主编：《西学研究》第 1 辑，北京：商务印书馆，2003 年，第 8—20 页。

一、关于作者的写作主题

古代作家通常开宗明义地说明其写作主题，希罗多德也不例外。他写道："以下所发表的，乃是哈利卡纳苏斯人希罗多德调查研究[1]的成果。其所以要发表这些研究成果，是为了保存人类过去的所作所为，使之不至于随时光流逝而被人淡忘，为了使希腊人和异族人的那些值得赞叹的丰功伟绩不致失去其应有的光彩，特别是为了把他们相互争斗的原因记载下来。"

《历史》的主要内容或主题，似乎早已是不成问题的问题了。然而，值得注意的是，我国学者不知从何时起，给希罗多德的"调查报告"增加了一个副标题——"希腊波斯战争史"，甚至认定《历史》又名《希波战争史》。[2]这样的引申是否符合希罗多德的原意姑且不论，可以肯定的是，希罗多德在其著作中使用希腊人、波斯人的概念，其内涵都不是一成不变的，皆有多层含义。当希罗多德在不同的语境下叙述希腊人或者波斯人、异族人的时候，同一概念的内涵有时也有很大差异。因此，纵然我们可以使用"波希战争"（或"波斯战争"）的概念，其内涵也可以有多种不同的界定（有关讨论见下文）。希罗多德著作的题目为"Ηροδότου Ἱστορίαι"，现代学者就此所做的任何其他引申，往往都容易引发不必要的歧义和

---

[1] 在希罗多德时代，希腊文的"历史"（ἱστορίη，*historia*）一词，意为"调查""探究"，和哲学（φιλοσοφία，*philosophia*，意为"爱智慧"）的本意相近。后世编纂者以此作为其著作的题目，是十分确当的。到古典时代后期，人们才开始把他调查研究的成果称为"历史"。

[2] 最明显的例证如王以铸先生的中译本（商务印书馆 1959 年版如此，1985 年版如此，2010 年重印版未变）；陈启能主编：《西方历史学名著提要》，南昌：江西人民出版社，2003 年，第 2 页，作者在评述希罗多德《历史》时说"该书以希波战争为主线，所以又名《希波战争史》"。

误解。

希罗多德写作的主题即希腊人和波斯人（异族人）之间的战争，似乎早已是不刊之论。讨论《历史》一书的主题似乎有些画蛇添足。希罗多德自己申明，要使希腊人和异族人[1]的那些值得赞叹的丰功伟绩不致失去其应有的光彩，特别是为了把他们相互争斗的原因记载下来。这里的异族人，来自希腊文的"οἱ βάρβαρροι"（相当于现代英文的"Barbarians"，常常被译为"野蛮人"或"未开化之人"）。然而，希腊文此字原意为"异语之人"，即"和自己说不同语言的人"，对于希腊人来说，"οἱ βάρβαρροι"就是指非希腊人，对于波斯人来说，"οἱ βάρβαρροι"就是指非波斯人，对于埃及人来说，系指非埃及人（II.158.5）；当然，那些非希腊语民族称希腊人为"οἱ βάρβαρροι"，也就不足为奇了。[2]在希罗多德的著作中，这个词尚无明显贬义。问题是希罗多德这里所说的希腊人和异族人之间的争斗，究竟是不是与流行于国内学术著作中的"波希战争"的内涵完全一致呢？

这里首先必须弄清希罗多德在其著作中是如何使用"希腊人"和"波斯人"概念的。希罗多德著作中的"希腊人""波斯人"，究竟具体指哪些人？笔者曾经考查希罗多德著作中所有使用希腊人和波斯人／异族人名称的地方，发现希罗多德在使用这两个名称的时候，在不同场合和语境下，往往有不同所指。无论是希腊人，还是

---

1 随着希腊在波斯战争中的胜利，以及古典文明高度发展，在希腊人中间逐渐流行鄙视其他民族的思想，他们开始以"barbarikos"作为"野蛮"的形容词，而视波斯、意大利、黑海各地的欧亚诸族为"野蛮民族"："οἱ βάρβαρροι"这个词开始有了"蛮夷"之意。罗马崛起之后也称罗马和希腊以外诸族为"蛮夷人"（barbarroies）。这种称呼在某种程度上犹如犹太人称非犹太人为"gentiles"；也类似中国古代黄河流域诸族称呼吴楚居民为南蛮"鴃舌"之人。

2 参阅希罗多德：《历史》，III. 139.1。

波斯人的概念，其内涵都不是固定不变的，在不同时代，都有其相应的民族的、地理的、历史的内容。

希罗多德《历史》中的"希腊人"，大致可以归结为四个层面的含义：（1）原始的希腊人，指居住在北希腊弗提奥提斯（Phthiotis）等地的那些人；[1] 修昔底德（I.3）指出，这些居民"就是原始的希腊人"（以下简称"希腊人 I"）。（2）本土的希腊人，其地域大致和皮拉斯基亚（Pelasgia，即皮拉斯基人居住的地方）相合，[2] 包括希腊本土以及附近岛屿上的早期居民（简称"希腊人 II"）。希罗多德在讨论波希战争期间的双方对峙的形势时指出（VIII.132.3）："对于希腊人而言，比提洛岛更远的地方都是险象环生的，因为他们对那些地方一无所知，……对他们而言，萨摩斯是和赫拉克利斯柱同样遥远的。由此造成了这样的结果：异族人（波斯人）由于害怕而不敢驶入萨摩斯以西的海域，同时，希腊人即使在开俄斯人的祈求之下，也不敢驶入提洛岛以东的海域。恐怖使他们之间保持着一个缓冲地带。"值得重视的是希罗多德这里所使用"希腊人"所指的地理范围。（3）世界各地的希腊人，即居住在欧罗巴、亚细亚、利比亚各地所有的希腊人（即所谓希腊世界的希腊人，简称"希腊人 III"）。（4）有时用以特指某地区、某城市、某方言区甚至某一位"希腊人"（简称"希腊人 IV"）。

《历史》中"波斯人"的概念，至少有四个层面含义：（1）"波斯"的波斯人，即波斯最初兴起之地的波斯人（简称"波斯人 I"）。希罗多德（I.153.2）指出，"波斯人从来不在公开的市场上做买卖，而波斯境内实际上没有一个市场"。这里的波斯人以及波斯领土就

---

1 参阅希罗多德：《历史》，I. 56.3。
2 参阅希罗多德：《历史》，II. 56.2。

多彩的雅典娜

是如此，因为那时波斯民族仅只是一个部落联盟，社会生产水平是相当落后的，因而在波斯（即"波斯人Ⅰ"的居住地）没有市场，是完全可能的。[1] 而事实上，波斯帝国境内的许多地方商品经济已经相当发达了，不可能没有市场。这里的"波斯"明显是指与"波斯人Ⅰ"相吻合的地域。（2）波斯帝国的波斯族人，他们常常被希腊人笼统地称为"米底人"（简称"波斯人Ⅱ"）。除了帝国首都作为最高统治者和驻军等波斯人之外，随着波斯领土的不断扩张，波斯人作为地方统治者和管理者，常常被派驻帝国各地。（3）泛义的波斯人，包括波斯人在内以及被他们征服、统治的诸民族，即所谓"异族人"（简称"波斯人Ⅲ"）。《历史》开宗明义要探讨希腊人和异族人的纠葛及其原因，这里的"异族人"，显然是泛指非希腊人，而这个概念的内涵是与波斯对外征服和扩张的过程同时扩大的，它包括波斯统治下的巴比伦人、腓尼基人、埃及人、印度人等许多非希腊语民族，甚至一度包括那些投靠到波斯人一边的希腊人。譬如公元前 479 年希腊联军在普拉提亚与波斯军队交战时，波斯军中就至少有数万希腊人。（4）有时用以特指某地区、某城市甚至某一位"波斯人"（简称"波斯人Ⅳ"）。

这样，希腊人与波斯人的关系在理论上可以有多种"组合"，而且在"波斯人Ⅲ"之中，有时也包括居住在波斯帝国境内（如小亚细亚的希腊人），或者在波斯统治者强制之下而从命出征的希腊人（如爱琴诸岛和希腊本土的某些人[2]）。因此，希罗多德所说的希腊人和异族人的丰功伟绩显然是基本上包括了当时的全世界的居民；而作者强调了希腊人和异族人的冲突，这里主要指"希腊

---

1 同样的做法还可参阅希罗多德：《历史》，III. 70，89，97。
2 参阅希罗多德：《历史》，VII. 185.1—2。

人Ⅱ"和"波斯人Ⅲ"之间的冲突。这就是说，希罗多德心目中的"波希战争"大致是指希腊本土的希腊人与以波斯人为首的诸多异族人之间的战争，而"波斯人Ⅲ"当中一度还包括"希腊人Ⅲ"和"希腊人Ⅱ"的一部分。

明确了这个问题，我们就不难理解希罗多德为什么在历史著作一开始（Ⅰ. 1.1）就说："根据在历史方面最有学识的波斯人的说法，腓尼基人是引起争端的肇始者。"希罗多德使用了一个很地道的波斯人的概念，认为很久以前腓尼基人的那些海上劫掠行为，是一系列祸端的开始。因为在波斯人的心目中，亚细亚自古以来就是隶属于他们的。[1]

随后希罗多德（Ⅰ. 4.1）又指出，"但是接下来，波斯人认为希腊人应该受到严厉谴责，因为在他们未对欧罗巴发起任何袭击之前，希腊人就率领着一支军队入侵亚细亚了。"这里是指希腊人所发动的特洛伊远征。如果按照波斯人的看法，是腓尼基人最早惹下的祸端，但是那似乎不是什么不义之举（劫掠女子），而真正可以称得上战争远因的，就是希腊人入侵亚细亚，就是侵略了波斯的"领土"，或者至少是曾经侵略过波斯人的"领土"。后来，希腊人和波斯人之间的矛盾不断升级，最终爆发波希战争。

因此，在希罗多德的心目中，所谓"波希战争"（波斯战争），实际上就是希腊人和异族人（非希腊人）之间的"世界大战"；而这里的异族人（非希腊人）之中有时又包括一部分希腊人，同样，希罗多德《历史》前五卷的丰富内容，并非枝蔓丛生、尚未切入主题的"战争背景"，而是他的真正主题（他还不止一次指出他所写

---

[1] 希罗多德（Ⅰ. 4.4）指出："波斯人认为，亚细亚以及居住在这里的所有异语诸部族都是隶属于他们波斯人的。"

多彩的雅典娜

的某些内容是题外话）。[1]

事实上，细心的读者不难发现，希罗多德关于希腊城邦，无论是斯巴达还是雅典的内容，都是采用插叙的方式；倘若主要站在希腊人的角度上写作，他无论如何也没有理由不把雅典政治家梭伦、僭主皮西特拉图（Pisistratus）和克里斯提尼（Cleisthenes）的相关事迹以及斯巴达的历史作为正叙内容加以记述的；特别值得注意的是，在全书结尾之处（IX. 122）作者对阿腾巴列斯（Artembares）向波斯人献计的记载，也大致可以说明同样的问题。[2]因此，希罗多德（I. 1）从一开始就"根据在历史方面最有学识的波斯人的说法"展开他的故事；并且屡屡把波斯帝国境内的希腊人的"暴动"称为"叛离"，也是顺理成章的。希罗多德自始至终都主要是从波斯人的视角来理解这场战争的，波斯人离开了欧罗巴，退回亚细亚，就是退回了他们自己的"领土"了。一言以蔽之，希罗多德的视角或者立场是理解《历史》主题和内容的关键。

二、波希战争的起止时间

希罗多德无疑是想完整记载这场"世界大战"的全过程的。但作者在其著作中，对于"波希战争"，大致是按两个层面来理解的。其一，狭义的波希战争，即通常我们学术著作所说公元前 500 年开始、前 479 年结束的那场战争；其二，广义的波希战争，泛指历史上希腊人和异族人之间的各种武装冲突。

---

1 如希罗多德：《历史》，VII. 171.1 等。
2 参阅杨俊明、付静：《评希罗多德〈历史〉的结尾：兼论希罗多德写作的目的》，《湖南师范大学社会科学学报》2003 年第 1 期。

国内学者一般认为波希战争的直接原因，是雅典人援助小亚细亚伊奥尼亚人起义，而波斯人借机报复。事实上，包括伊奥尼亚人在内的小亚细亚的这些希腊人在起义之前，已被波斯人统治了近半个世纪，是隶属于波斯帝国的臣民，雅典人支援小亚细亚希腊人的暴动，无论什么理由，在波斯人看来，都是对波斯帝国事务的干涉和对波斯边疆区域的袭掠。对于帝国的主人来说，这样的行为都是绝对不可容忍的。因此，我们可不可以说，从波斯的角度来看，这场大战的直接起因，是雅典人对波斯领土的入侵和袭掠呢？

当然，客观地说，波希战争的真正起因，是波斯人对外侵略扩张。毋庸否认，对外扩张和征服是奴隶制时代经济社会发展的一种司空见惯的方式，古代世界奴隶制诸强国的兴起，概莫能外。不过，举凡对外战争，侵略者往往总要寻求某种貌似合理的理由或者借口。波斯人西征希腊是如此，雅典人征服异邦人、马其顿国王亚历山大东征波斯帝国又何尝不是如此呢？

必须指出的是，雅典自梭伦改革以后，公民集体内部经过一系列的调整，已经逐步走上了对外扩张的道路。虽然在扩张的过程中，常常感到力不从心。雅典人在克里斯提尼改革以后不久，即击败卡尔基斯（Chalcis）人，并且在新侵占的领土上安置了4000名殖民者。不过，雅典的有识之士也看到，他们在陆军方面要想与老牌霸主斯巴达抗衡，尚需时日。数年之后，米利都人领导了一场反波斯的暴动，对其时东地中海及周边国际形势不甚了解的雅典人意识到这是他们向外发展的大好机遇，便贸然出兵亚细亚，与波斯人的直接冲突是不可避免的。[1]

---

1 参阅徐松岩：《关于雅典同盟的几个问题》，《西南师范大学学报（哲学社会科学版）》1993年第3期。

关于《历史》一书是否完成，近代以来研究者们大致有两种倾向性意见。一种意见认为希罗多德写到普拉提亚和米卡列战役便戛然而止，希腊历史上一场伟大的民族自卫战争已经结束，该书至此理应告一段落；另一种意见认为，《历史》的结尾实在算不上完美，而且希腊人和波斯人的战争远未结束，只不过是转入一个新的阶段即希腊人进入反攻阶段而已。国内的高校教科书和某些研究者都把波斯战争的结束时间确定在公元前 449 年；公元前 479 年只是战争第一阶段的结束。[1] 希氏未能完成波希战争的写作，据说是因为作者的遽然离世，似乎和修昔底德的经历颇有些类似。

这两种观点看来都有相当的道理，但又都存在一些缺陷。我们不妨稍加分析。波希战争是波斯人和希腊人之间的冲突，波斯人是战争的发动者，是矛盾对立双方的主要一方。因此，波希战争何时结束，首先要看波斯人如何看待这个问题。然而，长期以来人们总数习惯地站在希腊人角度去观察思考这个问题，故而才有前一种观点的出现，并且相当流行。而后一种观点则是枉顾历史上冲突双方对这个问题的看法，完全以现代人的视角去观察该历史事件，从而出现不应有的偏差。其实，当希腊人攻克波斯人在欧罗巴的最后一座据点时，希腊人认为战事已经结束，希腊反波斯联盟的盟主斯巴达人不再主持对波斯的战争，就是明证。如果说希腊人和波斯人的战争尚在持续，那么整个公元前 5 世纪都没有完全停止，直至公元前 4 世纪末，难道这也可以定为波希战争的第三、第四甚至第五阶段吗？

---

1 吴于廑、齐世荣主编：《世界史·古代史（上册）》，第 253—258 页；廖学盛：《希波战争和雅典城邦制度的发展》，载中国世界史研究会编：《世界古代史研究》，北京：北京大学出版社，1982 年，第 54 页。

如上所述，希罗多德把公元前479年年底[1]希腊人攻占塞斯托斯（Sestus）作为波希战争的终点，符合他对这场战争的理解。古代作家修昔底德和晚后的演说家等也持同样的看法，他们在提及波希战争时，在时间上都是有特指的。[2]近代以来，西方的学术著作，大都把波希战争的结束时间确定在公元前479年。[3]而国内的著作，通常把波希战争的结束时间定在公元前449年的所谓"卡里阿斯和约"。这样，许多学者进而认为，希罗多德仅仅记载了波希战争的第一阶段；希罗多德的《历史》是一部未竟之作，没有完整记载波希战争的全过程。笔者对此不敢苟同。需要指出的是，大约公元前449年，据说雅典人卡里阿斯与波斯人签订了一个和约，史称"卡里阿斯和约"。多年来，学术界对该和约签订的时间以及是否确有其事一直都颇有争议。这主要是因为修昔底德在其历史著作中并未明确提及此事。修昔底德（I. 23）指出："历史上最伟大的战争是波斯战争，但是那场战争在两次海战和两次陆战中就迅速决出了胜负。"[4]事实上，在希罗多德以及其他希腊人的心目中，那场战争已经结束了。随着波斯人在欧罗巴的最后一个据点被攻下，自然就是双方战争结束的最显著的标志。换言之，波希战争结束的标志就是希腊人把波斯人赶回了他们自己的领土（亚细亚）而不是双方签

---

1 攻占塞斯托斯的具体时间，学界尚不能完全确定。按照其时希腊通行的纪年方法，"冬季"是跨年度的，因此，塞斯托斯城陷的时间也许是在公元前478年初。
2 修昔底德：《伯罗奔尼撒战争史》，I. 23.1。
3 最具代表的观点可参阅 S. 霍恩布鲁尔、A. 斯鲍福斯主编的《牛津古典辞书》，第1145页，"波斯战争"（Persian Wars）条。
4 狄奥多拉斯在其《历史丛书》（XII. 4）中援引公元前4世纪希腊史家埃佛鲁斯的资料，认为大约在公元前5世纪中叶，雅典和波斯之间签署过一个和约。有些证据表明该和约签于公元前449年，另有其他证据证明此约签于公元前5世纪60年代。参阅 S. 霍恩布鲁尔、A. 斯鲍福斯主编《牛津古典辞书》，第276页。

订一个什么和约。况且希罗多德有时间、也有热情继续写下去，希罗多德写到这个时间，显然是他自认为已经完成了写作任务，达到了写作的目的。[1]可以确信，希罗多德全书至此结束完全符合作者写作的初衷，《历史》是一部完整记载波希战争（迄公元前479年）的著作。

三、对希氏史学成就的总体评价

希罗多德是一位划时代的历史学家。他对历史学、民族学、人类学、地理学、考古学、文学等很多方面都作出了突出的贡献。然而，长期以来，人们对他的缺点的关注似乎超过了他的成就。他用朴素的唯物论的观点去观察、探究人类的历史和文化，取得了非凡的成就。但是史学界一直都明显存在着褒修昔底德，贬希罗多德的倾向。突出表现是，对于修昔底德继承其前辈的优良传统往往轻描淡写，对于修昔底德批评希罗多德的只言片语则不遗余力地反复强调甚至有所夸大。例如，人们往往注意修昔底德著作中记载或编写了许多精彩演说，其实希罗多德的著作中的舌辩之士也不乏高论；又如，虽然与修昔底德相比，希罗多德不太善于描写战争的场面，但是希氏叙事、讲故事的才能更胜一筹；再如，人们注意到修昔底德对神谕的批判，同时强调希罗多德对神谕很崇信，然而人们却往往忽视了希氏是用一种很特别的方式对神谕作了否定：最崇信神谕并且最慷慨敬神的克洛伊索斯，反而

---

1 参阅杨俊明、付静：《评希罗多德〈历史〉的结尾：兼论希罗多德写作的目的》，《湖南师范大学社会科学学报》2003年第1期。

遭到神谕的最严重愚弄，以至于痛失爱子、身败名裂；希氏在VII.188—190对于风暴起因及后果的分析，说明他对神意有自己独到的理解；希罗多德具有更为开阔的视野，是希腊人和异族人，即全世界和全人类，而修昔底德主要着眼于希腊人的世界，此外，希罗多德颇具批判精神，这也是不容否认的。希罗多德指出，"以上所谈及的关于埃及的内容，是来自于我个人亲自观察，叙述的是我独立思考而形成的意见，还有我亲自调查研究的结果"。[1]他还说，"埃及人所讲述的这些故事，是他们相信这些故事就是历史；就我个人而言，我这整个这部著作里的任务，就是如实地记载各个民族的各种传说。"[2]

值得注意的是，希腊民族意识实际上逐步形成的。超越城邦的泛希腊民族的意识，必然是与城邦范围内的集体意识逐渐淡化互为消长的。在城邦时代，占统治地位的意识，是城邦公民的集体意识，而不是所谓"希腊民族的民族意识"；现代的历史研究者，切不可把雅典人或其他希腊人想象为无私的国际主义者。希罗多德也给我们提供了这方面非常确当的证据。根据他的记载，在希腊抵御波斯入侵的联盟成立之后，"希腊使者求援，其他各邦各自心怀鬼胎，没有愿意出兵相助的"。[3]这些城邦之所以静观其变，其目的无非是对于交战双方都可以作出圆满的交代。因此，他们考虑的都是本邦的利益，不是、也不可能是所谓"希腊全民族"的利益。

如果从世界历史发展的角度来看，波斯人的开拓之功，客观上加强了近东地区诸民族之间的经济文化交流，增进了人们对古

---

1 希罗多德：《历史》，II. 99.1。

2 希罗多德：《历史》，II. 123.1。

3 希罗多德：《历史》，VII. 165—169。

代世界历史和现实的认识，是应该予以肯定的。在希罗多德的笔下，波斯大军，浩浩荡荡，途经之地，弃石即可成山；人畜饮水，河流顿时干涸；仓惶撤军时，吃野草，啃树皮，艰难跋涉，终于重返亚细亚。在他看来，这些史实如同修筑金字塔、迷宫一样，都是值得惊叹的，而希罗多德实际上是以赞叹的口吻来记述这些人类业绩的。

应该看到，希罗多德著作内容广博，这同时也是他"错误百出"的重要原因；如若按照某些近代研究者的设想而压缩叙述主题，肯定可以少犯错误。传统认为他在叙述史事的时候，枝蔓横生，偏离主题，殊不知很多被认为偏离主题的内容，恰恰就是其正题的内容。

希罗多德招致指责的一个至关重要的原因，是他虽身为希腊人，却并未自始至终地站在希腊人的立场上写作，相反，他的立场多变，常常批评希腊人，甚至站在异族人甚至是希腊人的仇敌波斯人的立场上撰写他的著作。在许多西方学者看来，甚至在那些习惯站在西方学者的立场上观察问题的中国学者看来，他的这种做法似乎都是难以接受的。笔者认为这恰恰是希罗多德客观求实、秉笔直书史学方法的体现。长期以来受到国内外学者所普遍称道的修昔底德客观主义史学思想和方法，必须根据历史事实重新加以审视。

希罗多德的"世界性"视野，显然是植根于波斯帝国这个"世界级"的帝国。希罗多德的《历史》，是西方世界第一部名副其实的世界史；希罗多德也是第一位真正具有世界眼光的历史学家；[1]希

---

1 Herodotus, *The Histories*, Translated by Gerge Rawlinson with an Introduction by Rosalind Thomas, Everyman's Library, London, 1997, Introduction, xxxv。

罗多德的这部"百科全书"式的巨著及其对人类文化所作出的重大贡献,无疑是世界文化宝库里一份绚丽多彩的宝贵遗产。

原载《史学史研究》2014 年第 3 期;

中国人民大学书报资料中心《世界史》2015 年第 3 期全文转载;

收入杨共乐总主编:《〈史学史研究〉文选》(外国史学卷,

本卷主编易宁),北京:华夏出版社,2017 年

多彩的雅典娜

22 修昔底德史料来源述议

　　古希腊历史学家修昔底德所著《伯罗奔尼撒战争史》（以下简作《战史》），以叙述伯罗奔尼撒战争起因、过程为主要内容（迄公元前 411 年），涉及希腊世界主要城邦政治、军事、经济、外交以及海陆交通等方面的史料。修昔底德的史料来源如按其时代大体上可分为"当代史"（主要是伯罗奔尼撒战争史）的史料和"战前史"的史料；如按其获取方式可分为"直接史料"和"间接史料"。修昔底德对于神话传说以及希罗多德、赫兰尼科斯（Hellanicus）等人的著作颇为熟悉，他关于波斯战争及其此前的主要史料，均通过批判吸收前人的成果而获得。这些史料当中也包括一些口传史料。[1]近代以来，学界一致肯定《战史》为信史，修氏被称作是"世界上第一位真正的具有批判精神的历史学家"。[2]国内学者着重于探讨修氏历史观和史学方法，而对其史料缺乏专门研究。[3]修氏自称他

---

1 参阅 S. 霍恩布鲁尔（S. Hornblower）：《修昔底德著作注释》（*A Commentary on Thucydides*），第 2 卷，牛津大学出版社，1996 年，第 19—21 页。

2 张广智主著：《西方史学史》，复旦大学出版社，2005 年，第 27 页。

3 国内近期研究成果参阅徐松岩：《修昔底德史学思想的时代特征》，《聊城大学学报（社会科学版）》2004 年第 2 期；易宁、李永明：《修昔底德的人性说及其（转下页）

"所记载的，一部分是根据我亲身的经历，一部分是根据其他目击其事的人向我提供的材料。这些材料的确凿性，我总是尽可能用最严格、最仔细的方法检验过的"。[1]《战史》史料来源不一，可信度参差不齐，必须加以具体分析，不可一概而论。即便是修氏明确批评他人记叙错误之处，也未必完全可信。以下拟对修昔底德的史料来源略作梳理分析，以就教于诸位专家。

一、亲身经历

这方面首先涉及的是雅典内外政治和军事方面的史料。修氏身为雅典贵族，出生于距离雅典卫城约7千米的阿里摩斯村；青少年时代在伯里克利时代度过，对于雅典帝国强盛与繁荣的基本状况，应该是了然于胸的。按照雅典的法律，18至20岁的丁男（Ephebi）接受军事训练，在阿提卡境内各处巡逻，驻守哨所，由城邦提供口粮和装备。[2]因此，修氏记载的雅典及阿提卡城市、港口、长城、海角、山地、平原、沿海和乡村，大都是他耳熟能详的地方。战争初年，他肯定参加了雅典的某些战事，很可能参加了环伯罗奔尼撒沿海的袭掠行动（公元前431年雅典出动100艘战舰，1000名重装

（接上页）历史观》，《北京师范大学学报（社会科学版）》2005年第6期；黄洋：《修昔底德的理性历史建构》，《历史教学（高校版）》2007年第6期。有学者就20世纪以来修昔底德的史家形象的嬗变进行了全面的梳理，并剖析其成因。何元国：《科学的、客观的、超然的？——二十世纪以来修昔底德史家形象之嬗变》，《历史研究》2011年第1期。

1 修昔底德：《伯罗奔尼撒战争史》，I. 22. 2。

2 亚里士多德：《雅典政制》，XLII. 1—5。

　　　　　　　　　　　　　　　　　　　　多彩的雅典娜

步兵[1]；翌年出动100艘战舰，4000名重装步兵、300名骑兵[2]），积累了一些陆战和海战的经验。否则他似乎很难在公元前424年陡然当选为雅典十将军委员会成员，并且随后在色雷斯一带独自指挥一支舰队。公元前431—前424年，修昔底德大概主要在雅典生活，间或前往色雷斯地区经营他们家族的金矿。对于期间斯巴达国王统率大军进驻阿提卡的埃琉西斯、特里亚、阿卡奈直至南部劳里昂等地大肆蹂躏、尽情毁坏，对于伯里克利所采取的应对策略，雅典海军袭掠伯罗奔尼撒沿岸、雅典统治集体上层在面对突发事件如米提列涅人的暴动等所采取措施的争论等重大战略策略问题，修氏似乎都没有给予明确的评价，而大致是按照事件的发生过程如实地加以记载的。

修昔底德是持续数年之久的大瘟疫的亲历者。按照伯里克利战前制定的策略，阿提卡乡村居民悉数迁入雅典城里。然而，对于这一举措所造成的严重后果，决策者却始料未及。大多数人来到城里根本找不到住处，不得不在狭小的区域里搭建简陋住所甚或在露天地住下来。公民携带家眷、家畜、奴隶、家具涌入雅典城，短短几十天内激增数万人甚至更多，城内的脏乱可想而知。时值盛夏，天气干燥炎热，卫生条件差，住处通风不畅，饮水质量无法保证。这也许是诱发瘟疫的重要原因。[3]

关于这场史无前例的瘟疫，修氏以纪实为主，史料可信度很高。他自己染上过瘟疫，却侥幸地死里逃生。[4] 他指出，瘟疫是突

---

1 修昔底德：《伯罗奔尼撒战争史》，II. 23. 2。
2 修昔底德：《伯罗奔尼撒战争史》，II. 56. 1—2。
3 目前对于雅典这次大瘟疫的定性和原因尚无定论，但是一般认为卫生条件差、人群极度拥挤是主要诱因。
4 修昔底德：《伯罗奔尼撒战争史》，II. 48. 3。

然在雅典出现的，首先罹患这种病的是比雷埃夫斯的居民。他们起初以为是伯罗奔尼撒人在蓄水池中施放了毒药。随后这种病在雅典城也出现了。死亡人数激增。"至于这种病是如何起源的，其发病原因是什么，造成如此巨大的精神痛苦的种种原因，我将留给其他的作家去考虑，不管他们是业余的还是职业的作家。就我本人而言，我将扼要地记载这种现象，描述它的症状，如果以后再发生这种病，学者们也许会对它有所认识。这一点我会做得较好，因为我自己患过这种病，也见过别人患过这种病。"[1] 修昔底德详细描述了瘟疫患者的种种症状，以及痊愈者种种后遗症。"因为这种疾病从头部发起，进而传遍身体各部位，一个人纵或幸免于死，其四肢也都会留有它的痕迹。这种疾病蔓延至生殖器、手指和脚趾，许多人丧失了这些器官的功能，有些人还丧失了视力。"[2] 他还用数字证明了瘟疫的杀伤力之大。公元前 430 年，一支出征波提狄亚的军队，总共 4000 人，仅仅 40 天之内罹疫身亡就达 1050 人。[3] 瘟疫持续了三年，到公元前 427 年，在册公民因瘟疫死亡者不下 4400 名重装步兵和 300 名骑士。[4]

修昔底德对战争初期雅典人心理心态的起伏和变化有着深刻的体会和恰当的把握，与他在雅典身临其境有着密切的关系。雅典人在战前一口拒绝斯巴达人的最后通牒，认为按照伯里克利的战略部署，他们不出几年便可迫使敌人屈服。但是，当战争打响，阿提卡乡村居民服从邦国战略需要，被迫迁入城里的时候，修氏作过如下描述："大多数的雅典人，从早期时代直到这场战争之前，都和

---

1 修昔底德：《伯罗奔尼撒战争史》，II. 48. 2—3。
2 修昔底德：《伯罗奔尼撒战争史》，II. 49. 7。
3 修昔底德：《伯罗奔尼撒战争史》，II. 58. 3。
4 修昔底德：《伯罗奔尼撒战争史》，III. 87. 1—3。

家人一起生活在乡村。因此，现在要他们彻底地迁移，尤其是在波斯入侵后不久重新定居下来的时候，他们是很不愿意迁移的。他们很忧伤，很不愿意抛弃他们的家园，抛弃他们祖制所遗传下来的神庙，很不愿意改变他们的生活习惯，把每个人所认为是他本族的城镇加以抛弃。"[1] 伯里克利在战争第一年年底发表的国葬演说，突显雅典人昂扬斗志、自信满满。他们满以为利用其海上优势，封锁海路交通，一举击败强大的对手。然而，连续两年海上大规模出击，收效不大，而一场突如其来的瘟疫击碎了雅典人的幻想。修氏写道："在伯罗奔尼撒人第二次入侵阿提卡之后，雅典人的心态发生了变化。如今，他们的土地已经两次遭到蹂躏，战争和瘟疫同时给他们造成沉重的压力。他们开始谴责伯里克利，说他是战争的发动者，说他是造成他们的所有不幸的根源，他们渴望与拉栖代梦人议和，实际上也已派使者们到那里去，但是这些使者并未取得成功。现在，他们大失所望，就都把怒气发泄在伯里克利身上。伯里克利看到他们因目前形势的转变而迁怒于他，而这些举动正如他事先所预料的一样。于是，他召集公民大会，那时他还是将军，其目的一则想恢复民众的自信心，二则想把他们这种愤怒的情绪引向较为平和并且更加充满希望的精神状态。"[2] 看来，雅典普通民众根本没有打一场持久战的思想准备，一旦遭遇挫折、求和不成，就丧失信心、怨天尤人。修氏体会到瘟疫对于雅典社会传统思想的严重冲击，指出瘟疫改变了雅典人对神祇、节俭、法律、财富、享乐、幸运、荣誉等诸多事物的传统看法，"他们觉得自己的生命和财富都如同过眼烟云""对诸神的敬畏和人为的法律都不能约束他们了。

---

1 修昔底德：《伯罗奔尼撒战争史》，II. 16. 1—2。
2 修昔底德：《伯罗奔尼撒战争史》，II. 59. 1—3。

就前一点而言，他们断定敬神和不敬神是一样的，因为他们看到所有的人毫无区别地死去；就后一点而言，没有人能够预料他能否活到因违法而被推上被告席的时候，而他们每个人都觉得已经被宣布了更为严厉的判决"。[1] 瘟疫随时都有可能宣布一个人生命的终结，好人还是坏人都一样。"最可怕的是，当人们知道自己身染这种疾病时，便陷于绝望之中。"[2]

二、实地考察

公元前 424 年，斯巴达名将伯拉西达攻打安菲波利斯，守将向修昔底德求援，修氏立即率舰队驰援，但他尚未到达，守将已降敌。安菲波利斯失陷的主要责任显然不在援军。然而，有人诬陷修昔底德，说他涉嫌通敌，雅典民众因此而表决将他放逐。此后他蒙冤受屈，在大约 20 年里，充分利用闲暇时间，在希腊世界特别是在那些敌对诸邦广泛考察，搜集并获得了大量史料。他说："我经历了战争的全过程，我的年龄使我足以理解发生在身边的事件，为了探求事实真相，我密切关注事态发展。我在指挥安菲波里斯的战事以后，曾被放逐而离开本国 20 年。我目睹战争双方的一切行动，特别是伯罗奔尼撒人的军事行动，因为我流亡在外，使我有空闲时间更加深入地探究战争的进程。"[3]

其间修氏一定经常前往与雅典敌对的斯巴达及其盟邦进行实地考察，尤其注意考察那些发生过重大战役的战场；他熟悉爱琴海北

---

1 修昔底德：《伯罗奔尼撒战争史》，II. 53. 1—4。

2 修昔底德：《伯罗奔尼撒战争史》，II. 51. 4。

3 修昔底德：《伯罗奔尼撒战争史》，V. 26. 5。

部、色雷斯沿海地区的海陆交通状况，可能去过爱琴海东部雅典帝国几个重要岛屿如列斯堡、开俄斯、萨摩斯等。对于这些地方的山势、河流、港口、要塞等都了如指掌。关于公元前418年曼丁尼亚战役的史料，[1]则完全是从伯罗奔尼撒方面得来的。交战双方一方是斯巴达人及其同盟者，另一方是阿尔哥斯、雅典、曼丁尼亚等，双方排兵布阵、交战具体情况及最后伤亡数字，肯定是修氏在当地调研的结果。

其间雅典与其他邦国签订过双边或多边条约，修氏皆无法看到在雅典的原文。按惯例，签约各邦皆须在本邦勒石刻碑。他在其他城邦看到的，应该是同一条约的不同刻本。修氏在其著作中记载的公元前419年雅典和阿尔哥斯、曼丁尼亚以及爱利斯所签订条约的内容，[2]很可能就出自他亲手从奥林匹亚的石柱上抄录下来的铭文，因为他的著作中记载的与考古发掘出来的铭文内容基本相同。[3]

修昔底德肯定去过西西里进行实地考察，至于时间是在雅典远征西西里之前还是之后尚难以确定。修氏对西西里居民来源和人口数量，主要城邦的地理位置，岛上的交通、物产、河流、风土人情以及周边地理环境都相当熟悉。他指出，早在公元前427年雅典就派舰队以援助同族人为借口，"但是实际目的是为了防止西西里的谷物被运往伯罗奔尼撒去，以及试探征服西西里的可能性"。[4]公元前416年，雅典人决定派出一支空前强大的舰队远征西西里。修氏评论说，"在同一个冬季里，雅典人决定派遣一支比当年由拉齐斯

1 修昔底德：《伯罗奔尼撒战争史》，V. 65. 74。
2 修昔底德：《伯罗奔尼撒战争史》，V. 47. 1—9。
3 1877年春，考古学者在雅典卫城的南坡发掘出的一块大理石的石板上，发现记载该条约的正式文书的片断，研究者把相关文字与修昔底德著作相对照，几乎只字不差。
4 修昔底德：《伯罗奔尼撒战争史》，III. 86. 2—4。

和攸利梅敦率领的更加庞大的军队远征西西里；如果可能的话，他们就征服这个岛屿，他们多数人不了解西西里的大小和岛上居民即希腊人和非希腊人的数目，不知道事实上他们将要进行的战争并不比与伯罗奔尼撒人的战争规模小。一条商船环西西里岛航行一周至少要用 8 天时间"。[1]同样，在公元前 415 年初春，"雅典人召开公民大会，听取爱吉斯泰人和雅典使者的报告，报告假话连篇，却颇为诱人。关于爱吉斯泰的总体形势，尤其是关于金钱，他们说有大量金钱储存在神庙和国库里，都是不真实的"。[2]正是在这次公民大会上，雅典人投票决定远征西西里。修氏这里直言不讳地批评雅典公民不了解西西里的真实情况，听信谎言，就贸然决定出兵远征，语气相当肯定，而且认为西西里战争与伯罗奔尼撒战争规模相当，都说明他是有真凭实据的。

三、口述口传

公元前 5 世纪中后期，希腊诸邦公民的文化教育水平普遍有所提高，但是在修昔底德写作之时，能够利用的现成的文字史料还是非常有限的。因而他写作时不得不广泛使用口述史料，在这一点上他和希罗多德的情况类似。他写道，"在这部历史著作中，我援引了一些演说词，有一些是在战争开始之前发表的，有些是在战争期间发表的。有些演说词是我亲耳听到的，有些是通过各种渠道得到的。无论如何，单凭一个人的记忆是很难逐字逐句地记载下来。

---

1 修昔底德：《伯罗奔尼撒战争史》，VI. 1. 1—2。
2 修昔底德：《伯罗奔尼撒战争史》，VI. 8. 1—2。

我的习惯是这样的：一方面使演说者说出我认为各种场合所要求说的话，另一方面当然要尽可能保持实际所讲的话的大意。"[1] 这就是说，有些演说词是他亲自听到的，如伯里克利的葬礼演说；有些可能是他听别人说的，如在拉栖代梦同盟大会上科林斯人、雅典人以及阿奇达姆斯的演说词；有些是他根本不可能听到的，如赫摩克拉特斯在革拉会议上的演说词。修氏著作中的口述史料主要包括三种情况。第一种情况是亲耳聆听历史人物演讲或口述，然后认真记忆、记载，可信程度较高。如伯里克利的演讲，他一定是多次在现场聆听的。特别是国葬演说以及战争第二年为平息雅典人的怒气，增强其信心的演说，修氏很可能就是现场听众之一。第二种情况是听到目击者或其他当事人对相关历史事件的描述，经过自己的思考和加工写成。如战前斯巴达同盟代表大会时，雅典使者在斯巴达的发言；关于雅典远征军出发前夕赫尔墨斯神像遭到毁坏的具体情况，他肯定是间接获知的；关于雅典人在西西里惨败的情况，他大概是从那些生还的雅典被俘人员口中得来的。修氏在被放逐的20年间，雅典公民大会和节日庆典上的演讲，他都不可能亲自听到，那他肯定是通过调查目击者结合自己的想象写成。第三种情况是有关战前史特别是"希腊古代史"的部分，完全出自间接史料。关于克里特·迈锡尼文明以及荷马时代的历史，由于成文的文献很少，因而口述史料如神话史诗、古传故事占有较大比例。他引用某些可信度较高的传说："根据传说，米诺斯是第一位组建海军的人。他成为今天被称为"希腊海"（爱琴海）的主人，统治着基克拉底斯群岛，在大多数岛屿上派出最早的殖民者。"[2] 关于伯罗奔尼撒地名

---

1 修昔底德：《伯罗奔尼撒战争史》，I. 22.1。

2 修昔底德：《伯罗奔尼撒战争史》，I. 4。

之源，他根据"最可靠的传说，伯罗普斯来自亚细亚，当他携带大量财富来到这穷乡僻壤之时，起初因此而获得很大的势力，以致他虽是个外乡人，这个地区还是以他的名字命名"。[1]

四、前人著述

关于"战前史"的内容，修氏写得较为简明扼要。他虽然批评诗人的作品有夸大失实的成分，但依然多次引用荷马史诗作为证据。他指出："在特洛伊战争以前，没有迹象表明全希腊有过任何共同的行动，这一地区也确实没有被通称为'希腊'。甚至在丢开利翁的儿子希伦的时代以前，连'希腊'这个名称都不存在。……关于这一点，荷马提供了最好的证据。荷马虽出生在特洛伊战争以后很久，但是他从来没有在任何地方用'希腊人'来称呼全体军队。……他们在史诗中被称为'达那安斯人''阿尔哥斯人'和'阿凯亚人'。荷马甚至没有使用'异族人'一词，大概是由于希腊人那时还没有一个独特的名称，以和世界上其他民族区别开来。"[2]关于希腊联军远征特洛伊的舰船数目，他写道："荷马记载舰船的数目是1200艘。他说波奥提亚人每艘船载有120人，腓洛克提提斯人每艘船载有50人。我认为这是他说明舰船上人数的最大量和最小量。"[3]《伊利亚特》中述及希腊联军诸邦出动船只数量的"船表"，历来被认为是史诗中比较可信的内容。关于波斯战争的内容，他显然参考了希罗多德的著作，虽然他也不指名地加以批评。如批评有

---

1 "伯罗奔尼撒"（Peloponnesus）因他得名，古希腊文意为"伯罗普斯的岛屿"。
2 修昔底德：《伯罗奔尼撒战争史》，I. 3. 1—3。
3 修昔底德：《伯罗奔尼撒战争史》，I. 10. 4；荷马：《伊利亚特》，II. 510，719。

些史家以奇闻轶事吸引读者，而不注重写作内容的真实性。关于前辈作家，只提到《雅典史》(或译《阿提卡编年史》)的作者赫兰尼科斯。他指出："以前的作家都没有述及这段历史，他们的主题不是波斯战争以前的希腊史，就是波斯战争本身。的确，赫兰尼科斯在他的《雅典史》中曾涉及过这些事件，但是叙述得有些简略，书中的年代也是不正确的。"[1] 这就是说，波斯战争结束后的五十年希腊史尤其是雅典史部分，修氏大概较多地批判吸收了赫兰尼科斯的著作。

五、创作编写

修氏著作中根据具体历史情境和个人知识进行推断、创作和编写的部分。这部分史料主要来自他个人的创作，可信度评价不一。他首先以迈锡尼、斯巴达、雅典为例指出历史推论的复杂性："迈锡尼曾经是个小地方，当时的许多城镇相对说来也是微不足道的，但是这一点不足以成为一个可靠的证据来否认诗人所作的估计，以及传说中关于军队的庞大规模。假如拉栖代梦人的城市将来荒无人烟了，只有神庙和公共建筑的地基保留下来，随着时间的推移，后人很难相信这个地方曾经有过像它的名声那么显赫的势力。但是他们占有伯罗奔尼撒五分之二的土地，它不但是整个伯罗奔尼撒而且是其他地区的众多同盟国所公认的盟主。况且，由于拉栖代梦的城市建筑设计不紧凑，也没有宏伟的神庙或公共纪念物，而只是若干希腊老式村落的联合，单从其外表上看，有些名不符实。反过

---

[1] 修昔底德:《伯罗奔尼撒战争史》, I. 97. 2。

来，如果雅典有同样遭遇的话，我想任何人从亲眼所见的外表来推测，会认为这个城邦的势力两倍于它的实际情况。因此，我们既不应当无端地怀疑，也不应单凭城市的外表来推测它的真正实力。"[1]修氏著作中总共有141篇演说词，其中真正的实录很少，绝大多数都是他根据历史情境"重构"的，明显带有创作的特征。但是，这不等于说就是完全出于虚构。因为按当时希腊诸邦的政治制度，人们通过在公共机构演说以影响内政外交重大决策，这种决策模式是很普遍的。当然，修昔底德著作中的演说者，无论是雅典人还是科林斯人、西西里人，演说词的结构、用词等确实有些雷同，恰恰说明就是出自他一人之手。其中最明显的一段"创作"文本当属公元前416年雅典与爱琴海岛国米洛斯的"狼羊对话"。[2]雅典作为海上霸主，以不可一世的傲慢姿态，派大军登陆，欲凭借优势兵力，不战而直接降服严守中立的弱国米洛斯；明明是赤裸裸地想侵占他邦的领土，奴役其国民，却假惺惺地要与对方举行协商谈判，声称兵临城下是为保全对方城邦。然后以谈判破裂为借口，武力吞并米洛斯。修氏以此有力地揭示强者霸权阴险凶恶的本质，同时也展示了弱者米洛斯人不甘心俯首为奴的反抗精神。这段精彩的对话本身很可能是基于历史事实加以创作，但是内涵丰富、寓意深刻。

六、档案文献

包括铭文之内的档案资料也是修氏的史料来源之一。雅典城邦

---

1 修昔底德：《伯罗奔尼撒战争史》，I. 10. 1—3。
2 修昔底德：《伯罗奔尼撒战争史》，V. 85. 1—111. 5。

有注重保存档案材料的传统，其公民大会的许多决议都全文镌刻于石碑上，一方面是为了便于公民们阅读和了解，另一方面也是为了长久保存。据研究，在公元前 5 世纪末，雅典还重建了母亲之神库贝勒（Cybele）的圣殿，同时将它用作雅典的国家档案馆，保存城邦的法律、法令和各项决议文本。[1]其他城邦也以某种方式保存一些重要档案。修氏可能意识到这样的档案可以作为其历史写作的资料，书中也援引了档案文献，如公元前 423 年斯巴达和雅典达成的停战协议条款、公元前 422—前 421 年双方所签订的尼基阿斯和约以及随后达成的同盟协议条款等，其中"尼基阿斯和约"等均有条款明确规定"在奥林匹亚、皮西亚（德尔斐）、（科林斯）地峡，在雅典的阿克罗波里斯和拉栖代梦的阿米克莱的神庙，应当树立宣誓纪念柱"。[2]不过，修氏采用这方面史料的数量不多。阿纳尔多·莫米里亚诺指出，"修昔底德有可能记录下一些与其可靠性标准相符的文字证据（文牍、铭文及条约），但显然，他并未摆脱希罗多德对口头而非文字证据的偏爱"。[3]据他统计，修氏在书中总共引用了11 份档案材料。[4]

在修昔底德所采用的以上六类史料中，史料价值较高的是其亲身经历、实地考察和档案文献部分，其次是口述口传、前人著述和他本人的创作编写。修氏在写作时有意忽略某些重要史料，特别是那些与雅典对外扩张相关的史料。譬如他对于战争的重要诱因之一

---

1 James P. Sickinger, *Public Records and Archives in Classical Athens*, University of North Carolina Press, 1999.

2 修昔底德：《伯罗奔尼撒战争史》，V. 18. 10，23. 5。

3 阿纳尔多·莫米里亚诺：《历史与传记》，载 M. I. 芬利主编：《希腊的遗产》，第218 页。

4 转引自黄洋：《修昔底德的理性建构》，《历史教学（高校版）》2007 年第 6 期。

的"麦加拉禁令"闪烁其辞，对于安特摩克利托斯（Anthemocritus）事件三缄其口；[1]公元前427/426年，雅典人为了筹集军费，大大提高了属国贡金数额，由战前年均600塔连特增至将近1500塔连特，这在面向公众上演的戏剧中亦有所反映。[2]当时就在雅典的修昔底德对此了如指掌，却只字不提。至于修氏为何如此选择和处理史料，笔者将另文专论。

原载《西部史学（第一辑）》，重庆：西南大学出版社，2017年

---

1 相关讨论参阅李艳辉：《安特摩克利托斯事件、卡利诺斯"麦加拉禁令"与修昔底德的缄默》，《史学史研究》2015年第3期。
2 阿里斯托芬：《马蜂》，655—660行。

23 修昔底德选用史料方法刍议 [*]

修昔底德（约公元前 460—前 400/396 年）全面继承并改进了希罗多德史学编纂方法，所著《伯罗奔尼撒战争史》被认为是古代史家"如实直书"的典范，受到近现代史家的一致肯定和推崇。[1] 修昔底德面对丰富多样、可信度参差不齐的史料，提出了自己处理史料的原则："在叙事方面，我绝不是一拿到什么材料就写下来，我甚至不敢相信自己的观察就一定可靠。我所记载的，一部分是根据我亲身的经历，一部分是根据其他目击其事的人向我提供的材料。这些材料的确凿性，我总是尽可能用最严格、最仔细的方法检验过的。然而，即使费尽了心力，真实情况也还是不容易获得的。因为不同的目击者，对于同一个事件会有许多不同的说法，他们或者偏袒这一边，或者偏袒那一边，而记忆也未必完美无缺。"[2] 修氏在这里只是强调他选择和处理史料的总的原则。修氏所说的"最严格、

* 本文系国家社科基金一般项目"古典时代希腊理想国思想及其现实基础研究"（16BSS008）的阶段性研究成果。

1 参阅何元国：《科学的、客观的、超然的？——二十世纪以来修昔底德史家形象之嬗变》，《历史研究》2011 年第 1 期。
2 修昔底德：《伯罗奔尼撒战争史》，I. 22. 2—3。

最仔细的方法"是如何具体操作的？后人难以确知。一般说来，他大致是根据自己所掌握的知识，经过认真调研、考察、质疑和推敲，对于史料的可信度进行如实而理性的评判；对于当代史的史料和战前史的史料分别采取了不同的考信方法。以下就修昔底德选择史料以及考信方法略作评述，就教于诸位专家。

一、对战前史料的选择和考信方法

首先是比较法。修昔底德著作第一卷简略追述了从远古时代直至伯罗奔尼撒战争前夕的希腊历史。在对过往的历史进行评述时，他首先列举传世的若干说法，然后尽力剔除积存下来的种种不实成分，摈弃荒诞的描述，选取可信度较高的史料作为证据，支持自己的结论。他在论及希腊古代历史时指出："我相信，我从上面所援引的证据所得出的结论总体上看是可以相信的。可以肯定，这些结论比诗人的结论更可信，因为诗人常常夸大事实；也比散文编年史家的结论更可信，因为他们追求的是吸引听众而不是说出事实真相；他们处理主题往往是缺乏证据的，岁月悠悠抹去了它们的历史价值，使其迷失于传说的雾境中。在探讨古代历史时，我们可以要求只用最确凿无疑的材料，得到我们所期望得到的正确结论。"[1]

对于时代久远的史料，修昔底德主要采用理性主义的态度，用其自己所掌握的知识进行质疑、批判，保留信史的成分；如果只有一种说法，便考察其合理性，以决定取舍；如果有多种说法，便尽力确认其中一种他认为最合理的说法。他回顾希腊远古历史，全面

---

1 修昔底德：《伯罗奔尼撒战争史》，I. 21. 1。

肯定后世的进步和成就，认为"虽然人们对于远古时代的事件，甚至对于战前不久的那些事件，随着时间的推移而不能完全确知了，但是我在费尽心力探究之后所得到的可信证据，使我确信如下结论：过去的时代，不论是在战争方面，还是在其他方面，都没有取得过重大的成就"；[1] 他指出"现在被称为希腊的地区，在古时候并没有定居者"；"当时没有商业；无论在陆地上还是海上，都没有安全的交通"。[2] 后来，农业、工商业和陆路、海路交通的发展，出现了工商业中心和城市。他在回顾希腊海军早期发展史时，采信某些传说。他指出，"根据传说，米诺斯是第一个组建海军的人"；[3] 关于波奥提亚人和多利斯人定居希腊的时间，他写道，"在伊利昂（特洛伊）陷落之后60年，近代的波奥提亚人被色萨利人驱逐出阿涅，定居于现在的波奥提亚——此前叫作卡德美斯的地方。……又过了20年之后，多利斯人和赫拉克利斯的子孙成为伯罗奔尼撒的主人"。[4]

　　关于希腊联军远征特洛伊相关史料，修氏对比古今历史差异，比较战船的人数、装备和资金状况，对战争规模和持续时间考证的结论具有一定说服力。他首先肯定远征特洛伊是历史上前所未有的一次大规模行动，但其规模无法与伯罗奔尼撒战争相提并论，"如果在这里我们也相信荷马史诗中所提供的证据的话（他是个诗人，完全有可能夸大其词），我们能够看到其军队规模也是远不能与现在的军队同日而语的。荷马记载舰船的数目是1200艘。他说波奥提亚人每艘船载有120人，腓洛克提提斯人每艘船载有50人。我

1 修昔底德：《伯罗奔尼撒战争史》，I. 1. 3。

2 修昔底德：《伯罗奔尼撒战争史》，I. 2. 1—3。

3 修昔底德：《伯罗奔尼撒战争史》，I. 4. 1。

4 修昔底德：《伯罗奔尼撒战争史》，I. 12. 3。

认为这是他说明舰船上人数的最大量和最小量。无论如何，荷马在船表中没有具体说明其他舰船上的人数。我们从腓洛克提提斯的舰船的记载中可以看到，船上所有的人既是桡手，也是战士。在他们的船上，所有的桡手都是弓箭手。……他们的船上没有甲板，是按照古代海盗船的样式建造的。因此，如果我们把最大的船和最小的船折合成平均数来计算总兵力的话，作为全希腊的军队，这个数目似乎不是很大的"。[1] 有学者据此按平均数 85 人计，1200 条船总兵力 10.2 万人。[2] 然而，修氏的推论似乎缺乏确凿的证据，也与他随后的叙述相矛盾。因为他明确指出，直到萨拉米斯海战之前，希腊的海军主要还是由五十桨船（每艘船有 50 人）组成，三列桨战舰很少。[3] 而伯罗奔尼撒战争时三列桨战舰普遍使用（每艘标准配备 200 人），修氏按照当代的标准推论 800 年前的希腊舰队规模，平均每艘舰船 85 人虽看似不多，却明显夸大失实。[4]

至于特洛伊战事持续十年的原因，修氏分析的依据，是将古代和当代战争加以比较，结论是：金钱和给养的缺乏使希腊联军无法全力攻城。他说："其所以如此，不是因为人力的缺少，而是因为金钱的匮乏。给养的缺乏使得这些入侵者不得不减少军队的人数，直至使他们能够在作战地区维持生活。就是他们在登陆获得胜利——必定获得过一次胜利，否则他们是不可能在海军营地周围建筑要塞的——之后，没有迹象表明他们全体军队悉数参加作战；相

---

1 修昔底德：《伯罗奔尼撒战争史》，I. 10. 3—5。

2 Thucydides, *History of the Poleponnesian War*, Vol. 1, Translated by C. F. Smith, *The Loeb Classical Library*, Harvard University Press, Cambridge, MA; William Heinemann, Ltd., 1980, p. 21 note。

3 修昔底德：《伯罗奔尼撒战争史》，I. 14. 1。

4 参阅徐松岩：《关于特洛伊战争的若干问题》，《世界历史》2002 年第 2 期。

反地，他们分兵前往刻尔松尼斯耕种土地，并且由于给养缺乏而从事海上劫掠。这是特洛伊人抗击希腊联军能够坚持 10 年之久的真正原因。由于希腊人军力分散，使特洛伊人总是有足够的力量来对付留下来作战的这部分希腊军队。假如希腊军队携带有充足的给养，假如他们坚持全军共同作战，而不是分散其军队从事海上劫掠或耕种土地的话，他们会轻而易举地击败特洛伊人。由于他们只是分出一部分军队作战，特洛伊人便能够固守阵地。简言之，如果他们全军同时进攻的话，他们会在更短的时间内，在遇到更少麻烦的情况下，攻克特洛伊的。"[1] 修氏的分析颇有说服力，因为直到古典时代，希腊人在对外扩张过程中，战争、殖民、海盗（劫掠）往往是交织在一起的。

修昔底德在其著作中还就这场战争与波斯战争加以比较，指出："历史上最伟大的（μέγιστος, megistos）战争是波斯战争，但是那场战争在两次海战和两次陆战中就迅速决出了胜负。而伯罗奔尼撒战争不仅持续了很长的时间，而且在这期间，给希腊带来了空前的灾难。从来没有这么多城市被攻陷、被蹂躏，有些为异族人所为，有些则是党争所致……；从来没有这么多流亡者，从来没有这么多人被虐杀，他们或是因为战争造成，或是党争的结果。"[2] 修氏所重点强调的是战争对希腊各地所造成的影响。就此而言，波斯战争对希腊的影响力（造成城市沦陷、人员伤亡或流亡等）也许比不上伯罗奔尼撒战争。大概也只是为了突出这一点，修昔底德有意对波斯战争轻描淡写——说那次战争在一两年之内就决出了胜负。这样，他所记述的战争当然就要长得多了。据现代学者研究，修氏

---

1 修昔底德：《伯罗奔尼撒战争史》，I. 11. 1—2。
2 修昔底德：《伯罗奔尼撒战争史》，I. 23. 1—2。

这里所说的海战系指阿特米西昂海战或米卡列海战和萨拉米斯海战；陆战系指德摩比利（温泉关）战役和普拉提亚战役。S. 霍恩布鲁尔认为，修氏肯定把马拉松战役排除波斯战争之外。[1] 修昔底德是站在雅典人或是希腊人的角度，着重强调伯罗奔尼撒战争比波斯战争更为重要，对希腊的影响更深远重大，却有意否认某些重要史实。其实，无论陆战还是海战规模，还是战争波及的民族和地理范围，波斯战争都远比伯罗奔尼撒战争要大。[2]

修氏还特别引用希帕库斯被刺杀的故事，以证明自己绝不轻易接受流行说法，显示其独到之见。他指出："在探究过去的时代而给出结论时，我认为很难相信每一个具体的细节。大多数人不用批判的方式去处理所有的传说——就是对那些和他们本国有关的传说，他们也是这样不加批判地接受的。例如遭到哈摩狄乌斯和阿里斯托吉吞刺杀的希帕库斯，雅典人都相信他是当时的僭主，殊不知希皮亚斯是庇西特拉图诸子中的长子，是真正的统治者，而希帕库斯和帖撒鲁斯是他的弟弟。就在哈摩狄乌斯和阿里斯托吉吞准备行刺的那天，在准备行刺的最后时刻，他们怀疑自己的同伙已把实情透露给希皮亚斯了。他们认定希皮亚斯事先得到警告，决定不对他下手。但是又不愿意冒着生命危险而一事无成。他们想起希帕库斯在列奥斯女儿们的神庙附近，当希帕库斯正在组织泛雅典人节的游行时，他们就把他刺杀了。"[3] 修氏后来详述刺杀事件始末时再次强调，"希皮亚斯是长子，继承了统治权，对于这一事实，我可以绝对肯定，因为我所根据的传说比其他人更确切些"。接着提供了一

---

1 参阅 Simon Hornblower, *A Commentary on Thucydides*, vol. 1, Oxford: Oxford University Press, 1991, p. 62。

2 徐松岩：《关于翻译修昔底德著作的几个问题》，《史学理论研究》2010 年第 4 期。

3 修昔底德：《伯罗奔尼撒战争史》，I. 20. 1—2，VI. 54. 1—59. 4。

些佐证，以确证希帕库斯不是时任僭主。[1]这似乎是暗示修昔底德和庇西特拉图家族有近亲关系，所以由于家族口传，他得到比较可靠的知识。但是据近代史家研究，这个说法也未必可靠。

其次是推溯法。对于战前尤其是古代史料的处理，修氏采取了相当谨慎的态度。选择、征用史料的方法和途径，通常都是以确凿的事实或实物证据，再由此推溯至古代。譬如，为了证明雅典卫城是雅典人最初的居住点，他提及人们都耳熟能详的神庙的位置。他相信提秀斯是真实的历史人物，指出在提秀斯"统一"雅典之前"雅典城所包括的只是现在的卫城和它下面向南的部分区域。关于这一点，可以由以下事实证明：其他诸神的神庙和雅典娜神庙一样，都在雅典卫城范围以内。卫城以外的神庙几乎都在卫城以南的区域内，……其他的古老的神庙也都在这一区域。……另外，雅典人至今还称卫城为'城'，就是因为卫城是他们古老的居住地"。[2]说起雅典人居住于乡村的生活方式，他的口吻十分肯定："雅典人长期以来就是分散地生活在阿提卡的独立的城镇中的。就是在提秀斯把权力集中起来以后，他们依然保持这种古老的习惯。大多数的雅典人，从早期时代直到这场战争之前，都和家眷一起生活在乡村。"[3]因为这样的生活方式是祖祖辈辈延续下来的，除了个别年份，一直没有中断过。修氏还提到，在卫城下面，有一块土地，名叫"皮拉斯基人的土地"，此地遭到神谕的诅咒。[4]据现代学者研究，这里提及的皮拉斯基康（*Pelargikon* 或 *Pelasgicum*）系指雅典卫城的古城墙，但也有学者认为修昔底德是把它与卫城城墙明确区分开的。

---

1 修昔底德：《伯罗奔尼撒战争史》，VI. 55. 1。

2 修昔底德：《伯罗奔尼撒战争史》，I. 15. 2—4。

3 修昔底德：《伯罗奔尼撒战争史》，I. 16. 1。

4 修昔底德：《伯罗奔尼撒战争史》，I. 17. 1。

考古资料证明，在希腊人到来之前，雅典卫城已有城墙建筑。修氏的考证确认了这样一个事实：雅典卫城曾是皮拉斯基人（非希腊人）的居住地，他们在此建立设防要塞。[1] 希腊各地曾普遍流行随身携带武器的习俗，修氏合理地推论这是古时海上陆地普遍流行劫掠之风的遗存。他进一步推论，古时希腊人的生活方式与当代的异族人有诸多相像之处。除了这个习俗，"还有很多其他特征可以说明古代希腊世界的生活方式和现在的异族人是相似的"。[2]

二、对当代史料的选择和考信方法

修昔底德是当代人写当代史，很多读者同时也是历史见证者。修氏写作时及写作后一段时间，许多见证者都还健在，所以他记载的真实性首先须经得起证人的检验。修昔底德对于当代史料的选择和考信主要有以下几种方法：

首先实录法。修昔底德在战争前七年（公元前431—前424年）常住雅典，对相关史实的记载，特别是有关雅典方面的史料主要采用实录法。譬如列举开战双方各自的同盟者，对于瘟疫症状、疫情发展状况的记载，雅典乡村居民涌入城里的情况，他本人指挥舰队在爱琴海北部的活动，特别是对于雅典卫城国库存款数量以及兵力的记载等都是如此。他写道，"雅典人听从了伯里克利的建议，开始着手把他们的妻室儿女以及所有的日用家具，甚至连房屋的木造部分，只要能取下来，都搬进城中。他们的羊和牛都运

---

1 参阅 Simon Hornblower, *A Commentary on Thucydides*, Vol. 1, Oxford: Oxford University Press, 1991, pp. 267—270。
2 修昔底德：《伯罗奔尼撒战争史》，I. 6. 6。

往优波亚岛以及附近诸岛屿上去了。但是，他们觉得迁移是非常痛苦的，因为他们大多数人一直是习惯于居住于乡村的"。[1]乡村居民进城后情况如何？他说："他们到了雅典，少数人有自己的房屋可以住，也有少数人托庇在朋友或亲戚的宇下。但是大多数人不得不在城市中没有建筑房屋的地方，在庙宇中或古代英雄的神殿中栖居下来。……许多人在城墙上面的塔楼中住下来，在其他地方只要能住，他们都住了下来。因为他们都迁入城中，城市太小，容纳不下他们，后来长城的外围以及比雷埃夫斯的大部分都分配给他们使用，并且让他们居住在那里。其时，一切都建立在战时的基础上面。"[2]敌军兵临城下，雅典公民行为和心态如何？他写道："当雅典人看到敌军驻扎在阿卡奈，离雅典仅仅 60 斯塔狄亚，他们再也忍受不下去了。雅典人目睹雅典的领土遭到蹂躏，此情此景青年人从来都没有看见过，老年人只是在波斯战争的时候看见过。很自然地，他们认为这是受到了奇耻大辱，尤其是青年人，他们一致下定决心杀出城去，阻止敌军对土地的破坏。在街头巷尾，人们三五成群，热烈地讨论这一问题。有些人极力主张出城作战，有些人对此持反对态度。预言家散布各种各样的预言，争论各方都有人在热心地听着。最坚决要求出战的是阿卡奈人，因为他们是城邦军队的一个不小的组成部分，他们的土地正在遭到蹂躏。"[3]对于雅典国葬仪式的描述也属于实录，修氏说他们按照祖先的习惯，举行国葬仪式："在葬礼的三天前，把死者的遗骨运回来，安置在一个事先扎好的帐篷中，他们的朋友可以拿他们所愿意拿的任何祭品带给死者的亲属。在举行葬礼游行时，用四轮马车载着柏木棺材，每个部落

---

1 修昔底德：《伯罗奔尼撒战争史》，II. 14。

2 修昔底德：《伯罗奔尼撒战争史》，II. 17.1。

3 修昔底德：《伯罗奔尼撒战争史》，II. 21.2—3。

一辆车，各部落死者的遗骨收敛在各自部落的棺材里。在游行队伍里，还有人抬着一个装饰好了的空枢一起走，这是为那些在战争中阵亡而尸体下落不明者设立的。不论是公民还是异邦人，只要愿意，都可以参加这个游行，死者的女性亲属在墓前志哀。遗骨安葬在公共墓地，这是市郊风景最优美的地方。雅典人总是把阵亡将士安葬在这里的。"[1]

　　修氏十分重视数字资料的采用，战前雅典的战争资源，特别是对财力、兵力及部署状况的记载，数字翔实、精细而可靠。他借用伯里克利之口说，"除了从别的来源所取得的收入以外，同盟者每年所缴纳的贡金平均达 600 银塔连特；在雅典卫城内，还存有 6000 塔连特铸成的银币，这个数字曾达到 9700 塔连特，因为修筑卫城正门及其他公共建筑，因为围攻波提狄亚，曾经用去了 3700 塔连特；除此以外，还有私人和公家所捐献而未铸成货币的金银，还有游行和竞技时所用的神圣器皿，还有掠自波斯的战利品以及类似的资源，总数亦达 500 塔连特"。他补充说，其他神庙所储存的金钱，数目也是很可观的，它们都可以名正言顺地取来使用；甚至到了极其窘迫的时候，就是雅典娜女神像上的黄金片也可以利用；因为雕像用了 40 塔连特的纯金，并且都是可以取下来的。……至于军队，他们拥有 1.3 万名重装步兵，另有驻防海外各地和在国内负责守卫雅典城的 1.6 万名。这个数字起初是在敌人入侵时担任防御工作的；它包括兵册上最年轻和最年长的士兵，以及能够自备重装步兵装备的麦特克。从法勒伦到雅典城的法勒伦城墙长达 35 斯塔狄亚，环绕雅典的城墙有 43 斯塔狄亚是有士兵驻守的，尽管有一段（即长城和法勒伦城墙间一段）没有士兵守卫。从雅典到比雷

<hr />

1 修昔底德：《伯罗奔尼撒战争史》，II. 34.1—5。

埃夫斯的长城有 40 斯塔狄亚，其墙外有士兵戍守。最后，环绕比雷埃夫斯及穆尼基亚城墙长 60 斯塔狄亚，大约有一半的距离是有士兵守卫的。伯里克利还指出，他们的骑兵连同骑兵射手在内，共有 1200 名，还有 1600 名徒步射手，300 艘三列桨战舰随时可以投入战争。这是伯罗奔尼撒人即将入侵、战事即将开始之时雅典各方面资源的状况。[1] 公元前 415 年，西西里的爱吉斯泰人送给雅典 60 塔连特白银，作为 60 艘舰船一个月的薪金。[2] 这里是按每艘舰船 200 人、人均日薪 1 个德拉克玛计算的。

关于公元前 430—前 427 年大瘟疫所造成雅典的人口损失，一直是困扰学界的一大难题。修氏查阅过官方公民名册，明确了公民罹疫身亡的人数，为后世研究者提供了可靠的数据。他先是提及公元前 430 年夏，雅典人曾派出一支 4000 人的军队，增援波提狄亚的围攻者。不料军中却突发瘟疫，只好撤退，短短 40 天内罹疫身亡者竟多达 1050 人。[3] 随后在前 427 年瘟疫结束时，又作了小结："第二次瘟疫延续了整整一年，而第一次瘟疫延续了两年；没有什么其他的灾祸比瘟疫给雅典人带来的损失更大了，或削减了雅典人更多的战斗力量。在册的公民兵中，因瘟疫而死亡的不下 4400 名重装步兵和 300 名骑兵，至于其他民众的死亡人数是从来没有人能够确知的。"[4] 在册的 1.3 万名重装步兵因瘟疫减员超过三分之一，一支军队在 40 天内减员超过四分之一。许多家庭全家染病去世，连与人接触较紧密的狗都绝迹了。这种精确细致的观察和记载成为后世学者推算瘟疫造成雅典人口（包括妇女、儿童、奴隶等）总体损

1 修昔底德：《伯罗奔尼撒战争史》，II. 13. 3—8。

2 修昔底德：《伯罗奔尼撒战争史》，VI. 8. 1。

3 修昔底德：《伯罗奔尼撒战争史》，II. 58. 3。

4 修昔底德：《伯罗奔尼撒战争史》，III. 87. 2—3。

失的主要依据。

其次是辨异法。对于同一个历史事件，不同的目击者有不同的说法。如何确认其真实性？修氏很少像前辈希罗多德那样采用存疑法，即把难以确定真伪的种种异说一一列举，让读者自行判断，他最常用的方法就是经过比较、辨异后，力图作出最合理的解释。譬如关于这场大战的起点、终点和持续时间等问题在当时并非没有争议。修氏的观点是这场战争始于公元前431年3月斯巴达盟邦底比斯人进攻雅典的盟邦普拉提亚，终结于前404年4月雅典投降，拆毁长城，持续整整27年，似乎确定无疑，对其他不同观点只字未提；而续写战史的色诺芬却明确指出，这场大战持续"28年零6个月"，并且列举这期间斯巴达29位名年监察官的名字以为证。[1] 色诺芬显然是站在斯巴达人的角度看待这场战争，以斯巴达大军凯旋之时作为战事的终结。吕山德得胜归来约在前404年10月。这样，按色诺芬的观点这场大战应该始于公元前432年3—4月间。作为当代作家，色诺芬的看法也必定是有依据的。至于公元前421年"尼基阿斯和约"至前415年西西里远征之间的6年零8个月的和平时期是否应该算在"战争"之内，修氏列举系列事实，旨在反驳其他不同意见。他强调指出："如果不把条约所维持的和平时期也包括在战争时期之内，那一定是一个错误的认识。只要人们去查证有关的事实，就会发现把这段时期称为和平时期是不恰当的。双方都没有履行他们在条约中的承诺，交还或收回任何一块地盘；除此之外，在曼丁尼亚人和爱皮道鲁斯人的战争中，在其他方面，双方都有违背和约的事例；在色雷斯地区的同盟者仍像从前一样处于公开的敌对状态；只有波奥提亚人处于休战状态，但这种休战和约必

---

1 色诺芬：《希腊史》，II. 3. 9。

须每十天重订一次。因此，把最初十年的战争，和随后的名不符实的休战期以及后来的战争联系起来，用夏冬两季计算年代的方法推算一下，就能发现我计算出来的年代与实际情况仅有数日的误差。信奉神谕的人们只在一件事情上推算准确，与事实吻合。从战争开始到结束，我一直记得，人们普遍认为战争将持续三个九年。"[1]

修氏对地震和海啸的解释更是独具创见。当时希腊人所掌握的科学知识尚不足以科学解释地震以及由此引发的海啸等威力巨大的自然现象，所以难免出现种种带有神秘主义色彩的解释。公元前426年夏，斯巴达人及其同盟者出动大军"进攻阿提卡，大军抵达科林斯地峡。但是由于发生多次地震，他们没有侵入阿提卡就撤兵了。大约在同一时间，当地震频频发生的时候，在优波亚的奥罗比艾地方，海水先是从那里的海岸线引退，然后又以巨浪反冲上来，淹没了城市的大部分地方；……那些没有及时逃往高地的居民，都葬身于这次海水泛滥"，在其他地方也发生了类似的水灾，还有摧毁部分城墙和建筑物的情况。"依我看来，这种现象一定是由于地震引起的。在地震最强烈的地方，海水就被吸引，离开海岸，然后以加倍的力量反冲回来，因此造成海水泛滥。"[2]

再次是推测法。这场大战涉及内容极为广泛，修氏亲身经历是有限的，因而在选择史料时按照自己的理解对事实加以合理推测。修氏身为雅典显贵，也能推测到雅典帝国广大臣民对雅典统治者的极端仇视，这些看法通常是借他人之口表达出来。他通过叙述伯拉西达以"解放希腊"为名煽动雅典属邦反叛，却屡屡得手的简单事实，让读者推知雅典人的统治和压迫是多么不得人心；米提列涅人

---

1 修昔底德：《伯罗奔尼撒战争史》，V. 26.1—4。
2 修昔底德：《伯罗奔尼撒战争史》，III. 89.1—5。

在演说中谈及反叛原因时说:"我们和雅典人建立同盟的目的不是要雅典人来奴役希腊人,而是把这些希腊人从波斯的统治之下解放出来。……但是当我们看到,他们一方面对波斯的敌视愈来愈少,另一方面却力图奴役同盟诸邦,我们便开始恐惧了。"[1] 这些站在反叛者立场上的讲话,显然是出于修氏的推测。公元前415年冬卡马林那人召开公民大会,赫摩克拉特斯发言,修氏推测他会攻击雅典人,在波斯战争期间,"雅典人力图取代波斯国王来奴役这些希腊人,战争的结果对希腊人而言只不过是换了个主人而已,新主人确实比旧主人更聪明,却是更聪明地作恶"。[2]

当西西里远征遭到重挫,德摩斯提尼建议及时撤兵,主帅尼基阿斯坚决不同意。修氏对尼基阿斯心理心态的推测和分析可谓入木三分:"尼基阿斯说,他确信,没有雅典人自己的投票表决,他们是绝对不会赞成他们撤退回国的。而那些投票赞成此事的人,既不能像他们自己那样根据耳闻目睹的事实作出判断,也不能从他们所听到的敌对的批评意见中作出判断,他们很容易为任何狡猾的演说家的造谣中伤所左右;而在这里的很多士兵,事实上是绝大多数士兵,现在虽公开叫嚷他们的处境危险,但他们一旦回到雅典,就会公开提出完全相反的意见,说他们的将军受了贿赂,背叛了他们,撤退回国。因此,就他自己而言,他深知雅典人的性格,与其在雅典人手下受到不公正的审判,并在一项令人耻辱的罪名下很快被处死,不如碰碰运气,如果他必须赴死,他宁愿作为一个军人死在敌人手下。"[3] 修昔底德曾任雅典将军,经历过在外征战的种种磨难,深知雅典民主决策机制的某些弊端,遭遇过不公正判决,他的推测

---

1 修昔底德:《伯罗奔尼撒战争史》,III. 10. 3—4。
2 修昔底德:《伯罗奔尼撒战争史》,VI. 76. 4。
3 修昔底德:《伯罗奔尼撒战争史》,VII. 48. 3—4。

　　　　　　　　　　　　　　　　　　　多彩的雅典娜

颇有说服力。

复次是纠错法。修昔底德认为是明显错误的，便直抒己见，予以纠正。他写道："在其他希腊人中间还流传着很多其他没有根据的说法，甚至对于当代历史也是如此，而这些事实并未因年深日久变得模糊。例如，有一种看法认为拉栖代梦的每一位国王有两票表决权，事实上他们只有一票表决权。有人认为在拉栖代梦有一支名叫'皮塔涅'[1]的军队，事实上根本就没有这回事。因此，人们不愿意付出辛劳去寻求真理，而是一听到什么故事就相信它。"[2]一般认为，在修氏所批评的"其他希腊人"中，无疑包括希罗多德。希氏这样记载："如果两位国王缺席会议，则和他们血统最亲近的元老代理行使国王的特权，他们在代国王投两票之后，再投下第三票，即他们自己的那一票。"[3]希氏记载得很清楚，每个国王各有一票表决权。至于"皮塔涅军团"，希氏记载似乎有这样一支军队，修氏坚决否认其存在，但未申明理由，这也很难令人信服。修氏认为被刺杀的庞西特拉图之子希帕库斯并非僭主，希皮亚斯才是当时的僭主。他认为自己依据的传说更可靠，其他雅典人只是以讹传讹，未必掌握本邦的正确知识。[4]修氏使用这种方法，直接指出他人的错讹之处，但是他的依据也未必完全真实可信。

最后是隐微法。史家在史著中对史料的选用，直接影响人们特别是后世对历史事实的理解。修氏相当娴熟地使用隐微法处理史料，突出表现在与雅典相关的重要史实的取舍。这里仅列举三个方面的实例。

1　希罗多德：《历史》，IX. 53。
2　修昔底德：《伯罗奔尼撒战争史》，I. 20. 3。
3　希罗多德：《历史》，VI. 57。
4　修昔底德：《伯罗奔尼撒战争史》，VI. 54. 1—55. 2。

其一对于演说词的选择。在叙述公元前427年米提列涅辩论时，修氏选择记载克里昂和狄奥多托斯在第二天公民大会上的演说，而忽略他们在前一天公民大会上的演说。他有时候忽略必要的演说，却记下了不必要的演说，如伯里克利著名的葬礼演说就是如此。雅典每年一度为牺牲的战士举行国葬，邀请演说家在葬礼上发表演讲，赞颂其英雄事迹。狄奥尼修斯问道，修昔底德为何选择记载平凡的公元前431年的葬礼演说，而不记载战争更为惨烈、事迹更为英勇的其他年份的葬礼演说呢？他正确地认识到，修昔底德之所以记载这个"微小而不足道"的事件，是为了赞誉伯里克利。[1]有的学者注意到，在记叙有关问题的争论时，修昔底德通常选择两篇代表正反两方立场的演说加以记载。如雅典公民大会关于斯巴达最后通牒的辩论。修氏说，许多人站出来发言，主战与主和的主张针锋相对，但他并没有记叙这些发言词，似乎简单的交代已足以说明问题，但紧接着，他详细记叙了伯里克利的长篇发言。他并没有像通常那样，提供一篇和伯里克利意见相反的演说词。他这样做很可能与他对伯里克利的评价密切相关。修氏高度赞同伯里克利的内外政策，认为他是城邦繁荣强盛的关键。

其二，有意忽略某些可能对雅典人不利或令其蒙羞的重要史实。例如公元前427/426年，雅典重新核定并且大大提高各属邦交纳贡金的数量。从残存的部分铭文可知，雅典公民大会通过法案，下令重新核算各属邦需缴纳的贡金。法令规定，由500人议事会选出一个十人委员会负责确定应该缴纳贡金的城邦，派遣各由两人组成的四组传令官分赴帝国的四个省区，宣布雅典人的决定并要求各邦派代表到雅典参加核定。具体数额的核定由1000名

---

[1] 黄洋：《修昔底德的理性建构》，《历史教学（高校版）》2007年第6期。

陪审员组成的陪审法庭负责。铭文还开列了所有必须缴纳贡金的城邦名单及其应缴纳的金额。[1] 此法令旨在大幅提高贡金的额度，总额从战前的约 600 塔连特升至不少于 1460 塔连特。公元前 422 年上演的喜剧《马蜂》中也提及雅典岁入接近 2000 塔连特。[2] 说明大幅提高属邦贡金在雅典已是家喻户晓的事。当时已经开始写作战史的修氏可能就在雅典，历来对军费高度关注的他不可能对此一无所知。雅典人对诸多属邦的压迫和剥削是雅典国力强盛的根本原因，当然也遭到他们的激烈反抗，这才是帝国最终崩解的原因。代表统治阶级利益的作者力图回避这个明显的事实，便采用选择性记载。

其三，"麦加拉禁令"（或译"麦加拉法令"）是导致这场战争爆发的直接原因之一，修氏对此三缄其口、讳莫如深。据普鲁塔克记载，大战之前，雅典人以麦加拉收容其逃亡奴隶和耕种其埃琉西斯圣地为借口，禁止麦加拉舰船在雅典帝国各港口停泊。麦加拉人就此向斯巴达人提出控诉，而雅典则派传令官安特摩克利托斯（Anthemocritus）前往麦加拉和斯巴达予以谴责。但派出去的传令官被杀。据说麦加拉人涉嫌此事。于是经雅典人卡利诺斯（Charinus）提议，公民大会悍然决定：与麦加拉人为敌，废除盟约，断绝传令官往来；任何麦加拉人踏入阿提卡境内，格杀勿论；每年将军们进行就职宣誓时，要加上每年必须两次入侵麦加拉领土

---

1 Russuell Meiggs & David Lewis, *A Selection of Greek Historical Inscriptions*, Oxford, Oxford University Press, revised edition, 1988, pp. 184–188.

2 Aristophanes, *Wasps*, 655–663; Plutarch, *Lives, Aristides*, XXIV. 3. 普鲁塔克则指出贡金数额增至 1300 塔连特；参阅 Simon Homblower & Anthony Spawforth, *The Oxford Classical Dictionary*, 3rd Edition Revised, Oxford: Oxford University Press, 2003, pp. 441–442。

的誓词。[1]此所谓卡利诺斯的"麦加拉禁令"。这无异于是对斯巴达的盟邦的直接宣战。麦加拉与科林斯既是友好邻邦，又同为斯巴达人的盟友，两国都面临雅典人的重大威胁，便携起手来对付共同的敌人。这涉及究竟是雅典还是斯巴达首先"打响第一枪"，即战争的起点问题。有学者认为修氏这样做无非是欲把发动大战的责任推给斯巴达。[2]关于"麦加拉禁令"出台的时间虽有争议，但大致应该在公元前433年年底或前432年年初。色诺芬很可能以此作为这场大战的起点，果若如此，则战争到公元前404年10月正好持续28年半。

修氏经常借用演说者之口，隐晦地表达他对雅典民主制度的不满。如他记载伯里克利和克里昂都对雅典人说过"你们的帝国现在就如同专制统治"，或可译为"你们帝国就是一种僭主政治"。[3]这很可能是修氏本人看法。他对于雅典民主政治下的那种审判和决策方式颇有微词。本人被判流放海外，明明是冤案，他却未加任何申辩，只是冷静地陈述事实，其实就是委婉的抗议。因为他太了解雅典的制度了。雅典民众的表决反复无常、朝令夕改，那些政客们为了争权夺利，"他们竟准备靠牺牲整个城邦的利益来迎合民众的心血来潮"。[4]

修昔底德以行之有效的方法选用史料，这是其史著成为信史的重要因素。近年来，国内外历史学界、国际政治与经济学界都有学

---

1 Plutarch, *Lives, Pericles*, XXIX. 1—XXX. 3. 相关讨论参阅李艳辉：《安特摩克利托斯事件、卡利诺斯"麦加拉禁令"与修昔底德的缄默》，《史学史研究》2015年第3期。
2 J. F. Lazenby, *The Peloponnesian War: A Military Study*, London/New York: Routledge, 2004, p. 16.
3 修昔底德：《伯罗奔尼撒战争史》，II. 63. 3，III. 37. 2。
4 修昔底德：《伯罗奔尼撒战争史》，II. 65. 10—11。

者撰文就所谓"修昔底德陷阱"进行讨论。讨论的热点主要集中在"修昔底德陷阱"内涵、是否存在；如何破解、超越"陷阱"等等。[1]但迄今尚未明确"陷阱"本意。如上所述，修氏采用处理史料的方法，看似如实直书，实则容易误导后世的读者和研究者，从而构成史料"陷阱"。限于篇幅，笔者将就此另文专论。

原载《史学集刊》2021 年第 1 期

<hr>

1 钱承旦：《"修昔底德陷阱"的历史真相是什么？》,《北京日报》2016 年 9 月 5 日；郑永年：《中美如何避免"修昔底德陷阱"？》,《环球网》2012 年 9 月 4 日；吴建民：《中美如何避免落入修昔底德陷阱》,《今日中国·中文版》2016 年第 5 期；祝宏俊：《"修昔底德陷阱"的陷阱》,《江海学刊》2016 年第 4 期；晏绍祥：《雅典的崛起与斯巴达的"恐惧"：论"修昔底德陷阱"》,《历史研究》2017 年第 6 期。

24　色诺芬史学二题

　　色诺芬（Xenophon，约公元前 441/431—约前 354 年），古希腊著名历史学家、文学家、军事家、多产作家，在历史学、政治学、文学、经济学、军事学、哲学、教育学等方面均有所贡献。《希腊史》是其篇幅最大、最重要的历史著作。此书使他得以与希罗多德（约公元前 484—约前 430/420 年）、修昔底德（约公元前 460—前 400/396 年）并称为古代希腊三大历史学家。

　　半个多世纪以来，欧美学界对于色诺芬的研究日益重视，陆续出版有关专著和注释本达数十种之多。[1] 但总体而言，研究者大都认为色诺芬史学成就平平，乏善可陈。笔者觉得这种评价似乎有欠公允。希腊三大史家所处的历史时代不同，简单地将他们加以比较，这种做法本身恐怕就有值得商榷之处。以下拟着重以《希腊史》为例，就色诺芬史著的写作背景及其贡献略作评述。

1　1999 年在英国利物浦大学召开关于色诺芬的学术研讨会。从会议提交的 60 多篇论文中，精选了 24 篇结集出版。参阅 C. J. 图普林（C. J. Tuplin）;《色诺芬和他的世界》（*Xenophon and his World*），Franz Steiner Verlag，2004 年。

一、《希腊史》的写作背景

在古代希腊历史学家当中，像色诺芬这样阅历丰富、视野开阔，历经城邦由盛而衰整个过程的"世纪老人"是绝无仅有的。色诺芬《希腊史》记载公元前411年秋至前362年夏将近半个世纪的希腊史。在这部著作中，涉及确切年代的最晚的史实，是色萨利的提西丰努斯的统治。他统治时期始于公元前358/357年，[1]结束于前354/353年。[2]近代学者的研究已经确认，色诺芬所写的伯罗奔尼撒战争史的"续篇"，[3]明显早于《希腊史》的其他部分，其他篇章的写作一直延续到公元前4世纪50年代，其间大概历经多次修改。因此，《希腊史》应该是色诺芬思想最成熟时期的著作。

毫无疑问，《希腊史》也是那个历史时代的产物。但是，千百年来，学者们对这个时代希腊城邦经济社会发展的主要特征的理解，却是千差万别的。国内学术界的传统观点，是强调希腊诸邦经济持续发展、奴隶数量激增、贫富分化加剧和阶级斗争趋于激化等等。[4]这些看法过于简单化，也不尽符合历史实际。笔者认为，色诺芬所生活的这个时代大致可以从三个层面来考察。

第一，希腊世界格局经历了从"有序"到"无序"的发展历程，

---

1 狄奥多拉斯：《历史丛书》，XV. 61，XVI. 14.1。
2 狄奥多拉斯：《历史丛书》，XVI. 35。
3 参阅色诺芬：《希腊史》，I. 1.1—II.3.10。
4 参阅周一良、吴于廑主编《世界通史·上古部分》，第222—223页；吴于廑、齐世荣主编：《世界史·古代史编（上卷）》，第270—271页。此外，《世界上古史纲》编写组所著《世界上古史纲》（下册，第188—200页），崔连仲主编的《世界史·古代史》（第236—238页），刘家和主编的《世界上古史》（修订版，第260—264页），朱寰主编的《世界上古中古史》（上册，第186—188页）等著作，都持几乎完全一致的观点。笔者已就此提出不同看法。参阅徐松岩《论古典时代雅典奴隶制经济走势》，《西南大学学报（社会科学版）》2009年第6期。

一个个霸主经历了由盛而衰的过程。在希腊诸邦中，资历最深的霸主，无疑当数斯巴达人。斯巴达人定居拉哥尼亚之后，不断向外扩张，形成了国土面积和人力资源总数首屈一指的"超级大国"。自公元前 7 世纪末起，它不仅成为南希腊无可争议的霸主，而且依靠其强大的常备军，频频干预希腊其他城邦的事务，俨然成为希腊秩序的维护者。据希罗多德记载，为了结束皮西特拉图家族在雅典的僭主政治，他们曾两度出兵雅典。[1] 修昔底德则认为，正是他们推翻了包括雅典在内的希腊大多数城邦的僭主政治。[2] 波斯战争给希腊城邦的发展带来了新的机遇，同时也对希腊城邦世界的旧秩序造成重大冲击。其中最显著的表现，就是雅典海上霸国的崛起。雅典人虽然在陆上很难动摇斯巴达人的霸主地位，却不失时机地抓住了千载难逢的历史机遇，大力发展海军，一跃成为希腊第一海上强国；接着，他们利用原臣属于波斯帝国的那些希腊城邦急于摆脱波斯人桎梏的要求，使得爱琴海区域以及小亚细亚沿海诸邦先成为其领导下的"提洛同盟"成员国，继而通过一系列手段使其逐步臣属于雅典人，从而形成历史上的"雅典帝国"。[3] 及至公元前 5 世纪中期，在希腊世界，斯巴达、雅典两强并立，前者陆地称雄，后者海上称霸；两强相持不下，经过一系列冲突和战争，大体保持均势，两强并立，共同维持着希腊世界的"有序"状态。然而，随着双方矛盾不断升级和激化，一场大战势所难免。在随后进行的伯罗奔尼撒战争期间（公元前 431—前 404 年），双方的人力、财力、国力不断被消耗，到了战争后期，在斯巴达、雅典两败俱伤之际，波

---

1 希罗多德：《历史》，V. 64—65。

2 修昔底德：《伯罗奔尼撒战争史》，I. 18。

3 参阅徐松岩《关于雅典同盟的几个问题》、《论雅典帝国》，分别载《西南师范大学学报（哲学社会科学版）》1993 年第 3 期、1999 年第 1 期。

多彩的雅典娜

斯势力趁机介入，从而对希腊世界的局势产生了至关重要的影响。波斯人对斯巴达人的支持，对于斯巴达人最终取胜发挥了决定性作用。

斯巴达在赢得这场战争之后的 10 年间（公元前 404—前 394 年），实现了希腊及爱琴海地区暂时的"统一"。有的学者称之为"斯巴达帝国"。不过，斯巴达本已薄弱的国家机构，却并未在伯罗奔尼撒战争期间有所强化，反而更加难以适应规模急剧扩大了的国家。随着科林斯战争（公元前 394—前 387 年）的结束，这个外强中干的所谓"帝国"在受到沉重打击之后，也几乎分崩离析了。于是，希腊再次进入"无序"状态，他们不能不在越来越大的程度上受制于波斯人了。[1] 公元前 387 年，波斯国王颁布"大王和平敕令"[2]表明，希腊诸邦现有秩序的维持，斯巴达苟延残喘的霸权地位，所依靠的不过是波斯国王的一纸敕令而已。成立于公元前 378/377 年的雅典第二海上同盟，一度使爱琴海的海上秩序有所恢复，但是从传世的盟约来看，雅典的势力已经今非昔比了。"同盟战争"（公元前 357—前 355 年）后，该同盟亦名存实亡。[3] 在斯巴达、雅典双雄相继衰弛之际，底比斯人一度崛起（公元前 371—前 362 年），他们在名将伊巴米浓达的统率下，多次攻入伯罗奔尼撒，数度重创斯巴达人及其同盟者。但随着伊巴米浓达的阵亡，其霸权也随即宣告终结。色诺芬亲眼所见希腊世界一个个霸主由盛而衰，

---

1 参阅 A.G. 基恩（A. G. Keen）、R. 霍洛威（R. Holloway）:《公元前 412—386 年波斯在爱琴海地区的政策》（"Persian Policy in the Aegean, 412—386 B.C."），《古代文明杂志》（*Journal of Ancient Civilizations*），第 13 卷，1998 年，第 93—95 页。
2 参阅色诺芬:《希腊史》，V. 1. 31 及附注。
3 参阅 J. L. 卡吉尔（J. L. Cargill）:《第二雅典海上同盟》（*The Second Athenian League*），加利福尼亚大学出版社，1977 年。

看到一个个"强人"衰老或离世，看到希腊世界一次次由"有序"变为"无序"，他终于对希腊世界的前途感到迷茫，或者说，他一时根本看不到未来重建希腊世界秩序的希望。公元前362年曼丁尼亚战役之后，他也许彻底绝望了。"战争所带来的后果与人们事先预料的恰恰相反……战后的希腊却比战前愈加混乱和无序了。"[1]

第二，希腊城邦经历了数百年的发展，到公元前5世纪中后期，城邦危机出现萌芽并且初步发展，公元前4世纪前期普遍日益深化，在不同城邦，其表现形式也是复杂多样的。按照亚里士多德的说法，城邦就是具有足够人数的、自给自足的公民集体；[2]公民作为城邦社会的一分子，生活在城邦危机时代社会背景，势必在很大程度上决定着色诺芬对历史事实的取舍以及对历史人物的评价。

希腊城邦在公元前5世纪中期发展到鼎盛时期，同时也初现危机萌芽。其最主要的表现，是公民权、士兵、土地所有权三位一体结构出现某种松动甚至脱节的迹象，如雅典"军事移民"的常态化等等，都表明公民个人与公民集体（城邦）、公民权与土地所有权的关系正在发生着某种微妙的变化。[3]城邦危机的实质，是城邦这种早期国家形态，已经不能适应业已变化了的经济社会基础，或早或迟地要被规模更大、统治机构更复杂强大的国家组织所取代。城邦危机的深化主要有两种表现形式：一种是通过内部发展，逐步突破城邦原有的经济社会结构，国家机构随之演变和强化；一种是外表上虽依然保持城邦基本结构，但逐步失去活力（如内部的凝聚力或对外的扩张力），被其他更为强大的国家组织所征服或者取代。

---

1 参阅色诺芬：《希腊史》，VII. 5. 26—27。
2 参阅亚里士多德：《政治学》，1275b20—21。
3 参阅徐松岩：《公元前5世纪末雅典城邦危机的深化及其原因》，《齐鲁学刊》1989年第4期。

就个人和公民集体的关系而言，随着私有制的发展（私有生产规模的扩大、私有化程度的加深、个人权势的增长等），个人与集体的矛盾日益突出，某些权贵人物甚至把个人利益、党派利益凌驾于公民集体和国家利益之上。公元前5世纪末雅典政坛上的风云人物如阿尔基比阿德斯（Alcibiades）、克里提亚斯（Critias）、塞拉麦涅斯（Theramenes）等等，都是其中的突出代表。

公元前5世纪前期希腊城邦普遍实行公民兵制度，公民集体同时也是一个战士共同体。当兵打仗、保家卫国原本是公民义不容辞的职责。然而，随着战争频仍、规模日益扩大和商品经济的发展，某些城邦军队中异邦人的比例不断提高（如公元前5世纪末雅典海军），雇佣兵制度悄然发展起来。这样，城邦财力的强弱对于军事力量的决定性影响愈益明显。这也是波斯人自公元前5世纪末起能够在相当大程度上操纵希腊城邦外交达半个世纪之久的最主要的原因。及至公元前4世纪，财政拮据困扰下的雅典城邦，很少雇用大规模雇佣军，公民兵依然常常担任军队主力，但公民参战的积极性往往取决于国家或雇主的财力状况，这实际上就是公民兵的雇佣兵化。斯巴达城邦危机则属于另一类型。[1]

在古代世界历史上，战争是邦国交往的重要方式。纵观希腊人的历史，战争不仅扩大了希腊人活动范围，也大大开阔了希腊人的视野。大约自公元前5世纪开始，某些有识之士开始并且逐步习惯于跳出城邦的窠臼，从超越城邦的视角去观察城邦的兴衰，这是"希腊"作为历史、地理、民族和文化概念形成的历史基础。当然，历史上的"希腊"这个概念本身的内涵，也是动态演进的。色诺芬

---

[1] 参阅徐松岩：《黑劳士制度、土地制度与"平等者公社"的兴衰》，《西南师范大学学报（社会科学版）》2003年第3期。

对希腊城邦社会的考察和阐述，无论在理论上还是实践上，都有突出的贡献。

第三，从希腊社会精英的心路历程来看，色诺芬是颇具代表性的一个。与古典时代其他思想家相比，色诺芬的视角有其独到之处。作为有良好文化教养的雅典贵族，他热爱他的祖国雅典，希望雅典国富兵强，无论他走到哪里，这个情结一直深深地植根于他的心头。他后来将两个成年的儿子送回祖国效力，可以为证。

城邦危机时代的思想家们，大都有一个共同的特征，是根据各自对社会现实的理解，力图开出挽救危机的种种"灵丹妙药"。虽然色诺芬并未像柏拉图那样，以其严密复杂的哲学思辨体系，构建其心目中的"理想国"，但是他也做出了自己的尝试，在其所著《斯巴达政制》的末尾，终于吐露了自己的心声。与柏拉图相比，色诺芬的这个"理想国"的主要特征，就是较为具体化、零碎化。譬如，柏拉图曾经设计过一个培养"哲人王"的系统工程，而色诺芬则是通过一个具体的历史人物居鲁士，抒发胸臆，用虚构的方法把"居鲁士大帝"种种"优秀品质"展示给读者。在他看来，假如现实希腊社会中有这样的人物，还用得着担心希腊世界秩序大乱吗？还用得着担心希腊世界会支离破碎吗？又如，他对于理想宪法设想，是通过对来库古斯（Lycurgus）的立法赞美来加以阐发的；在他看来，倘若斯巴达人一直遵守先祖圣贤的立法，何至于败落到如此地步？再如，他对理想生活的描述，不像柏拉图那样设想出公民的理想生活图景，而是通过对酒会、狩猎、耕耘等具体事务的讨论，在相当程度上表现其对那种理想生活愿景的追求。唯其如此，读者们需要将其所描述的各种"景致"拼接起来观察，才会隐约看出其"理想国"的整体构思。读者们只有把《家政论》和《雅典的收入》所阐述的内容结合起来，才会比较清楚地看到作者的经济主张；[1]要把色诺芬在《希腊史》中对诸多英雄人物的评述，与他对雅典民主批评及对居鲁士、阿格西劳斯的称颂结合起来，才能大体厘清他的基本政治倾向。

色诺芬是奴隶制时代的思想家，其思想必然带有其时代特征。奴隶制经济和社会的发展，主要就是通过强者对弱者的征服、奴役和剥削来完成的。因此，这个时代的人们崇拜英雄和强者，希望自己的祖国以武力征服他邦，从而实现和平有序的生活。公元前5世纪斯巴达、雅典两强并立时期，希腊城邦总体上相安无事。可是，时过境迁，公元前5世纪末以后的雅典，对外扩张屡屡受挫。公元前378年雅典组织的第二海上同盟，也随着同盟战争的结束而名存实亡。作为一位雅典人，色诺芬退而反思：雅典平民不剥削同盟者，难道不可以实现富足和强大吗？基于此，他在《雅典的收入》中提出了改善雅典财政状况，增加雅典收入的种种理想化途径。如以优惠政策吸引外侨前来雅典居住和经营，授予异邦经商者以诸多特权等等。

色诺芬的作品中表现出明显赞赏斯巴达、贬抑底比斯的倾向。这是理解色诺芬《希腊史》后半部分的关键。但是，如果据此断定色诺芬不热爱甚至背叛自己的祖国，似乎也有些简单化了。城邦危机的重要表现，是人们的爱国主义、集体意识日趋淡薄，不再像以前那样珍视荣誉、真诚和友谊；雇佣兵的最明显的行为特征，简单地说，就是给钱就打仗，"有奶就是娘"。色诺芬在政治上崇敬波斯人及其先王居鲁士大帝，称许斯巴达人先前立法者来库古斯以及现任国王阿格西劳斯，这毫不足怪。因为波斯是近200年来全世界

---

1 参阅李永采：《色诺芬经济思想述论》，《青岛大学学报（社会科学版）》1991年第4期。

最强大的国家，而斯巴达是伯罗奔尼撒战争的胜利者，是当时希腊传统秩序的维护者。一个活生生的事实是，他获赠的那片土地和数十年优裕的生活，恰恰是拉栖代梦人对外扩张的直接结果。至于他对底比斯的看法，有的研究者指出，与其说是色诺芬个人的偏见，不如说是那个时代希腊人共同的偏见。虽然斯巴达和底比斯都有称雄全希腊的野心，然而在希腊人的心目中，底比斯人无疑是一种僭越行为，而斯巴达人则正当得多；在希腊诸邦中，论综合国力和国际地位，它长期居于斯巴达、雅典之下，属于"二流"强国。公元前5世纪末希腊与波斯交恶以后，人们更是念念不忘他们的历史污点——波斯西征希腊时，底比斯人坚定不移地投靠到波斯人一边。更为严重的是，底比斯的崛起势必打破希腊人长久以来所默认的陆（斯巴达）海（雅典）对峙势力制衡的传统格局，这似乎被视为不可接受的僭越。[1]

二、史学成就及其局限性

色诺芬无疑是希腊古典后期成就最为卓著的历史学家。然而，近代以来，国际学界对于色诺芬在文学方面的成就往往赞赏有加，而对于其在史学方面的贡献似乎有所忽视，甚至有意贬低。早在19世纪前期，德国学者 B. G. 尼布尔（Barthold G. Niebuhr）和英国学者 T.B. 麦考莱（Thomas B. Macaulay）等即对色诺芬叙事方式和史学观点提出严厉批评。1768年开始出版，至1998年已是第15

---

1 施特劳斯：《评色诺芬的〈希腊志〉研究》，高诺英译，载刘小枫编：《苏格拉底问题与现代性：施特劳斯讲演与论文集》，北京：华夏出版社，2008年，第244—245页及附注。

版的《不列颠百科全书》作者认为："由于对修昔底德的景仰，色诺芬为修昔底德未完成的著作增写续篇。但他所写公元前411—前403年的历史东拼西凑，缺乏分析，根本无法与修昔底德的著作相提并论。"[1] J.W. 汤普森在其《历史著作史》中指出，"希腊最盛时期的第三位著名历史家色诺芬（约公元前430—前350年）多才多艺，但不是像修昔底德那样的一位深刻的思想家；尽管他有才华横溢的撰述风格，但他并不像希罗多德那样引人入胜。色诺芬不能算作第一流历史家，但是他的判断还是精明、诚实而清醒的"。汤普森认为《希腊史》是"色诺芬雄心最大、下功夫最多的一部书……打算把这部书写成修昔底德历史著作的续篇"；但是，"这部书远远不如修昔底德的著作，在准确和公平两方面都有缺陷，而且笔调沉重"。[2] 伊迪丝·汉密尔顿则认为，"色诺芬的文章——除了几篇以外——都属一般：切合实际，符合情理；开门见山，文理清晰，此外并无其他独到之处。不过有一些句子，散见于各章节之间，具有强烈的思想感染力和远见卓识"。[3] W. P. 亨利在其关于色诺芬《希腊史》的专著中，认为其前两卷"纯系粗制滥造，苍白贫乏，甚至不能与色诺芬其他作品中最为拙劣之处相提并论"，至于其后五卷"其连贯性不强"，"与前两卷叙述一样缺乏和谐"；在记述阿格西劳斯的部分，其"率真实为矫揉造作，伟大的理想形象也因缺乏技

1《不列颠百科全书（国际中文版）》，北京：中国大百科全书出版社，2002年，第18卷，第347页。

2 J. W. 汤普森：《历史著作史》，谢德风译，上卷第1分册，北京：商务印书馆，1988年，第45—46页。

3 伊迪丝·汉密尔顿：《希腊方式》，徐齐平译，杭州：浙江人民出版社，1988年，第179页。

巧的表达显得刻板、僵硬"。[1]

　　根据笔者的粗略考察，色诺芬对西方古典史学的贡献，至少有以下五个方面。其一，完成了修昔底德的未竟之作。修昔底德原本要写一部完整的伯罗奔尼撒战争史的，可是他仅仅写到公元前411年就中止了。色诺芬对这场战争的续写部分是全书最优秀的部分之一。在写作风格上，似乎也尽力与修昔底德的著作保持一致，如严格按照年代顺序，大量援引演说辞，绝少提及神意天命等等。这与《希腊史》其余部分迥然不同。其二，对希腊古典史料学有重要贡献。公元前5世纪末到公元前4世纪中期希腊史的主要史料，主要是有赖于色诺芬的记载而流传下来。当然，关于其史料可信度，历来是有争议的。不过，色诺芬似乎是一位"爱憎分明"的著作家，并不刻意掩饰自己的政治倾向，细心的读者不难体察到这一点。如对拉栖代梦人以及阿格西劳斯的溢美之词，对弗琉斯人的称赞，有意回避与斯巴达为敌的底比斯人某些胜绩，等等。如他自己所说，对于不值得记载的一概忽略不计。[2]不过，他笔下的史实，大都是经过认真考察的。其三，对经济史、政治史、战争史、社会生活史等专门史均有独到的贡献。如《斯巴达政制》是讨论斯巴达人生活方式的专著，涉及内容相当广泛，是研究斯巴达人社会、政治、军事、法律、风俗的重要原始史料。[3]《雅典的收入》(*The Revenues of Athens*)，针对同盟战争之后雅典财政极度困难的实际状况，着重讨

---

1 转见施特劳斯：《评色诺芬的〈希腊志〉研究》，载刘小枫编：《苏格拉底问题与现代性》，第245—246页。

2 参阅色诺芬：《希腊史》，IV. 8.1。

3 参阅 M. 利普卡：《色诺芬之〈斯巴达政制〉》，希腊文英文对照，柏林／纽约，2002年。对该书相关评论可参阅施特劳斯：《斯巴达与色诺芬的品位》，陈戎女译，载刘小枫编：《苏格拉底问题与现代性》，第168—201页。

论增加其财政收入的种种途径，对于研究其时雅典经济状况和希腊经济史，具有相当重要的参考价值。色诺芬的著述，从某种意义上是大大拓展了古典史学的研究领域。其四，在史书编撰体例方面，特别是对于传记体史书，具有开创性贡献。如他所著《阿格西劳斯传》，与同时代的伊索格拉底所著《攸阿哥拉斯传》[1]，同为西方最早的传记体史著，比普鲁塔克的《传记集》[2]要早 400 余年。其五，对西方历史文学及军事文学也有开创性贡献。色诺芬所著《居鲁士的教育》，可算是西方第一部长篇历史传记小说；2000 多年来，色诺芬的《长征记》等作品一直被视为希腊散文的典范，它们被作为古希腊语的标准读本，正如恺撒《高卢战记》被作为拉丁文范本一样。由于色诺芬具有丰富的军事经验和生活阅历，他在描写排兵布阵、行军打仗时显得游刃有余，颇似现代一流的"战地记者"。色诺芬文笔简洁，优雅流畅，个性鲜明，因而被誉为"阿提卡的蜜蜂"。

毫无疑问，色诺芬的《希腊史》确有其不足和局限性。第一，此著乃是接续修昔底德的著作而写的，[3]他显然应该读过修氏的著作，并且对其史学思想是认可的。然而，与其前辈希罗多德、修昔底德相比，他的确缺乏深刻的分析和对历史进程的洞察力，缺乏深邃的思想。第二，在史实的取舍方面，有意回避某些重要史实，如对底比斯某些史事的处理，只字不提第二雅典海上同盟等。其实，向来以客观求实著称的修昔底德在史实取舍方面，又何尝没

---

1 攸阿哥拉斯（Euagoras），或译艾瓦哥拉斯（Evagoras），塞浦路斯王子。参阅色诺芬：《希腊史》，II. 1. 29，IV. 8. 24，V. 1. 10。
2 普鲁塔克所著《传记集》，因其中有一位波斯国王，故而学者通常将其译为《希腊罗马名人传》似稍有不妥之处。
3 有些学者对此提出质疑，但是似乎缺乏说服力。其著作以"其后不久"开头就是最有力的证据。

有倾向性呢？第三，把邦国振兴和希腊世界秩序重建的希望，寄托于少数英雄人物身上，说明色诺芬是以某种"英雄史观"来理解其当代史的。他每每述及一个重要政治军事人物，字里行间的那种情结，往往依稀可见。第四，与前两卷相比，后五卷的突出特色，是关于占卜、神谕的记载明显增多；他甚至屡屡把史事发展变化归于神祇干预和神意的安排。他在记载阿格西劳斯在斯巴达本土大破底比斯军，评述琉克特拉战役和曼丁尼亚战役的结局时，都有此类的评语。他在评述公元前379年底比斯的亲斯巴达政府被推翻时指出："人们也许会注意到，无论在希腊人还是异族人的历史上，都有许多例证足以证明诸神是不会放任那些作恶之人或罪孽深重之人的。"[1] 在他看来，世界的秩序和历史趋势，似乎都是诸神干预的结果。这在一定程度上折射出伯罗奔尼撒战争之后某些精英分子对希腊社会现实的迷茫、悲观和无奈的心态。

值得注意的是，色诺芬对于当时社会的认识深受苏格拉底的影响。在他们看来，公元前5世纪后期以来连绵不断的战乱、经济社会的发展，给希腊城邦世界所造成的严重冲击，似乎集中体现在社会道德的危机；其政治思想的核心内容，是针对民主制的种种弊端，主张道德振邦，希冀有智德兼备的贤能之士来治国平天下。这在色诺芬的多种著作特别是《希腊史》后五卷记述阿格西劳斯的事迹时，表现更为明显。[2] 此外，他不惜笔墨称许记述勇敢善战的弗琉斯人，说他们在粮尽援绝的困难条件下，依然坚守与斯巴达人的

---

1 参阅色诺芬：《希腊史》，V. 4.1。关于色诺芬的宗教观点，参阅 J. 蒂勒里（John Dillery）：《色诺芬及其同时代的历史》(*Xenophon and the History of His Times*)，伦敦，1995年，第179—186页。
2 参阅色诺芬：《希腊史》，IV. 1.38—41。

同盟，这正是那个时代的希腊人所普遍缺乏的。[1] 凡此种种，都与其在《追忆苏格拉底》中的某些取向完全一致。他因此而被某些研究者称为"苏格拉底式的历史学家"。[2]

无论如何，正如 C. L. 布朗森所说，色诺芬的《希腊史》乃是所有涉及公元前 411—前 362 年那半个世纪希腊历史的最权威的著作。[3] 当然，在笔者看来，他也是无愧于古希腊三大史学家这一称号的。

原载《史学史研究》2011 年第 1 期

---

1 参阅色诺芬：《希腊史》，VII. 2.1。

2 参阅 J. 蒂勒里：《色诺芬及其同时代的历史》，第 236 页。

3 参阅色诺芬：《希腊史》，哈佛大学出版社，1985 年，"洛布古典丛书"英译者序言，xi。涉及这段历史的其他重要著作有：（1）西西里的狄奥多拉斯的《历史丛书》（第 13—15 卷内容涵盖这段历史）。（2）普鲁塔克在其《传记集》中记载的阿尔基比阿德斯、吕山德、阿格西劳斯、佩罗皮达斯和波斯国王阿塔薛西斯等人的传记都属于这段历史。（3）几位续写修昔底德著作的作家，如佚名作者所著《奥克西林库斯希腊志》（*The Hellenica Oxyrhynchia*，奥克西林库斯乃是埃及一村社名，因该著作的 3 篇纸草断片皆发现于此，故名），该著作破损严重，主要记载公元前 411—前 386 年希腊史事，而雅典人克拉提普斯（Cratippus，生卒年不详）的《希腊史》、开俄斯人泰奥滂普斯所著《希腊史》也都为修昔底德著作续写，都止于公元前 394 年，现今仅存少量残篇。（4）亚里士多德的《雅典政制》以及吕西亚斯等人的某些演说辞等，也从不同侧面提供了当时社会历史资料。

25 伪色诺芬《雅典政制》史料价值初探 [*]

　　《雅典政制》(*Athenaion Politeia*)¹一文的原作者已难以稽考，因其自古即被归于色诺芬名下，而此文确认不是色诺芬所作，故后世称其作者为"伪色诺芬"(Pseudo–Xenophon)；又因作者在行文中往往以贵族寡头派口吻论述时事，故传统上亦称其为"老寡头"(Old Oligarch)²。关于该作品的成文时间，学界虽有不同的说法³，但

* 本文系教育部人文社会重点研究基地重大项目"古代希腊史学理论与方法研究"（项目编号：10JJD770006）的阶段性研究成果。

1 笔者主要参考了以下三种译注本：(1)《色诺芬全集》，第 7 卷，希腊文英文对照本，玛强特（E. C. Marchant）译，"洛布古典丛书"，哈佛大学出版社，1984 年；(2) F. R. B. 哥多尔芬（Francis R. B. Godolphin）主编：《希腊历史学家著作全集》(*The Greek Historians*)，第 2 卷，纽约，1942 年，第 633—643 页；(3) J. M. 摩尔：《亚里士多德和色诺芬论民主制与寡头制》，伦敦，1975 年，第 19—64 页。这里的"政制"，希腊文"politeia"，英文多译为"constitution"，本意是指雅典城邦的政治制度，中文通常译为"政制""宪政""宪法"等皆基本符合其原意。

2 参阅 Yoshio Nakategawa, "Athenian Democracy and the Concept of Justice in Pseudo-Xenophon's 'Athenaion Politeia'", in *Hermes*, 123.Bd., H.1 (1995), pp. 28–46。他认为学界对于作者所持政治立场的看法大致可分为三种情况：(1) 伪色诺芬是激进的寡头分子；(2) 伪色诺芬认为民主无益，但又承认其实用性及逻辑一致性；(3) 伪色诺芬并非坚定的寡头分子，具有某些寡头倾向，但也承认雅典民主存在的必要性及逻辑一致性。

3 参阅 Harold B. Mattingly, "The Date and Purpose of the Pseudo-Xenophon Constitution of Athens", in *The Classical Quarterly*, New Serise, Vol. 47, No2 (1997), pp.352–（转下页）

多彩的雅典娜

大体都认为其成文于公元前 5 世纪 40—20 年代，此文流传于民间（很可能出自于一些贵族人士之手），评论时政，所涉及的事实具有较高可信度，因此是研究这一时期雅典社会历史的重要的第一手史料。

一、《雅典政制》与雅典时政

现代研究者在探讨这一时期雅典民主政治状况时，大都照搬、沿用修昔底德特别是其中所载伯里克利国葬演说辞的说法，极少提及同时代的伪色诺芬《雅典政制》[1]。人们对雅典民主耳熟能详的评语是伯里克利自豪地宣称："我们的宪法没有照搬任何毗邻城邦的法律，相反地，我们的宪法却成为其他城邦模仿的范例。我们的制度之所以被称为民主制，是因为城邦是由大多数人而不是由极少数人加以管理的。我们看到，法律在解决私人争端的时候，为所有的人都提供了平等的公正；在公共生活中，优先承担公职所考虑的是一个人的才能，而不是他的社会地位，他属于哪个阶级；任何人，

（接上页）357; J. L. Marr, P. J. Rhodes, *The "Old Oligarch": The Consititution of the Athenians Attributed to Xenophon*, Oxford: Oxbow Books, 2008.

1 国外学界对伪色诺芬《雅典政制》的研究多集中于对其成文时间、文体风格、作者立场的研究，少有对其所评述雅典时政情况的研究；国内学界第一篇系统研究伪色诺芬《雅典政制》的文章是王志鹏的《从伪色诺芬〈雅典政制〉看雅典民主制》（湖北大学硕士学位论文，2010 年），但文章着重分析了"平民""民主政治"的含义以及"老寡头"的"自利"观，并没有对当时雅典民主的情况进行深入分析。J. K. 戴维斯所著《民主政治与古典希腊》（黄洋等译，上海人民出版社，2010 年），在其"雅典帝国"一章（第 65—89 页）中仅提及一次"老寡头"之名，并未援引其作品；晏绍祥所著《古典民主与共和传统》（北京大学出版社，2013 年）在回顾希腊民主历史进程时提及一句（第 21 页）。

只要他对城邦有所贡献，绝对不会因为贫穷而湮没无闻的。"[1]然而，伯里克利在公共场合的演说所作出的评价在多大程度上切合实际？它究竟是伯里克利在民众面前巧言令色，还是修昔底德妙笔生花的结果？后世皆无从知晓。唯其如此，伪色诺芬的《雅典政制》更能客观地反映其时雅典民主政治的真实状况。

作者开宗明义地指出，"我将试图指出他们（雅典人）是如何完好地保持这种政制的，以及如何完成其他事务的"（I.1）[2]。但作者并未就雅典城邦的管理机构如公民大会、五百人会议、陪审法庭等的运转机制进行解释，对政治领袖与民主制度的关系很少论及，连当时最著名的风云人物伯里克利都只字未提，而是着重讨论保持民主制的主要力量——平民。在他看来，"这些人（平民），比之重装步兵和显贵阶层，给城邦贡献出更大的力量"（I.2），因而，"穷人和平民普遍比富人和贵族享有更多的权利是公正的"（I.2），如他们可以出任城邦官职，可以在公共场合畅所欲言，可以瓜分祭品等。作者对平民似乎并未采取一味褒扬的态度，而是多次以"无知"来形容平民，并将其视作充满物欲的公民群体，认为平民更看重的是一己私利，这也揭示了雅典中下层公民积极参政的主要原因。文中指出："平民大众中则是尽是些无知之人，他们不守规矩、不讲道德；贫困致使他们做一些可耻之事，缺钱致使一些人未能接受教育，处于无知状态。"（I.5）又说："对于行政部门当中那些有薪金以及可以增加个人财产的职务，他们是当仁不让的。"（I.3）关于平民如何在军事训练和日常生活中获益："在训练戏剧合唱队，管理竞技比赛和配备三列桨战舰的过程中，……富人担任舰船指挥

---

1 修昔底德：《伯罗奔尼撒战争史》，II.37.1。罗马时代希腊传记家普鲁塔克《传记集·伯里克利传》，在评论其间雅典内政外交时，也基本沿袭修昔底德的说法。
2 本文凡引伪色诺芬《雅典政制》，皆只注明章节。

多彩的雅典娜

官，或者主持竞技比赛，而平民通过在舰上服役或参与竞技而受益。至少在平民看来，自己理应从唱歌、竞赛、跳舞以及海上服役中获得薪酬。……同样，在法庭上，他们所关心的是一己之利，而不是伸张正义。"（I.13）同时，"雅典的平民知道，对于每一位穷人而言，都不具备杀牲献祭、举办盛宴、建造神殿，以及管理一座美丽而伟大城市的能力，然而他们还是设法实现了他们的目的——城邦以公费来举办诸多献祭活动，而平民则享用盛宴，然后瓜分祭品。"（II.9）

伪色诺芬在这里对雅典民主实际情况从两个方面进行了剖析。首先是伯里克利时代雅典民主制度下贵族与平民政治权利、经济利益分配的实际状况；其次雅典民主制度的保持是否与平民利益攸关。作者认为平民通过选择性地参与有利可图的活动如担任有薪金的职务、参加合唱队、参与竞技比赛等使自己家境渐好，富人则由于负担某些公共事务如管理竞技比赛、配备三列桨战舰等消耗了财力，却并未因此而享有任何政治特权。

作者模糊地认识到民主政体与雅典各阶级力量对比的关系，平民力量的不断壮大使得雅典民主制充满活力，而民主政体的存在又保障了平民的利益。贵族与平民在利益方面的分配是不均等的，贵族的"失"与平民的"得"，实际上又在公民集体中达到某种平衡，使得雅典民主制得以保持。作者指出："有人感到不解的是雅典人处处给予穷人和平民比贵族以更多的关照，这一点也不足为怪，它恰恰是他们保持民主制的要旨所在。"（I.4）"……一个以这样的制度为基础的城邦，虽然不是治理得最好的，但是民主制却在这种制度下轻而易举地保存下来。"（I.8）

二、《雅典政制》与雅典帝国

公元前 478/477 年，以雅典为首的反波斯同盟——雅典海上同盟成立，在古代希腊世界和东地中海国际关系史上都占有重要地位。学界通常认为，由于希波战争结束，雅典同盟的性质发生了变化，雅典帝国起而代之。笔者认为，雅典帝国的实质，是雅典对原提洛同盟诸邦实施奴役和统治。伯里克利时代是雅典帝国的极盛时期，其间国际关系的核心问题，是雅典与原"盟邦"的关系，即雅典如何逐步剥夺"盟邦"的内外主权，如何运用国家权力机构驾驭和控制"盟邦"（实为属邦）的。史料的匮乏使得后世研究者对于雅典帝国的认识分歧甚多，不少学者根本否认"雅典帝国"的存在。[1] 修昔底德作为统治阶级上层的一员和雅典对外扩张的受益者，对雅典同盟的演变虽然有深刻的认识和较为客观公正的评价，但有时也故意回避某些重要事实。因此，雅典平民究竟是如何剥削、奴役众多属邦的，古典文献中似乎难觅确凿的史料。伪色诺芬在这方面提供了极有价值的史料。

伪色诺芬讨论问题的前提是雅典已然成为当时东地中海地区的经济文化中心、海陆交通枢纽，牢牢控制着爱琴海的制海权。雅典作为海洋霸主，给雅典带来的财富，从各方面满足平民的需求。作者从五个方面论及：

首先，雅典人通过扩张，可以享用地中海各地丰富多样的物产。"雅典人依靠海军的威力，将许许多多民族统合在一起，得到了形形

---

1 A. Zimmern, *The Greek Commonwealth*, Oxford University Press, 1922; R. Meiggs, *The Athenian Empire*, Oxford University Press, 1972；日知、张强：《雅典帝国与周天下》，《世界历史》1989 年第 6 期。相关讨论参阅徐松岩：《关于雅典同盟的几个问题》，《西南师范大学学报（哲学社会科学版）》1993 年第 3 期。

色色的奢侈品。无论在西西里、意大利、塞浦路斯、埃及、吕底亚、本都和伯罗奔尼撒，还是其他任何地方，只要发现精美的特产——统统都集中到雅典来了，因为雅典人掌握了制海权。"（II.7）

其次，雅典的强大使得它在面对一盘散沙的诸属邦时，具有压倒性的优势。"他们（帝国境内诸属邦）散居于诸岛之上，无法联合起来，统一行动。因为他们之间有海洋的阻隔，而统治他们的又是海洋霸主。即使岛民可能聚集于某一座未被注意的岛屿上，他们也终将被困死在那里。"（II.2）

复次，雅典称霸海上与陆地上的霸国一样专横无忌。海洋霸主控制海域的首要目的是控制运粮航道，侵占海外领土。"海洋霸主恰恰能够做到陆上霸主有时要做的事情——蹂躏强国的领土。"（II.4）修昔底德的记载从多方面印证了这一点。伯罗奔尼撒战争前夕，雅典人由于在海外占有大片领土，自认为"在诸岛屿和大陆上都拥有大量的土地"，伯罗奔尼撒人也看到，"雅典人在帝国境内其他地方还拥有大量的土地，能够从海上输入一切所需"。[1]

再次，雅典海上霸权使得全体雅典人获益良多，而这一切离不开平民的贡献。这是雅典民主的重要社会基础。自梭伦改革以后，雅典第四等级按规定可以在海军中出任桨手。公元前480年萨拉米斯海战，以雅典为首的希腊海军大败波斯舰队，赢得了波斯战争中最重要的海战；接着雅典实施海外扩张政策，第四等级公民的作用日益突显。正因为如此，伪色诺芬一开始就要申明："在雅典，穷人和平民普遍比富人和贵族享有更多的权利是公正的，因为正是这些配备在战舰上的平民，才使得城邦获取了力量；舵手、桨手长、下层桨手长、瞭望者和造船匠——这些人，比之重装步兵和显贵阶

---

1 修昔底德：《伯罗奔尼撒战争史》，I. 81. 2，143. 4，II. 62. 3。

层，给城邦贡献出更大的力量。"（I.2）

最后，雅典人推行依法治国，充分发挥民众法庭的作用，最大限度地维护雅典人的根本利益。如上所述，伯里克利在葬礼演说辞中，并未说明雅典法律具体实施状况。雅典帝国时期，雅典人究竟是如何利用民众法庭维持帝国的秩序、剪除敌对势力、维护统治者利益的？在传世文献中，唯有伪色诺芬的评述客观、准确而详尽。他指出："有人认为，雅典平民迫使其同盟者渡海来雅典打官司，是一项错误的决策。但雅典人却不这样看。因为他们算过这样做会给雅典平民带来许多利益。第一，他们可以从法庭收费中稳获整整一年的薪金[1]；第二，他们待在家乡，无须出海远征，便可在同盟国中发号施令；第三，他们因此可在法庭上保护那些支持民主制的人，剪除平民的敌人。反之，假如同盟者在其本地审案，那他们就会出于对雅典的敌视，而除掉其民众中那些同情雅典平民的主要人物。除此之外，雅典平民还可以从同盟者把案件移送雅典审理一事中，得到以下好处。其一，比雷埃夫斯港的 1% 的税收使城邦财政获利。其二，任何有房舍出租的公民将获得更多收益；同样，那些有牲畜或奴隶出租的人亦可得到更多的实惠。其三，公民大会的那些传令官，也因这些同盟者在雅典的逗留而家境渐好。相反地，如果同盟者不来雅典打官司，他们就会只会对航行到当地去的那些雅典人——将军、舰长和大使们表示尊敬。如今的情况是，同盟者个个都是被迫来到雅典的，他在这里法庭上胜诉或败诉，完全掌控在雅典平民手中——这是雅典的法律。[2]因此，无论哪位陪审员进入法庭时，他们都会拉住他们的手作祈求状，在法庭上也不得不低声

---

1 民众法庭 6000 陪审员一年的薪金总数约 150—200 塔连特。
2 无论哪一方胜诉，总有一方是受害者，而雅典人永远都可以从中获利。

下气地做答辩。这种情形使得同盟者觉得自己逐步沦为雅典平民的奴隶。"（I.16—18）

公元前5世纪后期，雅典民众法庭实际已成为帝国的最高司法机关。按雅典法律规定，凡是涉及各属国之间以及属国与雅典之间相互关系的诉讼案件，一律交由雅典民众法庭审理[1]。这实际上意味着各属国的对外主权在很大程度上已被剥夺。同时，雅典人还把各属国所有重大民事和刑事案件的审理权都集中到自己手中，以致"不经雅典人（准许），在任何一个城市皆不得对任何人判处死刑"[2]。这表明属国的对内主权原则上亦被剥夺殆尽。

伪色诺芬提供的史料告诉我们雅典人是如何依法治国的。从中可以清楚地看到这样的事实：其一，法律作为国家权力重要组成部分，它的实施范围是整个雅典帝国；其二，雅典人借此逐步剥夺原同盟者诸国的内外主权，同时又可以使公民集体和个人在经济上受益；其三，雅典平民通过保护各地的亲雅典分子，从而有效地维护了雅典的政治利益。总之，雅典民众法庭从表面上看似乎还是雅典城邦的法庭，是雅典城邦的民主机构之一，但它所行使的权力已大大超出雅典城邦的范围。因此，它实际上已成为雅典人维持其对帝国广大臣民政治压迫和经济剥削的强制机关。[3]

公元前5世纪后期，雅典民主政治的发展是建立在对原提洛同盟诸邦奴役的基础之上的，是全体雅典人对非雅典人统治的结果，而这也正是雅典"招致了其他希腊人的批评"的重要原因。伪色诺

---

1 R. Meiggs & D. M. Lewis, *A Selection of Greek Historical Inscriptions to the End of the Fifth Century B.C.*, 40. 29–30.

2 Antiphon, V. 47.

3 徐松岩：《论雅典帝国》，《西南师范大学学报（哲学社会科学版）》1999年第1期，第114页。

芬站在贵族的立场上，似乎"不赞赏雅典人的现行政制"，因为对属邦采取的种种措施更有利于平民，同时又"认为他们（雅典人）采取种种措施很好地维护了民主制"（III. 1）。现代学者在讨论雅典帝国的民主、法制、国家管理等问题时，对该文献的忽视是难以正确揭示其间雅典历史真实状况的重要原因。

综上所述，伪色诺芬在《雅典政制》中集中阐释了开篇提到的两个主题，即雅典人是如何完好地保持这种政制的，是哪些事招致了其他希腊人的批评。在作者看来，雅典民主制的保持、平民利益的满足以及拥有海上霸权三者密不可分，而雅典对原提洛同盟诸邦的奴役与统治则表明雅典与"盟邦"的关系已由同盟建立之初的不平等同盟关系转变为统属关系，雅典帝国不是主权国家联盟或"联邦"（commonwealth），而是一个政治实体。《雅典政制》作为民间流传的文献，相比于后世关于雅典民主制的著作，[1]更能反映历史实际，其史料价值不容忽视。

原载《史学史研究》2015 年第 2 期，与赵青青合作撰写

---

[1] 亚里士多德：《雅典政制》，XXIII. 1—XXIX. 5；普鲁塔克：《传集记·伯里克利传》。

第六章

希腊与波斯·战争与和平

26 库纳克萨之战与"万人军"长征新论

一、问题的由来

公元前 401 年 3 月，大约 1.3 万名希腊雇佣军随波斯王子小居鲁士由小亚细亚西部的萨尔迪斯启程，前往波斯帝国首都巴比伦，参与小居鲁士与其兄长争夺王位之战。是年 8 月，在巴比伦城附近的库纳克萨（Cunaxa）村，双方展开鏖战，小居鲁士兵败被杀，余下的万余名希腊雇佣军经过八个多月的艰苦跋涉，于公元前 400 年春返回小亚细亚，史称"万人军"长征。[1] 普鲁塔克提到，在古代有许多作家记载过库纳克萨之战[2]；特别值得重视的是亲历这次战役的

---

1 按色诺芬"长征"一词的希腊文原意，是指由海岸向内陆较高地方的行程，尤指由小亚细亚西海岸至波斯都城苏萨的行程。但实际上色诺芬在《长征记》（*Anabasis*）中，用了约七分之六的篇幅叙述"万人军"返归过程。本文所说"长征"指进军和撤退整个行程。

2 据说最早记载这次长征的是索法涅图斯（Sophaenetus）。除色诺芬以外，叙拉古人提米斯托格尼斯、波斯的宫廷医生希腊人克特西亚斯以及代浓（Deinon）等都对库纳克萨之战和长征有过记载，可惜其著作大都散失。色诺芬在写作时大概参考过其中的一些，史学界一般认为色诺芬所记基本史实尤其是有关长征的史实是真实可信的。公元前 1 世纪，西西里人狄奥多拉斯对此作过简要记述。狄奥多拉斯（Diodorus of Sicily）：《历史丛书》（*The Historical Library*），哈佛大学出版社，1993 年，（转下页）

波斯宫廷医生、希腊人克特西亚斯（Ctesias）对这次战役的记载[1]。在退却途中起过重要作用的雅典人色诺芬，在回到希腊后根据自己的亲身经历并参照当时的其他资料写成《长征记》，记载了这次战役和长征的主要史实。

这是西方历史上第一支大规模的军队深入东方大国的心脏地带。它在希腊、波斯关系史上，在东西方民族关系史上，在欧亚关系史和西方军事史上，都是颇有影响的历史事件。它首先在当时的希腊世界产生了巨大的影响。就在长征结束仅仅20年之后，即公元前380年，著名演说家伊索克拉底在奥林匹亚集会上发表《泛希腊集会辞》，[2]极力呼吁希腊诸邦团结起来，东侵波斯，掠夺财富和奴隶。他在这篇精心准备的演说中一再强调波斯人懦弱无能，认为一旦战事再起，波斯必败无疑。他指出：

> 我们不必害怕那支跟随着波斯国王的军队，也不必害怕波斯人的勇气，因为跟随着居鲁士向内地进军的部队清清楚楚地证明，他们一点也不比国王驻沿海地区的军队强大……但在居鲁士死后，所有的亚细亚居民都联合起来了，在这样好的时机里，他们也是这样可耻地败下阵来，使那些惯于称赞波斯人勇气的人无话可说。因为他们仅仅是在对付6000个希腊人，他们不是按照本领精选出来的希腊士兵，而是一

（接上页）XIV. 22.1—37.4；J. B. 布瑞等主编：《剑桥古代史》，第6卷，第1—19页；R. 雷恩·福克斯（Robin Lane Fox）主编：《长征：色诺芬及其万人军》（*The LongMarch, Xenophon and the Ten Thousand*），耶鲁大学出版社，2004年；R. 沃特菲尔德（RobinWaterfield）：《色诺芬的撤退：希腊、波斯和黄金时代的终结》（*Xenophon's Retreat, Greece, Persia and the End of the Golden Age*），费伯出版公司，2006年。

1 普鲁塔克：《阿塔薛西斯传》，V.1—XIV.5。
2《伊索克拉底全集》（*Isocrates*），第1卷，哈佛大学出版社，1991年，第121—241页。

394   多彩的雅典娜

些由于环境困难，无法在自己城邦里谋生的人。这些士兵对于地形不熟悉，他们被盟友抛弃了，他们被一同向内陆进军的人出卖了，他们失去了所追随的将军；可是，波斯人还是远远地不如他们……当他们动身回去的时候，他（国王）派提萨弗涅斯带着骑兵去送他们。尽管一路上受到这些人的陷害，他们还是照样走完了全程，就好像有人护送一样；他们最怕那荒无人烟的地带，而认为和尽量多的敌人遭遇，是最好的事。让我把上述的事情总结一下：这些人并不是前去打家劫舍的，而是去同国王本人作战的，他们却回来了，比那些带着友好使命而到那里去的使节还要安全。[1]

　　伊索克拉底是色诺芬的同代人，他对库纳克萨之战和长征的态度颇能代表当时希腊社会上相当一部分人的看法。但是，我们认为，伊索克拉底毕竟是一位带有强烈民族感情的演说家，他站在希腊人的立场上为希腊人辩护，蔑视、贬低和攻击本民族的世仇波斯人是可以理解的；同时，由于听众几乎是清一色希腊人，他完全有可能曲解相关的事实，以证实自己的说法，赢得听众的支持。那么，他所说的波斯国王派提萨弗涅斯率骑兵"护送"希腊雇佣军究竟是怎么回事？"万人军"在这里为何变成了6000人？他们是不是真的"击败"了所有亚细亚人的联合围攻？希腊人向内地的进军真的能证明波斯人的软弱无能吗？这些问题都必须加以澄清，但从伊索克拉底演说辞里似乎难以找到确切的答案。

---

1 伊索克拉底：《泛希腊集会辞》（*Panegyricus*），哈佛大学出版社，1991年，IV. 145—149。

据阿里安记载，公元前 333 年，在伊苏斯准备与波斯国王一决雌雄的马其顿国王亚历山大，在大战之前发表演讲以便鼓舞士气时，间接提到：

> 色诺芬和他那一万人，数量比他们现在少得多，威望比他们低得多，也没有骑兵，不论是彼奥提亚的、伯罗奔尼撒的、马其顿的，还是色雷斯的或其他的骑兵，一概没有，远远不如他们现在强；而且，色诺芬既无弓箭手又无投石手，只有少数克里特人和罗德斯人有弓箭和投石器，但这些只不过是色诺芬在陷入困境时仓促搜罗的。尽管如此，这一万人居然就在巴比伦城附近把波斯国王本人（**引者按：阿塔薛西斯二世**）和他的全部军队都击溃了；而且还在他们向黑海进军途中，把企图阻拦他们的那些部族都打垮了。[1]

从阿里安的有关叙述中可以看到，"万人军"长征在罗马时代也曾是激励西方人东侵的重要依据。后来，在罗马人向东方扩张时，卢库路斯、克拉苏、庞培等在与波斯人及亚洲其他民族的交锋中，常常把后者蔑称为"野蛮人"。公元 2 世纪，罗马帝国时代的希腊历史家阿里安、阿庇安在撰写其历史著作时，已经带有明显的民族偏见。阿里安写作《亚历山大远征记》，实际上是效仿色诺芬。[2] 他把色诺芬所记载的战事与亚历山大的业绩加以对比，不无感慨地指出：

---

1 阿里安（Arrian）:《亚历山大远征记》(*Anabasis of Alexander*)，哈佛大学出版社，1999 年，II. 7.8—9。
2 色诺芬和阿里安的著作名称相同，中译者把二者作了区分。

亚历山大的功绩（因无人记载）反而远远不如历代较渺小的事迹留传得广泛。不是吗？关于居鲁士（小居鲁士）率领一万人远征阿塔薛西斯的事，克利尔库斯以及与他同时被俘的战友们所受的痛苦，他们是怎样由色诺芬带领下到达海岸等等这些情况，幸亏色诺芬有书记载，因而都比亚历山大和他的功绩有名多了。但是，亚历山大却不只是跟着别人上战场，没有在大王面前逃跑，也不只是战胜了那些企图阻止他们向海岸进军的人。不论在希腊还是东方，还没有一个人有过这么多、这么惊人的业绩，在数量方面和伟大方面都是如此。我向读者申明，这就是我为什么动笔写这部历史的原因。[1]

时至近代，随着"地理大发现"和资本主义的发展，西方殖民主义者的侵略魔爪伸向亚洲、非洲和美洲各地。当西方学者站在自己的立场上重新审视古代西方人与东方人的关系史时，便颇有一种自豪感。英国学者弗朗西斯·培根在他的《崇学论》中如此谈论色诺芬：

这位年轻的学者、哲学家，在所有的首领于谈判中被背信弃义地杀害之后，率领这支陆上万人大军穿过广阔王土心脏地带，安全地从巴比伦回到希腊。此事震惊了世界，并鼓舞了后来希腊人入侵波斯王土。正如塞萨利人约森所拟议，斯巴达的亚偈西劳所企图的，马其顿的亚历山大所完成的大

---

1 阿里安：《亚历山大远征记》，I.12。

业，所有这些都是在这位年轻学者的行动感召下进行的。[1]

培根的说法颇能代表他那个时代欧洲人的观点。

同时，从色诺芬开始，希腊人及后世西方人一直对小居鲁士敬仰有加，溢美之辞不绝于书，称他礼贤下士，智谋过人，说他身先士卒，豁然大度。色诺芬认为，小居鲁士是"自先帝居鲁士以来最有王威、最有治世之才的波斯人"。[2] 总之，小居鲁士是令希腊人及后世西方人敬佩的波斯王子。这种观点的影响极其深远，直至当代。由原剑桥大学教授 J. B. 布瑞主持编写、后来由 R. 梅格斯博士主持修订的《希腊史》指出：

> 居鲁士之死，对于这群身处波斯心脏地带并且四面受敌的希腊人而言，不啻是一场直接的、毁灭性灾难。然而，对于希腊而言，却是意味着好运的意外降临……居鲁士是一位雄心勃勃、才能卓越的王子。关于他的才能，早在他接任总督期间已得到证明；在他组织的远征中因克服种种艰难险阻而得到印证；他独具慧眼，认识到希腊军人的价值，也说明了这一点。这样的君主统治波斯，波斯国家必将兴旺发达，并再次对欧洲希腊人的自由构成威胁……如果居鲁士真的登上王位，他的才能和政策必将危及爱琴海世界；希腊人将不大可能在随后数十年间把命运掌握在自己手里，而他们也确实未受到阿塔薛西斯的干预的影响。也许正是在库纳克萨战

---

1 培根（Francis Bacan）：《崇学论》(*The Advancement of Learning*)，I. 7.30，转引自色诺芬：《长征记》，哈佛大学出版社，1980年，英译者序言第12页。
2 色诺芬：《长征记》，I. 9. 1。

场上克利尔库斯顽固的愚蠢和他训练兵士的希腊式格言，使希腊得以避免沦为波斯的一个行省。[1]

这样看来，现代某些西方学者似乎仍为两千四百多年前那次战役中居鲁士被杀感到惋惜，因为他们的祖先色诺芬投靠的是一位至今仍令他们肃然起敬的政治家和军事家；同时，他们也为居鲁士之死颇感庆幸，因为如果居鲁士获胜，希腊人似乎就难以逃脱被征服、被奴役的命运。

在当今西方史学界以研究东方希腊人和波斯帝国史见长的J.M.库克在其所著《波斯帝国》一书中的看法与此相似，他认为阿塔薛西斯骑术不精，才能平庸，强调他"在巴比伦之北的库纳克萨战胜居鲁士丝毫不是由于他的韬略"。[2]

"洛布古典丛书"所收录的《长征记》的英译者C.L.布朗森，在其所作的序言中是这样评述这次远征行动的："万人希腊大军从萨尔迪斯进军到巴比伦门户，再由此回师到攸克星海的希腊沿岸，这是历史上一件极为重大的事件。轻而易举地击败比他们多好几倍的波斯军，尽管阿塔薛西斯全力阻截，他们仍得以安全回师。这向所有的人表明，这个煊赫一时、颇为人所畏惧的波斯大帝国是全然软弱无力的。希腊政治家和军事要员很快得到启发。"[3]

在这里，我们看得很清楚，在长达两千多年的西方学术传统中，参加长征的似乎就只有那一万多希腊人。他们在强大的波斯帝国境内，为所欲为，所向披靡；他们在东方大国境内，纵横驰骋，

---

1 布瑞、梅格斯：《希腊史》，第328—329页。

2 J. M. 库克（J. M. Cook）：《波斯帝国》（*The Persian Empire*），伦敦，1983年，第20、211—213页。

3 色诺芬：《长征记》，英译者序言第11—12页。

犹入无人之境。这位布朗森先生在序言中还援引其他欧美学者的看法，高度评价这支远征军，他认为"'万人军'长征向希腊人显示了波斯人的软弱"，"他们被名符其实地称为'行进的民主'，'游动的共和'，'深思熟虑而行动，一面战斗，一面表决，是一幅行动在亚细亚中央的雅典缩影'"。[1] 总之，某些西方人千百年来一直津津乐道的是他们从这个历史事件中似乎找到了西方人自古优于东方人的"根据"。

上述种种看法一脉相承，集中反映了历史上西方人对东方民族及其历史文化的偏见，其源头之一正是库纳克萨之战和"万人军"长征。然而，历史事实果真如此吗？库纳克萨之战真相如何？究竟谁是获胜者？提萨弗涅斯和亚洲诸民族是否"联合起来"，"全力阻止万人军"重返地中海？"万人军"是怎样"轻而易举地击溃"、"赶跑"波斯大军的？亲历长征全过程并且曾担任"万人军"指挥者的色诺芬所撰写的《长征记》是流传至今关于这次长征的最完整、最系统因而也是最重要的第一手史料。根据笔者近年来的研究和考察，长期流行的一些说法不仅背离基本历史事实，也与色诺芬等史家的记载不符。本文拟就相关问题作初步探讨。

二、库纳克萨之战的获胜者

2400 年来，在色诺芬以及某些西方人士的心目中，居鲁士是一位足智多谋、能征惯战的军事家；而他的对手阿塔薛西斯却是无勇无谋，他的军队一触即溃，不堪一击，在智谋方面更是难望其

---

1 色诺芬：《长征记》，英译者序言第 12—13 页。

弟之项背。实际上，这种说法是以曲解库纳克萨之战的真相为前提的。因此，我们不能不首先来考察库纳克萨之战的过程以及双方的具体表现。

居鲁士以讨伐小亚细亚的皮西狄亚人为借口命令辖区内各路兵马速往萨尔迪斯集结，随后便统帅这支由 10 万波斯军和 1.3 万希腊雇佣军组成的东征军，[1]直扑阿塔薛西斯二世所在地、波斯帝国的首都巴比伦。

居鲁士深知兵贵神速，力图以人数占弱势的军队，猛击对手的要害之处，以迫使阿塔薛西斯仓促应战。居鲁士知道其冒险行动必须秘密进行，并且自以为对手对他的行动全然不知。然而，他的军队尚未开拔，原小亚细亚总督提萨弗涅斯已经发现居鲁士起兵并非针对皮西狄亚人，而是别有用心。于是，他亲率 500 骑兵火速前往巴比伦，把这一紧急情况禀报阿塔薛西斯。后者立即着手筹谋对策，做好应战的准备。[2]

据色诺芬记载，居鲁士的军队一路上未遇任何抵抗，就顺利抵达波斯帝国的心脏地带——巴比伦尼亚省。由此继续进军，总是看到一支约 2000 骑的马队的行迹和新鲜的马粪。这支马队在行进中不断焚毁牧场、丢弃辎重。[3]居鲁士误以为这是国王的前锋部队临阵脱逃，不战自溃，于是下令加速前进。但那不过是阿塔薛西斯投出的诱饵罢了。

---

1 色诺芬：《长征记》，I. 2.9，7.10。有的学者认为双方兵力的实际数目要小得多，小居鲁士军队总人数约 2.8 万，阿塔薛西斯军队的总人数约 3 万多。J. B. 布瑞等主编：《剑桥古代史》，第 6 卷，第 7 页。而 R. 沃特尔德认为前者不超过 3 万，后者约为 4.5 万。R. 沃特菲尔德：《色诺芬的撤退：希腊、波斯和黄金时代的终结》，第 1—3 页。

2 色诺芬：《长征记》，I. 2.4—5，II. 3. 19。

3 色诺芬：《长征记》，I. 6.1。

在国王"饵兵"的引诱下，居鲁士大军急行三天，半夜里来到一块宽阔的平原上。他贸然断定国王天亮后就会率军前来迎战，便不顾疲劳，连夜对全军进行检阅，并且鼓励他们说："希腊的士兵们，我把你们带到这里来为我作战，不是因为我没有足够的波军，而是因为我相信你们比很多波斯人更勇敢、更精强，因此我将你们也带来。"[1] 黎明时，有几位据称是"叛离大王的人"来到居鲁士军中。居鲁士迫不及待地向他们询问王军的情况。据这些"逃兵"说，国王亲率40万大军[2]及200辆战车在此前不远处，挖一深壕，据守应战。居鲁士信以为真，命令全军整装待命，准备厮杀，并按惯例对全军将士作了战前动员。

居鲁士全速追击了半天，果然发现一道"战壕"（实为一未完工的沟渠）。他深信这是国王修筑的防御工事。可是，直到傍晚仍未见国王前来接战，相反，却又看到大量人马退却的痕迹，到处都是丢弃的辎重和杂物。居鲁士先后三次发布的作战命令，就这样无果而终，甚至连王军主力的影子都没见到。数月的行军加上连续十天的全速追击，使居鲁士全军上下怨声载道，士气低落，已成强弩之末。

从这里可以清楚看到，阿塔薛西斯二世对这场战争是做了充分准备的。他根据居鲁士年轻气盛、劳师远袭的特点，退避三舍，诱敌深入，挫敌锐气，长敌骄气，竭敌勇气。而居鲁士对此全然不知。他率军跨过战壕，未遇王军，仍未醒悟，反而以为对方临阵怯战，不敢交战。因此，他和部将们便一致认定国王已经放弃战意，

---

1 色诺芬：《长征记》，I. 7. 3—4。
2 普鲁塔克：《阿塔薛西斯传》，XIII. 2—3。这是克特西亚斯的说法。色诺芬《长征记》，I. 7. 10—13）说国王有120万大军，实际上有90万投入库纳克萨之战。这些数字大概都有所夸大。

士兵们懈怠不堪；居鲁士及其部下甚至以为战争已然结束。[1]

　　而当居鲁士的军队来到库纳克萨村时，情报突至，说王军准备前来交战。居鲁士军营顿时一片混乱，他们赶忙佩戴盔甲，排好阵形。希腊人居于右翼，中间和左翼由波斯军组成，居鲁士率600骑兵居于中央；在阿塔薛西斯方面，国王率6000骑兵居中，右翼乃其主力所在。阿塔薛西斯把军中较弱的部分置于与希军相对的左翼。战斗打响后，居鲁士方面的希腊人向前行进，而中军和左翼则坚守阵地。王军的左翼见希腊人上来，他们并不喊叫，队形整齐，缓步前迎。据色诺芬记载，"居鲁士以前召集希军说让他们要面对波军吼叫坚韧不动，这一点他错了；因为他们走近前来，并不喊叫，而是无声无响、极度寂静，步伐缓慢而匀整"。[2]小居鲁士在战略上和战术上根本未把对手放在眼里，这种轻敌冒进恰恰是他缺乏谋略的表现。两军相距约四五百米，这时王军一箭未发，便"败退"下去。希军紧追不舍，转眼间就双双消失在滚滚尘埃中。这显然是阿塔薛西斯的战术安排，而且王军临阵不乱，训练有素。居鲁士不知是计，没想到胜利来得是如此容易。他大喜过望，冲动之下他决定先发制人，直捣敌人中枢。于是，他不顾部将的劝告，率数百骑贸然直冲王军中央，[3]想亲手杀死他的兄长，结果反被国王的卫士刺中眼窝，一命呜呼。居鲁士既死，部下纷纷弃阵而逃。阿塔薛西斯的军队趁势掩杀过去，追至居鲁士大营，缴获大批辎重、粮

---

1 色诺芬：《长征记》，I. 7.19—8.3。
2 色诺芬：《长征记》，I. 8.11。
3 普鲁塔克：《阿塔薛西斯传》，VIII. 2—3。普鲁塔克认为小居鲁士此举"乃是一个极其严重的错误"。据色诺芬记载，居鲁士本来命令克利尔库斯突击王军中央，认为一旦得胜，即大功告成，但遭后者拒绝。这大概就是布瑞所说克利尔库斯之"顽固的愚蠢"的原因。

草、金钱和奴隶。[1] 至此，这场大战实际上胜负已决。阿塔薛西斯二世以 2 万人为代价，[2] 完胜小居鲁士 10 余万兵马。但是，那些还蒙在鼓里的万余希腊雇佣军以为他们杀退了王军主力，"击败了全部敌军"[3]，正准备与居鲁士"胜利会师"。然而，他们回头望去，漫山遍野尽是王军的旌旗，便追杀过去，对手迅速撤退，让他们扑了空。夜幕降临，希军不辨路途，不敢贸然追击，他们稍事休整并趁夜摸回大营觅食充饥，却发现大营早已是空空如也。翌日清晨，希军才得知昨日战况，终于多少悟出了队列整齐的王军右翼一箭未发便迅速撤退的原因。国王派使者前来告诉希军首领，说国王已获全胜并杀死居鲁士，命他们放下武器。希军生怕交出武器会招来杀身之祸，经过再三商量，认为由于缺乏给养，决不可能循原路返回，只有迅速地朝另一方向退却，才有望重返故土。随后，他们便踏上"撤退"之路。

从库纳克萨之战的全过程来看，波斯国王阿塔薛西斯二世在这场战役中表现出了杰出的军事才能。他的军队在实力明显占优势的情况下，经过数月备战，以逸待劳，使敌军思想麻痹、斗志丧失，从而一举歼敌。反观小居鲁士，虽来势凶猛，但劳师远袭、骄傲轻敌，以致决战时处处被动。居鲁士确实勇猛，但他过人的治军才能和胆识谋略，却一点也没显示出来。事实上，居鲁士备战工作很不充分，不了解对手的情况，不懂得骑兵在平原地带作战的优越性，远征从一开始就是失策的。[4] 更有甚者，直到交战时，居鲁士七零

---

1 色诺芬：《长征记》，I. 8. 24—10.3。
2 关于波方阵亡人数，克特西亚斯说，有人向国王禀报为 9000 人，但他本人认为阵亡者不下 2 万。普鲁塔克：《阿塔薛西斯传》，XIII. 2—3。
3 色诺芬：《长征记》，I. 10.4—5。
4 J.B. 布瑞等主编：《剑桥古代史》，第 6 卷，第 6 页。

八落的军队还在陆陆续续到达战场；他手下的将领，可以拒不执行他的命令；[1]作为全军主帅，他居然连本方口令都不知道。[2]如此看来，居鲁士最终兵败被杀，也就毫不足怪了。

事实已经很清楚：首先，小居鲁士刚愎自用，有勇无谋。这是稍有军事常识的人都可以看到的。其次，"万人军"只是居鲁士军队的一部分。他们明明是中计了，却始终以这次战役的"胜利者"自居。据色诺芬记载，有人居然专程向这些"战胜了波斯人的希腊军人致敬"。[3]

谁是库纳克萨之战的胜利者，已经无须多说。色诺芬等人之所以交口称赞小居鲁士，不过是因为他在战前动员会上给了这些希腊人一番鼓励和一些无法兑现的慷慨许诺。即便如此，希腊人似乎也对这位东方的雇主感激涕零了。

三、长征并非在波斯人的"护送"下完成的

"万人军"长征的全程，实际上可划分为三个阶段：第一阶段是他们跟随居鲁士进抵库纳克萨；第二阶段是由库纳克萨行至卡杜奇亚边境线；第三阶段，由此穿越独立的土著居民区来到拜占庭，接受斯巴达人的收编。

---

1 实际上已经有学者指出，希腊雇佣军首领拒不执行居鲁士的命令的说法，极有可能是后世作家如色诺芬等人的臆造，实际上是为居鲁士的明显失策作辩护的。因为按色诺芬的说法，既然居鲁士明知一旦攻下国王的中军，整个战役就结束了，那为什么他非要如此排兵布阵、不把战斗力最强的雇佣军对准敌阵中央的阿塔薛西斯及其最精锐的近卫军呢？J. B. 布瑞等主编：《剑桥古代史》，第6卷，第8页。
2 色诺芬：《长征记》，I. 8.16—17。
3 色诺芬：《长征记》，V .5.8。

现在我们来考察"万人军"是如何穿过波斯帝国腹地，完成这次长征的。当时，居鲁士被杀，给付薪饷的许诺化为泡影。这些希腊军人，身处异国他乡，好像一群无头之蝇，不知所措。关于他们的处境和心态，色诺芬写道："在将官们被抓起来而陪同的队长、士兵也被杀死之后，这些希腊人自然是非常困惑，无所适从。他们反复考虑：他们身处国王的门户；四面八方都是许多敌对的部族和城市；无人再为他们提供市场；他们远离希腊不下 1 万斯塔狄亚；没有向导引路；在回家乡的路上横断着无法渡过的河流；跟随居鲁士远征的波斯人也背弃出卖了他们；他们被困此地，连一个骑兵支持都没有；很显然，如果他们胜利，不能杀伤任何人，而如果战败则无一人得活。满怀这些顾虑，他们精神沮丧，晚上大都食未沾唇，无心生火，夜间也未返回营地而是就地躺卧，不能入睡。他们在悲伤、想念他们的故土和父母妻子，认为再也不能见到他们了。"[1]

在阿塔薛西斯取得决定性胜利之后，依然可以看到这位君王过人的智慧和谋略。他首先派使者劝希腊人投降。但希腊人一则认为如放下武器，只有任人宰割，别无选择，二则认为"放下武器的不应是我们胜利者"，所以断然拒绝这一要求。随后，提萨弗涅斯又借机把希腊雇佣军的 5 位将官和 20 名队长引到波斯军营，然后趁其不备将他们悉数杀死。看来，波斯统治者首先是设法让这些希腊人主动放弃抵抗。而当这些手段都难以奏效时，波方的策略就是尽量不与希腊人直接交战，也不让他们在波斯的领土上滞留，尽快把他们赶出波斯帝国境域。据色诺芬记载，在希腊人的撤退过程中，波军分成两部，提萨弗涅斯派部将米特拉达特率 5000 骑在前，常

---

1 色诺芬：《长征记》，II. 4.6，III. 1.1—3。

常回首射杀希军，引得希军追击，实际是起"向导"作用；他亲自统率主力部队在后尾随，并且不断远距离施射，袭扰希军，使希腊人不敢滞留。同时，波军还常常派人到希腊军中拉拢游说，一些希腊士兵夜间逃离军营。总之，波斯统治者对这些希军所采取的总的策略是：即使和平收编不成，也要尽力避免与他们正面接战。[1]这大概就是伊索克拉底所说的波斯国王派大批人马"护送"希腊军队出境的史实原型。

从色诺芬的记载来看，"万人军"在撤退途中，他们对于波军的这种意图实际上已经有所察觉。首先，他们在途经一个给养丰富、易守难攻的区域时，波军生怕希军盘踞此地，为害一方，便派人谎称"波军会在夜间袭击他们"，并且要希军提高警惕，以防止波军夜间拆掉底格里斯河上的桥。希军稍加分析，便得出结论：波军此举"怕的是希军会毁掉桥梁，据守大河与水道之间的地带防卫呆下去"；果真如此，则希腊人可从那里"得到给养，而且这个地点也能成为任何想要为害国王的人的避难处所"。这说明波斯人是不肯让希腊人滞留于波斯帝国境内的。其次，波军用"前引后逐"的方法，把希军挤出波斯帝国境外，刚到边境线上，波军便烧毁村庄，明示此地已经处于波斯帝国境域以外。他们不再出击，只是遥望希军的动向，随后，便很快不见踪影了。此外，"万人军"自己承认，在他们撤退过程中，最顺利的一段路程恰恰是在波斯帝国境内。他们在费了九牛二虎之力通过卡杜奇亚地区后，觉得"在他们经过卡杜奇亚人土地行军的这七天中，他们总在不断战斗，所受的罪比波斯国王和提萨弗涅斯所招致的全部加在一起还

---

[1] 色诺芬：《长征记》，II. 1.2—23，II. 5.24—6.3，III. 3.5，III. 4.2—18。

要多"。[1]

　　值得注意的是，刚刚走出波斯帝国的"万人军"进退维谷。据色诺芬记载，希军把捉到的俘虏集中到一起询问，得知周边地区的情况如下：往南的路通往巴比伦和米底；往东去的路通往波斯帝国的陪都苏萨和埃克巴坦那；过河往西是通往吕底亚和伊奥尼亚的路；通过山地往北的路通向卡杜奇亚人居住区。[2] 而"万人军"的选择似乎只能是北上。

　　由此可以看到，"万人军"就是这样被波斯人"护送"出境的。此后他们不得不通过卡杜奇亚人、卡吕比亚人、马克罗尼亚人、科提亚人等民族居住地，这些民族有的曾依附于波斯人，有的则从未成为波斯的属民，有的曾重创波斯入侵者。希腊人要想通过此地，就不得不与之殊死拼杀。看来，阿塔薛西斯二世采取的是"借刀杀人"的谋略。色诺芬指出，在希腊人的殖民城市塞拉苏斯清点军队时，总共有 8600 人，而这支军队在库纳克萨交战前总数为1.29 万人。这就是说，希腊人在这期间损失 4300 人。在长征的第二阶段，由于波希双方鲜有交战，因而"万人军"中除 340 名士兵投奔波斯国王[3]、约 200 名士兵及其将官被诱杀以外，被波军杀死的数目显然是很有限的。据此我们认为"万人军"在出波斯帝国边境时，人数应为 1.1—1.2 万人；[4] 等到他们接受斯巴达人收编时，却仅有 6000 人。[5] 这就是说，希腊人在整个长征途中的人员损失，基本上都不是在波斯帝国境内造成的。在公元前 5 世纪末希腊世界战火

1 色诺芬：《长征记》，II. 4.13, 24，III. 5.3—6，IV. 3.2—3。
2 色诺芬：《长征记》，III. 5.14—16。
3 色诺芬：《长征记》，V. 3.3, I. 7.10—11，II. 2.7—8。
4 J.B. 布瑞等主编：《剑桥古代史》，第 6 卷，第 14—17 页。
5 色诺芬：《长征记》，VII. 7. 23，V. 3.3, 2. 3—4。

洗礼中成长起来的这些职业军人，面对一盘散沙、各自为战的土著居民时，似乎多少显示出一点优势，但他们付出的代价却是相当惨重的。

通过对库纳克萨之战和"万人军"长征全过程的考察，可以得出如下几点认识。第一，色诺芬所述库纳克萨之战和"万人军"长征的基本史实是真实可信的，但对小居鲁士个人才德的描述则明显言过其实。希腊人与波斯人长期交恶，色诺芬当年毕竟是替希腊人的世仇波斯人卖命的，色诺芬在写作中做如此处理，也许是出于为自己及其同伴们的行为辩护的需要。第二，所谓波斯国王的军队被希军"赶跑"，然后国王又派兵"护送"希军出境看似言之凿凿，其实完全是某些希腊人自欺欺人的捏造，这绝不能说明波斯人软弱，更不能说明东方其他民族无能。第三，伊索克拉底所说的"6000人"是指希腊军队长征之后返回的人数，他强调"6000人"而不是实际的1.3万人，旨在强调波斯人的软弱，同时也在夸大希军的战斗力，因为他们到波斯帝国境内纵横驰骋一年多居然悉数安全返回。这种看法明显与史实不符。第四，近代以来，某些西方学者从古代作家那里继承、吸收了他们对波斯人以及东方其他民族某些偏见，陈陈相因，以讹传讹。于是，库纳克萨之战和"万人军"长征的真相就这样一直被掩盖、一再被曲解。具有讽刺意味的是，直到20世纪，许多西方人还在为当年小居鲁士被杀扼腕叹息，也为他未能入主波斯感到庆幸。其实，关于长征的整个行程，色诺芬的记载已经非常清楚了；关于库纳克萨之战，除色诺芬的粗略记载以外，普鲁塔克在《阿塔薛西斯传》中援引色诺芬，特别是这场战役的目击者克特西亚斯等人所提供的资料，对波斯方面的情况的记载尤为翔实可靠。任何不怀偏见的人只要读过《阿塔薛西斯传》就不难发现，在普鲁塔克的笔下，这位波斯国王多谋善断，远非其弟所能比；同时普鲁塔克明确指出"居鲁士鲁莽地突入敌阵中央乃是一严重的错误"[1]。这样的评价虽然更近乎历史事实，但它也许是某些学者不愿意接受的，为《长征记》作序的布朗森先生对普鲁塔克的记载只字不提，似乎多少印证了这一点。事实上，小居鲁士和阿塔薛西斯原本是一根滕上的两个瓜，他们同为波斯王子，而2400多年来却总有学者对这对同胞兄弟持如此鲜明的褒贬观，这确实是一个值得反思的问题。[2]

原载《世界历史》2008年第5期；

中国人民大学书报资料中心《世界史》2009年第2期全文转载

---

1 普鲁塔克：《阿塔薛西斯传》，VIII. 3。

2 顺便说一下，与1984年版的《剑桥古代史》不同，1994年 D. M. 刘易斯等主编的《剑桥古代史》(*The Cambridge Ancient History*) 第6卷对库纳克萨之战轻描淡写，而对公元前4世纪波斯帝国的国家结构、政治制度进行了较多的论述。作者明确承认，在研究公元前4世纪的近东历史时，在某种程度上依然很难摆脱传统的"希腊中心论"的影响，而对波斯的政治和历史有误解之处（第45—49页）。不过，西方学术界的这种状况，正随着有关问题研究的不断深入，而逐步得以改变。如 P. 卡特里奇（P. Cartledge）：《亚偈西劳与斯巴达的危机》(*Agesilaos and the Crisis of Sparta*)，伦敦，1987年，第185页。

　　　　　　　　　　　　　　　　　　　多彩的雅典娜

27 和约还是敕令

——对色诺芬《希腊史》中所谓"大王和约"实质与译名的几点思考*

> 当提里巴佐斯向那些渴求聆听波斯国王下达的和平敕令者发出命令后，各邦的使者都迅速前来。他们集合起来之后，提里巴佐斯向他们展示了波斯国王的封条，然后拆封，诵读其中内容。
>
> ——色诺芬《希腊史》V. i. 30

公元前 387 年，希腊诸邦在对内争霸战争中耗费得精疲力竭，对外又相继被波斯帝国及其盟友打败。此时各邦皆有强烈的和平期许。经斯巴达人安塔基达斯斡旋，波斯国王出于对自身利益的考量，决定派人前往希腊，宣布爱琴海地区的和平，此为"ἣν βασιλεὺς εἰρήνην καταπέμποι"，国内外学者一般将其译为"大王和约"（King's Peace）。然而，经过对希腊人对邦际契约观念的归整、对条约订立的背景、内容及后果的考察，笔者认为"大王和约"的译名与历史现实不符，似应译为"大王和平敕令"或按西方习惯译

---

* 本文为 2009 年度教育部后期资助一般项目《译注色诺芬〈希腊史〉》（09JHQ024）阶段性研究成果。

为"安塔基达斯条约"为妥。

一、古希腊人对邦际条约及和平条约的看法

要理解古典希腊城邦对外关系，就不能不正确分析希腊与波斯的关系。对希腊城邦来说处理与波斯帝国的关系无疑举足轻重。然而目前研究中存在着两种倾向：其一，反复运用一些诸如"遏制政策""意识形态""国家利益""霸权政策""帝国主义政策""软利益"及"硬利益"等现代国际关系的术语考察古典时代邦际关系；[1]其二，曲解波斯帝国国事的重心，认为国王所制订的帝国战略策略主要围绕希腊城邦而展开。[2]这些倾向很容易滑入古史现代化或地区中心论的误区。

事实上，从最广义的概念上讲，国际关系就是跨国界的交往关系。国际关系的形成是以国家存在为前提的，国家是国际关系最主要的行为主体。但从本质而言，现代意义的民族国家异于古代的城邦。马克思主义国家观认为，国家是阶级矛盾不可调和的产物，是统治阶级维护自己的统治地位、实现自己的阶级利益的工具；但希腊城邦最本质的特征是一个以公民集体为核心的政治、经济与文化体系。由于受经济发展状况、交通条件等诸因素的制约，古代社

1　如陈文兵：《古希腊国际体系中的城邦反霸同盟外交》，《东北师大学报》1999年第5期；黎海波：《古希腊城邦争霸战期间波斯遏制政策的主导因素》，《湖北广播电视大学学报》2003年第3期。
2　如库克认为，"或许希腊人就是这扇吱吱作响的门晃动（指波斯帝国）的关键原因"（J. M. Cook, *The Persian Empire*, London: Dent, 1983, p. 218）。国内学者似乎也有这样的倾向，如刘洪采、张晔：《"五十年时期"雅典对外政策的变化》，《唐都学刊》2005年第3期。

会并无真正现代意义上的国际关系，更无从谈意识形态、国家利益。[1] 当然，我们也不能用历史虚无主义的观点看待古代国际关系问题，因为谁也不能否认古代社会确实存在着邦际间、不同民族和种族间的接触和交往。[2] "国际法的原则和宗旨是由人制定的，不同时期的人会制定不同形式的国际法，产生内容各异的国际关系。"[3] 因此，我们不能从结局出发"反观"历史，盲目将现代国际关系的术语、方法和理论当作放之四海皆准的绝对真理运用于古代社会的"国际关系"或邦际关系的研究中。而应当站在当时人、当时事的立场上，顺着历史事件发展方向"前观"历史，运用历史的方法，将这种关系还原到当时历史背景中，在深入分析批判原始材料的基础上，正确认识古代"国际关系"或邦际关系。我们认为，对于古代社会的国际关系和国际准则，应当尽量用古人自己的认识和看法来加以解释和说明。[4]

其实，对于我们所讨论的主题——城邦间缔结的邦际条约，古代希腊人有着清醒认识。随着城邦间交往的频繁和邦际关系的复杂化，古希腊文献和铭文中出现了丰富的用以描述邦际间协定、

---

1 学者们普遍认为，最早的现代意义的国际关系条约是《威斯特伐利亚条约》。参阅 C. Phillipson, *The International Law and Custom of Ancient Greece and Rome*, Vol. I, London: Macmillan and Co., 1911, p28；李爱华：《马克思主义国际关系理论》，北京：人民出版社，2006 年，第 91 页；Y. Dinstein, "International Law as a Primitive Legal System," *New York University Journal of International Law and Politics*, Vol.19 (1985). 如果说古希腊存在一定意义上的"国际关系"，如"外侨招待制度"（Proxenia）、"等权协定"（Isopoliteia）及"商业条约"（Symbolon），也最多只能算作"国际关系"的萌芽。

2 所以也不乏学者赞成古代社会萌生了一定形式的国际关系意识的观点。如 D. J. Bederman, "International Law in the Ancient World," *Emory Public Law Research Paper* No. 08-32, available at SSRN: http://ssrn.com/abstract=1092442.

3 Polly Low, *Interstate Relations in Classical Greece*, Cambridge: Cambridge University Press, 2007, p. 126.

4 Polly Low, *Interstate Relations in Classical Greece*, pp. 126-128.

契约、条约含义的词汇。为方便下面讨论，将相关词汇大体归整如下。[1]

词汇	意义及出处	备注
συνθήκη	协定、契约、条约的通称（Thuc. V. 31）	复数形式常表示协议具体条款，在诗作中与 σύνθεσις 或 συνθεσίαι 同义
συμμαχία	比 συνθήκη 一词程度稍轻，有时也指对某一和平条约部分的补充条款	
ὁμολογία	因战败投降而订立的条约（Hdt. VII. 156; VIII. 52; Thuc.VI. 10）	
διαλλαγή	休战协定，指停止敌对状态，达成和解的条款（Hdt. I. 22; Aristoph. *Ach.* 989）	
σύνταξις	契约、和约（Dem. XXIV. 37）	
εἰρήνη	严格意义上的和平条约（Andoc. *De pace*, 8. 17）	相当于拉丁语的 *pax*
διαλύσεις	和平条约，但尤其指停止城邦内部纷争，达成城邦内公民不同派别的和解（Dem. XXI. 119）	一般地说，其中应包括宣布赦免（ἀμνηστία）的条款

---

1 对古希腊邦际条约不同形式及意义主要参考 C. Phillipson, *The International Law and Custom of Ancient Greece and Rome*, Vol. I, pp. 375–378。

ἐκεχειρία	暂时休战，或指正式休战协定的预备文本（Thuc. IV. 58, 117; V. 26, 32; Xen. *Hel.* IV. ii. 16）	同义词是 ἀνοχαί
σπονδαί	正式的休战协定，也可用于指因奥运会或其他邦际的或泛希腊的运动会而达成的休战	如奥林匹克休战协定 αἱ Ὀλωμπικαί σπονδαί（Thuc. V. 49），近义词 συμμαχία
ἰσοπολιτεία	两个或多个城邦在对等或相对平等条件下签订的相互享有公民权的协定（*Inscrip. Graec.* ii. P.410; Polyb. xvi. 26）	类似于拉丁语的 *foedus*
συμπολιτεία	同盟各邦公民相互享有公民权的条约（Polyb. ii. 41. 12; iii. 5. 6）	
συμμαχία	攻守同盟条约（Hdt. v. 63, 73）	
ἐπιμαχία	以防守为目的的军事同盟条约（Thuc.i.44）	
σύμβολα	各邦为保护相互间商业而缔结的邦际条约	为协调相互间的商贸关系，缔结各方会建立中立的陪审法庭处理相互间的贸易纠纷
σύμβολαν	协定或条约	σύμβολα 的单数形式

　　从上表不难看出，古希腊邦际间订立的条约类别繁多，说法各异。既有对协定、契约、条约总称的词汇，如"συνθήκη""σύμβολαν""σύνταξις"等，也有专指条约具体条文的名词，如"συμμαχία"；邦际间订立的条约既有出于商业目的（σύμβολα）、

政治目的（ἰσοπολιτεία, συμπολιτεία），也有出于军事目的；即便出于军事目的所订立的条约，也是各有差异：有结盟的条约（συμμαχία, ἐπιμαχία），有停战的条约；单就停战缔结的和约，就有暂时的休战和约（διαλλαγή）、因战败而被迫停战的投降条约（ὁμολογία）、严格意义上的和平条约（εἰρήνη）及因神圣竞技运动会而休战的和平条约（σπονδαί）等。

即便是战争结束后城邦间达成的条约存在着重大的差异，公元前4初雅典著名演说家安多基德斯（Andocides）对此进行了区分。他说：[1]

> 和约与休战协定之间存在巨大差异。和约是基于平等条件为解决双方分歧而订立的；而休战协定是征服者在取得战争胜利后强加给被征服者的命令之辞，恰如斯巴达在击败我们（雅典）后强加给我们的休战协定一样，命令我们毁弃长城、放弃舰队、招回被放逐者。

对于和平条约与敕令的差异，伊索克拉底[2]也进行过比较：

> 和约是一种对双方都平等而又公平的条文，而敕令则是一种违反正义而使对方处于不利地位的命令。

---

1 Andocides, *De pace*, 11, in *Minor Attic Orators*, Vol. 1, trans. by K . Maidment, Harvard, MA: Harvard University Press, 1968, p. 512. 该文的部分内容（§3—12）几乎原封不动地出现于 Aeshin. II. 172—176 中。
2 Isoc.4. 176. 译文参照罗念生编译：《希腊罗马散文选》，长沙：湖南人民出版社，1985年，第97页。

演说家通常以打动和说服观众为目的，因此他们在演说中往往会有意对相关内容夸大或缩小、曲解或附会，难免与现实不尽相符，其真实性值得怀疑。但不可否认，希腊人对于不同类型的条约有着清醒认识，即和平条约异于休战协定，和平条约是缔约各方在相对公平、平等条件下签订的，如果其中一方实力占据绝对优势，就不可能达成真正的和平条约，而只能是休战协定，或者勿宁说是胜者对战败者颁布的敕令。

二、史料及研究视角

要考察该条约是和平条约、休战协定还是和平敕令，当然不能脱离历史现实，而应在分析史料的基础上，将其还原到公元前4世纪前期希腊及波斯的历史背景中。

公元前4世纪的希腊政治军事历史研究缺乏完全确信无疑的史料。[1]在此情况下，就不能不对史料的主要载体，即色诺芬和狄奥多拉斯作品所传信息的价值进行正确的分析评价。[2]众所周知，色诺芬的作品中表现出明显的亲斯巴达倾向，每当事实有利于斯巴达时，他会极力渲染；而对不利于斯巴达的事实一笔带过甚至有意隐瞒；[3]狄奥多拉斯是一位史料编撰者而非优秀的史家。运用史料时他

---

1 S. Hornblower, "Sources and their Use," in *Cambridge Ancient History*, Vol. VI, Cambridge: Cambridge university press, 1994, p. 1.

2 R. M. Kallet-Mark, "Athens, Thebes, and the Foundation of the Second Athenian League," *Classical Antiquity*, 4 (1985), p. 128.

3 H. R. Breitenbach, "Xenophon," in *Paulys Realencycolpaedie der classicschen Alterumswissenshaft*, 2. Reihe 18. Halbbd., Stugart 1967, 1698–1700; G. Cawkwell, "Agesiaos and Sparta," *Classical Quarterly*, New Series, Vol. 26 (1976), pp. 64–66. 刘家和、廖学盛：《世界古代（转下页）

比较草率，年代、史实的错误不时发生，芬利在谈及时认为其作品不过是"剪刀加浆糊拼成的一部通史，没有多少价值"[1]。笔者认为，对于两位史家所提供的材料，我们既不能简单弃之不用，也不能毫无批判地直接引用。作为历史学家，色诺芬的作品绝非完全如芬利所说的那样："不可信、偏向性强、满是谎言、乏味、不能反映更广阔的问题。"[2]关于军事史材料，尤其是与斯巴达有关的军事行动，其作品的权威性不容置疑。[3]尽管狄奥多拉斯不能称为一位优秀的历史学家，但《历史丛书》的价值在于辑录了大量业已失传的古代作家的研究成果，[4]特别是公元前4世纪的部分史料，更是其他史料无法替代的。因为范围更加广泛，《历史丛书》为我们保存和提供了若干色诺芬作品中缺乏的材料，并且可以相互佐证。

　　研究希波关系不能回避对波斯帝国对外政策的客观评价。但是正如刘易斯讥讽的那样："对希腊人和希腊史研究者而言，他们想当然地认为除了爱琴海地区的问题外，波斯大王及其下属什么也不

（接上页）文明史研究导论》，北京：高等教育出版社，2001年，第190页。值得注意的是，也有学者对色诺芬所谓的"偏向性"进行辩护。霍恩布鲁尔认为任何史家撰史时都无法完全跳出个人的喜好，对色诺芬我们也不能求全责备。S. Hornblower, "Sources and their Use," pp. 4-5. 其实当斯巴达的行为有违色诺芬道德观念时，他也会进行毫不留情地严厉批判。例如他批评斯巴达对底比斯卫城的行为违背了天条，受到天谴遭受失败是必然结果。分别参见色诺芬：《希腊史》，V. iv. 1，VI. iv. 3。

1 M. I. Finley, *The Greek Historians*, New York: The Viking Press, 1959, p. 16.

2 M. I. Finley, *The Greek Historians*, p. 14.

3 例如加里就认为："狄奥多拉斯所记载的是政治史而非军事史"。V. J. Gary, "The Years 375 to 371 BC: A Case Study in the Reliability of Diodoros Siculus and Xenephon," *Classical Quarterly*, New Series, Vol. 30 (1980), pp. 306-326. 色诺芬对西方古典史学的贡献，可参阅徐松岩：《色诺芬史学二题》，《史学史研究》2011年第1期。

4 一般认为狄奥多拉斯对此时段的历史记述主要取材于厄弗鲁斯和提迈乌斯的作品。参阅 S. Hornblower, "Sources and their Uses," pp. 9-11; 但德鲁斯认为狄奥多拉斯也有自己的观点和判断。R. Drews, "Diodoros and his Sources", *The American Journal of Philology*, Vol. 83 (1962), pp. 383-392.

去考虑。"[1]不少研究者因获取资料的片面性所致，曲解波斯帝国统治的重心，认为帝国的对外关系仅需针对希腊诸邦即可。[2]其实波斯是一个幅员辽阔的庞大帝国。对波斯国王而言，爱琴海地区只是远离统治中心、贫穷狭小的弹丸之地，其重要性与苏撒、巴克特里亚、巴比伦、米底不可同日而语，其地位甚至不及兴都库什地区。只有当此地的争端危及帝国全局统治时，譬如小居鲁士的叛乱，国王才会给予认真考虑。公元前4世纪初，不管爱琴海地区的战争多么激烈，对帝国生存而言，其重要性绝不会超过上述地区。有证据表明，即便对主管达斯克里昂和萨尔狄斯二省区的总督而言，对希腊的政策也并非他们唯一需要关注的问题，他们还得花大力气来处理安那陀利亚地区那些富于反抗精神的民族。因此研究该问题时，我们应根除上述固有的错误观点，将波斯大王及各省区总督看作是理性的统治者，他们制定对希腊政策时也应以实现帝国全局利益为出发点。

三、非和平条约的依据

基于上述原则，下面将从条约订立的背景、内容及成效进行分析和讨论，以期能得到更符合历史现实的合理推断。

---

1 D. W. Lewis, "The Phoenician Fleet in 411", *Historia,* Vol. 7 (1958), p. 397. 卡特里奇也提出过类似的批评，参阅 P. Cartledge, *Agesilaos and the Crisis of Sparta*, London: Gerald Duckworth & Co., 1987, p. 185。
2 对公元前4世纪波斯关系研究中的"希腊中心主义观"的批判，参阅 S. Hornblower, "Persia," in in *Cambridge Ancient History*, VI, pp. 45-46。

（一）条约订立的背景

就订立条约的背景而言，"ἦν βασιλεὺς εἰρήνην καταπέμποι" 不应称为"和平条约"。从波斯的角度看，公元前 412—前 386 年，尽管不同时段不同执行者在实施细节上略有差异，但总体上帝国对希腊政策是一致的。[1] 其一，领土方面，波斯坚持对小亚细亚沿海地区的所有权，这是其底线；此外，波斯也希望控制爱琴海诸岛，但必要时也并非不可让步。其二，从维系帝国稳定的角度出发，帝国希望从希腊招募数量充足、战斗力强的雇佣军，以镇压帝国内部的各种反叛。自公元前 5 世纪中叶以来，波斯帝国各省区叛乱不断。[2] 至迟自公元前 5 世纪末开始，希腊人成为波斯雇佣军中的重要组成部分。除著名的万人长征军外，狄奥多拉斯的材料中也不乏这样的事实。例如，公元前 392 年波斯国王派兵镇压埃及叛乱。雅典著名将军伊菲格拉特带领 2 万雇佣兵随军征讨。[3] 其三，与其他古代帝国处理边界问题相似，波斯希望在希腊地区拥有一个强有力的同盟者，该同盟者能维持边界的长期稳定，至少不会在希腊城邦中挑起反波斯的不满情绪。

希腊诸邦中，斯巴达和雅典两个城邦大体主导着希波关系的

---

1 A. G. Keen, R. Hollowway, "Persian policy in the Aegean, 412-386," *Journal of Ancient Civilizations*, VOL. XIII (1998), p. 93, p. 108.

2 在帝国中心地带，米底亚人发动了暴动，公元前 407 年波斯才把暴动镇压下去；对米底人的战斗刚结束，波斯人又发动了镇压卡多西奥伊暴动的战争。（I. ii. 19）在小亚细亚的米西亚人和庇西狄亚人反抗波斯人的运动一直在进行之中。（III. i. 13）波斯帝国内其他反叛还可参阅 Augustus William Ahl, *Outline of Persian History Based on the Cuneiform Inscriptions*, New York: Lemcke and Buechner, 1922, pp. 96-98；David M. Lewis, *Sparta and Persia*, Leiden: Brill, 1977, pp. 71-76, 79-82。

3 Diodorus, XV. 5, In Diodorus of Sicily, *Books XIV-XV. 19*, Cambridge, MA. and London: Harvard University Press, 1954, pp. 336-339.

走向。然而，出于获取爱琴海地区霸权的需要，[1]自公元前400年来，斯巴达在小亚细亚发起了一系列针对波斯的战争，直接威胁着波斯帝国的西部疆域。(III. i. 4；Diod. XIV. xxxvi. 1) 为此阿塔薛西斯二世派遣罗德斯人提摩克拉特携款前往希腊，鼓动各城邦反对斯巴达。波斯人的企图最终得逞。公元前394年，在波斯暗中援助下(IV. viii. 10)，以雅典、科林斯、底比斯为首发动了针对斯巴达的科林斯战争。斯巴达被迫从小亚细亚撤军。波斯边患得以解除，在领土方面最基本的要求，即拥有对小亚细亚控制权，大体也得以满足。经克尼多斯海战，斯巴达的海上霸权至此终结。因为斯巴达维系海上霸权是以波斯金钱支持为后盾，一旦波斯不再支持，一经重创，则几无恢复的可能。[2]尽管自公元前391年，斯巴达再次派兵前往小亚细亚与波斯作战，但当时斯巴达的处境非常恶劣，伯罗奔尼撒半岛遭到雅典海军封锁，爱琴海中的重要据点和科林斯地峡的控制权相继丧失。长年的两线作战使斯巴达实力耗尽。希腊世界中能对波斯利益构成威胁的主要力量之一——斯巴达最终被波斯帝国及受其控制力量击败。

当斯巴达实力消耗殆尽时，雅典实力逐步恢复。在波斯金钱支助下，雅典击溃斯巴达舰队，重修长城，恢复比雷埃夫斯港的繁荣，与色雷斯、拜占庭结盟(IV. viii. 26—31)。[3]对波斯而言，雅典强大是不能容忍的。所以，削弱雅典，迫使其接受和平，成为当务

---

1 基恩认为，任何希腊城邦能否成为盟主取决于它保护其他城邦免受波斯侵略威胁的能力。当小亚细亚希腊城邦请求斯巴达帮助时，如果斯巴达坐视不理，它将无法取信于其他城邦。A. G. Keen, "Persian policy in the Aegean," p. 105.

2 斯塔尔正确地指出，克尼多斯的胜利并非雅典的胜利，而是波斯人的胜利。C. Starr, "Greeks and Persians in the Fourth Century B.C," *Iranica Antiqua,* Vol. 11(1975), p. 64.

3 此外也与开俄斯和克拉左门奈结盟。P. J. Rhodes & R. Osborne, *Greek Historical Inscriptions 404–323 B. C,* Oxford: Oxford University Press, 2003, pp. 76–87.

之急。此时波斯利用斯巴达急于求和的愿望，以武力胁迫雅典接受波斯提出的条约。雅典恢复帝国的梦想付出了沉重代价。科浓和特拉叙布鲁斯二位得力战将相继战死，城邦财力难以继续支撑长期的争霸战争。在波斯大将提拉巴佐斯金钱支持下，自公元前389年起，斯巴达长期在厄吉那的驻军偷袭雅典过往商船和运粮船（V. i. 1—24）。公元前388年，安塔基达斯在赫勒斯滂截断雅典粮道。因担心再次出现公元前405年羊河战役失败后的悲惨境遇，雅典被迫接受和平。上述史料充分证明，对雅典而言，在条约签订过程中，她几乎没有任何发言权。因为此前斯巴达已经在苏撒与波斯达成了协议：如果雅典人及其同盟者拒绝接受波斯国王亲自下达的和平敕令，国王将和拉栖代梦人结盟。（V. i. 25）因此不难解释条约缔结的时间是在雅典粮道被截之后。斯巴达对雅典的打击是在波斯授意和支持下协同进行的（V. i. 28），雅典也是在遭受沉重打击后被迫接受条约的。对此，色诺芬进行了生动的描述：

> 雅典人看到敌舰如此之多，害怕自己的舰队会像以前那样全军覆没，而今波斯国王又与拉栖代梦人结盟，他们还受到来自厄吉那私掠船的袭扰。鉴于以上种种原因，雅典人非常渴望达成和平。

迫于波斯和斯巴达的压力，眼见雅典让步，希腊其他城邦也只能竞相效尤。色诺芬写道：

> 拉栖代梦人在列凯昂和奥科门努斯各派驻一支军队，严密监视他们的盟邦——对于他们所信任的那些盟邦，防止双方的关系遭到破坏；对于那些不信任的盟邦，防止他们叛

离——再加上在科林斯周边地区所引发的麻烦和动乱，已经使拉栖代梦人疲于应付、无心再战了。至于阿尔哥斯人，他们在得知拉栖代梦人对其颁布禁令、圣月停战请求完全无效的情况下，也非常渴望和平。

面对如此境况，安塔基达斯前往波斯帝国首都苏撒，接受了波斯大王关于爱琴海地区的和平敕令。其实此前（公元前4世纪初）斯巴达还曾与波斯订立了两次条约。公元前396年，因波斯驻军缺乏军费，等待国王援军的到来，提萨法尼斯与阿格西劳斯订立了第一次停战协定。（III. iv. 6）公元前392年，安塔基达斯与提里巴佐斯再一次订立约，然而，因认为斯巴达人仍有实力，对帝国仍是巨大威胁，波斯国王阿塔薛西斯并未认可和批准。（IV. viii. 14—17）

前面的分析证明，希腊各邦在条约订立过程中相当被动，毫无平等可言。一方面希腊城邦是波斯帝国及其同盟者的战败者，另一方面波斯帝国是条约唯一的拟订者和提出者。"斯巴达不过是波斯在希腊世界霸权的鹰犬。"[1]

但波斯为何会选择斯巴达为其在希腊地区利益的执行者？原因大致有四。其一，自公元前6世纪末以来，小亚细亚希腊城邦长期与雅典结盟。雅典是一个海洋霸国，而斯巴达是个陆上强国，正如修昔底德所分析的，对波斯而言，雅典获得该地区的控制权带来的威胁更大（Thuc. VIII. 5）。此时正在复兴的雅典帝国显然不利于波斯在希腊地区战略目标的实现。一方面，雅典人急需控制赫勒斯滂海峡以保证粮食供应，但该地区包括了波斯觊觎已久的希腊城邦，如卡尔客顿、基济库斯等；另一方面，此前，特拉叙布洛斯曾带领

---

[1] 塞尔格叶夫：《古希腊史》，第375页。

一支队伍前往小亚细亚沿岸各城邦征税，这支队伍甚至深入至小亚细亚内陆的阿斯彭多（IV. viii. 30）。其二，雅典长期支持波斯省区总督叛乱。从公元前4世纪90年代以来，雅典就曾积极支持塞浦路斯攸阿哥拉斯王和埃及总督叛离波斯的战争（IV. viii. 24）。其三，斯巴达人英勇善战，是波斯大王最理想的雇佣军。其四，伯罗奔尼撒战争期间波斯与斯巴达有过较密切的合作。因此对阿塔薛西斯而言，斯巴达是实现波斯战略较为现实的合作者。

总之，从条约订立的背景看，希腊城邦与波斯并无平等的身份，波斯是具体条款的唯一制定者，它通过武力胁迫希腊各城邦接受协议。希腊城邦只是条约的被动接受者。对此普鲁塔克有着清醒的认识。他是这样评论当时境况的："当剥夺了拉栖代梦人制海权，将全希腊置于自己的掌控后，他（阿塔薛西斯）按自己的条件颁布了和平，即臭名昭著的安塔基达斯条约。"[1]

（二）条约内容

其次，就条约具体内容而言，它也不是"和平条约"。下面将结合学界一致认可的古代世界真正意义上的"和平条约"——《卡叠什和约》（也称《银版条约》）进行比较分析，[2] 以证明该条约的性质。下面是《大王条约》的具体条文（V. i. 31）：

---

1 Plutarch, *Artarxexes*, 21. 4, in *Plutach's Lives of Illustrious Men*, Vol. IV, trans. by A. H. Clough, Philadelphia: The John C. Winston Co., 1908, pp. 2063–2064.

2 关于条约的性质及地位，参见刘文鹏译：《赫梯国王哈吐什尔和埃及法老拉美西斯二世的同盟条约》，载林志纯主编：《世界古代史资料选辑（上古部分）》，北京：商务印书馆，1962年，第16—21页。下面分析中所提及《卡叠什条约》具体内容皆引自该译文。为行文一致，部分引文稍有变动。

国王阿塔薛西斯认为，亚细亚所有诸邦均应归属于我，克拉左门奈和塞浦路斯二岛亦应归属于我；而其他希腊诸邦，除列姆诺斯、音布罗斯和斯基洛斯外，不论大小均须保持独立；这三个地方与往昔一样，依然归属于雅典人。但是，倘若你们双方之中的任何一方有不遵从此命令者，我，阿塔薛西斯，将与那些遵从此令的诸邦一道，用舰船，用金钱，从陆上，从海上，向其开战。

从签订条约的目的看，波斯大王颁布该条约是为了得到希腊诸邦对波斯控制小亚细亚希腊城邦权和爱琴海海上霸权的书面认可，同时以希腊城邦自治为前提，以期实现前文所述的三项战略目标。从根本上说，波斯并未将波斯与希腊诸邦的和平及希腊内部诸邦的和平诉求纳入考虑之中。反观《卡叠什条约》，条约订立的目的就是为了结束战争、追求和平。条约序言部分开张明义，明确目的："神按照伟大的埃及统治者以及赫梯国家伟大国王的意愿，今后到永远的最后，通过该条约，不使我们之间发生敌对。""……自即日起，赫梯国家伟大的国王哈吐什尔自己草拟了条约，制定了由拉和苏特赫为埃及领土以及赫梯国家所作成的方案，使我们之间永远不发生敌对。"同时对和平的时限作出规定："他们（赫梯与埃及人的子子孙孙）将遵循我们兄弟关系的方案和我们的和平方案，永远以和平和兄弟关系相处，在他们之间永远不发生敌对。"

从条约签订方的身份看，波斯与希腊诸邦明显是主从关系。在条约中波斯大王盛气凌人地提出自己的要求，不给希腊诸邦任何发言权和商量的余地。[1]同时对不遵从其命令者动辄以武力相威胁。

---

1 条约的行文多与 μή 一词搭配，带有强烈命令的口吻。

然而,《卡叠什条约》缔约双方是对等关系。条约明确规定了哈什吐尔与拉美西斯二世是兄弟关系:"他和我是兄弟关系,和我和平,而我和他也是兄弟关系,也和他和平,永远如此。"双方在权利和义务上也是对等的。例如,在互不侵犯方面是这样规定的:"赫梯国家的伟大国王永远不侵入埃及领地,掠夺埃及财富,而伟大的埃及统治者,拉美西斯二世,也永远不侵入赫梯的领土,掠夺赫梯的财富。"在军事互助、不接纳亡命者及亡命者的引渡等方面,双方都承担对等的权利和义务。

因此,从订立条约的目的及订立者的身份上看,"ἦν βασιλεὺς εἰρήνην καταπέμποι"都不能称为"和平条约",其目的并不是为了避免战争、争取和平,而是为实现波斯夺取领地、征收赋税的利益;条约双方的身份也不符合希腊人所理解的和约定义的要求:"和约是在平等条件下为解决双方分歧而订立的。"[1] 当代学者霍恩布鲁尔是这样评价条约的:"毫无疑问,公元前 386 年的大王条约是波斯对外政策的巨大胜利,所取得的成果更甚于公元前 411 年大流士(二世)时的协定。它确保了波斯对小亚细亚长达半个世纪的无任何争端的控制。"[2] 所以从条约内容来说,这根本不是一份和平条约。

(三) 条约订立后的成效

最后,就条约订立后的效果看,根本没有达到确保和平的目的。一份条约是否为和平条约,可以考察立约后是否达到了或一定程度达到了维持和平的目标。"ἦν βασιλεὺς εἰρήνην καταπέμποι"订立之初,

---

1 Isoc, 4. 176. 译文参照罗念生编译:《希腊罗马散文选》,第 97 页。
2 S. Hornblower, "Persia," p. 49.

希腊各城邦迫于波斯的压力，被迫接受。也曾一度迫使希腊城邦停止了针对波斯帝国的敌对行动。[1]然而事实上和平却并未得到维持，条约签订后也未能有效减少战争，希腊城邦间互不信任愈演愈烈。

尽管雅典获得对列姆诺斯、音布罗斯和斯基洛斯的控制权，确保了通往黑海粮道的"阶梯"，作为一个在希腊地区影响重大城邦的颜面得以保存，但这与雅典人恢复帝国的梦想完全相背。因此，雅典人革除了参与条约订立的领导人的职务，任命卡利斯特拉图为领导者，以防止斯巴达的进攻。同时以保护"ἦν βασιλεὺς εἰρήνην καταπέμποι"免受破坏为借口，积极谋划建立新的海上同盟。[2]在条约订立的次年，开始与开俄斯、罗德斯、列斯堡等城邦商谈结盟事宜，第二次雅典海上同盟遂于公元前 378/377 年正式建立。同盟的建立违背了要求解散各种同盟、确保各城邦自治的基本精神，必然会遭到波斯的反对。

对底比斯而言，条约也根本不可接受。底比斯接受条约的前提条件是控制波奥提亚同盟。但条约要求各邦无论大小，皆应自治，底比斯无法实现基本愿望。所以底比斯并未签署条约。作为"波斯的鹰犬"，也为了实现自身称霸希腊的野心，公元前 382 年，斯巴达发动了对底比斯的战争。

对斯巴达而言，条约为其实现称霸希腊的愿望提供了机会和可

---

1 尽管在塞浦路斯人 Euagoras 和埃及人 Tachos 及 Nectanebos 叛乱中雅典将军和士兵曾作为雇佣军参与其中，但是这些人代表的是个人而非雅典城邦。且条约签订后，出于波斯的命令，雅典也被迫撤回雇佣军指挥官。A. Pickard-Cambridge, *Demosthenes and the Last Days of Greek Freedom (384-322 B.C.),* New York and London: G. P. Putnam's Sons, 1914, p. 47.
2 学界对于公元前 386—前 378 年间雅典是否尽力避免与维持《安塔基达斯条约》的斯巴达间的冲突存在分歧。但卡雷特—马克令人信服地证明，其间两邦已经存在公开冲突。分歧及论证参见 R. M. Kallet-Mark, "Athens, Thebes, and the Foundation of the Second Athenian League," *Classical Antiquity*, Vol. 4 (1985), pp. 127-151。

能。因此，利用条约赋予的特权，斯巴达加强了对伯罗奔尼撒同盟的控制，摧毁了曼丁尼亚人的城市，征服弗琉斯并召回流放者，迫使阿尔哥斯放弃对科林斯的兼并，恢复科林斯的自治，武力拆毁卡尔基狄克同盟，入侵底比斯。这一切无不通过战争或以战争为威胁来实现。

伯罗奔尼撒同盟的加强、雅典第二次海上同盟重新建立、底比斯谋求霸权的行动，上述事实严重违背了所谓"大王和约"的精神，条约本身已名存实亡。至迟到公元前 380 年伊索克拉底《泛希腊集会辞》发表前，条约就已经遭到了严重破坏。伊索克拉底说："在条约所记载的条款中，只有那些最坏的才是我们所遵守的。因为那些保证各岛屿和欧罗巴各城邦独立的条款早就被破坏了，成了石碑上的空文。而那些使我们感到屈辱，使许多盟友被出卖的条款却仍然保留在原地方，被全体希腊认为是有效的。"[1] 换言之，所谓的"大王和约"并未能实现和平，反而导致"战争之后，希腊依旧混乱无序，动荡不安，较之从前更甚"的局面。[2]

导致和平难以实现的根本原因在于"ἦν βασιλεὺς εἰρήνην κατα-πέμποι"本身。其一，条约规定自治的条款在希腊城邦内挑起难以消弭的争端。条约赋予了所有弱小城邦自治权，但强大城邦往往以他邦威胁到弱小城邦的自治为由，指控敌手插足内政，而自身则以保护者的身份，扶持弱小城邦内不同派别，在城邦内造成了激烈党争和内乱。[3] 其二，波斯干预希腊事务的可能使各个城邦之间的猜忌更盛。条约不但使小亚细亚各希腊城邦重归波斯治下，而且使波斯人掌握了对希腊事务最终的决断权。鉴于波斯有干预希腊事务的

---

1 Isoc, 4 .176.

2 Xen, *Hell*, VII. v. 27.

3 斯巴达对伯罗奔尼撒各城邦的干预大多采用如此形式。在一次对斯巴达人演说中，雅典人奥托克利斯对此行径进行了严厉的控述。色诺芬：《希腊史》，VI. iii. 7.

可能，各邦领导者在决策邦际事务甚至城邦内部事务时都得将波斯作为他们考虑问题的最重要的因素之一，不管这种干预对该城邦来说是利还是弊。由"波斯援金"引起的争斗成为公元前4世纪中后期希腊邦际关系的一种特殊方式。

总之，不管是从名称、背景、内容还是结果上看，"ἣν βασιλεὺς εἰρήνην καταπέμποι"都不能称为"和平条约"，而应是波斯国王对希腊城邦颁布的敕令。对此，古代史家有着清醒认识。普鲁塔克[1]是这样评价该条约的："事实上该条约对希腊人来说是最不光彩的，是对希腊最大的背叛。如果嘲弄和背叛也能获得和平条约的光荣名称，那么对战争中的失败者来说，世上就再也不会有任何条约会令他们感到可耻了。""任何狡辩都无法洗刷这一行动（订立该条约）的恶名。"

四、产生误译的原因

然而，从古到今不少文献和著述将其当作一份和平条约，将"ἣν βασιλεὺς εἰρήνην καταπέμποι"译为"大王和约"，甚至认为即使色诺芬本人在《希腊史》中也将其当作"和平条约"。[2] 我们认为，

---

1 Plutarch, *Artarxexes*, 21. 5, in *Plutarch's Lives of Illustrious Men*, Vol. IV, p. 2064.
2 吴于廑等认为是"波斯出面拢合双方缔结和约"（吴于廑、齐世荣主编：《世界史·古代史篇》，第273页）。李天祜认为条约是先由斯巴达提议，然后得到波斯国王首肯，并将条约称为"安塔客达斯和约"，也称"波斯国王和约"（李天祜：《古代希腊史》，兰州：兰州大学出版社，1990年，第512页）。其实国内也不乏学者认识到该问题，朱龙华先生是这样描述事情始末的："波斯想借机操纵希腊双方，便于公元前387年以波斯皇帝命令的口吻宣布和平。"（朱龙华：《世界历史（上古部分）》，北京：北京大学出版社，1991年，第451页。）

这一方面与文献编辑者或著书立说者所获材料的片面性有关；另一方面也与他们的史学观念不无联系。

中国学者将其译为"大王和约"的主要依据是在《希腊史》中色诺芬用了 "ἦν βασιλεὺς εἰρήνην καταπέμποι" 一词来指代该条约。然而我们不能脱离语义背景、孤立理解其意义，而应将该词纳入具体语言环境之中来考察。当叙述了希腊诸邦被波斯及其同盟者斯巴达各个击破、相继投降后，色诺芬（V. i. 30）叙述道：

> 当提里巴佐斯向那些渴求聆听波斯国王下达的和平敕令者发出命令后，各邦的使者都迅速前来。他们集合起来之后，提里巴佐斯向他们展示了波斯国王的封条，然后拆封，诵读其中内容。

确实，色诺芬用了 "ἦν βασιλεὺς εἰρήνην καταπέμποι"，但这一表述是基于以下原因：其一，从语法上讲，"ἦν βασιλεὺς εἰρήνην καταπέμποι" 所在宾语从句中的主语，而不是它直接的属格；其二，从上下文行文的语气上看，色诺芬并未从严格意义上来定义 "εἰρήνην" 一词；其三，色诺芬故意模糊视听，这与其作品（尤其是《希腊史》和《阿格西劳斯》）中充满着的热情洋溢的"泛希腊主义"民族情怀有关。卡特里奇认为，色诺芬整部《希腊史》中，缺乏不偏不倚的客观态度。[1] 其中，无论是卡里克拉提义正辞严地指责希腊人不应为了金钱向蛮族献媚拍马（I. vi. 7），将阿格西劳斯描绘成新时代代表希腊利益的阿伽门农（III. iv. 4, VII. i. 34），还是

---

1 P. Cartledge, *The Greeks: A Portrait of Self and Others*, Oxford: Oxford University Press, 2000, pp. 59–64. 类似的观点参阅 S. Hornblower, "Sources and their Uses," pp. 6–7。

430   多彩的雅典娜

对阿卡底亚使者安条库斯对波斯大王军队战斗力和金钱蔑视的赞颂（VII. i. 38），都无不洋溢着澎湃的"泛希腊主义"民族激情。色诺芬激昂的热情主要源于他一生中两次重要的军事活动。其一是公元前401—前400年远征波斯帝国腹地时看到波斯帝国并非如普通希腊人想象的那么令人生畏；其二是在公元前396—前394年间在跟随斯巴达王阿格西劳斯参加入侵波斯战争过程中，他认识到仇视波斯、劫掠波斯是挽救日暮途穷的希腊城邦的唯一正确途径。基于上述原因，也就不难理解他对希腊在与波斯斗争中所受的耻辱闪烁其辞的描写了。

近年来不少学者认为，色诺芬的"泛希腊主义"不只是一种文化理想，更是一种政治需要。[1]色诺芬笔下对于波斯及波斯文化的厌弃并非当时社会的真实写照，希腊人与波斯人分别代表着文明和野蛮的简单二分法也并非一种普遍社会现象。[2]荷马时代及古风时期，*barbaroi*一词非但不具有任何贬损之义，甚至也很少用来指代与希腊文化相异的"他者"。反之，希腊人积极学习和借鉴东方文化，开创了文化史上的"东方化时代"。希波战争结束后，该词逐渐开始用来指代一切非希腊民族。但即便如此，将*barbaroi*等同于蛮族的观念也并未形成。一方面，智者学派如安提丰等认为人天生平等，没有任何体格和智力上的差异。另一方面，据米勒考证，即便到公元前4世纪雅典社会中还存在"Perserie"一词。米勒认为该词用来指代"主动适应并模仿波斯奢华生活方式及文化的雅

---

1 P. Cartledge, *The Greeks: A Portrait of Self and Others*, p. 65; Katarzyna Hagemajer Allen, "Intercultural Exchanges in Fourth-Century Attic Decrees," *Classical Antiquity*, Vol. 22, No. 2 (2003), pp. 199-246.
2 在对公元前4世纪保存下来的阿提卡荣誉法令的详实考证后，阿伦指出将希腊人与非希腊人对立起来的现象根本不存在，雅典与非希腊城邦间的政治差异也不会影响到它们之间互赠荣誉的外交活动。

典人"。[1] 该词的存在至少让我们有理由相信此时人们对波斯及波斯文化是接受乃至是崇拜的。但与此同时，随着城邦危机加深，出于对即将可能发生的没收财产、重分土地的革命的恐惧，以伊索克拉底、色诺芬为代表的一批保守且善于辞令的演说家重新定义了 *barbaroi* 一词，赋予其贬义，专门用来指代"野蛮、缺乏理性、天生奴性、屈从于专制统治和等级制"的非希腊人，与希腊人的文明、理性、自由形成鲜明的对比，形成了所谓"泛希腊主义"。在"泛希腊主义"者笔下，希腊人似乎已不再是一个种族的名称，而是一种智力的象征。在这种思想的感召下，他们号召希腊人报薛西斯于公元前 480/479 年入侵时犯下的侮辱家国之一箭之仇。不过他们的真正目的是入侵波斯，[2] 以此拯救希腊城邦制度。在接下来的半个世纪中，他们极力宣传这一救世之灵丹妙药。虽然伊索克拉底等人的看法可能也并非为几个人所独有，但正如上文所述，这并不意味着所有的古希腊人都认为如此。然而，历史在此时发生了些许巧合。半个世纪后，在这一口号的影响下，亚历山大竟然从西向东征服了整个波斯帝国。从而印证了"泛希腊主义"倡导者对于波斯人的看法，也理所当然成为一些人认识看待波斯人的新标准。但历史证明，亚历山大本人及下属对待波斯人和波斯文化并非如伊索克拉底鼓吹的那样歧视，而更多地尊重其文化，委以波斯人高位大权。

然而，"历史并非总如史学家们想象的那样客观公正，它常常被社会意识所左右"。[3] 18 世纪后期，现代古典学兴起。但"18 世

---

1 M. C. Miller, "Athens and Persia in the 5th century B.C: a study in cultural receptivity", 转引自 K. Allen, "Intercultural Exchanges in Fourth-Century Attic Decrees," p. 202.

2 Isoc, 5. 120–122, in *Isocrates*, Vol. I. trans. by G. Norlin, Cambridge, MA. and London: Harvard University Press, 1928, pp. 318–321.

3 P. Cartledge, *The Greeks: A Portrait of Self and Others*, pp. 51–52.

纪后期建立起来的古典学不可避免地融入了理想希腊的诸多元素，他们将希腊人纯粹的、完美的人性思想，反映在古代希腊研究之中"。[1] 同时成功地把东方表述为代表现代性价值的反面。色诺芬、伊索克拉底等人异于社会主流意识的政治宣传成为他们证明希腊文化理性、秩序、自由和民主化身的有力证据。尤其是随着 19 世纪殖民大国取得了支配世界地位后，西方史学领域里最终形成了"西方中心论"。尽管自斯宾格勒和汤恩比以来，这种倾向有所改变，但实质未改，并未从根本上消除对学术的影响。对中国学者而言，在西方古典文明研究中，尤其是 20 世纪 80、90 年代学者们更多地受到苏联学术界的影响。尽管苏联学者为反对"西方中心论"做了很多工作，但仍然未能真正摆脱原来的窠臼，影响仍然存在。[2] 例如，国内学者参考较多的塞尔格叶夫《古希腊史》中，作者（或者更准确地说是译者）尽管承认希腊人感受到波斯的压力，但仍将其译为"波斯大帝和约"。这一事实告诉我们在学习和借鉴西方研究成果的过程中，中国学者应当尽可能从原始资料出发，进行独立思考和判断，对西方学者的观点应既有继承又需进行必要的批判。只有如此，我们才可能更好地把握历史的真实。

原载《古代文明》2012 年第 1 期，与陈思伟合作撰写，
陈思伟现为苏州科技大学历史系教授

---

1 黄洋：《古典希腊理想化：作为一种文化现象的 Hellenism》，《中国社会科学》2009 年第 2 期。
2 刘家和、廖学盛：《世界古代文明研究导论》，第 20—21 页。

第七章

海盗・海洋史

28 古代海盗行为述论

　　海盗行为通常是指海上劫掠、绑架勒索等暴力行为，它是与古代地中海地区奴隶制文明的兴衰相伴随的。现代学者在论及古代海盗行为时，往往习惯地从看待后世海盗行为的观念出发，较多地强调它对古代社会发展的负面影响，从而基本否认其历史进步性。[1]对此我们尚不敢苟同。笔者拟通过对古代地中海地区海盗行为的历史考察，就其性质、地位和作用略陈管见。

一

　　人类航海技术一定程度的发展是海盗行为产生的首要条件。近几十年来国际考古发掘成果已经证明：早在公元前 1.1 万年前，希

---

1 参阅 H. A. 奥麦洛德（H. A. Ormerod）:《古代世界的海盗行为》（*Piracy in the Ancient World*），利物浦，1978 年，第 13—77 页；M. 格兰特（M. Grant）、R. 基特金泽（R. Kitzinger）:《古代地中海文明：希腊和罗马》（*Civilization of the Ancient Mediterranean: Greece and Rome*），纽约，1988 年，第 837—844 页；C. G. 斯塔尔（C. G. Starr）:《制海权对古代历史的影响》（*The Infleunce of Sea Power on Ancient History*），纽约，1989 年，第 54—57、61—63、73—74 页。

腊和爱琴海地区的渔猎采集者就开始渡海来到米洛斯岛开采黑曜石材料，用以制作生产工具和生活用具。[1]及至新石器时代（公元前7000—前3000年），随着西亚地区先进的农牧业文化西渐，爱琴海两岸的农牧渔猎者经过数千年的航海实践和探索，积累了一定的航海经验。对他们来说，爱琴海早已不再是不可逾越的天险了。[2]

海盗行为的出现有其深刻的社会根源。在原始社会末期，随着生产力的发展、社会分工的进步、劳动生产率的提高、贫富分化的加剧以及私有制阶级的逐步产生，"古代部落对部落的战争，已经开始蜕变为在陆上和海上为攫夺家畜、奴隶和财宝而不断进行的抢劫，变为一种正常的营生，一句话，财富被当作最高福利而受到赞美和崇敬，古代氏族制度被滥用来替暴力掠夺财富行为辩护"。[3]在这样的社会历史背景下，处于同一历史发展阶段的古代诸民族普遍认为对外掠夺是一种荣耀的事业，甚至认为它比和平劳动更受人尊敬，也就不足为奇了。

东地中海地区海岸线蜿蜒曲折，沿岸许多地区土地贫瘠，水源匮乏，农业生产的自然条件不佳。在碧波荡漾的爱琴海上，点缀着大大小小483个岛屿，它们之间大都相距不远，天气晴朗时可以隔海相望。这种得天独厚的地理条件既为该地区早期航海者提供了永不消逝的航标，也为海盗活动提供了天然屏障。

由于史料匮乏，关于古代地中海地区海盗行为出现的确切时间，尚无从稽考。从现有的考古资料可见，在公元前3000年代爱

---

1 参阅张富强：《人类早期航海之谜初探》，《华中师范大学学报》1989年第2期。
2 M.I.芬利：《早期希腊》（*Early Greece*），伦敦，1981年，第4—7页。
3《马克思恩格斯选集》，第4卷，第104页。

琴海地区居民的生产和生活中，航海业和捕鱼业居于重要地位。[1]
公元前 2000 年代早期，在克里特岛上出现了国家，克里特人与爱
琴诸岛、希腊大陆、小亚细亚和埃及等地居民的交往日益增多。[2]
在克里特文明的全盛时期（公元前 1600—前 1400 年），克里特人
已经能够制造出桨船和帆船了。[3]历史学家希罗多德和修昔底德都
称克里特的米诺斯王为"萨拉索克拉基"（意为"海之王"）。修昔
底德指出，米诺斯是第一位组建海军的人，他控制了希腊海（爱琴
海）的大部分，统治着基克拉底群岛，在一些岛屿上拓植人众。他
驱逐了岛上的加里亚人，委派其儿子为岛屿的统治者。修氏断言：
"他（米诺斯）必定尽力镇压这一海域的海盗活动。这是保障他自
己收入的必要措施。"[4]可见，海盗行为至迟在公元前 2000 年代中叶
就已经出现了。

公元前 2000 年代中叶至公元前 3 世纪是古代海盗活动的第一
阶段。其间，海盗行为在地中海地区自东向西逐步扩展和流行。古
希腊人通常把那些"下海"寻求生计的男子称为"海盗"[5]。直到公元
前 4 世纪末，亚里士多德仍把海盗行为和游牧、农作、渔揽、狩猎
并列为人类五种基本的谋生手段。[6]这颇能反映出当时社会上通行
的观点。因此，这时"海盗"一词并无贬义，是不应当简单地把它
混同于后世的"海上强盗"的。

---

1 兹拉特科夫斯卡雅：《欧洲文化的起源》，北京：生活·读书·新知三联书店，1984
年，第 76—77 页。
2 C.G. 斯塔尔：《制海权对古代历史的影响》，第 8—10 页。
3 兹拉特科夫斯卡雅：《欧洲文化的起源》，第 99 页。
4 修昔底德：《伯罗奔尼撒战争史》，I. 4。
5 关于"海盗"一词的词源。参阅 H. G. 利狄尔（H. G. Liddell）、R. 斯考特（R. Scott）：
《希英辞典》（An Greek-English Lexion），牛津，1952 年，"ληστής"和"πειρατής"条。
6 亚里士多德：《政治学》，1256a40。

修昔底德在述及古代的劫掠行为时指出："在早期时代，不论是居住在沿海或是岛屿上的人们，不论他们是希腊人还是非希腊人，由于海上交往更加普遍，他们都在最强有力的人物的领导下热衷于从事海上劫掠。他们做海盗的动机是为满足自己的贪婪欲望，同时也是为了扶助那些弱者。他们袭击没有城墙保护的城镇，或毋宁说是若干村社的联合，并且加以劫掠；实际上，他们就是以此来谋得大部分的生活资料的。那时候，这种行为完全不被认为是可耻的，反而是值得夸耀的。这方面的一个例证，就是现在大陆上某些居民仍以曾是成功的劫掠者而感到自豪；我们发现，古代诗人诗中的航海者常常被询问：'你是海盗吗？'被询问者从不打算否认其行为。即使如此，询问者也不会因此而谴责他们。同样的劫掠也在陆地上流行。"[1]

值得注意的是，随着奴隶制的初步发展，海盗掳掠、贩卖人口的情况日渐增多。女性成为被掠卖的主要对象。在荷马史诗中，关于希腊英雄乘船到地中海各地大肆劫掠，掳走、瓜分女战俘的描述屡见不鲜。[2]这些故事的细节虽未尽可信，但它表明海上劫掠是奴隶的一个重要来源，这也是当时许多穷汉的"求妻方法"。因此，与抢劫婚交织在一起的海盗行为的流行，进一步巩固了男子在经济、社会和家庭中的支配地位。这是人类社会进步的标志，但它同时也是男性对女性的奴役逐步加深的过程。

海上劫掠与陆上劫掠在本质上完全是一回事。劫掠行为普遍发生于世界历史上各民族由无阶级社会向阶级社会过渡时期，其遗风

---

1 修昔底德：《伯罗奔尼撒战争史》，I. 5。
2 荷马：《奥德赛》，XIV. 245—359，X. 29—30，III. 73—141。

在早期阶级社会中往往沿存很久。[1]修昔底德指出，"由于海盗劫掠的广泛流行，岛屿上和大陆上的古代城市都是建筑在离海有一定距离的地方"。[2]直到公元前5世纪末，希腊部分地区的居民仍保持随身携带武器的习俗，修氏认为这正是先前劫掠之风盛行的遗迹。[3]

事实上，古代战争、殖民、劫掠、贸易往往是错综复杂地交织在一起的，很难把它们截然分开。公元前2000年代末，"海上诸族"侵袭浪潮席卷东地中海地区，从某种意义上说，这是一次大规模的海盗活动，但它同时也是与战争、殖民、贸易密切相关的。[4]希腊人世代相传的远征特洛伊的故事，实际上所反映的是希腊历史上一次大规模的有组织的海上劫掠。修昔底德指出，远征军登陆以后，一部分人围攻特洛伊城，一部分人到刻尔尼索斯半岛从事耕耘，还有一部分人到沿岸和海岛上从事劫掠活动。值得注意的是，远征军所用"船只没有甲板，是按照古时海盗船的样式建造的"。[5]战争、劫掠、殖民在当地所造成的后果往往是一样的：杀死丁壮，瓜分、强娶当地女子。[6]

古代腓尼基人是以长期从事与海盗行为密不可分的海上贸易，尤其是以掠卖人口闻名于地中海世界的。[7]犹太人在其《圣经》中诅

---

1 其他民族如希伯来人、罗马人、日耳曼人、匈奴人、斯拉夫人、诺曼人、阿拉伯人等，都是如此。参阅《美国百科全书》(*The Encyclopedia Americana*)，芝加哥，1980年，第22卷，"Pirate"条。
2 修昔底德：《伯罗奔尼撒战争史》，I. 6。
3 修昔底德：《伯罗奔尼撒战争史》，I. 10—11。
4 参阅 J.B. 普利查德（J. B. Prichard）：《古代近东文献》(*Ancient Near East Text*)，普林斯顿大学出版社，1950年，第260—265页。
5 修昔底德：《伯罗奔尼撒战争史》，I. 10。
6 希腊古典时代战争胜利者处置战俘的方式与此有明显的承继关系。参阅希罗多德：《历史》，I. 146，VI. 145，V. 20；修昔底德：《伯罗奔尼撒战争史》，IV. 48，V. 116。
7 参阅希罗多德：《历史》，I. 1，II. 54。

咒腓尼基人的城市推罗、西顿，"你们既然夺取我的金银，又将我可爱的宝物带入你们的宫殿，并将犹太人和耶路撒冷人卖给希腊人，使他们远离自己的境界"。[1]有的论著称腓尼基人自古就是海上强盗、奴隶贩子，这是不尽符合历史事实的。因为它显然是晚后时期希腊人、犹太人的观点。在波斯战争以前，希腊诸邦吸收外来奴隶的数量是很有限的。只有奴隶制进一步发展，奴隶的需求量增加，贩卖奴隶才有利可图。而且，如果说腓尼基人长期从事海盗活动，我们就不得不考虑这样的事实：自公元前2000年代中叶起，他们先后遭到埃及人、赫梯人、"海上诸族"、亚述人、新巴比伦人、波斯人、希腊人和马其顿人的侵扰、征服和奴役，很少有机会长期享受和平安宁的生活。看来，他们在很大程度上是为了生存而被迫下海的。

公元前8—前6世纪是希腊历史上的大殖民时代，一批又一批希腊人被迫下海，成为海盗或殖民者。类似的情况发生于小亚细亚的吕底亚王国。据记载，由于连年干旱，他们最终不得不选出半数的民众，在王子第勒塞努斯的率领之下进入地中海。[2]后来他们所控制的意大利半岛西南部的一片海域因此而被称为"第勒尼安海"。这期间，许多过往船只和沿岸居民成了这些海盗（也是殖民者）的牺牲品，而那些被驱逐者往往又成为新的海盗或殖民者。

公元前478—前477年雅典同盟成立后，同盟海军逐步控制了东地中海地区海上交通要道和战略要地。雅典帝国时期，爱琴海几乎成了雅典的"内海"。为了巩固雅典人对海外领土的统治，保证各地的贡赋能安全如数地运抵雅典，维持相对安定的海上秩序，伯里克利斯还组建过海上常备军。[3]公元前5世纪中后期爱琴海地区

---

1 《新旧约全书·约珥书》：3：4—6。

2 希罗多德：《历史》，I. 94。

3 普鲁塔克：《传记集·伯里克利斯传》，XI. 4。

未见有大规模海盗活动的记载。

公元前4—前3世纪，东地中海地区经济文化中心逐渐东移，希腊本土诸邦人口减少，国力日衰。海盗活动东山再起，一度还相当活跃，但仍以小规模游击式劫掠为主。当公元前3世纪末罗马人击败迦太基人而成为西地中海霸主之时，海盗行为的发展开始进入一个新的阶段。

二

公元前2—前1世纪是古代地中海地区奴隶制大发展的时期，也是海盗活动的极盛时期。其间海盗活动呈现出如下特点：一是人数多，规模大，组织性强，军事化程度高；二是海盗之中除贫民和被征服者以外，大批奴隶加入海盗之列；三是海盗行为在奴隶制发展中的作用日益突出；四是海盗与统治者之间的对抗程度加剧；五是海盗建立了比较稳固的据点。

其时罗马国势如日中天，经过一系列征服战争，它已由第伯河畔的农业小邦一跃成为囊括地中海、地跨欧亚非三洲的大帝国。地中海遂成为罗马的"内海"，海上交通空前发达，海上贸易日趋活跃，地中海周边各被征服地区人民所缴纳的贡赋（粮食、牲畜、木材、黄金、宝石、奴隶等）源源不断地通过海路运抵意大利和罗马，或按照罗马统治者的旨意调运到帝国各地。由罗马附近的奥斯提亚港向外辐射的七条海上通道将罗马与地中海各地联结起来。其中最重要的有两条：一是由黑海地区经赫勒斯滂、爱琴海到意大利，货物以粮食为主；二是联结罗马和北非的航路，货物除谷物以外，还有来自东方各国的产品（尤其是贵重奢侈品）。[1] 根据阿庇安的记载，公元前 2 世纪末到前 1 世纪前期，海盗活动席卷整个地中海，他们大肆劫掠运往罗马的粮食和财物，致使对保证意大利粮食供应起主要作用的两条大动脉形同虚设，罗马城的小麦供应频频吃紧，粮价暴涨。粮荒引发的暴乱，严重威胁着罗马的统治。[2]

海盗活动的空前高涨绝不是偶然的，它是罗马共和国晚期社会矛盾日益激化的结果。罗马统治者对各地人民的野蛮征服和疯狂杀戮，造成大批一贫如洗、无家可归的流亡者，必然激起他们的殊死反抗；沦为赤贫的自由民和奴隶也常常加入海盗的行列，同罗马统治者展开斗争；帝国周边各族的统治者，以及在国内政治斗争中失势的集团，为维护自身的利益，往往也成为海盗的支持者；罗马人在对外扩张过程中掠获了巨额财富，使大批贵族官僚富裕起来，他们大量地购买和使用奴隶，使掠卖奴隶成为当时最有利可图的行业之一。[3] 此外，在两次西西里奴隶起义和斯巴达克起义期间，不少奴隶逃往海上。斯巴达克起义军余部亦有一部分在海上继续坚持反抗罗马统治者的斗争。[4] 这一时期形成若干区域性海盗集团，最著名的当属"奇利奇亚人"和"伊利里亚人"。前者曾拥有千艘以上的战船，后者拥有战船最多时亦不下 220 艘[5]。阿庇安写道："由于战争的缘故，他们（引者按：海盗）丧失了生计和家园，陷于极端贫

---

1 P. 加恩西：《希腊罗马世界的饥馑与供给》（*Famine and Supply in the Graeco-Roman World*），剑桥大学出版社，1989 年，第 182—196 页。

2 阿庇安：《罗马史》，XII. 91。

3 斯特拉波：《地理学》，XIV. 5.2。参阅 H. A. 奥麦洛德：《古代世界的海盗行为》，第 214—238 页。

4 西塞罗：《弹劾卫利斯演说集》（*The Verrine Orations*），第 2 卷，第 472—475 页；普鲁塔克：《传记集·克拉苏传》，X. 3—6；普鲁塔克：《传记集·庞培传》，XXI—XXIV。

5 M. 格兰特、R. 基特金泽：《古代地中海文明：希腊和罗马》，第 839、842 页。

困之中，因此他们不能在陆地上收获，就在海上收点东西”，他们"成队地在海盗领袖的指挥下出动……进攻未设防的市镇……攻克它们，大肆劫掠，把比较富裕的公民劫持到他们隐匿的港口里，扣押他们，以索取赎金"。[1]

罗马统治者为清除其心腹大患，特设奇利奇亚省；他们数次出兵清剿海盗未果，而海盗的势力却越发强大起来。海盗频频袭掠意大利沿海地区，袭击罗马的舰队，甚至在公元前70年闯入奥斯提亚港，摧毁了港内一支不小的舰队。[2]阿庇安指出，数以万计的海盗不仅控制了东部海域，还控制了西地中海，直至赫拉克利斯石柱（直布罗陀海峡），以致在海上没有哪一处是可以安全航行的。[3]在奇利奇亚、伊利里亚、克里特、塞浦路斯等地，海盗们修筑要塞，组织舰队，在具有战略意义的地方建立武库，安插耳目；在有些地方甚至建立了国家，强迫那些被抓来的人从事劳作。[4]

罗马统治者与海盗进行过两次大规模较量。公元前67年，罗马粮食供应状况极度恶化，格涅乌斯·庞培受命担任清剿海盗的总司令。元老院调拨给他一支有12万名步兵、4000名骑兵和270艘战舰的军队，另有6000塔连特的军费，并授予他空前广泛的权力。庞培兵分九路，分片包抄，软硬兼施，缺乏统一指挥的海盗在数月内被各个击破，共有2万人被俘，1万人战死，损失舰船千余艘。[5]海盗活动一度处于低潮。

但是好景不长，公元前44年恺撒遇刺身亡，罗马内战再起，

---

1 阿庇安：《罗马史》，XII. 92。
2 M. 格兰特、R. 基特金泽：《古代地中海文明：希腊和罗马》，第842页。
3 阿庇安：《罗马史》，XII. 93。
4 阿庇安：《罗马史》，XII. 92；波桑尼阿斯：《希腊纪行》，IV. 35.6。
5 阿庇安：《罗马史》，XII. 95—96。

统治集团内部争权夺利、相互残杀愈演愈烈。屋大维等以为恺撒复仇为名，对其政敌大开杀戒大批奴隶和被剥夺公民权的贵族逃离家园，投于海盗首领绥克斯图·庞培（小庞培）的麾下。小庞培利用罗马内战之机，在数年之内就组织起一支至少拥有 4 万人的庞大舰队，占据西西里岛、撒丁岛和科西嘉岛。他们封锁了通往罗马的海上运输线，切断了罗马的粮食供应，袭掠意大利沿海地区，奴隶们趁机逃离庄园。海盗活动又一次对罗马的统治构成严重威胁。

公元前 38 年，屋大维率军进攻西西里受挫。得意忘形的小庞培自称是涅普图努斯（海神）之子。两年之后，罗马舰队在阿格里帕的指挥下两度大败小庞培。为瓦解海盗的战斗力，屋大维许诺，凡主动投降的奴隶可获得自由，结果，一些船员不战而降，使罗马政府军很快取胜。然而，屋大维在获胜后不久，就密令逮捕那些已获得自由的奴隶，把其中 3 万名交还原主，无人认领的其余6000 名被钉死在十字架上。[1]

罗马帝国时期是海盗活动的第三阶段。在公元 1—2 世纪，罗马人以意大利西海岸的米森努姆和东海岸的拉温那为基地，分别驻有两支大规模的舰队，另外在塞琉西亚、亚历山大里亚、黑海、多瑙河、英吉利海峡等地都分别设有小规模的舰队。这支总人数约 3 万人的海军常年进行海上巡逻，以防止海盗活动死灰复燃。[2] 3 世纪罗马帝国危机期间，沉寂了两个多世纪的地中海的海盗活动再度活跃起来。公元 230—267 年间，大批"蛮族"海盗在爱琴海、黑海地区横冲直撞，劫掠财物，罗马的地中海舰队名存实亡。[3] 此后，"蛮族"在地中海的海盗活动，与"蛮族"入侵以及贫民、奴隶起义

---

1 L. 特威兹穆尔：《奥古斯都》，北京：中国社会科学出版社，1988 年，第 427 页。
2 C. G. 斯塔尔：《制海权对古代历史的影响》，第 69 页。
3 M. 格兰特、R. 基特金泽：《古代地中海文明：希腊和罗马》，第 844 页。

遥相呼应，成为加速罗马帝国崩溃的一支不可忽视的力量。

三

海盗行为发轫于原始社会末期，盛行于欧洲资本原始积累和争夺殖民地时期，至今尚未完全绝迹，真可谓源远流长。但是，在阶级社会的不同时期，海盗行为所赖以存在和发展的历史条件各异，其性质和作用也远非一成不变的。因此，对于不同时代的海盗行为的具体情况应作具体分析，不可简单地予以否定。

在古代奴隶制社会中，在奴隶主与奴隶之间，在富人与穷人之间、特权者与非特权者之间、贵族与平民之间、征服者与被征服者之间，在统治阶级内部不同派别和集团之间，始终存在着各种形式的矛盾和斗争。这些矛盾往往又是错综复杂地交织在一起的。古代海盗行为正是地中海地区奴隶制社会矛盾的产物。由于在奴隶制社会的不同历史阶段，社会的主要矛盾亦有所变化，因此，大致说来，在第一阶段，海盗行为作为本地区居民的一种常规的谋生方式，比较突出地反映了征服者与被征服者之间以及自由民内部的斗争；在第二、三阶段则比较突出地反映了贫民、奴隶与富人、奴隶主之间以及统治集团内部的斗争。

勿庸讳言，海盗行为在各个时期都程度不同地扰乱了社会秩序，威胁着和平居民的生命安全，尤其不利于海上交通和贸易的正常进行，不利于工商业的发展。但如果据此否认海盗行为的历史地位和作用，似乎是不尽符合历史实际的。

第一，奴隶制社会是人类历史上第一个阶级社会，它脱胎于原始社会。原始社会末期盛行的劫掠之风不可能骤然消失，它或多或少、或久或暂地留存于文明社会，这是一种普遍的历史现象。因此，在阶级社会初期，人们往往把掠夺异族人的财物以及异族人本身都视为天经地义的事情。在这个强盗与英雄几乎是同义语的时代，那些在陆地上、海上从事劫掠并获得成功者被奉为英雄，也许是很自然的。在人类以野蛮的方式否定野蛮的长期的历史进程中，征服与反征服、掠夺与反掠夺、奴役与反奴役的矛盾运动必然是同奴隶制的产生和发展相伴随的，海盗活动不过是这种矛盾运动的一种表现形式而已。由于生产力水平低下，地中海各地始终存在着大量的无法谋生者，从而使海盗行为成为古代地中海地区奴隶制时代的必然产物。

第二，海盗行为对古代奴隶制社会的发展产生过积极的影响。在奴隶制社会的早期阶段，海盗活动与殖民运动、商业活动以及战争交织在一起，以血腥和野蛮的方式，扩大了奴隶制文明的范围，增进了各地经济文化交流，促进了地中海地区各民族的融合；在奴隶制社会的衰落时期，它是加速其灭亡的重要因素之一。特别需要指出的是，造船技术作为古代生产技术和军事技术的重要组成部分，它的每一次重要的技术进步几乎都与海盗造船技术的改进有关。远征特洛伊的希腊战船就是按海盗船的样式建造的。后来，希腊的海盗建造并广泛使用一种叫作"希米奥里亚"（*hemiolia*）的战船；伊利里亚海盗开发出一种叫作"列波斯"（*lembos*）的舰船。它们的优点是速度快，易操作，抵御风浪的性能好，机动性强。希腊和罗马国家的海军舰船纷纷加以仿效制造。公元前3世纪末至前2世纪前期掌握东地中海制海权的罗德斯人，其海军舰船以三列桨希米奥里亚为主，这种舰船综合了海盗们常用的二列桨希米奥里亚和希腊三列桨战舰的优点。而维持罗马帝国海上和平达200多年的海军主要舰种是"利布尼亚"（Libunian galley）战船，它实际是在伊

多彩的雅典娜

利里亚海盗船（列波斯）的基础上稍加改装而成。[1]因此，我们似乎可以说，海盗对古代造船技术的改进做出过重要贡献。另外，海盗掠卖奴隶自公元前2000年代末出现，到公元前2—前1世纪臻于极盛，一直是奴隶制发展的重要表现之一。据斯特拉波记载，公元前1世纪前期，仅提洛岛一地每天成交的奴隶人数有时就高达1万名。[2]海盗是奴隶的主要提供者，也是奴隶的主要倒卖者。奇利奇亚海盗在距其总部约30英里处又开辟一奴隶市场，成为地中海世界仅次于提洛岛的第二大奴隶市场。[3]可见，没有海盗活动，如此繁荣的海上奴隶贸易是难以想象的。这可以说是海盗行为对古代奴隶制发展的又一重要贡献。

第三，统治者制服海盗的目的主要是为了维持贵族奴隶主阶级对贫民、奴隶、被征服者的经济掠夺和政治压迫，而不是为了发展工商业。近几十年来国际古史学界的研究成果证明，古代经济基本上是一种农业经济，工商业在古代经济中的作用并不是决定性的，古代城市是典型的消费中心，而不是工商业中心。[4]从米诺斯到屋大维，历代统治者之所以不遗余力地镇压海盗活动，主要是因为它程度不同地危及统治者的经济和政治利益。随着奴隶制国家规模的扩大，海上利益在某些国家整体利益中的份量有所提高，海盗与统治者之间的冲突就不断升级，海盗行为作为奴隶、贫民和其他被剥削者反抗统治阶级的阶级斗争的性质也就愈加明显。雅典帝国是地中海地区历史上第一个大规模海上霸国，其国力的空前增长主要是雅典人对外征服和扩张的结果，而不是工商业发展的结果。雅典人

---

1 M. 格兰特、R. 基特金泽：《古代地中海文明：希腊和罗马》，第840—843页。
2 斯特拉波：《地理学》，XIV. 5.2。
3 M. 格兰特、R. 基特金泽：《古代地中海文明：希腊和罗马》，第842页。
4 P. 加恩西等主编：《古代经济中的商业》，绪言。

清剿海盗旨在使海外贡赋安全运抵雅典。这些贡赋是雅典帝国财政收入的主要来源，是公元前 5 世纪后期雅典大兴土木和巨额军费开支的主要来源。[1]公元前 2—前 1 世纪，海盗们收容逃亡奴隶，扣押罗马富人显贵以索取赎金，拦劫罗马人掠自各地的财物，这一切与当时奴隶起义的作用可谓殊途同归。唯其如此，安东尼、庞培、屋大维对海盗的战争才得到罗马奴隶主阶级的全力支持。在屋大维与海盗首领所签订的和约中，后者承诺的条件之一便是不再接纳自由人和奴隶为海盗。[2]屋大维认为，那些充当海盗的"奴隶曾自主人处逃走并以武力反对共和国"。[3]罗马统治者对海盗作战的结果，在客观上固然保证了海上交通畅通无阻，但更重要的是重新使罗马人坐享来自行省的贡赋，稳定了罗马的政局，使逃亡的奴隶复归奴隶主之手，从而最大限度地维护了统治阶级的利益。必须说明的是，近代以来不少学者在论及雅典帝国和罗马帝国的海上政策时，总是较多地强调国家在海外的商业利益，甚至把海上臣民所缴纳的贡赋与海外商业贸易的收入混为一谈，这不能说不是一种偏差。因此，镇压海盗活动在很大程度上就是镇压被压迫者、被剥削者的反抗，相比之下，工商业的发展仅仅是次要的、派生的结果。

第四，古代海盗行为与资本原始积累时期西欧诸国的海盗行为有着本质的不同。在地中海世界历史上，直到公元前 1 世纪罗马统治者宣布"海盗是人类公敌"之时，"海盗"始有"海上强盗"之意。这正如中国历史上统治者往往贬称下层人民起义为"草寇""土匪""强盗"一样。古代海盗主要由贫民、奴隶组成，并且常常得

---

1 修昔底德：《伯罗奔尼撒战争史》，II. 13—14；亚里士多德：《雅典政制》，XXIV. 1—3；色诺芬：《长征记》，VII. 1.27。
2 参阅 L. 特威兹穆尔：《奥古斯都》，第 104—105、524 页。
3 L. 特威兹穆尔：《奥古斯都》，第 427 页。

到被征服者的支持，以谋生和自存为主要目的，反之，资本原始积累时期的海盗劫掠往往是官盗一体，以掠夺财富和奴役亚非拉各族人民为目的，是名副其实的强盗行为。这就是说，前者大体反映了下层人民的意志，与统治者势不两立，后者主要体现了统治者的利益，与统治者的利益基本一致。古代海盗所从事的奴隶贸易作为地中海地区海上贸易的一个组成部分，具有一定的历史进步性，而资本原始积累时期的奴隶贸易则是十足的罪恶行为。当然，海盗活动有时被某些统治集团所利用，有些海盗因劫掠而致富或成为奴隶主，这是不难理解的。

　　总之，古代海盗行为是阶级社会初期地中海地区特殊地理环境下的产物，是该地区奴隶制社会阶级斗争的有机组成部分，就其主流而言，它具有被征服者、被剥削者为了生存而反对奴隶主阶级、剥夺剥夺者的性质，无论在奴隶制文明的发生、发展或衰落时期，它都程度不同地推动了历史的前进，是应当基本肯定的。

原载《世界历史》1999 年第 4 期；
中国人民大学书报资料中心《世界史》1999 年第 10 期全文转载

29 关于希腊罗马海上势力的历史反思

——海上势力与西方文明研究之一

　　众所周知，文明的发生和发展与地缘有着极大的关系。在古代世界诸文明中，西方古典文明（古代希腊罗马文明）是与海洋关系较为密切的。从总体上看，在古代希腊罗马文明的产生、发展和衰落的过程中，海上势力曾经扮演过不可忽视的重要角色；古代希腊罗马人对海洋的探察和对海上势力的认识以及由此而形成的海洋意识，对于西方近代海洋意识的形成，对于"地理大发现"时期西欧诸国的殖民扩张，都产生过不可磨灭的影响。海军，曾经是古代希腊罗马国家机器的重要组成部分；海上势力，是其社会生产力发展和提高的重要标志之一；海上势力的发展史，是人类文明史的重要内容。古代东西方国家的当政者对海上势力的不同认识和定位，对于十五六世纪以及其后东西方国家对外政策的制定发生过至关重要的影响，而这正是造成其后东西方文明差距逐步拉大的一个重要的历史根源。

一

　　近几十年来国际考古发掘成果已经证明，早在距今约 1.3 万年以前，希腊和爱琴海地区的渔猎采集者就开始渡海来到米洛斯岛开采黑曜石材料，用以制作生产工具和生活工具。[1] 及至新石器时代（公元前 6000—前 3000 年），爱琴海两岸的农牧渔猎者经过数千年的航海实践和探索，积累了一定的航海经验。随着西亚地区先进的农牧业文化西渐，爱琴海早已不再被认为是不可逾越的天险了。[2]

　　东地中海地区海岸线蜿蜒曲折，良港众多，沿岸许多地区土地贫瘠，水源匮乏，农业生产条件先天不足。不过，在碧波荡漾的爱琴海上，大大小小的岛屿星罗棋布。有些岛屿土地肥沃，适于农耕，有些岛屿山石嶙峋，地形复杂；它们之间大都相距不远，天气晴朗时可以隔海相望。这种得天独厚的地理条件既为该地区早期航海者提供了永不消逝的航标，为海盗提供了藏身之所，同时也成为殖民者拓展生存空间的希望所在。

　　在古代世界各民族由无阶级社会向阶级社会过渡的历史进程中，劫掠行为曾经被普遍认为是一种正常的谋生手段。其遗风在早期阶级社会中往往沿存很久。事实上，直到公元前 4 世纪末，古希腊的思想家依然把海盗劫掠与农牧渔猎并列为人类五种基本的谋生手段。[3] 因此，在古代世界文明史上，战争、殖民、劫掠、贸易往往错综复杂地交织在一起，是很难把它们截然分开的。例如希腊人世代相传的远征特洛伊的故事，实际上所反映的是希腊历史上一次

---

1 张富强：《人类早期航海之谜初探》，《华中师范大学学报（哲学社会科学版）》1989年第 2 期。
2 M. I. 芬利：《早期希腊》，第 4—7 页。
3 亚里士多德：《政治学》，1256a40。

大规模的有组织的海上劫掠，但它同时也是与希腊人海外殖民和贸易联系在一起的。

爱琴文明的产生与大海有着千丝万缕的联系。从考古资料来看，在公元前 3000 年代爱琴海地区居民的生产和生活中，航海业和捕鱼业已居于重要地位。公元前 2000 年代早期，在克里特岛上产生了古代欧洲最古老的国家，克里特人与爱琴诸岛、希腊大陆、小亚细亚以及埃及等地居民的交往日益增多。在克里特文明的全盛时期（公元前 1600—前 1400 年），克里特人已经能够制造出桨船和帆船了。[1] 希腊历史学家希罗多德和修昔底德都称克里特的米诺斯国王为"萨拉索克拉基"（意为"海之王"）。修昔底德指出，米诺斯是第一位组建海军并建立海上霸权的人，他控制了希腊海（爱琴海）的大部分海域，统治着基克拉底斯群岛，在一些岛屿上拓殖人众；他驱逐了岛上的卡里亚人，委派其儿子为岛屿的统治者。他断言：米诺斯"必定尽力镇压这一区域的海盗活动。这是保障他自己收入的必要措施"。[2]

公元前 8—前 6 世纪是希腊历史上的大殖民时代，一批又一批希腊人被迫下海，成为海盗、殖民者或经商者。希腊大殖民运动对于古希腊奴隶制文明的发展产生过重大影响。它一方面使希腊奴隶制文明的范围扩大了；另一方面，大大开阔了希腊人的视野，为他们吸取当时处于领先地位的古代东方诸国（包括小亚细亚及其附近的希腊诸邦）的文明成果打开方便之门，进而为后来希腊文化的繁

---

1 兹拉特科夫斯卡雅：《欧洲文化的起源》，北京：生活·读书·新知三联书店，1984 年，第 76—77、99 页；C. G. 斯塔尔（C. G. Starr）：《制海权对古代历史的影响》（*The Influence of Sea Power on Ancient History*），纽约，1989 年，第 8—10 页。
2 修昔底德：《伯罗奔尼撒战争史》，I.4。

荣创造了条件。[1]

公元前5世纪前期，发生了震撼地中海世界的波斯战争。结果，不习海战的波斯大军在海上连遭败绩，不得不退出爱琴海海上霸权的争夺。公元前478/477年，在波斯战争的洗礼中已经成长为希腊第一海上强国的雅典人，组织成立了雅典海上同盟。随后，雅典人利用该同盟不断向海外扩张，制服了一个又一个不甘俯首听命的盟邦。随着雅典人的海外领土不断扩大，历史上第一个大规模海上霸国——"雅典帝国"（或称雅典霸国）逐步形成。到公元前5世纪中后期，雅典统治下的人口已达数百万甚至上千万人，从帝国边陲到首都雅典通常需数日的航程，爱琴海已成为雅典帝国的"内海"。雅典在公元前5世纪后期连续数十年大兴土木和对外战争的浩大军费开支，主要是来自原提洛同盟的公共基金和海外臣属诸邦的贡赋，在伯里克利时代雅典的财政收入中，属邦的贡赋约占70%以上。正如伯里克利所说，属邦的"贡赋就是雅典的力量源泉"。[2]伯里克利时代的雅典已成为一个政治民主、经济繁荣、兵源充足、文化昌盛的奴隶制强国。这一切的物质基础，主要是基于雅典人对广大海外臣民的压迫和剥削，而这本身也是雅典奴隶制发展的主要表现。恩格斯指出："只有奴隶制才使农业和工业之间更大规模的分工成为可能，从而为古代文化的繁荣，即为希腊文化创造了条件。没有奴隶制，就没有希腊国家，就没有希腊的艺术和科学；没有奴隶制，就没有罗马帝国。"[3]雅典海上霸权的存在，为维护本地区的海上秩序，增进本地区诸民族经济文化交流，促进本地区奴隶

---

1 恩林－琼斯（Emlyn-Jones）：《伊奥尼亚人与希腊文化》（*The Ionians and Hellenism*），伦敦，1980年，第164—177页。
2 修昔底德：《伯罗奔尼撒战争史》，II. 13。
3 恩格斯：《反杜林论》，《马克思恩格斯选集》，第3卷，第220页。

制物质文明和精神文明在更高阶段上发展，都做出了重大的历史性贡献。应当指出的是，近代以来国内外许多学者常常习惯地把伯里克利时代雅典综合国力的增长归于工商业的发展，或者把臣属诸邦的贡赋曲解为一种"捐献"，是不尽符合历史事实的。

雅典人在伯罗奔尼撒战争（公元前431—前404年）的失败使他们丧失了长达半个多世纪的海上霸权。此后，到公元前2世纪罗马的兴起，东地中海地区进入了一个较为动荡的时期。雅典帝国时代一度趋于沉寂的海盗活动卷土重来，活跃于地中海各地。他们神出鬼没，袭掠过往船只和沿海居民区，给海上交通和贸易往来造成困难。

罗马原本是第伯河畔的农业小邦。经过一系列征服战争，罗马人成为意大利的主人；接着，继续向海外扩张，征服西西里、撒丁、科西嘉诸岛及地中海沿岸诸国。与此同时，罗马人大量吸收希腊文化。到公元前1世纪，罗马一跃成为囊括地中海、地跨欧亚非三洲的大帝国。地中海遂成为罗马帝国的"内海"，海上交通空前发达，海上贸易日趋兴盛。地中海周边各被征服地区人民所缴纳的贡赋（粮食、牲畜、木材、黄金、宝石、奴隶等）源源不断地通过海路运抵意大利和帝国的首都罗马，或按照罗马统治者的旨意调运到帝国各地。由罗马附近的奥斯提亚港向外辐射的7条海上通道将罗马与地中海各地联系起来。其中最重要的有两条：一是由黑海地区经赫勒斯滂（今达达尼尔）海峡、爱琴海到意大利，货物以粮食为主；二是联结罗马和北非的航路，货物除谷物外，还有来自东方各国的产品，尤其是贵重奢侈品。[1]

公元前1世纪，地中海地区海盗的势力一度相当强大，大批武

---

1 P. 加恩西：《希腊罗马世界的饥馑与供给》（*Famine and Supply in the Grace-Roman World*），剑桥大学出版社，1989年，第182—196页。

装海盗控制着地中海主要海域，劫掠运往罗马的粮食和财物，直接威胁着帝国海上交通大动脉的安全和罗马城的粮食供应，成为罗马统治者的心腹大患。[1] 罗马统治者与海盗进行过两次大规模的较量。第一次是在公元前 67 年，格涅乌斯·庞培统兵 10 余万，在数月内即基本肃清海盗；第二次是在公元前 38—前 36 年，屋大维亲率大军前去清剿，并且取得决定性胜利。从此，罗马当政者以意大利西海岸的米森努姆和东海岸的拉温那为基地，建立了强大的海军；在一些战略要地如塞琉西亚、亚历山大里亚、黑海、多瑙河、英吉利海峡等地也都分别驻有小规模的舰队，海军总人数长期保持在 3 万人左右。[2] 罗马人依靠这样一支强大的海军，牢牢控制着地中海地区的制海权，直到罗马帝国的衰亡。

二

浩瀚的海洋曾是生命的源泉，又是人类赖以生存、发展的重要基地。人类探索、认识和征服海洋的过程，实质上是人类生产力发展的重要历史内容。地理环境是决定人类社会发展的重要物质因素之一。古代东西方人民生存的地理环境有所不同，他们的社会生产实践和思想文化自古就发生一定的差异，这是一种再正常不过的历史现象。那种把古代东西方文明简单地划分为"大河文明"和"海洋文明"，或者划分为所谓"黄色文明"和"蓝色文明"，并由此出发以阐明二者的根本不同，是缺乏必要的史实依据的。需要说明的

---

1 阿庇安:《罗马史》，II. 91—96。
2 M. 格兰特、R. 基特金泽:《古代地中海文明》，第 844 页。

是，即使在同一个地区，如同在北非的埃及和迦太基，同在希腊的雅典和斯巴达，同在中国的巴蜀之地和齐鲁之邦，历史地理条件也都是千差万别的。在古代地中海世界，地中海不仅是该地区各族人民获取物质资源的宝库，还为他们提供了进行交往的广阔通道；同时，由于奴隶制时代的国家通常都是富于掠夺性的，地中海自然也就成了群雄逐鹿的大舞台。西方古典文明就是在这种血与火的交织中不断成长。古代希腊罗马国家的海上势力发展史，给我们留下了许多有益的启示。

首先，古代希腊罗马诸国发展海上势力，向海外扩张，主要是为了占领更多的财富（首先是土地）和人口；平息海盗活动，维持海上秩序，争夺制海权的根本出发点是维护和扩大本国的利益，尤其是统治阶级自身的利益，而不是发展经济，更不是发展工商业。地中海各地的气候、农产品大致相同，各地互通有无的平等贸易的规模是有限的。近几十年国际古史学界的研究成果证明，古代经济基本上是一种农业经济，工商业在古代经济中的作用并不是决定性的，古代城市是典型的消费中心，而不是工商业中心。[1]从希腊到罗马，从米诺斯到屋大维，历代统治者之所以不遗余力地镇压海盗活动，主要是因为它程度不同地危及统治者的经济和政治利益。随着奴隶制国家规模的扩大，海上利益在某些国家整体利益中的分量有所提高，海上冲突和斗争的规模也不断扩大，海上势力的作用就愈加突出。如前所述，雅典人清剿海盗旨在使海外的贡赋安全运抵雅典；罗马统治者对海盗作战的结果，在客观上固然保证了海上交通的畅通无阻，但更重要的是重新使罗马人坐享来自各行省的贡赋，从而最大限度地维护了统治阶级的利益；相比之下，工商业的

---

1 P. 加恩西等：《古代经济中的商业》，绪言。

发展仅仅是次要的、派生的结果。[1] 必须指出的是，近代以来不少学者在论及雅典帝国和罗马帝国的海上政策时，总是较多地强调它们在海外的商业利益，有时甚至把海外扩张理解为一种商业性扩张，把海上臣民所缴纳的贡赋与海外商业贸易的收入混为一谈，这不能说不是一种偏差。

其次，在古代希腊罗马国家产生、发展的过程中，随着国家机构不断强化，海军成为一些国家的暴力机关的不可或缺的重要组成部分，成为维护统治者利益的主要工具和支柱。在雅典，当城邦内部的矛盾逐步得到调整，开始踏上奴役异邦人（非雅典人）之路的时候，适逢波斯战争。雅典人抓住了这一千载难逢的历史机遇，大力扩充海军。雅典人不仅用它击退了波斯人的进攻，而且征服了原提洛同盟的绝大多数盟邦，从而为雅典的富强奠定基础；在伯里克利时代，雅典人建立了一支海上常备军，以维持对帝国境内广大臣民的统治秩序和武力威慑。雅典人很清楚，他们是靠暴力来维持对帝国臣民的统治的。[2] 值得注意的是，雅典军队的职业化、雇佣兵制取代公民兵制，都是首先从海军中发展起来的，这在古代早期国家中都是少有的特例。

再次，古代地中海世界文明发展史表明，任何国家要想成为一个"世界级"霸国，或者维持其世界级霸国地位，除具有强大的陆军以外，拥有强大的海上势力也是一个不可或缺的条件。那些海上势力突出而陆军实力平平的国家（如雅典帝国、第一次布匿战争时期的迦太基等），那些陆军实力强大而缺乏强大海军的国家（如斯巴达、马其顿等），皆无力在地中海世界长期称霸。古希腊人就

---

1 徐松岩：《古代海盗行为述论》，《世界历史》1999 年第 4 期，第 65—72 页。
2 修昔底德：《伯罗奔尼撒战争史》，II. 63，III. 37。

已经认识到这一点，他们形象地称其为"跛霸"。从这个意义上说，罗马最后统一地中海周边地区绝非偶然。然而，雅典人、罗马人同所有最终走上海外扩张道路的国家一样，他们在由传统上只重视发展陆军到同时注重发展陆军和海军的过程中都不是一帆风顺的，都经历过无数的挫折和磨难。雅典人遭遇的拦路虎是海上强国埃吉那，罗马人面对的是拥有当时世界一流海军的迦太基人；他们在海战中也都曾遭遇过惨重的失败，甚至发生过数万罗马海军将士因船舰搁浅和遭遇风暴而葬身海底的悲剧。

最后，海洋意识逐步增强。海洋意识是一个历史的概念。古代海洋意识主要有三层含义。其一是海洋领土意识，即把海洋（自然也包括海岛）视为领土的一部分，对海域的所有权是国家主权的组成部分。公元前5世纪，在希腊存在着两大军事集团，即以斯巴达人为首的伯罗奔尼撒同盟和以雅典人为首的雅典同盟、雅典帝国。雅典人认为，希腊世界分为陆地和海洋两大部分，其中的一部分已在他们的掌握之中；他们很清楚，他们的领土的大部分是在海外的岛屿和亚洲大陆上的；雅典人把本土以外的国土划分为带有地方行政区划性质的五个纳贡区，就颇可说明这一点。[1]因此，在古希腊人的心目中，"海外"和"国外"是不能混为一谈的。罗马帝国是海陆霸国，地中海的航运本身就是其国内的水上交通的组成部分。显然，没有制海权，雅典帝国和罗马帝国的统治是难以维持的。其二是海洋经济意识，即把海洋视为国民经济的一个领域。事实上，希腊神话传说中就不乏海上探险、寻求黄金宝藏的故事；迈锡尼时代的希腊人就知道海外劫掠是一项有利可图的事业，远征特洛伊就是最好的证明；公元前8世纪希腊人的田园诗中就曾提到，农民在

1　徐松岩：《论雅典帝国》，《西南师范大学学报（哲学社会科学版）》1999年第1期。

农闲时节或收成欠佳的年份，就下海（做海盗、做生意）。希腊人在与地中海惊涛骇浪的搏击中，已逐步意识到某些海域的战略价值，如由爱琴海进出黑海的咽喉——赫勒斯滂海峡和博斯普鲁斯海峡，意识到控制这些地域的军事意义和经济价值。古典时代一些粮食不能自给的城邦（如公元前4世纪的雅典等），每年都需要进口大量粮食等必需品，海上交通的安全问题是事关国计民生的头等大事；雅典人色诺芬还力图把发展海上贸易、引进海外侨民客商作为增加财政收入的重要途径。[1]这是深处内陆的国家或民族很难体验到的。公元前2—前1世纪，爱琴海上的罗得岛和提洛岛都曾成为东地中海地区的航海和经济贸易中心。罗得共和国还制定了海法和商法，利用其有利条件保持繁荣达150年，每年取得关税100万德拉克玛；后来提洛岛取代了它的地位，成为东地中海最大的奴隶贸易中心，盛时每天的奴隶贸易成交数高达1万名。[2]其三是海洋国防意识。这一点与前两点密切相关。雅典人为了维护其权益，不但有一支舰队常年游弋于海上，而且在雅典帝国的边防前沿的一些属邦还破例保有一定的海上力量。罗马人在同迦太基人、同海盗的生死大搏斗中深刻体会到掌握制海权的必要性和重要性，帝国时代罗马人在地中海及其他重要海域都派驻了海军，从而有效地保护了罗马统治阶级的海外利益。

综上所述，奴隶制时代的希腊罗马人长期艰难曲折的海上开拓和生产实践活动，在一定程度上造就了西方人的开放意识和勇于探索的冒险精神，使他们具有较强的海洋意识，其核心内容是他们明确认识到海洋在国家的经济、政治、军事等方面的重大作用，而

---

1 色诺芬：《论收入》，II. 1—III. 4。
2 斯特拉波：《地理学》，XIV. 5. 2。

社会对海上开拓、探险也具有较高的认可度。这是西方古典文明最重要的成果之一。古代希腊罗马人的海洋意识和中古时代北欧人的海洋意识一起，为西方近代海洋意识的主要源泉。当资本主义的萌芽在欧洲封建社会的母体里逐步成长起来的时候，当这些国家的当政者力图把海外扩张和掠夺作为基本国策的时候，他们把古典文明的遗产加以吸收、利用并发扬光大，使之成为推动西欧资本主义发展的重要因素。反观此时中国明王朝，却正在大力推行"海禁"政策，把海军作为实施"海禁"的工具。因此，尽管此时中国的航海技术水平不低于甚至在某些方面超过西欧诸国，但这种技术难以转化为实际的生产力，难以转化为推动中国历史前进的力量。其所以如此，最主要的原因就是中国历代中央或地方的当政者从来就没有真正从海上取得过重大经济、政治、军事利益，因而也就不可能具有强烈的海洋经略意识，也就不可能对海上势力的作用作出正确的判断和定位。苏联海军元帅戈尔什科夫曾说过："国家的海上力量不仅由可以影响海上事件的武器和武装力量决定，而且还由它的商船队、渔船队、远洋船队，以及它的海洋观和海洋传统决定。"[1]时至今日，当许多现代人仍为明王朝错过融入世界大潮的历史机遇而扼腕叹息时，殊不知从某种意义上说，十五六世纪东西方国家海上政策的差异是历史发展的结果，或者说是双方历史发展的一个新起点，其实质内容是西欧诸国的生产力水平已经超过东方国家；而海洋意识正是造成这种差异的主要因素。

原载《西南师范大学学报（人文社会科学版）》2001年第1期，
与娄琳合作撰写

---

1 倪健民等：《海洋中国》，北京：中国国际广播出版社，1997年，上册第253页。

　　　　　　　　　　　　　　　　　　多彩的雅典娜

30 共和国晚期罗马与海盗的博弈

古希腊语"ληστής"（*leistes*）和"πειρατής"（*peirates*）两词通常被译为"海盗"（pirate），它们的原意都较为宽泛；前者已见于荷马史诗，后者大致出现于公元前 3 世纪中叶，对应的拉丁词汇为"pirata"。[1]一般而言，海上劫掠、绑架勒索等均被视为海盗行为，但其行为主体往往具有多重身份，他们既可能以战争或经商为主业，以海上劫掠为副业，亦可能以海上劫掠为主，兼为雇佣兵或商人。因而有必要对海盗做一简单界定。广义上讲，在特定时空背景下，实施海上劫掠、绑架活动等行为者一般皆可被视为海盗；就狭义而言，海盗指称那些长期从事海上劫掠、绑架勒索和贩卖人口等行为且主要以此谋生的人。本文主要在狭义上使用海盗一词。

现代学者对古罗马时代海盗行为的研究大致可归纳为四类。其一是就海盗行为兴起原因、发展状况及统治者应对等问题展开历时

---

1 *Greek-English Lexicon*, ed. by H. G. Liddell, R. Scott, and Stuart Jones, Oxford: Clarendon Press, 1996, p. 1046, p. 1355. 关于"pirate"词形和词义的解析，详见 H. A. Ormerod, *Piracy in the Ancient World*, Liverpool: Liverpool University Press, 1924, pp. 59–60; Ph. de Souza, *Piracy in the Graeco-Roman World*, New York: Cambridge University Press, 1999, pp. 3–13。

论述，如奥麦洛德（H. A. Ormerod）对古代地中海地区海盗行为起源和发展的历时性叙述、森普尔（E. C. Semple）围绕海盗基地地缘环境特征问题的讨论、怀特（A. N. Sherwin-White）由潘菲利亚和奇里乞亚地缘环境和政治局势入手对当地海盗兴起及当地统治者打击海盗的分析。[1] 其二是对海盗行为在罗马海上力量发展中刺激作用的探讨，如卡松（L. Casson）关于海盗战船对罗德岛、罗马海军战船革新积极影响的论述、斯塔尔（C. G. Starr）对海盗行为对罗马共和国海防发展影响的剖析、斯库拉德（H. H. Scullard）关于海盗行为与罗马保护西班牙海运航线措施之间关系的叙述。[2] 其三是使用"合法性""话语权""宣传行为"等现代政治学概念对扩展海盗问题研究范围的尝试，如德·索萨（Ph. de Souza）就罗马以"海盗"标签为其对外扩张服务所进行的论证与分析。[3] 其四是借鉴社会学、人类学以及地理学等学科研究方法，阐释海盗行为与人口迁移、商品流通以及文明交流的互动关系。如霍登（P. Horden）

---

1 E. C. Semple, "Pirate Coasts of the Mediterranean Sea," *Geographical Review*, Vol. 2(1916), pp. 134–151; A. N. Sherwin-White, "Rome, Pamphylia and Cilicia, 133–70 B.C.," *The Journal of Roman Studies*, Vol. 66(1976), pp. 1–14.

2 L. Casson, "Piracy," in M. Grant & R. Kitzinger, *Civilization of the Ancient Mediterranean: Greece and Rome*, New York: Charles Scribner's Sons, 1988, pp. 837–844; C. G. Starr, "Coastal Defense in the Roman World," *The American Journal of Philology*, Vol. 64, No. 1 (1943), pp. 56–70; H. H. Scullard, *From the Gracchi to Nero: A The Histories of Rome from 133B.C. To A.D.68*, London & New York: Routledge Classics, 2011.

3 Ph. de Souza, *Piracy in the Graeco-Roman World*; Ph. de Souza, "Who are You Calling Pirates?", in M. Hoff & R. Townsend eds., *Rough Cilicia: New Historical and Archaeological Approaches*, Oxford: Oxbow Books, 2013, pp.43–54; Ph. de Souza, "Rome's Contribution to the Development of Piracy," in R. L. Hohlfelder ed., *The Maritime World of Ancient Rome*, Ann Arbor, MI: The University of Michigan Press, 2008, pp. 71–96; Ph. de Souza, "Ancient Rome and the Pirates," *The Histories Today*, Vol. 51(2001), https://www.historytoday.com/archive/ ancient-rome-and-pirates.

多彩的雅典娜

与珀塞尔（N. Percell）合著的《堕落之海：地中海史研究》从人口和商品的连通性视角着眼，将劫掠者视为贸易圈的一环，提出海盗行为是地中海世界生产与再分配的一种形式，属于强制性、专横的、非常规的人员物资流动现象；而阿布拉菲亚（D. Abulafia）的《伟大的海》着意探讨人类物质文化交流和文明交往，认为与其他人群一样，海盗也携带物质产品和文明信息往返于地中海各处，同样对地中海文明形成有积极影响。[1] 需要指出的是，尽管成果数量有限，国内学界已对古代地中海海盗来源、海盗行为性质与影响等问题有所关注。[2]

就研究旨趣的嬗变而言，学界关于古代地中海盗行为探讨，已从海盗兴起、过程、影响等传统问题，转向关注海盗及海盗行为在古代地中海文明演进与历史发展中的作用。就既有的成果来看，尚无系统梳理在对外扩张乃至帝国建立过程中罗马国家与海盗内在互动关系的专论。因此，本文拟主要以古典著作家的记载为依据，借鉴既有研究成果，探讨共和晚期（公元前2世纪末至前31年）海盗活动的基本状况及其兴盛的原因，缕析海盗行为在罗马向东地中海地区扩张及至建立帝国过程中的作用，探讨罗马应对海盗的政策变化及其深层原因。

---

1 P. Horden & N. Percell, *The Corrupting Sea: A Study of Mediterranean The Histories*, Malden, MA: Blackwell Publishers Ltd, 2000, pp. 157—159, 387—388; D. Abulafia, *The Great Sea, A Human The Histories of the Mediterranean*, Oxford: Oxford University Press, 2011. 中文评介见陈思伟：《微观生态视角下的地中海 史研究——评〈堕落之海：地中海史研究〉》，《全球史评论》第9辑，2015年；徐家玲：《〈伟大的海——地中海人类史〉译后题记》，《世界历史》2018年第4期。
2 徐松岩：《古代海盗行为述论》，《世界历史》1999年第4期；徐松岩：《略谈古代地中海地区的海盗行为》，载李庆新主编：《海洋史研究》第12辑，北京：社会科学文献出版社，2018年，第329—338页。

一、奇里乞亚海盗的崛起及其原因

从公元前 2 世纪晚期到前 1 世纪 30 年代，海盗成为罗马当政者在政治、经济、军事以及外交诸多方面无法回避的难题。东地中海的奇里乞亚海盗是对罗马共和国历史发展影响最大的海盗集团。当地海上劫掠肇始于山地奇里乞亚人。事实上，叙利亚、塞浦路斯、潘菲利亚、本都等东地中海地区都不乏参与海盗行为之人，只是山地奇里乞亚凭借其得天独厚的地理条件成为多股海盗势力的"大本营"和落脚地，"奇里乞亚海盗"遂成为东地中海乃至更广地区诸海盗势力的代名词。[1]

奇里乞亚地处安纳托利亚南部，主要由两部分构成，东部称平原奇里乞亚，西部为山地奇里乞亚。东部地势平坦、土壤肥沃，盛产亚麻、葡萄、橄榄等。西部则山壑纵横、地势险要，成为奇里乞亚人从事海上劫掠的天然屏障；尽管当地不宜农耕，但林木茂密，为造船提供了充足的木材，当地居民也以凶悍尚武闻名。[2] 如此看来，山地奇里乞亚成为滋生海盗行为的"温室"，也就不足为怪了。据《地理志》记载，特里丰（Tryphon，Diodotus from Casiane，公元前 2 世纪人）对当地海盗势力崛起起到重要作用；据信此人促使奇里乞亚海盗成为有组织的海盗团伙，[3] 并以科拉克西昂（Coracesium）为基地领导反抗塞琉古王国的行动，攻占了叙利亚

---

1 App., *Mith.* 92, in: Appiani Historia Romana, Bd. I, hg. v. P. Viereck, A. G. Roos, u. E. Gabba, Leipzig, 1962, 438.
2 关于奇里乞亚的地理位置、物产状况以及当地人的民风习性，详见 Ormerod, *Piracy in the Ancient World*, pp. 190–192。
3 奥默洛德认为特里丰的劫掠活动并非海盗行为的滥觞而是其蔓延，见 Ormerod, *Piracy in the Ancient World*, p. 205。

多彩的雅典娜

大片土地。[1] 他很可能是奇里乞亚人从事海上劫掠的鼓动者和组织者，力图借助海盗势力削弱塞琉古王国的统治力量，从而使叙利亚屈服于其统治。[2] 特里丰虽遭失败，但海盗活动并未就此沉寂，反倒蔓延开来。

公元前 2 世纪末、前 1 世纪初，海盗势力壮大，劫掠范围不断扩大。在伊希多鲁斯（Isidorus，公元前 1 世纪初人）领导下，海盗遍布于东地中海地区；[3] 在其势力范围内，海盗首领俨如君王，海盗们也自认为是伟大的军队，声称劫掠物是战争的奖赏。[4] 出自阿斯提帕莱亚岛（Astypalaia）的一篇铭文记载，海盗劫掠了亚细亚行省的核心区域以弗所地区。[5] 公元前 70 年左右，海盗活动愈发猖獗，频频攻打东地中海地区的港口和城市，摧毁地中海的海运中心提洛岛；向西蔓延至整个地中海地区，大肆掠卖人口、勒索赎金，干扰、破坏甚至切断若干重要商路，甚至劫掠罗马城的港口奥斯提亚。[6]

---

1 Str., 14.5.2, in Strabo, *The Geography of Strabo*, Vol. VI, trans. by H. L. Jones, Cambridge, MA: Harvard University Press, pp. 327, 329, 331.

2 参见 de Souza, *Piracy in the Graeco-Roman World*, p. 98。

3 据弗洛鲁斯记载，从北非库列涅（Cyrene）到克里特岛和伯罗奔尼撒半岛，海盗遍布在这片"黄金海域"。参见 Flor., *Epit.* 1.41.6, in Florus, *Epitome of Roman History*, trans. by E. S. Forster, Cambridge, MA: Harvard University Press, 2005, pp. 191–193；Ormerod, *Piracy in the Ancient World*, p.206。

4 App., *Mith.* 92, in: Appiani Historia Romana, Bd. I, 438.

5 *IG*, XII.3, 171, in F. H. von Gaertringen, *Inscriptiones Graecae*, Vol. XII.3, Berlin: Reiner, 1898, pp. 33–34. 译文相关解析参见 de Souza, *Piracy in the Graeco-Roman World*, p. 101。

6 Plu., *Pomp.* 25. 1, in Plutarch, *Lives*, Vol. V, trans. by B. Perrin, Cambridge, MA: Harvard University Press, 2004, p. 177; App., *Mith.* 93, in: Appiani Historia Romana, Bd. I, 438; D.C., 36.22. 1–3, in Dio Cassius, *Roman History*, Vol. III, trans. by E. Cary, Cambridge, MA: Harvard University Press, 2001, p. 33; Cic., *Man.* 11.31–12.33, in *Cicero*, Vol. IX, trans. by H. G. Hodge, Cambridge, MA: Harvard Univeristy Press, 1927, pp. 43, 45,47.

罗马共和晚期东地中海地区海盗势力的兴盛，除已提及的地理、民俗条件外，还有一些不可忽视的因素，具体如下：

其一，东地中海地区错综复杂的政治局势为海盗的兴起提供了时机。一方面，亚历山大去世后，继业者们通过混战划定势力范围，逐渐形成马其顿、塞琉古和托勒密埃及三大王国。数十年间，奇里乞亚在塞琉古和托勒密两国间数度易手。[1] 两国强盛时严格控制奇里乞亚地区，但两国间冲突不断、内耗严重，加上罗马扩张造成的混乱局势；这使奇里乞亚在很大程度上成为"权力真空"地带，无疑为海盗的兴起创造了机会。另一方面，东地中海地区某些势力对海盗的政策因私利，往往举棋不定，有时甚至与海盗公开合作。[2] 许多城市、居民也选择与海盗为伍，为他们提供船埠和销售场所。[3] 凡此种种壮大了海盗的实力，然而在某种意义上促使海盗成为有能力重建当地统治秩序的势力之一。

其二，从公元前 3 世纪末叶起，罗马逐步向东地中海扩张，该地区的马其顿、塞琉古、罗德岛等势力受到沉重打击，[4] 海盗趁势发

---

1 Liv., 33. 19, in *Livy*, Vol. IX, trans. by E. T. Sage, Cambridge, MA: Harvard University Press, 1967, pp. 329, 331; Ormerod, *Piracy in the Ancient World*, pp. 200–203.

2 如在公元前 3 世纪末、前 2 世纪初，马其顿国王腓力五世、斯巴达国王纳比斯（Nabis）就与海盗保持着某种联系，参见 D.S., 28. 1, in Diodorus of Sicily, *The Library of History*, Vol. XI, trans. by F. R. Walton, Cambridge, MA: Harvard University Press, 1957, p. 229；Plb., 13.8. 1–3, in Polybius, *The Histories*, Vol. IV, trans. by W. R. Paton, Cambridge, MA: Harvard University Press, 2006, p. 423; Liv., 34. 32. 17–20, in *Livy*, Vol. IX, p. 505。托勒密埃及与海盗合作以削弱塞琉古实力，而长期奉行打击海盗政策的罗德岛考虑到塞琉古势力的复兴带来的威胁，也对叙利亚地区的海盗视而不见，参见 Str., 14.5.2, in Strabo, *The Geography of Strabo*, Vol. VI, pp. 327, 329, 331。

3 D. C., 36.20, in Dio Cassius, *Roman History,* Vol. III, p. 31; Str., 14.3.2, in Strabo, *The Geography of Strabo*, Vol. VI, p. 313; Casson, "Piracy," p. 842.

4 "Rhodes" 既可指岛屿，又可指以该岛为中心的国家。如未另加说明，本文中的"罗德岛"指后者。

多彩的雅典娜

展起来。公元前 214 年到前 146 年，罗马对马其顿发动了四次战争，马其顿国势每况愈下，终被罗马划为行省。[1] 虽然缺乏马其顿打击海盗的史料，但据李维记载公元前 168 年马其顿国王帕尔修斯（Perseus，公元前 179—前 168 年在位）曾实行护航制，[2] 这无疑在一定范围内抑制了海盗活动的发展。随着马其顿王国的覆灭，海上秩序也遭到破坏。罗马全力打压塞琉古王国的西进势头，迫使接连败北的安条克三世（Antiochus III，公元前 222—前 187 年在位）放弃欧罗巴及陶鲁斯山脉以西的亚细亚领土，仅保留 12 艘舰船，赔款 1.5 万塔连特。[3] 后来塞琉古王国力图东山再起，又遭罗马强力打压，加之内讧不断，从此一蹶不振。[4] 该王国无力自卫，海盗在其境内安营筑寨犹入无人之境。公元前 3 世纪末以来，一直追随罗马的罗德岛逐渐强盛，成为东地中海地区海上贸易中心和反海盗主力，被誉为"商人之友"。[5] 但罗德岛的强盛引起罗马的疑虑，第三次马其顿战争后罗马着手削弱它的势力。不久，罗马剥夺罗德岛在

---

1 马其顿战争之后罗马对马其顿的削弱举措，参见 Plb., 18.44.2-7, in Polybius, *The Histories*, Vol. V, trans. by W. R. Paton, Cambridge, MA: Harvard University Press, 2006, p. 183；Liv., 45.29.6-14, in *Livy*, Vol. XIII, trans. by A. C. Schlesinger, Cambridge, MA: Harvard Univeristy Press, 1951, pp. 347, 349, 351. 第二次战争后，和约规定：腓力应向罗马交还所有战俘和逃兵，除 5 艘轻型战舰和 1 艘六排桨的大船外，其余战船悉数交给罗马，赔款 1000 塔连特，见 Plb., 18.44.2-7, in Polybius, *The Histories*, Vol. V, p. 183。第三次战争后，马其顿王国遭到肢解，罗马对其严密监管，见 Liv., 45.29.6-14, in *Livy*, Vol. XIII, pp. 347, 349, 351。

2 Liv., 44.28. 1-6, in Polybius, *The Histories*, Vol. V, pp. 179, 181.

3 App., *Syr.*, 38-39, in: Appiani Historia Romana, Bd. I, 359; Plb., 21. 17.2-5, in Polybius, *The Histories*, Vol. V, p. 267.

4 Str., 14.5.2, in Strabo, *The Geography of Strabo*, Vol. VI, pp. 327, 329, 331.

5 D.S., 20.81.3-4, in Diodorus of Sicily, *The Library of History*, Vol. X, trans. by R. M. Geer, Cambridge, MA: Harvard University Press, 1954, pp. 355, 357; de Souza, *Piracy in the Graeco-Roman World*, p. 49.

卡里亚、吕西亚的属地，免费开放提洛岛，向它课以重税。这致使罗德岛财政拮据，难以维持庞大海军经费开支，更无力镇压海盗。[1]公元前 155—前 153 年，罗德岛在第二次克里特战争中遭到惨败，[2]局势更加恶化。罗马大举东扩之前，马其顿、塞琉古和罗德岛各尽其力，东地中海时局相对稳定。但随着罗马扩张，局势渐趋混乱，当地统治者很难对一些属地实施有效统治，[3]大批人员流落海上，从事抢掠。但罗马并未就此承担起维护海域安全的责任，反而有意裁减海军、废弃军港，[4]海盗趁势兴起。可以说，以奇里乞亚海盗为代表的东地中海海盗的兴起，在很大程度上是罗马东扩的结果。

其三，罗马人参与和支持的奴隶贸易助长了海盗活动。作为奴隶制下的历史现象，对于海盗来说，拐卖或掠卖人口是利润丰厚的正常交易。公元前 2 世纪，提洛岛成为整个地中海地区最大的奴隶贸易市场。据《地理志》记载，该岛一天之内奴隶交易数额上万，从业者获利丰厚。罗马在摧毁迦太基和科林斯后，日益增多的富人权贵大量购买和使用奴隶，为海盗们带来商机。[5]有证据表明，海盗成为意大利和西西里大庄园中奴隶的主要供应者。[6]

其四，罗马的内外局势也有利于海盗的兴起。就内而言，长期大规模征服战争造成征服者与被征服者、奴隶与奴隶主的矛盾日益

---

1 Plb., 30.31.7–13, in Polybius, *The Histories*, Vol. VI, trans. by W. R. Paton, Cambridge, MA: Harvard University Press, 1954, p. 157; Casson, "Piracy," p. 841.

2 D.S., 31.43–45, in Diodorus of Sicily, *The Library of History*, Vol. XI, pp. 407, 409; Plb., 33. 17, in Polybius, *The Histories*, Vol. VI, pp. 285, 287.

3 Sherwin-White, "Rome, Pamphylia and Cilicia, 133–70 B.C.," p. 3.

4 C. G. Starr, *The Influence of Sea Power on Ancient History*, New York: Oxford University Press, 1989, p. 61.

5 Str., 14.5.2, in Strabo, *The Geography of Strabo*, Vol, VI, pp. 327, 329, 331.

6 M. I. Finley, *The Ancient Economy*, California: California Press, 1973, p. 156.

尖锐，统治阶级内部不同利益集团间冲突不断。格拉古兄弟土地改革、席卷西西里与意大利本土的大规模奴隶起义、"同盟战争"以及苏拉派和马略派的火拼，正是其突出表现。就外而论，罗马与周边诸族的矛盾甚为尖锐，北非朱古达战争、北部条顿人和森布里亚人的袭扰、米特拉达梯（Mithridates VI，公元前135—前63年在位）在东方的反扑，致使罗马数面临敌。其时罗马的战略重点只能是控制地中海周边的陆地，难以兼顾海上。海盗可利用这一形势，与反罗马力量（罗马内争失势者、外族统治者以及奴隶起义首领等）联络，共同抵御罗马。[1]

二、罗马的反海盗行动及其影响

公元前2世纪中期至前1世纪60年代，海盗势力的发展大致经历了三个阶段：初兴期（公元前2世纪中后期）；发展期（公元前2世纪末期到前1世纪70年代末）；壮大期（公元前1世纪60年代初期）。罗马的应对策略则视其危害程度，经历了"不予理睬""主动遏制""决意剿灭"的演变。

初兴期，海盗的侵扰范围主要限于奇里乞亚和叙利亚沿岸地区，损耗着罗马对手塞琉古的国力；海盗与罗马人在奴隶贸易方面的合作似乎也有一种默契。可以说，海盗与罗马在东方的利益具有

---

[1] 海盗与塞多留、米特拉达梯、斯巴达克和克里特的海盗势力等力量保持着密切联系。参见 Plu., *Sert.* 7, in Plutarch, *Lives*, Vol. VIII, trans. by B. Perrin, Cambridge, MA: Harvard University Press, 2004, pp. 19, 21；App., *Mith.*, 92, 119, in: Appiani Historia Romana, Bd. I, 438, 445；Plu., Crass. 10.4, in Plutarch, *Lives*, Vol. III, trans. by B. Perrin, Cambridge, MA: Harvard University Press, 1919, pp. 343, 345；App., *Sic.*, 6. 1, in: Appiani Historia Romana, Bd. I, 60-61。

某种一致性。事实上，罗马在这一时期并未采取重大反海盗行动。德·索萨提出，这或是由于此时海盗行为未对罗马造成实质损害，或因罗马困于其他难题无法脱身。[1]笔者认为前者的可能性更大，因为此时罗马放任该地区海盗活动更符合其现实利益。

及至公元前 2 世纪末，随着罗马向东地中海地区的扩张，当地原有的政治格局和秩序遭到破坏。战争、动乱、自然灾害造成的流民日益增多，其中相当一部分成为海盗的后备军。海盗集团的组织水平有所提高、战舰装备更加完善，[2]其活动范围逐步扩大，从东地中海地区逐渐向西拓展，对罗马的威胁加大，损害了罗马的国家利益与声誉。形势迫使罗马组织海军、颁布反海盗法令，对海盗活动的蔓延加以阻遏。罗马与海盗的真正博弈拉开帷幕。

公元前 102 年至前 1 世纪 70 年代，罗马多次出兵打击海盗，并通过立法和行政手段来制约海盗行为。公元前 102 年，罗马派遣马尔库斯·安东尼乌斯（Marcus Antonius, the Orator，公元前 99 年执政官）打击海盗。李维仅记载，"安东尼乌斯追击海盗，进入奇里乞亚"，[3]对罗马人是否获胜则语焉不详；普鲁塔克提到，安东尼乌斯获得过一次凯旋式。[4]但由此后海盗仍然横行判断，此次行动的战果似乎差强人意。此次行动的军队主力来自行省和属国，[5]安东尼乌斯有意参选执政官，可能只想借此捞取政治资本而已。[6]因此，

---

1 参见 de Souza, *Piracy in the Graeco-Roman World*, pp. 99-100。

2 S. Robin, *Pompey the Great: A Political Biography*, 2nd ed., Oxford: Blackwell Publishing Ltd, 2002, p. 43.

3 Liv., 68, in *Livy*, Vol. XIV, trans. by A. C. Schlesinger, Cambridge, MA: Harvard Univeristy Press, 1959, pp, 81, 83.

4 Plu., *Pomp.* 24.6, in Plutarch, *Lives*, Vol. V, p. 177.

5 Sherwin-White, "Rome, Pamphylia and Cilicia, 133-70 B.C.," pp. 4-5; de Souza, *Piracy in the Graeco-Roman World*, p. 103.

6 Pilip de Souza, *Piracy in the Graeco-Roman World*, p. 104.

罗马此次行动的目的一方面是阻遏海盗的蔓延，另一方面在于向行省和同盟者展示其镇压海盗的意愿和能力。公元前 100 年，罗马颁布包含反海盗内容的《裁判官治理行省法》（ lex de provinciis praetoriis ），出于打击海盗的需要，有意提高了奇里乞亚的行政"级别"；[1] 该法令还规定罗马的盟友有义务保证其辖区内不得出现海盗的基地，任何官员都不得窝藏海盗，务必尽力确保罗马人的安全等。[2]

此后，苏拉（L. C. Sulla Felix，公元前 138—前 78 年）于公元前 90 年出任奇里乞亚行省长官，在罗马盟友的支持下组建一支海军。[3] 此时，罗马的首要目标是打击米特拉达梯、恢复阿里奥巴赞涅斯（Ariobarzanes，公元前 96—前 52 年在位）在卡帕多西亚的王位，对付海盗只是次要目标。穆雷那（L. Licinius Murena，公元前 88 年司法官）在任时也组建舰队，[4] 对付米特拉达梯、同时威慑海盗。

公元前 77 年至前 75 年，塞尔维里乌斯（Servilius Isauricus，约公元前 134—前 44 年）前往东方镇压海盗。尽管相关史料匮乏，仍可以确定他清剿了小亚南部的海盗。《地理志》记载，他端掉了陶鲁斯山脊的一个海盗基地，攻占了塞浦路斯、法塞利斯和滂菲利亚的许多地方。[5] 虽然取得不小战果，但此次行动难以根除海盗活动，原因有二：其一，此次行动的主要目的并不是消灭海盗，而是

---

1 Pilip de Souza, *Piracy in the Graeco-Roman World*, pp. 109–110.

2 A. W. Lintott, "Notes on the Roman Law Inscribed at Delphi and Cnidos," *Zeitschrift für Papyrologie und Epigraphik*, Bd. 20(1976), p. 69; de Souza, *Piracy in the Graeco-Roman World*, pp. 111.

3 Plu., *Sull.* 5.4, in Plutarch, *Lives*, Vol. IV, trans. by B. Perrin, Cambridge, MA: Harvard University Press, 2006, pp. 335, 337.

4 Cic., *Ver.* II 1.35.89, in Cicero, *The Verrine Orations*, Vol. I, trans. by L. H. G. Greenwood, Cambridge, MA: Harvard Univeristy Press, 1928, p. 217.

5 Str., 14.5.2, in Strabo, *The Geography of Strabo*, Vol. VI, pp. 327, 329, 331.

重新控制在第一次米特拉达梯战争中丧失的战略要地，打通前往卡帕多西亚的陆上要道；[1]其二，战后塞尔维里乌斯没收了原属海盗的土地，[2]他们只能漂泊海上重操旧业。而且罗马并未对东地中海海域严密管控，以致奇里乞亚海盗只是被驱离老巢，却在其他地方尤其是克里特岛筑营而居、伺机而动。[3]公元前74年，罗马又派遣安东尼乌斯（M. Antonius Creticus，生卒年不详）清剿海盗。此时克里特的一些城市被认为与海盗甚至米特拉达梯关系密切，[4]因此他决定对克里特动武，但惨遭失败、死于该岛。此后，直到庞培挂帅出征，罗马再未派遣海军将领打击海盗，反海盗事宜由诸行省自行负责。

值得注意的是，在上述行动中罗马主要依赖其盟友和行省之力，自身并未倾力而为。这很可能是因为此时的海盗活动主要局限于东地中海地区，罗马的核心利益并未受到损害。正如卡西乌斯·狄奥所言："只在收到一些报告的时候，他们（罗马人）才派遣一些舰队和将军，但成效甚微。"[5]尽管东地中海各地海盗肆虐对罗马自身利益损害较小，但对其附属国危害巨大，罗马出手整治海盗已是众望所归。这无疑显示出罗马在整个地中海地区的特殊地位。换言之，海盗在地中海地区活跃和壮大，不仅使罗马的霸主地位愈益突出，也为它进一步向东扩张提供了正当理由和合法依据。公元前1世纪60年代初，海盗活动蔓延至整个地中海，对罗马国

---

1 de Souza, *Piracy in the Graeco-Roman World*, p. 130.

2 Cic., *Ver.* II 1.21.56−57, in Cicero, *The Verrine Orations*, Vol. I, pp. 179, 181.

3 H. A. Ormerod, "The Campaigns of Servilius Isauricus against the Pirates," *Journal of Roman Studies*, Vol. 12(1922), p. 37.

4 Flor., *Epit.* 1.42.7, in Florus, *Epitome of Roman History*, p. 195.

5 D.C., 36.23. 1−3, in Dio Cassius, *Roman History*, Vol. III, p. 35.

家安全构成严重威胁，剿灭海盗成为罗马社会共同诉求和必然选择。就政治层面而言，若海盗扰乱海上交通，必然会威胁到罗马对行省和属国的控制，削弱它在地中海地区的政治影响力；如果处置不当，有可能动摇罗马在地中海地区的统治地位。值得注意的是，此时奇里乞亚海盗和米特拉达梯关系密切，[1]后者一直是罗马在东方的心腹大患。对罗马而言，反海盗行动在很大程度上成为米特拉达梯战争的一部分，也是罗马向小亚扩张的重要举措。就社会经济层面而言，海盗活动在地中海的蔓延，必然会削弱罗马与各行省及附属国的经济联系，影响罗马的贡赋收入；也阻碍和破坏了地中海正常贸易往来，损害罗马商人尤其是骑士阶层的利益。[2]据估计，共和晚期罗马城常住人口达到 75 万人左右，[3]粮食、橄榄油等必需品主要依赖海运输入。[4]若海盗阻断海上航线，罗马必然出现食物短缺，这无疑是一种致命威胁。

海盗劫掠造成罗马城粮食危机，民众怨声载道，[5]元老院不得不断然采取措施剿灭海盗。元老院遂于公元前 67 年通过"加比尼乌斯法案"（ *lex Gabinia* ），授予庞培（Cn. Pompeius，公元前 106—前

---

1 Plu., *Pomp*. 24. 1–2, in Plutarch, *Lives*, Vol. V, p. 173, 175; App., *Mith*., 119, in: Appiani Historia Romana, Bd. I, 445; S. Robin, *Pompey the Great: A Political Biography*, 2nd ed., p. 43; P. Southern, *Pompey the Great*, Stroud: Tempus Publishing Ltd, 2002, p. 60.

2 共和晚期，骑士阶层通过经商和包税致富，成为统治阶级中的新贵。将来自骑士阶层和意大利商人的压力视为罗马在公元前 2 世纪末叶打击海盗的重要原因，参见 E. Badian, *Roman Imperialism in the Late Republic*, Oxford: Basil Blackwell, 1968, pp. 52–53。

3 P. A. Brunt, *Italian Manpower 225 B.C. –A.D.14*, Oxford: Oxford University Press, 1971, p. 383.

4 P. Erdkamp, "The Food Supply of the Capital," in id. ed., *The Cambridge Companion to Ancient Rome*, New York: Cambridge University Press, 2013, pp. 270–271.

5 App., *Mith*., 93, in: Appiani Historia Romana, Bd. I, 438; Plu., *Pomp*. 25. 1, in Plutarch, *Lives*, Vol. V, p. 177.

48 年）空前广泛的权力，允许他在各行省募集军队和征收钱款。[1]
庞培采取先西后东、分区剿灭的策略，将沿岸及海域划分为 13 块
区域，每一区域配置一批舰船和一位将军；庞培软硬兼施，仅用
40 天就将缺乏统一组织的海盗各个击破，其残部最后被驱赶至奇
里乞亚一带。[2] 至于在奇里乞亚的行动，传世史料极少，西塞罗说：
庞培"在 49 天之内，从布隆狄西（Brundisium）出发，把整个奇里
乞亚并入罗马的版图"。[3] 在平息海盗之后，罗马元老院命庞培接替
卢库鲁斯（L. Licinius Lucullus，公元前 117—前 57/56 年）继续打
击米特拉达梯。公元前 64 年，庞培击垮米特拉达梯等劲敌，将本
都和比提尼亚纳入罗马版图，翌年将叙利亚置为罗马的行省、吞并
犹太王国；而其他原本独立的王国，如卡帕多西亚、加拉提亚等，
也都成了罗马的附属国，罗马的东部疆域得以巩固和拓展。

罗马之所以决意剿灭海盗，根本原因在于海盗势力已经严重威胁
其核心利益。而清剿海盗行动的成功，巩固并拓展了罗马陆海疆域，
稳定了罗马政治和社会局势，维护了统治集团的整体利益。罗马大军
开赴东地中海打击海盗之时，便已然开启了罗马进一步征服东方的历
史进程，也预示着一个空前规模的大帝国在地中海地区的建立，而
剿灭海盗对于这个环地中海大帝国的建立，是具有决定意义的一环。
因此，国家利益受损所激发的内部"推力"和剿灭海盗后利益前景的
"引力"交互作用，促成罗马统治阶级同心协力清剿海盗。

---

1 Plu., *Pomp.* 25.2–5, in Plutarch, *Lives*, Vol. V, pp. 177, 179, 181; Southern, *Pompey the Great*, pp. 60–61.

2 App., *Mith.*, 94–95, in: Appiani Historia Romana, Bd. I, 439; Plu., *Pomp.*, 26.3–4, in Plutarch, *Lives*, Vol. V, p. 183; Liv., 99, in *Livy*, Vol. XIV, p. 123.

3 Cic., *Man.* 12. 35, in *Cicero*, Vol. IX, pp. 47–49.

多彩的雅典娜

三、海盗行为和"罗马统治下的和平"

经庞培镇压，海盗活动一度沉寂 20 余年。随着罗马国内政治斗争的激化，海盗趁势再度兴起。庞培败于凯撒后，其子小庞培（Sextus Pompey，约公元前 76/70—前 35 年）流亡在外，从事劫掠活动，并相继占领西西里岛、科西嘉岛和撒丁岛等地，对意大利半岛形成合围之势。[1]公元前 38 年，屋大维（Octavius，公元前 63—14 年）着手建设海军，并将海军训练和指挥权授予阿格里帕（M. Vipsanius Agrippa，公元前 64/63—前 12 年）。[2]两年后，阿格里帕在米拉（Mylae）和纳乌洛库斯（Naulochus）连战连捷，彻底摧毁小庞培的海军，解除了罗马国家安全的重大威胁。[3]

元首制时期，罗马沿用庞培治理海盗的策略，将地中海等海域划片而治，在米森努姆、拉文纳、塞琉西亚、亚历山大里亚、多瑙河、黑海、英吉利海峡等地建立海军基地、派驻海军，防止海盗活

1 App., *BC* 4.85, 5.56, 66,72, in: Appiani Historia Romana, Bd. II, hg. v. L. Mendelssohn u. P. Viereck, Leipzig 1905, 407, 529, 531–532, 533; D.C., 47. 12, 48. 17, in Dio Cassius, *Roman History*, Vol. V, trans. by E. Cary, Cambridge, MA: Harvard University Press, 1917, pp. 139, 141, 253, 255。布鲁图斯和卡西乌斯内战失败后，其剩余舰船也投到小庞培麾下，参见 L. Casson, *The Ancient Mariners: Seafarers and Sea Fighters of the Mediterranean in Ancient Times*, 2. ed., Princeton, NJ: Princeton University Press, 1991, p. 207。而且海盗行为极大干扰了地中海海上运输，造成罗马粮食供应严重吃紧，参见 App., *BC*, 4. 100, 108, 117; 5. 15, 18, 67, in: Appiani Historia Romana, Bd. II, 410, 412, 413,519, 520, 532。
2 为了建造一支舰队，屋大维向罗马各级公民（元老、骑士和富民）乃至盟友征集人力和财力，以 2 万名士兵换得安东尼 120 艘舰船（实际前来助战的为 102 艘），雷必达则从利比亚带来 70 艘战舰，并以 1000 艘运输船运来 12 个军团、500 匹努米底亚战马和大批装备。参见 App., *BC* 5.95–96, 98, in: Appiani Historia Romana, Bd. II, 538–539; D.C., 48.49, in Dio Cassius, *Roman History*, Vol. V, pp. 325, 327。
3 关于两次海战对决过程，参见 App., *BC* 5. 106–108, 118–121, in: Appiani Historia Romana, Bd. II, 541–542, 543–544。

动死灰复燃。[1]塔西佗（Cornelius Tacitus，约 55—约 120 年）形象地说"帝国已被海洋和遥远的河流围护起来"。[2]显然，上述举措有效稳固了罗马对地中海广大海域的控制，海上交通似乎畅通无阻，海上贸易空前繁荣。苏维托尼乌斯（C. Suetonius Tranquillus，约 70 年生人）以一件极富象征性的事件突显帝国的祥和安宁：在航行通过卡帕尼亚（Campania）及其附近岛屿之后，他（屋大维）在卡普里岛（Capreae）上的别墅休息和消遣了四天。当他航行穿过普特奥里（Puteoli）海湾时，一艘亚历山大里亚的船只也到达不久，船上的旅客和船员穿上白袍，带上花环，点燃熏香，向屋大维致以最美好的祝愿和赞颂。他们声言，正是由于屋大维，他们才能得以安定生活、四处航行，并享有自由和好运。屋大维得知后甚为喜悦，给每个随行人员发放 40 枚金币，令其仅购买亚历山大里亚人的货物。[3]此类记述屋大维维持海洋畅通的古代文献尚有很多，如《地理志》记载伊比利亚半岛至意大利之间有利的贸易环境，认为罗马人的军事行动使海盗行为大为减少，贺拉斯（Horace，公元前 63—前 8 年）和普罗培提乌斯（Propertius，公元前 1 世纪晚期人）也都称颂奥古斯都统治下的海上和平。[4]

---

1 关于元首制初期罗马帝国舰队和海军基地的建设和发展情况，参见 C. G. Starr, *The Infleunce of Sea Power on Ancient History*, New York: Oxford University Press, 1989, pp. 68–69, 72–76；de Souza, *Piracy in the Graeco-Roman World*, pp. 204–205。

2 Tac., *Ann.* 1.9, in *Tacitus*, Vol. III, trans. by C. H. Moore, Cambridge, MA: Harvard University Press, 1931, pp. 259, 261.

3 Suet., *Aug.* 98. 1–3, in *Suetonius*, Vol. I, trans. by J. C. Rolfe, Cambridge, MA: Harvard University Press, 2001, p. 299.

4 Str., 3.2.5, in Strabo, *The Geography of Strabo*, Vol. II, trans. by H. L. Jones, Cambridge, MA: Harvard University Press, 2006, pp. 29, 31, 33; Hor., *Epod.* 4. 17–20, in Horace, *Odes and Epodes*, trans. by N. Rudd, Cambridge, MA: Harvard University Press, 2004, p. 281; Prop., 3.4, 3. 11.57–72, in Propertius, *Elegies*, trans. by G. P. Goold, Cambridge, MA: Harvard University Press, 2006, pp. 231, 233, 261, 263.

屋大维的反海盗行动与维持海运畅通的举措，使海盗在"帝国曙光"的映照下"销声匿迹"。尽管事实并非如此，[1]但可以基本确定，海盗受到极大遏制，不再对罗马国家构成重大威胁。其中缘由应置于罗马政治、经济和军事等社会背景下加以分析。

其一，一般而言，社会动荡、政局混乱是促发地中海海盗兴起的重要因素；而元首制时期罗马国内外局势相对稳定，缺乏促成海盗行为的政治环境。公元前 1 世纪末叶，屋大维先后肃清各方反对势力，成为共和末叶罗马权力斗争的最后赢家，罗马统治集团内部矛盾渐趋平缓。就外部环境而论，之前困扰罗马的外部对手或被吞并或被削弱，罗马国家疆界已涵括整个地中海沿岸地区，地中海成为名副其实的罗马"内海"（ mare nostrum ）。而且共和末叶以来从东部威胁罗马的帕提亚帝国，在元首制初期与罗马的关系也逐渐缓和。[2]地中海出现了所谓"罗马统治下的和平"（ Pax Romana ）。在这种情势下，包括海盗行为在内的、与统治阶层意愿相背的任何活动皆会被视作扰乱社会秩序、危害国家安全的不法行为而受到打压。进而言之，地中海政治局势的巨变，使海盗失去了之前在大国博弈中的工具性作用。

其二，在经济上，一方面，罗马的海运贸易四通八达，成为影响罗马财政收入的重要支柱。海运贸易在帝国统治中的重要性决定了统治者对海运安全的重视程度。另一方面，在帝国经济蓬勃发

---

1 de Souza, *Piracy in the Graeco-Roman World*, p. 199.

2 弗拉阿特斯四世 (Phraates IV，约前 38—前 2 年在位) 前期与罗马进行过一系列战争，后向罗马示好，不仅归还了罗马人在卡雷 (Carrhae) 之战中丧失的鹰旗，更将其子送至罗马以为质子，参见 Str., 6.4.2, in Strabo, *The Geography of Strabo*, Vol. III, trans. by H. L. Jones, Cambridge, MA: Harvard University Press, 1954, pp. 139-147; Tac., *Ann.* 2. 1, in *Tacitus*, Vol. III, p. 385。

展、谋生方式相对较多的时期，海盗行为作为一种危险系数极高的职业自然受到排斥。正如德·索萨所言，由于罗马统治的确立，通过和平行为，人们可以获得许多致富的机会，也就没有更强的动力通过暴力掠夺人力和财富；与之前处于帝国边缘的人们相比，在行省相对繁荣、民生好转的情形下，东部居民从事海盗行为的动力自然也就不及旧日。[1]

其三，就军事层面而言，屋大维建立帝国常备海军，将地中海划片而治，并在战略要地建立海军基地、派驻海军舰队、定期巡航，牢牢地掌控了地中海的制海权。可以说，罗马强大的军事机器成为抑制海盗等反对势力兴起的坚实后盾。

元首制时期相对稳定的国内外政治局势、繁荣的海上贸易以及强大的军事力量，成为抑制海盗行为生成、发展的关键因素。期间，海盗行为虽尚未完全绝迹，但在某种程度上成为帝国人民的历史记忆，不仅是映衬和烘托帝国安稳和平和欣欣向荣的重要历史素材，也成为帝国统治者借以夸耀自身文治武功的重要历史凭证。换言之，"海盗行为"这一历史概念，成为统治者塑造宣传话语、提升自身权威、建构合法性地位的重要修辞工具。

四、结语

罗马共和晚期，两次海盗行为历时久、威胁大、波及范围广。关于如何评价古代海盗行为的地位和作用，笔者认为，宏观地看，在人类以野蛮的方式否定野蛮的漫长历史进程中，征服与反征服、

---

1 de Souza, *Piracy in the Graeco-Roman World*, p. 197.

　　　　　　　　　　　　　多彩的雅典娜

掠夺与反掠夺、奴役与反奴役的矛盾运动必然是同奴隶制的产生和发展相伴随的，罗马与海盗的博弈不过是这种矛盾运动的一种表现形式而已。由于生产力水平低下，地中海各地始终存在着大量无法谋生者，从而使海盗行为成为古代地中海地区奴隶制时代的必然产物。[1] 至于共和国晚期罗马与海盗的博弈，以及海盗行为在罗马海上势力发展以至其陆、海帝国建立过程中的地位，应该依据相关史实，作一些具体分析。

第一，奇里乞亚海盗开始主要以奇里乞亚为基地，活跃于东地中海地区，对于塞琉古等东方强国起到某种牵制作用，对罗马而言，实际上起到了削弱潜在劲敌的作用。

第二，海盗在东地中海的劫掠为罗马东扩提供了正当理由和合法依据。一方面，在与海盗的博弈中，罗马借其凝聚行省和盟国的力量，扩充海军实力；另一方面，在其他对外战争中，罗马常常宣称对手与"邪恶""残暴"的海盗相勾结，在舆论上塑造海盗的负面形象，甚至宣布"海盗是人类公敌"（ *communis hostis omnium* ），[2] 以便名正言顺地对其作战。在米特拉达梯战争中，罗马指责对手勾结海盗、无恶不作，[3] 以抹黑对手争取盟友的同情和支持。公元前1世纪70年代末，罗马宣称克里特岛窝藏大批海盗，强迫对方交出300名首领和所有舰船、赔款4000塔连特；这种无理要求遭到拒绝后，罗马随即派麦特鲁斯（Q. Caecilius Metellus Creticus，公元前69年

---

1 徐松岩：《古代海盗行为述论》，《世界历史》1999年第4期。

2 Cic., *Off.* 3.29. 107, in Cicero, *De Ofhciis*, trans. by W. Miller, Cambridge, MA: Harvard University Press, 2005, p. 385.

3 App., *Mith.* 92, in: Appiani Historia Romana, Bd. I, 438; Plu., *Pomp.* 24. 1–2, in Plutarch, *Lives*, Vol. V, pp. 173, 175.

执政官）血洗克里特。[1]

第三，与海盗的博弈激发和强化了罗马人的海洋意识。罗马人历来十分重视陆上扩张及陆路交通，在反海盗过程中，罗马逐步意识到海洋、海军、海疆的重要性，将控制海洋视为国家的根本利益。罗马颁布涉及打击海盗的法律、建立军港、训练海军、完善海战军备，屋大维建立常备海军，在米森努姆和拉文纳建立海军基地，在叙利亚、埃及、黑海、英吉利海峡等地派驻舰队，从此稳固掌握地中海制海权达 200 余年，这是罗马政治稳定、经济繁荣的重要基础。[2] 罗马在与海盗的博弈中借力打力成功实现了海上扩张，拓展了海上势力范围，先后将克里特岛、奇里乞亚、叙利亚等地纳入其版图，使地中海成为其"内海"，确立其陆海霸主的地位，从此真正成为地中海世界的主人。

综上所述，海盗作为与罗马对抗的集团，在不同时期都程度不同地威胁着罗马的国家利益，扰乱地中海地区的海上秩序。但不容忽视的是，海盗行为在罗马向地中海地区扩张的历史进程中发挥过不可忽视的重要作用。

原载《古代文明》2020 年第 1 期，与李杰合作撰写，

李杰，历史学博士，现为苏州科技大学教师

---

1 D.S., 40. 1.3, in Diodorus of Sicily, *The Library of History*, Vol. XII, trans. by F. R. Walton, Cambridge, MA: Harvard University Press, 1967, p. 275, ; App., *Sic.*, 6. 1-2, in: Appiani Historia Romana, Bd. I, 60-61; D.C., 30-35. 111, in Dio Cassius, *Roman History*, Vol. II, trans. by E. Cary, Cambridge, MA: Harvard University Press, 2001, p. 499.

2 卡森对庞培反海盗行动之于罗马海军建设乃至罗马历史发展的深远意义给予高度肯定，他认为，庞培的海军舰队为之后罗马的海军建设奠定了基础，是罗马将地中海变为其"内海"的核心军事保证，参见 Casson, *The Ancient Mariners: Seafarers and Sea Fighters of the Mediterranean in Ancient Times*, p. 205。

　　　　　　　　　　　　　　　　多彩的雅典娜

第八章

探讨·商榷

31 《世界文明史》若干史实辨正

　　三卷本《世界文明史》[1]自 2004 年 1 月由北京大学出版社出版以后，在教育界和广大读者中产生了较大的影响，特别是因其新颖的结构、博大丰富的内容以及生动的文笔得到了普遍的好评。[2]本书编著工作历时五年有余（据说这部著作仅仅勾勒提纲就用了两年时光），总字数达 120 余万，可谓体大思精。作者在"编辑说明"中谦称"本书是大学历史系同学编定局世界史新教材的一次尝试"。而实际上这套书被教育部定为"面向 21 世纪课程教材"，"普通高等教育九五国家级重点教材"。有评论认为它是我国学者写出的第一部真正意义上的世界文明史教材；有专家认为北大版《世界文明史》的出版"将是我国世界史研究的一种新突破和一个新的里程碑"。[3]

　　然而，无论是哪种历史著作或教科书，最重要的莫过于实事求是地评述过去，把正确的知识教授给众多学生。高校历史教科书一般说来能够而且应当反映一个时期以来的史学研究新成果，而且教

1　马克垚主编：《世界文明史》，北京：北京大学出版社，2004 年。
2　穆玉：《世界文明的历史构建》，《中华读书报》2004 年 11 月 24 日。
3　祁怀高：《评马克垚主编〈世界文明史〉》，《北京大学学报》2005 年第 4 期。

科书本身对于广大初学者历史知识的积累和历史观的形成往往有着至关重要的影响。唯其如此，国内外学者对于教科书的编写质量历来十分重视。笔者作为世界文明史的初学者，对于古代世界史特别是希腊史颇感兴趣；我们在拜读过该书上卷以后，对于该书第 5 章"古代希腊文明"（颜海英博士是该章作者同时也是该卷两名主编之一，故而以下简称"颜著"）所涉及的史实和相关问题有一些不同的想法。兹提出讨论，以就教于诸位读者和专家。

（一）颜著第 187 页写道：现在的希腊人仍喜欢用他们最古老的名称"海伦"称呼自己的国家，并自称是"海伦人"。

众所周知，"希腊"原本是古希腊文"Ἑλλάς"（Hellas）之名音译，意即希腊人（Hellenes）居住之地，源自他们的远祖希伦 Hellen（或译海伦），Hellenes 意为希伦之后裔。根据希腊神话，洪水淹没了大地，只有普罗米修斯（Prometheus）的儿子丢开利翁（Deucalion）和他的妻子皮拉（Pyrrha）幸存下来，他们成为人类的始祖。希伦是他们的儿子，是埃奥鲁斯（Aeolus）、多鲁斯（Dorus）和克苏托斯（Xuthos）的父亲；而克苏托斯又是伊翁（Ion）和阿凯乌斯（Achaeus）之父。这些神话多少暗示了古希腊人诸分支的历史渊源关系。千百年来，虽然希腊以外的人们常常按罗马人的习惯称希腊为"Greece"，但是现代希腊人却喜欢用"Hellas"（如现在希腊运动员的服装上）称呼自己的国家。

Hellen 是传说中希腊人的名祖，Hellas 是希伦人居住之地，一个是传说中的人名，一个是地名。从汉语发音上说，Hellen 和 Hellas 似乎也无法译为同一名字。因此，颜著说当今希腊人用"海伦"称呼自己的国家，称呼自己为"海伦人"，实际上是把 Hellen 和 Hellas 混为一谈，这极易引起不必要的误解。

多彩的雅典娜

这里还有一个问题，就是传说宙斯之女、斯巴达的王后海伦（Helen），因为她被特洛伊王子帕里斯（Paris）诱拐，而引发特洛伊战争。美女海伦和希腊人的名祖虽然在读音上相近，但这两个传说中的人物性别不同，而且无论在古希腊文献还是现代西文里都是有明显区别的。[1]因此，中文著作在使用这两个名字时，最好略作区别。

（二）颜著第 189 页说：在荷马史诗中，诗人称当时的希腊人为"爱琴人"（Achaeans），这是"爱琴文明"或"爱琴海"等称呼的来源。

这里有三点值得商榷。首先，Achaeans 只是荷马史诗中诗人对当时希腊远征军诸种称呼当中的一种，还有其他称呼（如 Danaans，Argives）。[2]古希腊历史学家修昔底德指出：荷马在他的诗里从来没有在任何地方用"希腊人"（Hellenes）来泛称出征特洛伊的全体希腊军队；史诗中的希腊人被称为"达纳安斯人"（Danaans）、"阿尔哥斯人"（Argives）和"阿凯亚人"（Achaeans，或译阿卡亚人、亚该亚人）。[3]

其次，该书作者在卷末的索引（第 398 页）中，把 Achaenans 译为"阿卡亚人"，书中也不只一处出现"阿卡亚人"，为什么不统一译为"爱琴人"？至于"Achaeans"是否可以译为"爱琴人"，笔者不敢妄加评论。通常在同一著作中的同一个外文名词，最好统一

---

1 S. Hornblower & A.Spawforth Edited, *The Oxford Classical Dictionary*, 3rd Edition Revised, The Oxford Classical University Press, 2003, pp.675-677.

2 Homer. *Illiad*, Achaeans, I. 2, 254, 404; II. 235, 404; III. 3, 75, 167, 226, 258; V. 422; Argives, I. 30; II. 108, 115, 161, 287, 559, 681; III. 458; IV. 8, 52, 174; Danaans, I. 42, 455.

3 Thucydides, *The Peloponnesian War*, I. 3.

译名。

最后，问题的关键在于，爱琴海、爱琴文明当中的"爱琴（的）"（Aegean）之名究竟源于何处？

最新出版的国际古典学权威工具书《牛津古典辞书（2003年修订版）》，也许可以给我们提供一个比较标准的参考答案。在该书"爱琴海"（Aegean Sea）[1] 的条目下，指出"爱琴"之名在古希腊也有多种来源。其一，最流行的说法，是说此名字来源于雅典英雄提秀斯的父亲埃勾斯（Aegeus），他在等待爱子归来时，误以为爱子已经被克里特牛怪吞噬，悲恸之极而纵身跳海自尽，后世人们为了纪念他而命名这片海域为 Aegeus 之海，即"爱琴海"。其二，传说居住在爱琴海北岸或东岸的尚武好战的妇女族阿马宗人（Amazons）女王埃格（Aegea），也曾跳海自尽，爱琴海因她而得名。其三，是起源于爱琴海以北、位于马其顿境内的城市埃盖（Aegae）。

颜著认定 Achaeans 是"爱琴文明"或"爱琴海"名称的来源，似乎是缺乏必要依据的。

（三）颜著第 201 页在论及"伯罗奔尼撒同盟"时指出：半岛上其他城邦各派代表组成议会，和斯巴达的议会同时议事，双方达成共识后，由斯巴达王执行决议。由于斯巴达对友邦通常相当支持，因而其领导地位非常稳固。

这里涉及伯罗奔尼撒同盟和斯巴达国家的权力结构，以及议事、决策和执行程序等问题。颜著在这里提出如下新观点。其一，同盟者诸邦代表组成的"议会"和斯巴达的"议会"同时议事。不过，这里提及斯巴达的"议会"是一个相当模糊的概念，它究竟是

1　S. Hornblower & A. Spawforth Edited, *The Oxford Classical Dictionary*, p.16.

指元老贵族议事会还是公民大会？颜著未作明确说明。其二，颜著强调，"双方"（指两个"议会"）达成共识以后，由斯巴达国王执行决议。这就是说，斯巴达国王是"议会"之下的执行机构。其三，斯巴达在同盟中的领导地位稳固，是因为斯巴达人对友邦"相当支持"。

众所周知，大约自公元前6世纪开始，斯巴达人依靠其强大的武力成为南希腊的霸主。伯罗奔尼撒半岛上的绝大多数城邦，都加入了斯巴达联盟（希腊文原名为"拉栖代梦人及其同盟者"，近代学者称之为"伯罗奔尼撒同盟"）。这个同盟是政治军事性质的同盟，由斯巴达与入盟各邦签订盟约。同盟设有议事会，由入盟各邦组成，盟邦各有1票表决权。但是同盟议事会在斯巴达人认为合适的时候，由斯巴达人主持召开。入盟各邦虽然原则上是独立的，但是在军事外交等重大问题上须服从同盟统一指挥，斯巴达国王是联军总司令，因而盟邦在很大程度上是在斯巴达的控制之下，服从斯巴达指挥；斯巴达自然是同盟的核心和领袖。[1]

根据修昔底德的记载，我们可以比较清楚地了解斯巴达同盟（伯罗奔尼撒同盟）议事会是如何进行重大决策的。伯罗奔尼撒战争爆发前，在希腊世界战云密布，双方剑拔弩张之际，斯巴达人召集例行的公民大会，召集相关的盟邦前来申诉，然后由公民大会表决战争与和平的问题。不过在斯巴达公民大会正式表决的时候，所有盟邦的代表皆须退出会场。等到斯巴达公民大会多数人认为雅典人已经破坏了和约、犯有侵害罪以后，斯巴达人才决定召集同盟大会，共同议决战争与和平的问题。在这次伯罗奔尼撒同盟代表大会上，斯巴达人听取了盟邦代表的意见后，"要求所有同盟国无论大

1《不列颠百科全书》，第13卷，第117页。

国小国都要进行表决"，结果"大多数盟国表决赞成战争"。[1] 修昔底德还指出："在普拉提亚事件发生之后，拉栖代梦立即派遣使者前往伯罗奔尼撒诸邦以及其他同盟国，命令他们准备军队和军需品以应付对外出征，目的是入侵阿提卡。各邦按指定的时间在（科林斯）地峡一带集合，每个城邦要派出其全部兵力的三分二。"[2]

首先，从斯巴达与诸盟邦的关系来看，斯巴达人常常利用其盟主的地位，干预盟邦的内政，使其符合自己的利益；一旦在其国内发生黑劳士起义时，各盟邦有义务出兵协助镇压。斯巴达之所以能够长期称雄希腊，并且在"伯罗奔尼撒同盟"中居于领袖地位，是因为其综合国力强大，拥有一支人数众多、训练有素、装备精良的常备军，似乎不是因为他们发扬国际主义精神，支持其他盟邦。

其次，从议事的程序来看，同盟会议和斯巴达的公民大会通常并不是同时召开的，当然不是"同时议事"的；同盟会议是否召开，决议能否通过，主要是看盟主斯巴达人的利益和态度。否则，斯巴达人完全可以不召集会议，同盟诸邦实际上也就没有表决的机会了。显然，不是斯巴达国王执行同盟"议会"的决议，而是各盟邦必须按照斯巴达的要求去执行决议。

最后，从国内情况来看，斯巴达实行贵族寡头制，以国王为首的少数贵族掌握国家实权，国王的权力虽然受到一定限制，但如果说斯巴达国王是斯巴达议会（无论是公民大会还是元老贵族议事会）之下的一个执行机构，都是与基本史实不尽相符的。

（四）在论及雅典的僭主制时，颜著提出新看法：……从而导

---

1 Thucydides, *The Peloponnesian War*, I. 67，79，87，125.

2 Thucydides, *The Peloponnesian War*, II. 10.

致了公元前 546 年僭主制的建立。第一个僭主是庇西特拉图，其后是他的儿子和孙子，公元前 510 年僭主制被废止。

关于雅典的僭主政治，希罗多德、修昔底德等都有比较可靠翔实的记载。近代以来，国内外学者发表过不少精深的研究成果。其中英国学者 A. 安德鲁斯所著《希腊僭主》一书，被学界公认为是这方面的代表性著作。[1] 该书介绍皮西特拉图首次在雅典建立僭主政治大约是在公元前 560 年；其后他两次被逐出阿提卡，后来他积蓄力量，终于在公元前 546 年第三次入主雅典，直到公元前 527 年去世。颜著提出公元前 546 年皮西特拉图在雅典建立僭主制，似乎不甚确当。此其一。

其二，颜著认为僭主制在公元前 510 年被废止，自然是对的。在僭主制被废止之前当政的是皮西特拉图的儿子希帕库斯和希皮亚斯，虽然他们三人先后当政，[2] 可是他们是两代人，是父子关系。问题在于颜著提出皮西特拉图的孙子也做过雅典僭主，不知有何史实依据。

（五）颜著第 207 页说：到公元前 4 世纪……（雅典）有产阶级可分为两部分：有 1000 到 1200 个非常富有的公民，他们要定期为公共礼拜交纳金钱；其次是 1000 到 4000 个比较富有的雅典居民……这两类人都暗自经营高利贷。

这里首先涉及如何界定"有产阶级"。中国社会科学院语言研

---

1 Thucydides, *The Peloponnesian War*, VI. 54−56; Herodotus, *The Historiae*, I. 59−64; A. Andrews. *The Greek Tyrants*, "The Academy Library", New York, 1974, pp.100−115.
2 根据修昔底德（VI. 54—59）的记载，皮西特拉图去世后，在雅典继任他而为僭主的，肯定不是希帕库斯，而是希皮亚斯。这就是说，在雅典，只有皮西特拉图和他的长子希皮亚斯二人当过僭主。

究所编著的《现代汉语词典（2002年版）》中，尚无"有产阶级"一词。看来，"有产阶级"是一个比较新的外来词，如在英语中，它是由"propertied"（有财产的、有资产的）和"class"（阶级、阶层）两个词组合而成。因此，如果没有特别的界定，照"propertied class"字面的含义，只能理解为"由拥有财产的人组成的阶级或阶层"。

雅典公民的人数问题一直是长期争论的问题。不过，大致可以肯定的是公元前4世纪雅典公民的总数经常保持在2.1万—3万之间。从理论上说，完全没有财产而成为雅典公民，是难以想象的。我们知道，梭伦改革时所划分的等级，就是以公民的收入为主要依据的。因此，公民基本上都是属于"有产阶级"的。根据A. H. M.琼斯的研究，公元前4世纪，在雅典公民中按照财产的多寡，有300名最富有者（有些人的财产达到约15塔连特甚至更多）；其次是1200名比较富有者（平均拥有约3塔连特的财产）；在全体公民中大约有9000名财产在20明那（约相当于5—6英亩的土地连同其房屋和牲畜等）以上者，其余的公民拥有的财产更少些。[1]颜著认为雅典的有产阶级总数不超过6200人（这是把颜著提供的数字简单相加所得），其余的公民似乎就不在有产阶级之列了。

其次，颜著的中文表述上有些模糊和混乱。"1000到1200非常富有的公民"和"1000到4000个比较富有的公民"，"非常富有"和"比较富有"显然难以区分，不知是否有重复计算的情况。

最后，雅典在公元前4世纪的商品经济关系得到一定的发展，出现过经营高利贷的人。然而，即使最富有的300人，也大都以地（房）产为主要财产形式和收入来源，而且往往是多种经营。如雅

---

1 A. H. M. Jones. *Athenian Democracy*, London, 1957, pp.75-96.

　　　　　　　　　　　　　　　　　　　多彩的雅典娜

典最富有的公民之一菲尼浦斯（Phaenippus），土地面积多达 40 斯塔德（stade，约合 778 英亩），除经营农场外，还通过驴驮烧柴得到一些收入。[1] 有关雅典居民从事高利贷的证据稀少而且模糊，从经营者的身份来看，他们常常和麦特克（metic）、获释奴隶有关，人数也是很有限的。[2] 按照颜著所论，雅典的有产阶级全体成员都经营高利贷，那他们盘剥的对象是哪些人？颜著认定这个史实，不知有何依据？

（六）颜著第 209 页指出：从公元前 512 年开始，波斯帝国在大流士的领导之下，积极向地中海西岸发展，先征服了小亚细亚西岸的诸希腊城邦，然后沿爱琴海北岸向希腊本土逼进。

这里有三点值得商榷。首先，关于大流士的进军方向。的确，这里"向地中海西岸发展"，在大方向上固然没错，但波斯帝国离地中海西岸尚远，正如我们不能把罗马人的每一次向东扩张，都简单地说成是向东亚和太平洋发展一样。如果说波斯人向地中海东岸及爱琴海西岸扩张，或许更近乎事实。

其次，颜著说大流士"首先征服了小亚细亚西岸的诸希腊城邦"，不符合史实。早在公元前 546 年，波斯国王居鲁士在征服吕底亚王国之后，此前已经归顺克洛伊索斯的希腊诸邦随即归顺波斯，分属萨尔狄斯省和滨海省。这就是说，在大流士出征之前数十年，小亚细亚的希腊城邦已经被波斯人征服了。

最后，大流士在公元前 513 年亲自挥师西进，主要目标是黑海北岸的斯基泰人，而不是小亚细亚的希腊诸邦。此前大流士已派卡

---

1 Lysias, XIX. 46; Xenophon.*Oeconomicus*, XX. 22–29；Demosthenes, XLII. 5, 7, 20.

2 R. J. Hopper, *Trade and Industry in Classical Greece*, Thames and Hudson, London, 1979, pp.118–125; A. H. M. Jones, *Athenian Democracy*, pp.82–85.

帕多西亚的总督渡过黑海，前去侦查斯基泰人的情况，为出兵作准备。大军在进攻斯基泰人（历经数月）失败后，随即经博斯普鲁斯海峡浮桥返回亚洲。有关的史实，希罗多德已有翔实的记载。[1] 至于波斯人沿爱琴海北岸向希腊本土发动攻势，那是 20 年以后发生的；根本就不是公元前 512 年的事。[2]

（七）颜著第 211—212 页：公元前 415 年，雅典名将亚西比德率军大举进攻西西里岛上的叙拉古城邦……但在出兵前夕，雅典内部反对他的人以叛国罪诬陷他，于是他只好逃到斯巴达以求庇护，并将雅典的进攻计划告诉了斯巴达，使斯巴达能有时间营救叙拉古，结果雅典全军覆没，耗尽所有国力，从此一蹶不振。

显然，颜著在这里说亚西比德在出兵前夕，就是说在出征以前就逃到斯巴达。而且，修昔底德记载的是有人怀疑他与渎神事件有关，不曾提及"叛国罪"。可是，就在次页，颜著又提出完全不同的说法：

公元前 415 年，雅典人派遣舰队远征西西里前夕，旅行者的保护神赫尔米斯像被人捣毁……而远征西西里的亚西比德则被控"亵渎神明"，要他回国受审。这位巧舌如簧的政治投机家立即叛逃到斯巴达……（第 212 页）

既然"要他回国"，说明亚西比德一定不在国内。颜著对同一历史事件，在不到两页的篇幅内，居然有如此自相矛盾的叙述，着实令读者费解。此其一。

其二，西西里远征的失败虽然使雅典元气大伤，如果说它"耗

---

1 Herodotus, *History*, IV. 1, 83–98, 102, 118–144.
2 公元前 492 年，大流士派遣水陆大军沿色雷斯海岸向希腊发动第一次远征。

尽所有国力"，似乎太绝对了。因为远征失败后，雅典依然和强大的敌人周旋了 10 年的时间，就是明证。

修昔底德告诉我们事实的真相是：正当雅典西西里远征军准备就绪，舰队即将出发之时，雅典城里的赫尔美斯（Hermes）神像（工商业者和道路的保护神）被人捣毁。有谣言传说此事是亚西比德所为。亚西比德要求立即审理这一案件，但他的政敌却鼓动舰队即刻出发远征。当亚西比德率舰队来到西西里时，雅典命他回国受审。亚西比德在回国途中叛逃到斯巴达。[1]

（八）颜著第 234 页"推荐阅读书目"：（1）希罗多德（Herodotus）：《历史》（上下卷），王嘉隽译，商务印书馆，1959。（2）修昔底德（Thucydides）：《伯罗奔尼撒战争史》（上下卷），吴于廑译，商务印书馆，1963。

众所周知，希罗多德的著作有王嘉隽先生的译本，该译本在 1959 年出版时是一册，并没有分为上下卷；后来修订再版的时候，署名译者为王以铸，分为上下册。修昔底德的著作，有谢德风先生的全文的中译本，新近有徐松岩等译注的全文中译本；吴于廑先生曾经选译过修昔底德著作（八卷）中的第七卷，作为"外国史学名著选读"的一种，20 世纪 60 年代每一种都以独立分册出版，后来收入合订本中。笔者无知，尚未拜读过吴于廑先生《伯罗奔尼撒战争史》的全译本；或许颜著作者见到过。

以上所列，仅仅是《世界文明史》上卷第 5 章里面的一些值得探讨和商榷的问题；其他问题这里从略。总体而言，颜著的写作似

---

1 Thucydides, *The Peloponnesian War*, VI. 27–31, 53, 60–61.

乎缺乏深思熟虑，对于古代希腊文明的基本史实和相关文献都相当生疏，语言表述比较随意，常常凭臆解释，颜著似乎不是历经多年研究而是草草完成的。也许该章是《世界文明史》整个著作的一个例外。同时，必须强调说明的是，笔者所讨论的问题仅仅是就局部而言的，因为同一著作，特别是集体撰写的著作，其学术质量远非整齐划一的，我们也坚决反对那种以偏概全、一概而论的学术批评。

中国学术包括史学在近几十年虽已得到巨大的发展，但由于种种原因，许多高校或研究机构在编撰论著时，一般力求由本单位研究人员独力完成。然而，无论国内哪所高校或研究机构，在撰写大型著作时往往又未必齐备所需要的专门人才。于是，同一著作的学术质量参差不齐，那是再正常不过的事了。其实，只要翻翻国外学术著作，就不难看到，一些长期饮誉国际学界的名著，其作者往往都是来自许多国家的国际一流学者；即使在冷战时期，这类突破意识形态隔阂的国际学术合作研究成果，也是层出不穷的，因而它们本身就是国际学术合作的结果。冷战时期，苏联、波兰、捷克等国的学者时常应邀参与或者主持西方学术著作的撰写，即为明证。新世纪中国学术事业的发展与繁荣，离不开国际交流与合作，当然也离不开国内交流与合作。

原载《历史教学（高校版）》2008年第2期，署名宋艾

32 "伯罗奔"与学术创新

　　提起"伯罗奔尼撒"（Peloponnesus/Peloponissos），大家都知道这是古希腊的一个地名，一直沿用到今天。斯巴达人在这里组建了希腊历史上第一支常备军，创建了独特的军事教育制度，称霸希腊，许多城邦依附于它。到公元前 5 世纪，随着雅典海上霸国的崛起，以斯巴达为首的伯罗奔尼撒同盟与雅典帝国的矛盾日益加深，最终导致一场绵延 27 年的大战（公元前 431—前 404 年）。我们习惯称这场战争为"伯罗奔尼撒战争"。

　　本来，对这场战争的命名并没有多少特别的含义，大致能够反映其基本内容即可。比如说起布匿战争、英法百年战争、克里米亚战争、抗日战争等等，沿用已久，约定俗成，读者一看就知道大致是指哪场战事，至于其具体的起止年代，或许说法不完全一致，那倒不足为奇。数百年来，人们对于希腊世界的这场旷日持久的惨烈战争，一直称之为伯罗奔尼撒战争，未曾有人试图改动或对此提出异议。

　　近年来国内有些学者别出心裁，将所有"伯罗奔尼撒"皆译为"伯罗奔半岛"，这样，伯罗奔尼撒战争就成了"伯罗奔半岛战争"，记载这场战争的修昔底德的名著就成了《伯罗奔半岛战争史》。例如前几年华东师范大学出版社陆续出版的"政治哲学文库",已多次出现这样的新词,新近翻译出版的《古代世界历史地图集》(华东师范大学出版社 2016 年版,第 96 页)中"伯罗奔半岛战争(the Peloponnesian War,公元前 431—前 404 年)"的题目下,有这样一段文字:本节地图的主题是"伯罗奔半岛人与雅典人之间的战争"(Thuc. I. 1. 1),后世的作家们又将这场战争称为"伯罗奔半岛战争"。

这种做法颇值得商榷。

首先,从"伯罗奔尼撒"地名之源来看,希腊文原意为"伯罗普斯之岛",无论音译还是意译将其译为"伯罗奔半岛"都似乎欠妥。这其中蕴含着古希腊人家喻户晓的英雄传说:爱利斯地区有座比萨城,其王奥诺马俄斯膝下有一独女,名叫希波达弥亚,有倾国倾城之貌。求婚者络绎不绝,国王受神谕警告,故意刁难求婚者,要求他们与自己赛车,胜者娶走公主,败者留下头颅。奥诺马俄斯乃战神之子,比赛从未失手,求婚者每每成为他的枪下鬼。伯罗普斯本为小亚细亚吕底亚王子,获悉公主美貌,也前来求婚,公主对这位俊美青年一见倾心,遂请求父亲的马车夫帮助她实现愿望。车夫在国王战车的车轴上动了手脚,导致车毁人亡,伯罗普斯因而赢得公主。其实,一位女子为了与意中人成婚,不惜引狼入室,设计弑父,这个故事本身就让人不寒而栗。它的原型无非是来自亚细亚的一支移民袭掠并征服前住民而定居于此。伯罗普斯迎娶公主后,通过联姻、战争等手段,逐渐蚕食、兼并邻近诸邦,势力不断壮大,最终成为半岛的统治者。伯罗奔尼撒作为一个合成词,由"伯罗普斯"(Pelops)与"岛"(nesos/nesus,实际上是希腊人将半岛误为"岛",误解并不能改变此词的原意)两个字合成。修昔底德对此有如下记载。他说:"根据伯罗奔尼撒人的最可靠的传说,伯

　　　　　　　　　　　　多彩的雅典娜

罗普斯来自亚细亚，当他携带大量财富来到这穷乡僻壤之时，起初因此而获得很大的势力，以致他虽是个外乡人，这个地区还是以他的名字命名。到了他的子孙的时期其势力大为增长。"可见，把"伯罗普斯"音译为"伯罗奔"未必合适，把伯罗奔尼撒的后半部分译为"半岛"，既不符合音译规范也不切合该词的原意，只是生生地把音译与意译内容想当然地拼凑在一起。

其次，从历史事实来看，改译后，用"伯罗奔半岛战争"替代伯罗奔尼撒战争，由此必然会衍生出许多问题和歧义。其一，古代历史上的"伯罗奔尼撒战争"本意为以拉栖代梦人（或斯巴达人）为盟主的伯罗奔尼撒人与雅典人之间的战争，这里的伯罗奔尼撒的形容词形式明显兼有地域的、族群的两重含义，但是核心意思是族群的概念，而不是地域的概念。修昔底德开宗明义地申明这一点。其二，人们之所以称这场战争为"伯罗奔尼撒战争"，那是因为雅典的主要敌人在伯罗奔尼撒。然而，这场大战波及了几乎所有希腊人的世界（修昔底德语），在这个半岛上有雅典的敌人，在半岛以外也有。况且，战争中的敌友时常转换，伯罗奔尼撒半岛上不光有雅典的敌人，也有雅典的盟友，还有恪守中立的城邦。所以，把伯罗奔尼撒战争称为"伯罗奔半岛战争"显然不符合历史事实。

最后，如果把这场战争称为"伯罗奔半岛战争"，容易使人误认为战争就在伯罗奔尼撒半岛上打的，那么战争中很多内容势必难以纳入这场大战中。譬如，当雅典人与伯罗奔尼撒人的盟友西西里人交战时，那些战事可以称为"西西里战争"，当斯巴达国王率军侵入阿提卡腹地，在狄凯里亚驻扎、蹂躏雅典田园之时，那场战事通常被称为"狄凯里亚战争"，当斯巴达人怂恿雅典的伊奥尼亚地区属邦发起暴动、叛离雅典时，那些战事习惯上被称为"伊奥尼亚战争"。按照修昔底德的做法，这些伯罗奔尼撒战争中的局部战争，完全可以纳入伯罗奔尼撒战争的范畴，如果把它们纳入"伯罗奔半岛战争"，那就显得十分牵强了。

由上可见，"伯罗奔"的制造者们，如同把克里米亚战争改译为"克里米亚半岛战争"一样，不能不说是一种生搬硬套、弄巧成拙的做法。这样的独出心裁，这样的"创新"，除了误导读者以外，对于学术的发展，究竟能发挥多少作用呢？

原载《南方周末》2017 年 4 月 27 日

33　关于翻译修昔底德著作的几个问题

十多年前，我接受了国内某出版社的一项异常艰巨的任务：翻译修昔底德所著《伯罗奔尼撒战争史》。虽然此书是我与另一位同事合译的，但是整个翻译工作由我主持。不过，正如笔者在"译后记"里坦言，接到这项任务时，的确感到忐忑不安。最近读到香港中文大学刘玮博士的大作《翻译修昔底德的艰辛——徐松岩译〈伯罗奔尼撒战争史〉初评》（以下简称"刘文"），就翻译该著作的艰辛加以评述，又以"徐译本"中的几段文字为例提出批评。笔者读后，深受启发。我们首先衷心感谢刘博士，他的意见对于译著的修订，具有重要的参考价值；同时，笔者觉得"刘文"所提意见之中也还有值得商榷之处。兹就"刘文"所提出的主要问题略作讨论，以就教于刘博士和广大读者。

一、中文题目可否加"史"？

译者在确定修昔底德的著作的中文题目时，也曾就此展开讨论，究竟用"伯罗奔尼撒战争"，还是"伯罗奔尼撒战争史"呢？经过反复斟酌，最后还是决定用后者。刘文却坚决主张用前者，认定原著主题没有"史"的意思，用"伯罗奔尼撒战争史"不符合作者原意。

众所周知，古希腊史学诞生于公元前 5 世纪，以希罗多德的开创性巨著《历史》为标志。然而，在希罗多德撰写其著作的时代，希腊语当中似乎没有现代意义的"历史"一词。事实上，人们后来称希氏著作为 *historia*（ἱστορίη），称修氏著作为 Thucydides's *Historiae* 皆不是出自作者本意。据考证，希腊古典作家完成其著作之初，既无具名，又无大题（title），更无小题（sub-title）。正是出于编目和收藏的需要，古典著作的大题始见于希腊化时代的校勘本。希罗多德和修昔底德的著作，其著作开篇首句除言及作者与籍贯外，就是所述之主题。希氏的著作定名采取的就是这种方法，[1] 修氏著作定名为《伯罗奔尼撒战争史》，即为拜占庭学者阿里斯托芬（Aristophanes，约公元前 257—前 180 年）在校勘其著作时取其首句所加。[2]

希腊语 ἱστορίη 本意为"探究"或"调查研究"，也指"调查研究的结果"。于是，希罗多德经过调查研究而写成的著作，更确切地说，那就是他的"调查报告"。由于他调查研究的对象是重大历史事件，把它发生的过程记载下来，后人称其著作为"历史"也是顺理成章的事。然而，"刘文"断定在亚里士多德之前 ἱστορίη 一词尚没有今日"历史"这个术语的含义，似乎也稍显绝对了点。据某

---

1 参阅 W.W. 豪（W. W. How）和 J. 威尔斯（J. Wells）：《希罗多德历史注释》（*A Commentary on HERODOTUS*），牛津，1979 年，第 1 卷，第 53 页。
2 参阅张强：《西方古典著作的稿本、抄本与校本》，《历史研究》2007 年第 4 期，第 183—189 页及附注；《〈伯罗奔尼撒战争史〉巴黎本中的 H 本》，《社会科学战线》2003 年第 2 期，第 266—268 页。

502   多彩的雅典娜

些注释家考证，就在希罗多德的著作中，作者以这种含义使用过一次。[1]

如果按照希腊化时代亚历山大城学者的追题方法，修氏著作大题应为《伯罗奔尼撒人与雅典人战记》。时至近代，西方学者在整理西方古典文明遗产时，往往根据他们的命名习惯，给历史事物以一个"近代化"名称。例如，他们站在希腊人的角度，把波斯攻打希腊的战争命名为"波斯战争"；站在雅典人的角度，把以斯巴达人为首的伯罗奔尼撒人与雅典人之间的战争命名为"伯罗奔尼撒战争"；如果站在伯罗奔尼撒人的角度，此战似也可称为"雅典战争"或"阿提卡战争"。[2] 严格说来，这些名字未必完全符合其历史原型的本意。

然而，刘文强调修昔底德并未使用"iστορίη"，而是使用"*xynegrapse*, ξυνέγραψε"即"收集并写下来"。实际上，修氏在其著作中开门见山，阐明其主题，就是记述这场战争的过程。近代西方学者一般把记载这个历史事件的著作题目定为"伯罗奔尼撒战争"或"伯罗奔尼撒战争史"（见下文），应该说都符合作者的原意。

专业研究者看到这个题目，一般说来不会产生不应有的误解。因为修昔底德的著作不仅是一部史学名著，还是一部文学名著。不过，由于作者在书中如实记述、客观叙事，使其在史学史上的地位明显高于其在文学史上的地位。况且，同中国古代许多经典著作一样，希腊古典作品本来就是"文史不分家"，将修氏著作的中文题目译为"伯罗奔尼撒战争史"，既不违作者原意，也为中外广大读

---

1 希罗多德：《历史》，VII. 96. 1。参阅 W. W. 豪和 J. 威尔斯：《希罗多德历史注释》，第 1 卷，第 53 页。
2 近代也有学者称修氏著作为《阿提卡战争史》。参阅张强：《西方古典著作的稿本、抄本与校本》，第 188 页及附注。

者所接受，何错之有？

二、关于现代译本的选择和定位

限于译者学力和国内的研究条件，我们在翻译修昔底德的著作时，只能依据手头已有的英译本和英文注释本。20 多年前，国内高校和学术机构还很难看到几套齐全的"洛布古典丛书"。最近十年来，随着网络技术的飞速进步，国内古典学研究条件已大为改善，很多古典文献可以轻而易举地从网络上免费查阅到。[1] 不过，自 1628 年霍布斯将修昔底德的著作译为英文以来，修昔底德著作全文或单卷英译本不下数十种，其他如法文译本、德文译本、意大利文译本、俄文译本等，新译本不断涌现，加上那些相关的研究著作，真可以说是浩如烟海、不计其数。一般认为，百余年来在国际古典学界公认的比较好的英译本有三种：一是 C. F. 史密斯的译本（THUCYDIDES, In Four Volumes, Translated by C. F. Smith, *The Loeb Classical Library*, Harvard University Press, London, 1977—1980），二是 R. 克劳利的英译本（THUCYDIDES: *The History of the Peloponnesian War*, Translated by R. Crawley, R. M. Hutchins, *Great Books of the Western World*, London, 1988, Vol.6），三是 B. 昭伊特的英译本（THUCYDIDES: *The Peloponnesian War*, Francis R. B. Godolphin Edt.*The Greek Historians*, Translated by B. Jowett, Vol.1, New York, 1942）。应该承认，我们的专业和语言水平都还没有达到对这些译本评头论足

---

1 如由塔夫茨大学（Tufts University）主持的"柏修斯数字图书馆"（Perseus Digital Library，网址：http: // www. perseus. tufus. edu / ）。

多彩的雅典娜

的程度。总体而言，这三种译本在表述上各具特点，质量上各有千秋。

修昔底德著作的问世，距今足足有 2400 年了。由于时代久远和文化的差异，原著中有不少晦涩难懂的内容，这毫不足怪。现代西方学者的某些理解，也未必完全正确。因此，我们在翻译过程中，将几种译本相互参照，以尽量减少错误。除非对希腊文原著和希腊历史有非常精深的研究，否则只以一种英译本为蓝本来批评另一种译本，这种做法是不可取的。

当然，古典作品的译者，最好是精通原文，这样才能更精准地把握原意。可是，翻译不仅仅是语言的简单转换，在某种意义上是一种"再创造"。对于译者知识和语言的要求都是相当高的。笔者从未奢望自己的译著成为经典，而只是作为一个读本，为中文读者学习相关知识提供方便。西方古典学自文艺复兴以来，已有四五百年的深厚学术积淀了。如"刘文"所说，当代著名古典学者中如 M. I. 芬利者，也至多为沃尔纳（Rex Warner）的英译本撰写序言，这样说来，中国的西学经典译者、注者的出现恐怕还是很遥远的，中文读者至少还要等上百年甚至数百年。其实，学术的进步是代代积累的结果，不可能脱离中国的国情，去想象一夜之间出现理想的古典译著。

在世界各国，有许多古典学研究者，也有众多爱好者，其情况是相当复杂的。古典著作的现代译本有些学术性较强，有些较为通俗易懂，有些译者甚至对原文内容还做了大胆的处理，无论哪种译本，长期以来都拥有一批稳定的读者，这恰恰说明它们可以满足社会各层次读者的不同需要。正如许多国学专家在援引中国古代文献时通常都是直接征引原文一样，精通西方古典文字的学者们往往不屑于参考那些现代译本。可以说，现代学者的译本，主要是为非专业的普通读者和爱好者提供基础知识的，笔者的初衷也是如此。

三、如何理解修氏所说"great war"？

刘文强调，翻译这部古典名著，必须具备足够的历史语言知识，这当然是正确的。修昔底德在一开始评述这场战争时，说他"相信这是一场伟大的战争，比此前的任何一场战争更值得叙述"（克劳利英译本为"...and believing that it would be a great war, and more worthy of relation than any that had preceded it."）。这句话牵涉到修昔底德的写作动机和对这场战争重要性的理解，事关全书主题。"刘文"就此批评道：

> 英文中 great 当然有比较抽象的"伟大"的意思，但同时也有更加具体的"大规模""大量"等意思。这里的希腊文单词是 megas 也同样有具体和抽象的两层意思。在如何选择的时候我们只能看修昔底德本人的强调重点，当他说这是一场 great war 的时候，他对照的对象主要是之前的特洛伊战争和由希罗多德记载的希波战争，而他论证这次战争之 great 的时候，主要的论据是交战双方都做足了准备，而且整个希腊世界或者已经参与进来，或者准备参与进来，这些考虑显然都是战争规模上的，因此这里的 great 翻译成"宏大"似乎更贴切些，之后的 greatest 当然应该与前面的统一起来，翻译成"最为宏大"。

显然，在刘博士看来，译为"伟大"很成问题，似乎缺乏必要

多彩的雅典娜

的历史常识，因为刘博士认为伯罗奔尼撒战争"显然"比此前波斯战争"规模"更加"宏大"，故而认定译为"宏大"更为贴切。笔者对此不敢苟同。

英译者译为 great war 似乎没有问题。问题在于相关的历史知识。修昔底德在对比此前的战争的时候，有两个主要参照对象，一是特洛伊战争，一是波斯战争。修氏在对特洛伊战争分析后正确地指出，希腊联军虽有 1200 条战船，但那时的战船和伯罗奔尼撒战争时期的战船相比，无论就人数和战斗力而言，都无法同日而语，因而那场时代久远战争的规模和影响力都是很有限的。[1]可是波斯战争呢？我们不妨先粗略考察一下，再对这两场战争的规模作简单比较。

众所周知，波斯人曾经对希腊发动过三次大规模远征。第一次，公元前 492 年，海军遭遇强风暴袭击，陆海大军被迫折回；第二次，公元前 490 年，雅典人在马拉松战役取胜，波斯随后撤军；第三次发生在公元前 480—前 479 年，这次由波斯国王薛西斯御驾亲征。根据希罗多德的记载，为准备出征，薛西斯倾全帝国之人力物力，经过三四年的精心准备，挖掘阿索斯（Athos）运河，架设跨越海峡的浮桥，储备征途中所需军粮等。希罗多德说，薛西斯把所有军队集结在一起，到塞匹亚斯海角和德摩比利的时候，陆海军总兵力达 528.322 万人。[2]

这样的数字显然有夸张成分，令人难以置信。但是，笔者认为可以从以下几个方面作些具体分析。第一，先看波斯陆军的规模。

---

1 多数舰船是三十桨或五十桨船，船无甲板，每条船需 30 人或 50 人配备。传统观点对战争规模的描述有明显夸大。参阅徐松岩：《关于特洛伊战争的若干问题》，《世界历史》2002 年第 2 期。
2 希罗多德：《历史》，VII. 186。

希罗多德说，亚细亚每个民族都出兵随薛西斯出征，他不能精确地说出每个民族各出了多少人，也从没有人提过这一点，但是全部陆军加在一起，有170万人。[1] 关于薛西斯大军的人数，古代作家的报道并不一致，近代学者的估计也不统一，有学者认为其陆军总数约为20万人。在新版《剑桥古代史》，N. G. L. 哈蒙德就薛西斯的兵力数量进行了较为详细的考证，得出的结论是：陆军总数约22万人，另有约2.2万名勤杂人员。[2]

笔者认为，希罗多德所提及的波斯陆军数字虽难免有失实之处，但也并非没有较为可靠的参考数字。如萨拉米斯海战之后，薛西斯率军撤离希腊回国。留下部分军队驻守普拉提亚。翌年的普拉提亚之战，是波斯战争中最重要的陆战。希罗多德就希腊诸邦的作战人员、勤杂人员进行了详细的统计，总数刚好11万人，[3] 这个数字应该与实际出入不大。而在波斯方面，萨拉米斯海战结束数日后，玛尔多纽斯从薛西斯大军的46个民族中挑选了战斗力最强的士兵，总数为30万人。[4] 至于这些军队在波斯全体陆军中的比例，希氏未作说明。不过，薛西斯国王亲率陆军返乡，要途经诸多交战地区，不可能没有一支强大军队护卫，希罗多德提到其中有一支玛尔多纽斯麾下6万人，护送薛西斯至赫勒斯滂海峡后折回希腊。值得注意的是，在这30万人当中，希罗多德说有将近5万希腊人。[5] 此战一直被认为是希腊以少胜多的著名战例。无论如何，玛尔多纽

1 希罗多德：《历史》，VII. 60。
2 J. 博厄德曼等主编：《剑桥古代史》，第4卷，剑桥大学出版社，1988年，2002年重印本，第526—535页。
3 希罗多德：《历史》，IX. 28—30。
4 希罗多德：《历史》，VIII. 113。
5 希罗多德：《历史》，IX. 32。

多彩的雅典娜

斯的军队数量远在希腊方面之上是没有什么疑问的。因此，笔者认为，普拉提亚之战波斯军超过 20 万人应该没什么问题。试想：希腊诸邦在面临生死存亡的关键时刻，在很短的时间内就集结了 11 万人；波斯帝国全力以赴，经过数年准备，集结数十万陆军并非难事。

第二，再看其海军和海战的规模。据希罗多德记载，波斯海军的主力，一是腓尼基人，一是帝国统治下的希腊人；当时有三列桨战舰 1207 艘，其他运输及辅助舰船 3000 艘。[1] 按亲历海战的雅典悲剧家埃斯库罗斯的说法，波斯人参加萨拉米斯海战的舰船数，他分别提到 207 艘快船和其余约 1000 艘舰船，二者相加，正好是 1207 艘，[2] 与这个数字相吻合。据 N.G.L. 哈蒙德的估计，海军战舰和其他船只的人员总数为 40.8 万。这个数字大致相当于 2000 余艘三列桨战舰的人员总数。希腊参战舰船为 378 艘。[3] 因此，萨拉米斯海战双方出动舰船总数达千艘以上。

然而，伯罗奔尼撒战争中最大规模的海战分别是公元前 415—前 413 年雅典远征西西里以及公元前 405 年的羊河（Aegospotami）决战。就前者而言，雅典两次（134 艘、73 艘）共出动战舰 200 艘左右，[4] 而修昔底德告诉我们，雅典战舰此前多有损失，在叙拉古大港决战时，双方海军倾尽全力，总数也不过 200 艘战舰。[5] 就后者而言，据色诺芬记载，羊河海战斯巴达方面的战舰在 200 艘左右，

1 希罗多德：《历史》，IX. 89—97。
2 埃斯库罗斯：《波斯人》，341—343 行。
3 希罗多德：《历史》，VIII. 1。
4 修昔底德：《伯罗奔尼撒战争史》，VI. 43.1，VII. 42.1。
5 修昔底德：《伯罗奔尼撒战争史》，VII. 70.4。

雅典方面 180 艘，参战舰船总数应该在 400 艘以内。[1] 从波斯战争到伯罗奔尼撒战争，希腊及东地中海地区的战舰类型基本未变。因此，战舰的数量，就是海军的规模的明证。

第三，从两次战争所涉及的民族和地理范围来看，伯罗奔尼撒战争显然也要小得多。希罗多德和修昔底德这两位史家的个人经历、撰述风格和历史观都有明显差异。就他们的空间视野而言，希罗多德要比修昔底德开阔得多，前者走遍近东大地，实地考察过埃奥里斯、伊奥尼亚、卡里亚、腓尼基、巴比伦尼亚、埃及、利比亚、希腊各地以及黑海沿岸很多地方，最后定居西西里；而修昔底德所记述和考察的范围主要是希腊本土及爱琴诸岛（可能去过西西里）。修昔底德所记载的事件，主要参与者都是希腊人，即便提及其他民族如波斯人、迦太基人等，也并没有作为叙述的核心内容。由于波斯帝国几乎征服了古代近东所有文明地区（包括希腊人居住的许多区域），希罗多德所叙述的是以波斯人为中心的世界各族，仅波斯远征军中就至少有 46 个民族。

第四，再看这两次战争所持续的时间。国际学界通常认为，波斯战争始于公元前 500/499 年伊奥尼亚人叛离波斯人的暴动，到公元前 479/478 年普拉提亚和米卡列之战，延续 20 年。[2] 国内学者则普遍认为波斯战争一直到公元前 449 年所谓"卡里阿斯和约"的签订才正式结束，绵延半个世纪。修昔底德认为伯罗奔尼撒战争持续了 27 年；色诺芬从斯巴达人角度出发，认为有 28 年半。[3]

现在来总结一下两场战争的整体规模。笔者认为，N. G. L. 哈蒙德对波斯海军的估计大致合理，对波斯陆军的估计则明显偏低。

---

1 色诺芬：《希腊史》，II. 1.20，2.5。

2 希罗多德：《历史》，徐松岩译注，上海三联书店，2008 年，译序第 21—22 页。

3 色诺芬：《希腊史》，II. 3.9。

　　　　　　　　　　　　　　　　多彩的雅典娜

波斯帝国兴起于亚细亚大陆，其利益的根本在于陆上，因而其统治者历来重视保持一支强大的陆军。因此，哈蒙德认为其陆军仅相当于其海军人数的一半，很难令人信服。从波斯进军的总体战略而言，其海军是作为"配角"，配合陆军向希腊本土推进的。薛西斯出征途中，每到一地，必强征各族丁壮，扩充其军队数量。希罗多德对此有很多生动记载。[1] 他估计薛西斯大军中仅来自欧罗巴地区的就有 30 万人。[2] 从总体上推断，波斯陆军人数绝不至于比海军还少。哈蒙德估计波斯陆海军总兵力为 65 万人。[3] 如果陆军多于海军，那么，薛西斯的总兵力很可能超过 80 万人甚至接近百万。

以上分析有力地证明，波斯战争的整体规模要比伯罗奔尼撒战争"宏大"得多。一个再明显不过的事实是，希腊各地人口和土地的总和，远远不及波斯帝国。然而，人们不禁要问，难道是修昔底德不了解这些事实吗？肯定不是。那问题很可能出在刘博士对相关史料以及"great war"的理解上有偏差。

修昔底德是雅典的历史学家，作为雅典贵族和统治阶级上层中一员，在其著作中偏袒雅典的例证并不鲜见。[4] 对于自己祖国最终被斯巴达人击败，被迫拆毁城墙，交出舰队的屈辱，无疑也是了然在胸的。他很清楚，击败雅典的，除了斯巴达人，还有一个重要帮凶，那就是在战争后期为斯巴达提供军费的波斯人。可以毫不夸张地说，波斯的资助成为斯巴达人在伯罗奔尼撒战争最后获胜的一个不可或缺的甚至是至关重要的因素。若干年前，波斯进军希腊的主

---

1 希罗多德：《历史》，VII.38—40。

2 希罗多德：《历史》，VII.185。

3 J. 鲍德曼等主编：《剑桥古代史》，第 4 卷，第 534 页。

4 徐松岩：《修昔底德史学思想的时代特征》，《聊城大学学报（社会科学版）》2004 年第 2 期。

要目标同样是雅典人。新仇旧恨交织在一起，使得修昔底德对波斯人怀有刻骨之恨。而比他更了解波斯人和波斯帝国的希罗多德，却又能比较客观地评价波斯人的历史功绩。这大概也是修氏有意贬损这位前辈的重要原因。

值得注意的是，修昔底德在其著作第一卷中也就这两次战争加以比较，指出：

> 历史上最伟大的（*megistos*，μέγιστος）的战争是波斯战争，但是那场战争在两次海战和两次陆战中就迅速决出了胜负。而伯罗奔尼撒战争不仅持续了很长的时间，而且在这期间，给希腊带来了空前的灾难。从来没有这么多城市被攻陷、被蹂躏，有些为异族人所为，有些则是党争所致……；从来没有这么多流亡者，从来没有这么多人被虐杀，他们有时是因战争造成，有时是党争的结果。[1]

可以清楚地看到，修氏所强调的重点是战争对希腊各地所造成的影响。就此而言，特洛伊战争和波斯战争对希腊的影响力（造成城市沦陷、人员伤亡或流亡等）比不上伯罗奔尼撒战争。大概也正是为了突出这一点，修昔底德显然有意对波斯战争轻描淡写——说那场战争不出两年就决出了胜负。这样，他所记述的战争相对要长得多了。

可以看到，修昔底德是站在雅典人或是希腊人的角度，一方面强调他记载的这场战争延续的时间长（也可以理解为"大"的表现），另一方面更是着重强调伯罗奔尼撒战争比波斯战争更为重要，

---

1 修昔底德：《伯罗奔尼撒战争史》，I. 23.1—2。

对希腊的影响更为深远重大，绝不是"刘文"所说的"规模"更为"宏大"。A. W. 高穆还就此作过专门讨论。[1] 修昔底德在其著作第一卷第 1 章所用 "μέγας" 和第 23 章所用其最高级 "μέγιστος"，其用意都是强调，伯罗奔尼撒战争是一场前所未有的重要而惨烈的战争，因而"比此前的任何一场战争更值得记述"。

我们在研读修昔底德的著作时，不仅应该逐字逐句地核对原文，还应该通读全书，了解其学术思想，这样才能更好地把握其具体词句的含义。当然，语言和历史知识的储备永远是无止境的。

四、关于 constitution 的翻译

刘文对于徐译本中将希腊文 *politeia*（πολιτεία, constitution）译为"宪法"或"政制"提出措辞严厉的批评，指出：

> 将 constitution 翻译为"宪法"。这是任何一个对希腊文化有所了解的读者（遑论研究希腊历史的学者）都不能原谅的明显错误。"宪法"是指一个国家的根本法，是一个非常现代的概念，第一部真正意义上的成文宪法乃是 1787 年制定的美国宪法。在法律系统高度发达的罗马帝国尚且没有这个意义上的"宪法"，更不要说修昔底德时代的希腊。

《现代汉语词典》这样解释"宪法"一词的："国家的根本法。

---

1 A.W. 高穆（A. W. Gomme）：《希腊历史上的最伟大的战争》（"The Greast War in Greek History", *Essays in Greek History and Literiture,* Oxford, 1937, 116ff.）。转见 S. 霍恩布鲁尔：《修昔底德著作注释》，第 1 卷，第 62 页。

具有最高的法律效力，是其他立法工作的根据。通常规定一个国家的社会制度、国家制度、国家机构和公民的基本权利与义务等。"的确，在2400多年前，肯定没有美国1787年宪法意义上的"宪法"一词。可是，中国最权威的《现代汉语词典》，至少在2002年之前没有收录"刘文"所说的"政制"一词。这是否意味着我们就不能讨论希腊城邦"政制"呢？——我看未必。在希腊诸邦的历史上，发生过多次立法活动，既有关于城邦总体性的立法，也有就某个具体个案的立法。许多城邦的法律都经历过从习惯法到成文法、由简单到复杂、从不完善到逐步完善的过程。亚里士多德的《政治学》重点就是对希腊诸邦的"宪法"或"政制"进行全面研究；其《雅典政制》就是讨论雅典"政制"演变和现行"宪法"状况的专著。

刘文认为，将"πολιτεία"译为"政制"就肯定对，译为"宪法"就必然错，未免太武断了。如按"刘文"所言，古代城邦的法律或习俗，不论成文或不成文的，都可以称为 *nomoi*，"涉及不同领域，并没有明显的根本和不根本之分，因此也就不可能存在'宪法'这样的概念"。其逻辑显然是，"宪法"是国家的根本法，没有区分也就意味着没有"宪法"的概念。然而，这本身就有些自相矛盾。既然希腊城邦的法律没有"根本"与"不根本"之分，也就是说，城邦法律中的那些看似"不根本"的内容，完全有可能就是"根本"法（或为其一部分）。如带有传奇色彩的斯巴达早期立法者来库古斯（Lycurgus）的立法，从其内容来看，全面规范了斯巴达人政治、军事、婚姻和社会生活诸方面，说它是一部早期城邦的"宪法"并不为过；又如梭伦立法中关于公民财产资格以及权利与义务的规定，关于废除债务奴役制的规定，恐怕都不能简单地理解为经济方面的立法。公元前5世纪晚期至前4世纪，雅典所有重要法律，都必须经由公民大会表决通过。这就意味着所有通过的法律对全体公

　　　　　　　　　　　　　　多彩的雅典娜

民都具有约束力，因而也就必然具有某种根本法的含义。因为按照亚里士多德的概括，"城邦的一般含义就是为了维持自给生活而具有足够人数的公民集团"。[1]

古希腊人固然不可能有近代美国人的"宪法"概念，但是这不等于说他们没有国家根本法的概念，更不等于说希腊历史上不存在相当于"宪法"的历史事物。同样，古希腊人也没有"伯罗奔尼撒战争"的概念，原作者自己也未取此名，为什么刘博士认定它就是修昔底德著作的最佳题目呢？尽管笔者也未必认同将"πολιτεία"译为"宪法"，[2]但是对于广大普通读者来说，这无碍于对相关知识的汲取；对于专业研究者而言，则须根据原著认真加以推敲了。

其实，笔者这种做法参照了国内前辈学者的研究成果。早在半个多世纪以前，日知先生在《雅典政制》中译本"译后记"中指出，"希腊文 πολιτεία 英文多译为 constitution，在书名译作'政制'，因为这是一部政治制度的论著；书中则译作'宪法'，因为所指的是各个阶段的具体宪法，或成文，或不成文。统一很不易，不如两译"。[3]笔者认为日知先生的这种处理是适当的。

任何现实的事物都有其历史根源。假如没有古代中世纪的立法成果，近代"宪法"又何以产生？正如党派、经济、国家、革命、阶级等这些近现代的概念，古代希腊也并没有出现，难道就不能利用这样的理念去考察古代历史吗？

---

1 亚里士多德：《政治学》，1275b20。

2 修昔底德在其著作中至少两次（VIII. 67.1, 97.2）记载"起草一部宪法"之事；色诺芬在其《希腊史》（II. 3.11, V. 3.25）中，两次提及"草拟一部宪法"的史实。这里如按"刘文"所说译为"政制"，同样让人费解。

3 亚里士多德：《雅典政制》，日知、力野译，北京：商务印书馆，1959 年，1978 年重印本，第 75 页。

最后，还有一个小小的问题。刘文的题目为《翻译修昔底德的艰辛》。作为专业研究者，一般不会对其主题产生误解——实际上是指翻译修昔底德著作的艰辛。但这在汉语中就不大好理解。英文的某些习惯用法如 *A Commentary of Thucydides*，译为《修昔底德注释》固然不能算错，但译为《修昔底德著作注释》或《修昔底德历史注释》也许更好些，因为是对其著作作注，而非对其人作注。

外国古史研究在中国还刚刚起步，其水平的提高需要几代甚至几十代人脚踏实地的不懈努力。任何不切实际的"期待"，都是无济于事的。"临渊羡鱼，不如退而结网。"为中国世界古代史学科建设作出重大贡献的日知先生，在和他的弟子们谈及古史研究事业的未来时，就常常形象地自比为一块"铺路石"。笔者通过自己的艰辛劳作，如能成为一颗默默无闻的小沙粒，也就心满意足了。

顺便提一下，笔者主持翻译的修昔底德和希罗多德著作新版的修订工作正在进行之中。笔者主持翻译的色诺芬所著《希腊史》（连同其《斯巴达政制》和伪色诺芬《雅典政制》），不久亦将面世。对于希腊三大史学家及其著作，译者真诚希望广大读者能够提出富有建设性的意见和建议，共同为普及西方古典文明史知识和提高古典学研究水平争光出力。

原载《史学理论研究》2010 年第 4 期

34 关于史料的理解和使用方法

　　启良先生在《世界历史》1991 年第 2 期撰文（以下简称"启文"）指出，"雅典帝国只是一个临时性的军事同盟"，"作为盟主的雅典"，并未"对加盟国家实行直接的行政管理，在主权方面，各加盟国原则上是独立的……与盟主雅典没有丝毫原则上的臣属和附庸关系"。[1] 为了论证这一观点，启文援引了修昔底德《伯罗奔尼撒战争》和亚里士多德《雅典政制》中的几则史料。但是，近来我们在研究中发现，启良先生对这些史料的理解与史料原意有些出入，与基本史实不尽相符，使用方法亦有欠妥之处。兹提出请教。

一

　　启文说，"伯罗奔尼撒战争时期的雅典帝国，雅典虽然凭借军事实力由第一等加盟国变成盟主，且对其他加盟国十分专横"。这段论述中至少有以下几点值得商榷。

---

[1] 启良：《希腊城邦与周天下：与日知先生商榷》。以下凡引此文，皆不另注。

首先，自雅典同盟成立之时起，雅典即已居于该同盟盟主之位。修昔底德的记载确证了这一点。他在追溯雅典同盟建立的情况时说，"雅典就这样取得了领导权……同盟各国也愿意让雅典取得领导权"；[1]又说，"在雅典的领导下，同盟诸国起初是独立的，他们在自己的议事会（引者按：同盟会议）中议决"。[2]启文却说雅典的盟主之位是在伯罗奔尼撒战争期间即公元前431—404年间取得的，似乎缺乏可靠的依据。

　　其次，众所周知，雅典帝国是由雅典同盟演化而来的。英国史家乔治·格罗特认为，雅典同盟初建时，雅典没有任何权利实施未经同盟会议批准的法规，或者侵犯同盟国的主权利益。[3]这种看法看来是符合事实的。然而，雅典与同盟诸国的关系并非一成不变。随着雅典同盟对波斯作战的节节胜利和雅典综合国力的增强，雅典开始公开欺凌和奴役其同盟者了。公元前467/466年，它以武力征服了不甘俯首听命的那克索斯。修昔底德就此评论道，这"是雅典违背同盟原先所确立的原则并奴役其同盟国的第一例，此后同盟其他诸国就这样逐个地遭到奴役"。[4]这就是说，雅典与其同盟国关系的部分质变，始于前5世纪60年代初，到50年代末40年代初，两者的关系已在整体上发生质变，即由一种同盟关系演变为势不两立的敌对关系。[5]因此，伯里克利在公元前431年冬发表演说时，对在场的那些正当盛年的公民说，"我们的父辈……除了他们所继

---

1 修昔底德：《伯罗奔尼撒战争史》，I. 96。
2 修昔底德：《伯罗奔尼撒战争史》，I. 97。
3 格罗特：《希腊史》，第5卷，第404页以下。
4 修昔底德：《伯罗奔尼撒战争史》，I. 98. 4。参见罗兹（P. J. Rhodes）：《希腊城市国家》（*The Greek City States*），伦敦，1986年，第203—204页。
5 修昔底德：《伯罗奔尼撒战争史》，I. 89—122。

承的土地之外，他们还把它扩张成为我们现在的帝国，并把这个帝国传给我们这一代"。[1] 由此可见，雅典帝国形成于公元前 5 世纪中叶，而 60—50 年代雅典的对外扩张和征服，正是导致雅典同盟转化为雅典帝国的主要原因。[2] 启文把提洛同盟与雅典帝国混为一谈，从而否认雅典与其同盟国的关系发生过质变；把雅典的霸权主义政策归于伯罗奔尼撒战争时期，都与史实不尽相符。

最后，启文所引史料皆难以说明伯罗奔尼撒战争时期雅典帝国的情况。其一，亚里士多德《雅典政制》第 24 章所述史实的时间范围，早不过 60 年代，晚不过前 439 年。[3] 其二，修昔底德在这一章[4]中所述史实，仅仅是对前 431 年以前雅典势力扩大过程的追述，时间范围不超出前 476—前 439 年间。可见，这两则史料是难以说明公元前 431—前 404 年雅典与其"加盟国"的关系的。

需要说明的是，少数学者有时把公元前 459—前 445 年间雅典与斯巴达同盟之间的武装冲突称为"第一次伯罗奔尼撒战争"，因而也就把公元前 431—前 404 年间的那场大战称为"第二次或伟大的伯罗奔尼撒战争"。这种看法有无科学依据，我们暂且不加评说。但翻开古希腊史的有关著作，凡不加特别说明的，恐怕很少有人会对伯罗奔尼撒战争的时间表示异议。

---

1 修昔底德：《伯罗奔尼撒战争史》，II. 36。
2 参见徐松岩：《关于雅典同盟的几个问题》，《西南师范大学学报（哲学社会科学版）》1993 年第 3 期。
3 亚氏在这里谈到萨摩斯是独立盟邦，而它是在前 439 年丧失主权的。
4 启文注为"修昔底德：I. 8"。实际上大概是《企鹅古典丛书》英译本第 1 卷，第 8 章（谢德风之中译本主要据此译出）。

二

为了论证伯罗奔尼撒战争时期雅典帝国的"各加盟国原则上是独立的",启文援引了伯里克利的一段话。伯氏说:我们愿意允许我们的同盟国独立,只要它们在我们订立和约的时候就已经是独立了的,同时斯巴达人也要允许他们的同盟国独立,允许它们各自有其自己所愿意有的那种政府,而不是那种服从于斯巴达利益的政府。[1] 启良先生由此引出结论,各加盟国"与盟主雅典没有丝毫原则上的臣属和附庸关系"。这种看法与史料原意不尽相符。

这番话是伯里克利在伯罗奔尼撒战争前夕,针对斯巴达人要求雅典"给希腊人以自由"以及"给厄基那以独立"的最后通牒所作的答复。我们知道,伯里克利不仅博学善辩,而且富有爱国精神。当然,他所爱的只能是那个奴役、欺压弱小之邦的奴隶主专政的国家。因此,对他的话应稍加分析。

事实上很明显,伯里克利"允许雅典的同盟国独立"是有条件的。它们是:同盟国在订立和约前就已经获得独立;斯巴达放弃在其同盟国的特权,允许它们独立。那么,我们对此应如何理解呢?

首先,雅典的同盟国在订立和约前就已是独立的吗?伯里克利所说的"我们订立和约的时候"中并未明确指明是哪个和约,与哪国签订。我们觉得可以有三处理解:一是公元前478/477年雅典同盟缔约之时;二是后来陆续与一些入盟之邦订约之时;三是公元前445年雅典与斯巴达缔结"三十年和约"之时。按第一种理解,最初入盟者约35个城邦,而公元前431年雅典的属国超过250个。[2]

---

1 修昔底德:《伯罗奔尼撒战争史》,I. 144.2。参见霍恩布鲁尔:《修昔底德注释》,第1卷,第231页。
2 朱庭光主编:《外国历史大事集》,古代部分第一分册,第286—291页。

因此，订约之时的大多数盟邦或臣属于波斯，或已经把"土和水"献给了波斯王。它们严格说来都不是独立之邦。按第二种理解，后来入盟的城邦在入盟之前大都是波斯人的属邦和纳贡者，还有一些是斯巴达的盟邦，也不存在"已经独立"的问题。按第三种理解，雅典的宿敌厄基那早在公元前491年就向波斯献上"土和水"；公元前454年，它战败后被迫拆毁城墙，交出舰队，定期纳贡，沦为雅典的附庸。[1] 显然，在"三十年和约"订立之时，根本不存在厄基那已经独立的问题。由此可见，伯里克利为了维护雅典人的利益，用一种十分诡辩的方法说明"盟邦"（实际是臣属之邦）要求独立既不合理，又无根据。

有的学者指出，波斯人在波斯战争中的失败，"使得小亚细亚的一些希腊城邦摆脱了波斯的控制而并入了雅典帝国"。[2] 这种看法不无道理。公元前431年一位雅典人在斯巴达人民大会上这样说，"在波斯人统治之下的时候，他们（引者按：指雅典帝国的臣民）忍受了更大的痛苦；但是现在他们认为我们的政府是压迫的。这也许是很自然的。因为受统治的臣民总是觉得现在是最难忍受的"。[3] 雅典人在为自己辩护时并不否认他们以大欺小、以强凌弱的霸权主义行为，而是力图说明这些行为合乎雅典的利益，合乎"弱者必须屈服于强者的原则"；他们还强调，当时国际关系中的这种原则并非雅典人首创，因而仅指责雅典人是不公平的。[4] 在波斯人看来，雅典的扩张也就是对波斯帝国的侵略，致使波斯失去西部的一些纳

---

1 修昔底德：《伯罗奔尼撒战争史》，I. 108。据修氏所记，"三十年和约"中有"允许厄基那独立"之规定。
2 小罗宾逊：《亚历山大大帝》，北京：新华出版社，1988年，第17页。
3 修昔底德：《伯罗奔尼撒战争史》，I. 75。
4 修昔底德：《伯罗奔尼撒战争史》，I. 76。

贡之邦。公元前 5 世纪末 4 世纪初波斯染指希腊事务的主要目的，乃是恢复对这一地区的统治。[1] 对于雅典的绝大多数属邦来说，雅典同盟对波斯作战的最终结果，并未使他们获得独立和自由，而仅仅是更换了统治者。雅典人对其属邦的政治压迫和经济剥削的残酷程度，比之波斯帝国时代是有过之而无不及的。[2]

其次，斯巴达如何对待其同盟国，修昔底德曾明确予以说明。他指出，"斯巴达人没有要求那些承认其领导权的诸邦缴纳贡款，但是注意使这些城邦都是由那些为着斯巴达利益效力的贵族寡头所统治着"。[3] 这是希腊世界老牌霸主斯巴达所一贯奉行的政策。雅典、斯巴达同为奴隶制国家，对外侵略、扩张和掠夺是它们生存和发展的主要手段，让斯巴达人主动放弃其干涉盟邦内政的政策，正如让雅典人主动放弃其帝国一样，那无异于让他们自取灭亡，是绝对不可能的。

伯里克利把上述两个基本不存在（至少是雅典人不予承认）或不可能实现的条件作为允许其"同盟国"独立的前提，因而也就是不允许也不可能允许属邦独立。原因很清楚，雅典的富足和强大，在很大程度上是建立在剥削和奴役广大属国人民的基础上的。伯里克利多次宣称，属国所缴纳的贡款就是雅典的力量。因此，公元前 5 世纪后期雅典的一项基本国策，就是以强制手段维持对其属国的统治。[4]

---

1 修昔底德：《伯罗奔尼撒战争史》，VIII. 5 及以下，I. 19。参阅亚里士多德：《政治学》，1307b22 以下。

2 例如早期的贡金数额大体沿用波斯帝国旧数（希罗多德：《历史》，VI，42），到公元前 427/426 年增长了两倍多。

3 修昔底德：《伯罗奔尼撒战争史》，VIII. 5 及以下，I. 19。参阅亚里士多德：《政治学》，1307b22 以下。

4 修昔底德：《伯罗奔尼撒战争史》，I. 69，II. 13. 2，II. 62—63。

不难看出，启良先生所谓雅典允许其属国独立以及雅典帝国是由独立城邦组成的军事同盟的结论，实际上是通过切除伯里克利允许其"盟国"独立的前提而得出的，从而不能不严重曲解这则史料的原意。

三

启文说，"雅典帝国各加盟国……并非一开始就表现对雅典效忠。所以修昔底德说各加盟国对雅典'不惯于牺牲，也不愿意牺牲'自己的利益"。启文以此作为"各加盟国"主权完整的又一佐证。

这句话出自修昔底德对盟邦暴动原因的评述。他指出，"暴动的主要原因是盟邦没有如数缴纳钱款或舰船，并且拒服兵役。由于雅典人非常严厉，他们横征暴敛，对于那些不惯于牺牲，也不愿意牺牲的同盟国进行严重的压榨，因而使他们自己受到指责。在其他一些方面，雅典人作为盟主，也不像起初那样得人心了"。[1]

诚然，雅典的同盟者并非一开始就臣服于雅典。正如修昔底德所说，同盟国起初是独立的。但修氏强调它们"起初"是独立的，其意正是以此反衬后来他们"逐个地遭到奴役"而丧失独立。独立的同盟国自然是"不惯于牺牲，也不愿意牺牲"自身利益的，因为他们与雅典是同盟关系，不是臣属关系；雅典只是同盟的领导者（盟主），不是其统治者。然而，随着雅典帝国的形成。原同盟

---

1 修昔底德：《伯罗奔尼撒战争史》，I. 99。参阅霍恩布鲁尔：《修昔底德注释》，第152—153页。普鲁塔克：《传记集·西蒙传》，XI. 1—3。

各国的经济、政治、司法、外交等国家大事基本上为雅典人所控制，拒绝服从雅典政府的命令或胆敢反抗者，都将招致武力镇压。于是，同盟国变为臣属国，它们先被划为三个后被划为五个纳贡区。雅典与它们的关系，是统治者与被统治者的关系，是中央与地方的关系。[1]伯里克利认为，雅典帝国与伯罗奔尼撒同盟迥然不同，因为后者"没有一个慎重考虑的中央政权可以作出迅速果决的行动"。[2]在公元前5世纪50年代以后的雅典的官方文件和铭文资料中，原同盟国被称为"雅典控制下的诸纳贡城市"；在修昔底德的著作中，雅典的同盟国也另有所指，它们并不是"诸纳贡城市"，而是指与雅典帝国结盟的国家。[3]

雅典同盟是一个由独立城邦组成的反波斯同盟，雅典同盟演化为雅典帝国的过程，是雅典奴役、掠夺异邦人（非雅典人）的过程，也是同盟国主权逐步被剥夺的过程，即"不惯于牺牲，也不愿意牺牲"的城邦逐步沦为臣属国的过程。这是雅典奴隶制发展的必然结果。启良先生从修昔底德的一段话中取其所用，借以证明所谓"加盟国"皆拥有主权，并且一直如此。这种看法与史实不符。

顺便提一下，启良先生反复强调的是，同盟国与雅典之间没有丝毫"原则上"的臣属和附庸关系。这种说法同样是缺乏史实依据的。雅典同盟初建时，同盟双方可能有一个公认的"原则"，其中包括维护加盟国的独立与主权。正因为如此，修昔底德认为雅典剥

---

1 博厄德曼（J. Boardman）等主编：《牛津古典世界史》（*The Oxford History of the Classical World*），牛津，1986年，第133—136页。笔者将就雅典帝国的国家结构问题拟专文予以论述。

2 修昔底德：《伯罗奔尼撒战争史》，I. 141。

3 有关铭文转见罗兹（P. J. Rhodes）：《雅典帝国》（*The Athenian Empire*），载《希腊和罗马》第17期（1985年），第24—25页；修昔底德：《伯罗奔尼撒战争史》，I. 141, II. 9, 4—6；哈蒙德等主编：《牛津古典辞书》，第320页。

多彩的雅典娜

夺盟国的主权是违背同盟的"原则"的。但是，雅典当政者是奴隶主阶级的代表，他们并不总是信守诺言，按"原则"行事的。实际上，巩固和扩大雅典公民的利益才是他们的根本原则和出发点。原同盟各国逐步丧失其主权，难道不正是雅典人背信弃义、破坏同盟的"原则"的结果吗？在雅典帝国内部，根本不存在各属国保持独立的原则。"顺我者存，逆我者亡"，这是雅典统治者对广大属国关系的一个基本原则。我们认为，探讨雅典与其同盟者关系的发展与演变，最重要的是要以基本历史事实为依据，考察其实际的变化。这就要求我们应对现有史料仔细鉴别，全面理解，而不应把某种僵死的公式或原则作为立论的基础，更不应断章取义，曲解史料。这也许是科学治史的一个重要的原则。

原载《世界历史》1996 年第 3 期

附录 徐松岩主要教学科研成果

按时间排序

一、学术论文

1989 年 《公元前 5 世纪末雅典城邦危机的深化及其原因》,《齐鲁学刊》1989 年第 4 期。

《公元前 5 世纪末雅典城邦危机的深化及其原因》, 中国人民大学书报资料中心《世界史》1989 年第 9 期。

1990 年 《上古地中海海盗行为论略》,《青岛大学学报（社会科学版）》1991 年第 3 期。

1992 年 《古雅典经济史研究中的一个问题》,《西南师范大学学报（哲学社会科学版）》1992 年第 4 期。

《试论阿拔斯改革及其历史地位》,《齐鲁学刊》1992 年第 3 期。

1993 年 《关于雅典同盟的几个问题》,《西南师范大学学报（哲学社会科学版）》1993 年第 3 期。

《关于雅典奴隶制状况的两个问题》,《世界历史》1993 年第 5 期。

《关于雅典同盟的几个问题》，中国人民大学书报资料中心
《世界史》1993 年第 10 期。

1994 年　《论古典时代希腊经济发展趋势》，《重庆师院学报（哲学
社会科学版）》1994 年第 1 期。

《关于雅典奴隶制状况的两个问题》，中国人民大学书报资
料中心《世界史》1994 年第 2 期。

《论古典时代希腊经济发展趋势》，中国人民大学书报资料
中心《经济史》1994 年第 2 期。

《公元前 4 世纪前期雅典采银业状况考》，《西南师范大学
学报（哲学社会科学版）》1994 年第 3 期。

《古典时代雅典奴隶人数考析——兼评"持续增长说"》，
《世界历史》1994 年第 3 期。

1995 年　《雅典两大奴隶主年代考辨》，《求是学刊》1995 年第 1 期。

《古希腊城邦经济结构刍论——兼评东西古国经济结构
"迥异"说》，《西南师范大学学报（哲学社会科学版）》
1995 年第 3 期。

1996 年　《关于史料的理解和使用方法——与启良先生商榷》，《世
界历史》1996 年第 3 期。

1997 年　《希腊历史发展趋势与马其顿征服希腊之主要原因》，《西
南师范大学学报（哲学社会科学版）》1997 年第 4 期。

1998 年　《中西古代国家发展道路的同与异》，《光明日报·史林》，
1998 年 2 月 20 日。

《古代世界不存在"工商业城邦"》，《重庆师院学报（哲学
社会科学版）》1998 年第 1 期。

《希腊军制变革与城邦的兴衰》，《西南师范大学学报（哲

　　　　　　　　　　　　　　多彩的雅典娜

学社会科学版)》1998 年第 2 期，与刘林海合作撰写。

《公元前四世纪雅典城邦危机及其特点》,《湖南教育学院学报》1998 年第 3 期。

《公元前四世纪雅典城邦危机及其特点》,中国人民大学书报资料中心《世界史》1998 年第 7 期。

1999 年 《论雅典帝国》,《西南师范大学学报（哲学社会科学版)》1999 年第 1 期。

《雅典帝国、周天下与早期国家》,《重庆师院学报（哲学社会科学版)》1999 年第 1 期。

《论雅典帝国》,中国人民大学书报资料中心《世界史》1999 年第 3 期。

《古代海盗行为述论》,《世界历史》1999 年第 4 期。

《古代海盗行为述论》,中国人民大学书报资料中心《世界史》1999 年第 10 期。

2000 年 《关于希腊奴隶制的理论和实际》,《世界历史》2000 年第 1 期。

《海上势力与西方古典文明》,《光明日报·史林》,2000 年 1 月 21 日。

《近代美国的西部开发》,《光明日报·史林》,2000 年 3 月 17 日。

《关于希腊城邦同盟的几点看法》,《重庆师院学报哲社版》2000 年第 3 期，与李电合作撰写。

2001 年 《关于希腊罗马海上势力的历史反思——海上势力与西方文明研究之一》,《西南师范大学学报（人文社会科学版)》2001 年第 1 期，与娄琳合作撰写。

《公元前 4 世纪雅典土地所有制状况及其成因》,《内蒙古

民族大学学报（社会科学版）》2001 年第 4 期，与高中伟
合作撰写。

《修昔底德和平思想初探》，《西南师范大学学报（人文社
会科学版）》2001 年第 5 期，与李电合作撰写。

2002 年 《关于特洛伊战争的若干问题》，《世界历史》2002 年第
2 期。

《答徐晓旭博士》，《世界历史》2002 年第 4 期。

2003 年 《提秀斯改革新论》，《安徽史学》2003 年第 1 期。

《黑劳士制度、土地制度与"平等者公社"的兴衰——近 50
年来斯巴达历史研究的成就和问题》，《西南师范大学学报
（人文社会科学版）》2003 年第 3 期。

《黑劳士制度、土地制度与"平等者公社"的兴衰——近 50
年来斯巴达历史研究的成就和问题》，中国人民大学书报
资料中心《世界史》2003 年第 9 期。

2004 年 《修昔底德史学思想的时代特征》，《聊城大学学报（社会
科学版）》2004 年第 2 期。

2008 年 《库纳克萨之战与"万人军"长征新论》，《世界历史》2008
年第 5 期。

《雅典民主城邦何以发生逆向蜕变》，载侯建新主编：《经
济社会史评论（第四辑）》，北京：生活·新知·读书三联
书店，2008 年。

《〈世界文明史〉若干史实辨正》，《历史教学（高校版）》
2008 年第 2 期，署名宋艾。

2009 年 《库纳克萨之战与"万人军"长征新论》，中国人民大学书
报资料中心《世界史》2009 年第 2 期。

《雅典民主城邦何以发生逆向蜕变》，《中国社会科学文摘》

2009 年第 10 期。

《论古典时代雅典奴隶制经济走势》,《西南大学学报（社会科学版）》2009 年第 6 期，与夏万芳合作撰写。

2010 年 《关于翻译修昔底德著作的几个问题——兼答刘玮博士》,《史学理论研究》2010 年第 4 期。

2011 年 《色诺芬史学二题》,《史学史研究》2011 年第 1 期。

《希罗多德〈历史〉"再译本"献疑》,《中国社会科学报》,2011 年 9 月 20 日，署名宋艾。

2012 年 《和约还是敕令——对色诺芬〈希腊史〉中所谓"大王和约"实质与译名的几点思考》,《古代文明》2012 年第 1 期，与陈思伟合作撰写。

《斯巴达公民人数与土地集中的关系探析》,《重庆师范大学学报（哲学社会科学版）》2012 年第 2 期，与夏万芳合作撰写。

2014 年 《希罗多德 Historia 诸问题刍议》,《史学史研究》2014 年第 3 期。

2015 年 《塞拉麦涅斯与公元前 5 世纪末雅典政治》,《世界历史》2015 年第 2 期。

《希罗多德 Historia 诸问题刍议》, 中国人民大学书报资料中心《世界史》2015 年第 3 期。

《伪色诺芬〈雅典政制〉史料价值初探》,《史学史研究》2015 年第 2 期，与赵青青合作撰写。

《20 世纪中国学者阶级斗争研究的回顾与反思》,《三峡大学学报（人文社会科学版）》2015 年第 2 期。

2016 年 《"希腊人"与"皮拉斯基人"——古代希腊早期居民源流考述》,《西南大学学报（社会科学版）》2016 年第 1 期。

《雅典民主制历史上的两次"无痕蜕变"》,《光明日报·世界史》,2016 年 5 月 7 日。

《"希腊人"与"皮拉斯基人"——古代希腊早期居民源流考述》,中国人民大学书报资料中心《世界史》2016 年第 6 期。

《论古代雅典国家的发展道路——兼及雅典版图问题》,《四川大学学报(哲学社会科学版)》2016 年第 4 期。

《扎根西南六十载 史坛耕耘一甲子——王兴运教授访谈录》,《史学史研究》2016 年第 4 期,与陈安民合作撰写。

《论古代雅典国家的发展道路——兼及雅典版图问题》,《中国社会科学文摘》2016 年第 12 期。

2017 年 《论古代雅典国家的发展道路——兼及雅典版图问题》,中国人民大学书报资料中心《世界史》2017 年第 1 期。

《第二雅典海上同盟述论》,《北京师范大学学报(社会科学版)》2017 年第 4 期。

《"伯罗奔"与学术创新》,《南方周末》,2017 年 4 月 27 日。

《古希腊文明的形成及其特征》,《光明日报·世界史》,2017 年 11 月 27 日。

《修昔底德史料来源述议》,《西部史学(第一辑)》,重庆:西南大学出版社,2017 年。

《希罗多德 *Historia* 诸问题刍议》,载杨共乐总主编:《〈史学史研究〉文选》(外国史学卷,本卷主编易宁),北京:华夏出版社,2017 年。

2018 年 《从"海上同盟"到"海上帝国"——公元前 5 世纪雅典对外扩张与东地中海国际关系探略》,《经济社会史评论》2018 年第 2 期,与赵青青合作撰写。

《略谈古代地中海地区的海盗行为》,《海洋史研究（第十二辑）》, 北京：社会科学文献出版社, 2018 年。

2019 年 《古代"希腊"的起源与流变————一项概念史考察》,《北京师范大学学报（社会科学版）》2019 年第 4 期。

《古代"希腊"的起源与流变————一项概念史考察》, 中国人民大学书报资料中心《世界史》2019 年第 9 期。

2020 年 《近现代希腊政治制度的嬗变及其特征》,《清华大学学报（哲学社会科学版）》2020 年第 1 期, 与王三义合作撰写。

《共和国晚期罗马与海盗的博弈》,《古代文明》2020 年第 1 期, 与李杰合作撰写。

XU Songyan, "The Origin and Evolution of the Concept of Hellas: A Survey on Conceptual History", *The BNU Historical Review*, Vol. 1, No. 1, 2020. 北京师范大学历史学院主编《京师历史评论（英文版）》, 北京：商务印书馆, 2021 年。

2021 年 《修昔底德选用史料方法刍议》,《史学集刊》2021 年第 1 期。

《古希腊史家的求真精神》, 载徐松岩主编：《古典学评论》第 7 辑, 上海：上海三联书店, 2021 年。

2022 年 《"奉辞伐罪"：伊利里亚战争与罗马东扩》,《史学集刊》2022 年第 1 期, 与李杰合作撰写。

2023 年 《要重视马克思主义历史理论的研究和运用》, 载徐松岩主编：《古典学评论》第 9 辑, 上海：上海三联书店, 2023 年。

二、主要著作

1993 年　参编,《驱拨谬雾究真谛——恩格斯〈家庭、私有制和国家的起源〉新辨释》,李永采等著,南京:东南大学出版社,1993 年。

1995 年　参编,《外国古今奇战》,王乃新等主编,大连:大连海事大学出版社,1995 年。

2002 年　主编,《惊涛拍岸——现代化的源与流》,吴建华、徐松岩、黄贤全主编,重庆:西南师范大学出版社,2002 年。

2004 年　主译,修昔底德:《伯罗奔尼撒战争史》,徐松岩、黄贤全译,桂林:广西师范大学出版社,2004 年。

2008 年　译注,希罗多德:《历史》,上海:上海三联书店,2008 年。

2009 年　主译,朱利安·D. 理查兹:《北欧海盗》,北京:外语教学与研究出版社,2009 年。

2012 年　译注,修昔底德:《伯罗奔尼撒战争史（上下册）》,上海:上海人民出版社,2012 年。

2013 年　译注,希罗多德:《历史（上下册）》,北京:中信出版社,2013 年。

　　　　　译注,色诺芬:《希腊史》,上海:上海三联书店,2013 年。

2015 年　主编,《古典学评论》第 1 辑,上海:上海三联书店,2015 年。

2016 年　主编,《古典学评论》第 2 辑,上海:上海三联书店,2016 年。

2017 年　译注,修昔底德:《伯罗奔尼撒战争史（详注修订本）》,上海:上海人民出版社,2017 年。

　　　　　主编,《古典学评论》第 3 辑,上海:上海三联书店,2017 年。

2018 年　译注,希罗多德:《历史（详注修订本）》,上海:上海人民出版社,2018 年。

主编，《古典学评论》第 4 辑，上海：上海三联书店，2018 年。

2019 年　主编，《古典学评论》第 5 辑，上海：上海三联书店，2019 年。

2020 年　译注，色诺芬：《希腊史（详注修订本）》上海：上海人民出版社，2020 年。

主编，《古典学评论》第 6 辑，上海：上海三联书店，2020 年。

2021 年　主编，《古典学评论》第 7 辑，上海：上海三联书店，2021 年。

2022 年　主编，《古典学评论》第 8 辑，上海：上海三联书店，2022 年。

2023 年　主编，《古典学评论》第 9 辑，上海：上海三联书店，2023 年。

三、主持项目

2008 年　古代雅典历史研究（08BSS003），国家社科基金一般项目，已结项。

2009 年　译注色诺芬《希腊史》（09JHQ024），教育部后期资助一般项目，已结项。

2015 年　人文社会科学龙门阵系列丛书——世界历史（2015KP010），重庆市社会科学规划普及项目，已结项。

2016 年　古典时代希腊理想国思想及其现实基础研究（16BSS008），国家社科基金一般项目，已结项。

2019 年　希腊族群认同问题研究（GBQY078），教育部国别和区域研究一般项目，已结项。

2022 年　当代希腊政治体制的演进及特色（2022ZDZK35），重庆市社会科学规划办智库特别委托重点项目，已结项。

2022 年　世界早期国家形态比较研究（22VLS012），国家社科基金中国历史研究院重大历史问题研究 2022 年度重大招标项目，在研。

四、教学科研获奖

1994 年 《关于雅典奴隶制状况的两个问题》，重庆市（直辖前）第四次社会科学优秀科研成果奖，叁等奖（1-1）。

1996 年 《古典时代雅典奴隶人数考析》，重庆市（直辖前）第五次社会科学优秀科研成果奖，优秀奖（1-1）。

2001 年 《古代海盗行为述论》，重庆市第二次社会科学优秀科研成果奖，叁等奖（1-1）。

2001 年 《世界上古史》内容板块化与大学生人文精神培养的理论和实践，重庆市优秀教学成果奖壹等奖（2-1）。

2011 年 希罗多德《历史》，重庆市第七次社会科学优秀科研成果奖，叁等奖（1-1）。

2014 年 《制海权与西方文明》，全国"大学素质教育优秀通选课"（5-1）。

2017 年 基于历史学师范生核心能力培养的实验教学体系的探索与实践，重庆市教学成果奖，贰等奖（9-3）。

2018 年 色诺芬《希腊史》，重庆市第九次社会科学优秀成果奖，叁等奖（1-1）。

多彩的雅典娜

后 记

　　1963 年农历癸卯年 8 月，我出生在山东省招远县界河公社埠后村（今招远市辛庄镇海埠村）。该村濒临渤海，农渔并举；和一群同龄发小一样，热爱生产劳动，熟悉农渔生活；在本村读小学（五年制，我只读了四年），1976 年升入徐家疃[1]联办中学读初中（两年制），1978 年考入招远三中高中首届县重点班（位于张星镇杜家村西头，78 级 1 班，两年制）。高二开学后，听说学校准备创办文科班，自己的数理化成绩虽然不错，但由于多年习惯性课堂违纪等原因，和班主任刘老师关系不睦，便主动报名申请去文科班，顺利获准。不过，那时候所谓爱好文科，实际上只是凭感觉，小学初中并未开设历史、地理课，脑袋里仅有的那点零星知识，主要是从看"小人书"、听广播故事等途径获得的。因此，1979 年 9月中旬进入文科班（78 级 3 班）后，历史、地理两门课从零学起，1980 年 7 月参加高考，8 月收到曲阜师范学院历史系（今曲阜师范大学历史文化学院）录取通知书。大学期间有好老师、好同学等贵人相助，对自己以后的成长益处多多。1982 年夏，在李永采教

---

[1] 曾任中国人民解放军总政治部副主任、上将王瑞林（1930—2018）正是该村人。

授的悉心指导下，开始系统学习世界古代史，准备参加硕士生考试。[1]1984 年 5 月 1 日下午，接到西南师范学院历史系（后更名为西南师范大学，即今西南大学历史文化学院）研究生复试的电报通知。与易宁（后任北京师范大学历史学院教授）一同参加复试，顺利过关，成为该校首届世界史硕士生，师从王兴运教授。1987 年硕士毕业后，留校工作（2001—2004 年外出读博，师从南开大学王敦书教授）。掐指一算，自入川读研，至今已走过 39 个年头。从彼兔年到此兔年，工作满 36 载，不觉已是花甲之年。按正常情况理应退休，只是按单位有关规定，尚可申请"缓期执行"。

对于以读书、教书、写作为业的历史学者而言，到了这个年龄，虽然体力精力不可避免地走下坡路，工作效率有所下降，但我觉得正是可以集中精力探索真知之时。因此，对自己此前的工作稍作梳理和总结，似乎很有必要。国内同侪如复旦大学黄洋教授、首都师大晏绍祥教授等皆著述甚丰，大著频出，而我至今尚无一部个人专著问世，实在有些惭愧。于是，搜罗一下发表过的短文，选择其中 30 余篇，收入本书，取名"多彩的雅典娜"。

书中所选文章按所论主题大致可以分为以下几组：一是追溯希腊文明的悠久渊源，探讨希腊概念的演进以及早期历史问题；二是城邦政制特别是雅典民主制，希腊城邦的国际关系及其与波斯的关系；三是讨论古代奴隶制状况、城邦经济结构及工商业地位等问题；四是希腊城邦危机、历史趋势以及早期国家形态等问题；五是希腊史家思想、方法等问题；六是地中海海盗、海洋史；七是就有关问题与同行商榷，略抒浅见。

---

1 徐松岩：《李师学生中的"大块头"》，载王钧林主编《山高水长——李永采教授执教 65 年纪念文集》，济南：泰山出版社，2015 年，第 436—439 页。

两千多年前，在亚欧大陆的东西两端，中华文明、希腊文明成就卓著，光彩熠熠。对于两种文明进行比较研究，具有重要学术价值和现实意义。我坚信，古老文明的光辉遗产必将在 21 世纪人类文明建设中发挥日益重要的作用，探索历史真相，传承文明精华，需要一代代学者长期不懈地勤奋耕耘，付出艰辛的劳动。

　　西南大学地处中国西部，生活、科研条件与先进区域相比有一定差距。前辈学者吴宓、孙培良、王兴运诸先生为学科发展积累了较为丰厚的基础，笔者自 1997 年起任西亚研究所所长，2002 年成为重庆市首届学术技术（世界史）带头人，2012 年创建古典文明研究所并担任所长，2013 年当选中国世界古代史研究会副理事长，2017 年成立希腊研究中心并担任中心主任。2023 年中国国家高层领导率团前往希腊雅典大学，挂牌成立中希文明互鉴中心，西南大学成为中方四所大学领衔者。通过 30 多年对古希腊文明史的研究和思考，自己深切体会到希腊精神的可贵之处，深感古希腊人的智慧，他们的人生观、价值观、宇宙观、科学观等等，至今仍富有启发性，值得认真研究、挖掘，为祖国的精神文明、物质文明、生态文明和政治文明的建设服务。此时，脑海里突然闪现出"钱学森之问"，人文社会科学仿佛也有类似之问。据说，古希腊人认为，哲学、科学的诞生需要三个条件——惊异（或好奇）、闲暇、自由。英语"学校"（school）、"学者"（scholar）的词源即希腊语"闲暇"（σχολή, schole）。如今闲暇渐多，理应效仿希腊先贤。我深知，研究希腊文明，今后要走的路还相当漫长。作为中国改革开放时代成长起来的一代学者，虽然在教书育人和古史研究中做了一点力所能及的工作，但终究不过是为后学奠基铺路而已。据说，被誉为中国"世界古代史之父"的日知（林志纯）先生，在面对他的学生时，就自比一颗"铺路石"，作为林先生的徒孙，能做一颗默默无闻的

"小沙粒"，也是倍感荣幸的了。

最后需要说明一下某些技术性问题。国内刊物的学术规范长期以来处于多样化状态，至今尚难以统一。文集基本保留原文状态，特别是正文尽力保持原样，注释统一调整为页下注，中英文摘要及关键词一律割爱。同时纠正了一些明显的错误（如少数编辑未经作者同意而对稿件的改动等）。文章的发表历时 30 多年，请读者朋友注意具体时间。文集中有与其他学者（如苏州科技大学陈思伟教授、李杰博士合作等）的文章，在收录前也征得了他们的同意，在文末也予以注明。在文稿整理和校对过程中，陈安民、刘峰、赵青青、刘豪、邵双、柳叶儿、陈程程、周红羽、张欣旭等都付出了劳动，曲阜师范大学王钧林教授、清华大学张绪山教授也提出了很好的建议；上海人民出版社·世纪文景的编辑周官雨希女士，工作一丝不苟，为文集增色不少，在此一并致以最诚挚的谢意！本书作为 2022 年国家社科基金中国历史研究院重大招标项目"世界早期国家形态比较研究"（22VLS012）的中期成果，得到西南大学副校长、中希文明互鉴中心主任崔延强教授，社科处处长王牧华教授，历史文化学院院长邹芙都教授、赵国壮教授的高度重视和大力支持，历史文化学院还提供了部分出版资助；书法家曹建教授欣然为本书题名，在此皆一并谨致谢忱！文集中的任何错误，当然全都是由我负责的。读者朋友如发现问题，敬请发邮件至 samsonxu@swu.edu.cn，期待并衷心感谢您的指教！

徐松岩
2023 年 3 月于西南大学四新村

文
景

Horizon

社 科 新 知　文 艺 新 潮

多彩的雅典娜：古希腊文明史述论集

徐松岩 著

出 品 人：姚映然
责任编辑：周官雨希
营销编辑：胡珍珍
封扉设计：安克晨

出　　品：北京世纪文景文化传播有限责任公司
　　　　　（北京朝阳区东土城路8号林达大厦A座4A 100013）
出版发行：上海人民出版社
印　　刷：北京盛通印刷股份有限公司
制　　版：北京百朗文化传播有限公司

开 本：890mm×1240mm　1/32
印 张：17.25　字 数：375,000　插页：2
2023年10月第1版　　2024年1月第2次印刷
定 价：128.00元
ISBN：978-7-208-18563-0 / K·3328

图书在版编目（CIP）数据

多彩的雅典娜：古希腊文明史述论集 / 徐松岩著
. -- 上海：上海人民出版社，2023
ISBN 978-7-208-18563-0

Ⅰ.①多… Ⅱ.①徐… Ⅲ.①古希腊－历史－文集
Ⅳ.①K125-53

中国国家版本馆CIP数据核字（2023）第178580号

本书如有印装错误，请致电本社更换 010-52187586